산업 심리학

Industrial Psychology

주상윤 지음

UUP

산업 심리학

Industrial Psychology

2022년 1월 12일 초판 3쇄 발행
2013년 3월 13일 초판 2쇄 발행
2009년 9월 7일 초판 발행

지은이 | 주상윤
발행인 | 오연천
발행처 | UUP(울산대학교출판부)

출판등록 | 제 370-1996-000001호(1996.3.13)
주소 | 680-749 울산광역시 남구 대학로 93 울산대학교 출판부
전화 | (052) 259-2488
팩스 | (052) 277-3011

값 20,000원

ISBN 978-89-7868-192-6 93530

* 잘못된 책은 교환해드립니다.

머리말

산업심리학은 인간의 심리와 행동에 관한 심리학적 지식을 산업현장에 적용하여 업무의 성과를 높이고 종업원의 복지를 증진시키려는 응용학문이다. 21세기에 들어와 기업 간에 경쟁은 더욱 치열해졌으며, 회사 내에서 종업원들의 위상은 높아져가고 있다. 이러한 산업환경 속에서 기업이 살아남으려면 종업원들로 하여금 맡은 바 업무에 자발적으로 몰입하도록 회사 분위기를 조성하는 것이 매우 중요하다. 따라서 종업원들의 직무만족과 회사의 업무성과를 높이기 위하여 산업심리학은 반드시 필요한 학문으로 부각되고 있다.

이 책은 산업심리학의 응용분야 가운데 산업현장에 직접 관련된 인사심리학, 조직심리학, 안전심리학의 내용들로 구성되어 있다. 인사심리학은 산업심리학에서 가장 오래된 학문분야로, 직무에 필요한 개인의 기술이나 능력을 파악하여, 적합한 사람을 선발 배치하고, 그의 업적을 합리적으로 평가하여 임금과 승진 결정에 도움을 준다. 조직심리학은 조직구성원들의 태도와 행동을 연구하여 조직을 효율적으로 운영하기 위한 학문분야로, 동기부여, 의사소통, 리더십, 조직문화 등이 연구되고 있다. 안전심리학은 직무스트레스, 작업환경, 산업재해 등 근로자의 건강과 안전에 대하여 연구하는 학문분야다.

이 책은 5부 20장으로 구성된다. 제1부에서는 산업심리학의 기초를 설명하고 있다. 1장 심리학개요에서는 심리학의 목적, 발달, 연구범위를 기술하고 있으며, 2장 산업심리학개요에서는 산업심리학의 적용영역과 발전과정에 대하여 소개하고 있다.

제2부는 인간의 기본적인 특성인 인간의 능력, 성격, 태도, 지각의 내용으로 구성되어 있다. 3장 능력에서는 지적능력, 감성적 능력, 창의력, 적성 등이 다루어지고 있다. 4장은 성격에 관한 것으로, 성격의 정의와 형성요인을 기술한 후 다양한 성격유형들을 소개하고 있

다. 5장에서는 인간의 태도를 취급하고 있다. 여기서는 태도의 형성이론, 태도변화의 방법, 직무만족 등이 설명되고 있다. 6장에서는 인간의 지각에 관한 것으로 지각과정, 귀인이론, 지각오류 등이 언급되고 있다.

제3부 인사심리학에서는 직무분석 및 평가, 인사선발, 인사고과, 교육훈련, 직무설계 등의 내용을 포함한다. 7장 직무분석 및 평가에서는 직무분석, 직무평가, 인사관리를 위한 준거를 기술하고 있다. 8장의 인사선발에서는 사원선발과정, 면접, 합리적 선발도구, 심리검사도구 등에 관하여 소개한다. 9장에서는 인사고과를 다루고 있다. 여기서는 인사고과의 방법 및 오류, 직무배치에 관하여 설명한다. 10장의 교육훈련과 직무설계는 교육훈련의 절차와 방법, 직무설계의 내용으로 이루어진다.

제4부 조직심리학은 집단, 팀제, 동기부여, 의사소통, 갈등관리, 의사결정, 리더십, 조직문화 등의 내용으로 이루어져 있다. 11장 집단의 이해에서는 집단의 유형, 집단의 발달과정, 집단규범 등을 소개한다. 12장 팀제에서는 팀의 특성과 종류, 팀의 설계와 운영, 팀제의 문제점이 다루어지고 있다. 13장은 동기부여에 대한 것으로, 여기서는 동기부여의 요인, 각종 동기부여 이론, 동기유발의 방법들이 소개되고 있다. 14장 의사소통에서는 의사소통의 방법, 의사소통 장애의 극복방안, 설득에 관한 내용들로 이루어진다. 15장의 갈등관리에서는 개인 혹은 집단 간의 갈등에 대한 원인과 처리방안을 제시한 다음, 협상에 관하여 언급하고 있다. 16장에서는 의사결정에 관한 내용을 다루고 있다. 여기서는 의사결정의 유형과 모델, 합리적 의사결정의 방해요인, 집단사고 등의 내용이 소개되고 있다. 17장의 리더십에서는 리더의 역할과 각종 리더십에 관한 이론들을 제시한다. 18장 조직문화와 변화에서는 먼저 조직문화의 형성, 구성요소, 기능 등을 설명하고, 조직문화의 변화에 관한 내용을 추가하였다.

마지막으로, 제5부 안전심리학은 직무스트레스와 산업재해의 내용으로 구성된다. 19장의 직무스트레스에서는 스트레스의 유발요인, 스트레스에 대한 반응, 스트레스의 관리 등에 관한 내용이 다루어진다. 20장 산업재해에서는 인간의 각종 오류, 산업재해의 요인, 재해 방지 등을 소개하였다.

이 책은 산업현장에서 경영자들이 종업원들의 심리와 행동을 올바로 이해함으로 직무만족과 성과를 증진시키기 위한 목적으로 집필되었다. 따라서 산업체 실무자들에게는 참고용으로, 대학의 학부생이나 대학원생들에게는 강의용으로 활용될 수 있을 것으로 생각된다.

이 책을 완성하기까지 생명과, 건강과, 지혜를 주신 하나님께 영광과 감사를 돌린다. 또한 사랑하는 아내와 자랑스런 두 아들 영찬이, 영호와 더불어 출간의 기쁨을 나누고 싶다.

2009 주상윤 교수

목차

제5부 안전심리학

제 1 부

산업심리학 기초

1장 심리학 개요

1. 심리학의 영역과 목적

심리학을 영어로는 'psychology'라고 한다. 심리학은 마음, 정신, 영혼이라는 'psyche'와 학문이라는 뜻의 접미사 'logy'의 합성어다. 즉, 심리학이란 인간의 마음을 연구하는 학문이다.

1.1 심리학의 영역

〈그림 1-1〉에서 보는 바와 같이 초창기에 인간의 마음만을 다루었던 심리학은 개인적인 인간의 행동으로, 그리고 사회적인 인간의 마음과 행동으로 학문영역이 점차 확대되었다.

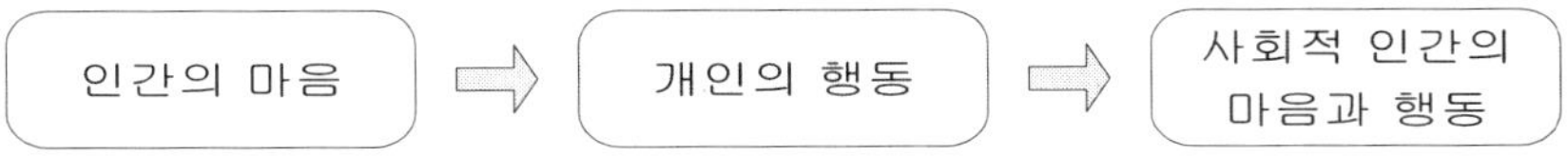

〈그림 1-1〉 심리학 영역의 확대

마음의 이치를 따지는 학문으로 시작한 심리학은 마음의 구조를 살피고 인간의 마음이 어떻게 작용하는지 연구하였다. 심리학을 과학적인 학문으로 발전시키는데 크게 기여한 분트

(W. Wundt)는 인간의 내적인 경험과 의식을 강조하면서 심리학을 다음과 같이 정의하였다. "심리학은 자연과학이 다루는 외적 경험의 대상들과는 달리 감각, 감정, 사고, 욕구 등의 내적 경험을 연구하는 학문이다."

이후, 심리학은 인간의 행동을 다루게 되었다. 보이지 않는 인간의 심리 속에 존재하는 생각과 느낌을 연구하는 것은 과학의 원칙에 어긋난다. 따라서 누구나 눈으로 볼 수 있고 객관적으로 검증할 수 있는 행동을 연구해야 한다. 이런 입장에서 행동주의를 창시한 왓슨(J. Watson)은 심리학을 다음과 같이 정의하였다. "심리학은 인간행동을 연구대상으로 삼는 자연과학이다."

더 나아가, 심리학은 사회적 존재인 인간을 대상으로 연구하게 되었다. 인간은 사회적인 동물이므로 사회 안에서 생각하고 말하고 행동하며 살아간다. 인간이 사회와 불가분의 관계에 있듯이 인간을 연구하는 심리학도 사회와 불가분의 관계에 있다. 이처럼 심리학은 사회적 동물인 인간의 심리와 행동을 다루고 있으므로 다음과 같이 정의된다. '심리학은 사회적 존재인 인간의 심리와 행동을 과학적으로 이해하려는 학문이다.'

1.2 심리학의 목적

심리학은 처음 출발할 당시에 비하여 훨씬 광범위하게 인간의 많은 영역들을 다루게 되었다. 심리학자 보링(E. Boring)은 심리학이 존재하는 이유를 다음과 같은 정의로써 제시하였다. "인간은 무엇인가? 심리학은 이 질문에 대하여 답변하려고 한다."

심리학은 인간의 심리와 행동을 설명하고, 예측하며, 통제하기 위하여 연구되고 있다. 이런 과정을 통하여 궁극적으로 인간과 사회의 복지를 증진시키려는 학문이 심리학이다. 심리학의 연구내용을 좀더 설명하면 다음과 같다.

첫째, 심리학은 인간심리와 행동을 설명하기 위한 학문이다. 인간을 이해하려면 무엇보다도 인간의 심리, 행동, 인간을 둘러싸고 있는 사회와 사회현상들을 정확하게 설명할 수 있어야 한다. 예를 들어 지능검사를 통하여 지능을 측정하는 것이나, 성격검사를 통하여 성격을 알아내는 것은 개인의 심리와 행동을 설명하기 위한 것이다. 개인의 심리와 행동을 올바르게 설명하려면 우수한 측정도구를 사용하여 인간의 심리와 행동을 정확하게 측정하는 것이 중요하다.

둘째, 심리학은 인간심리와 행동을 예측하기 위한 학문이다. 심리학은 인간의 심리와 행동을 측정하고 설명한 것을 바탕으로 인간의 심리와 행동을 예측하고자 한다. 예를 들어, 지능검사의 결과로 개인의 업무성취능력을 예측할 수 있고, 성격검사를 통하여 개인의 행동

패턴을 예측할 수 있다. 물론 이러한 예측이 정확하려면 무엇보다도 정확한 측정과 설명이 전제되어야 한다.

마지막으로, 심리학은 인간심리와 행동을 통제하기 위한 학문이다. 심리학의 연구는 개인의 심리와 행동을 통제하려는 목적도 있다. 예를 들어 정신질환에 걸릴 소지가 많은 사람으로 진단되면 그 사람을 스트레스로부터 보호해 주고 심리치료와 약물치료를 통해 정신질환으로 발전하지 않도록 통제해야 한다. 또한, 성격검사를 통해 성격이상이 있는 사람으로 판단되면, 그를 경찰이나 군인과 같은 위험한 직무에 배치하지 않도록 통제해야 한다.

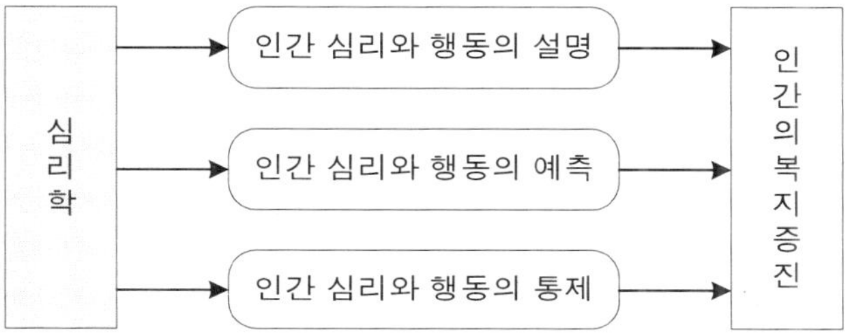

〈그림 1-2〉 심리학의 목적

2. 심리학의 발달

심리학은 고대 철학자들에 의하여 이루어진 철학적 심리학으로부터 시작하여, 오늘날에는 실험결과를 바탕으로 한 과학적 심리학으로 발달해왔다.

2.1 철학적 심리학

고대심리학은 철학자의 영역이었으며 사색적인 심리학이었다. 즉 사색가가 조용히 자기 마음의 작용을 예리하게 관찰하여 새롭게 발견한 것을 기록하고 마음의 법칙을 공식화한 것이 철학적 심리학이다. 탈레스, 피타고라스, 소크라테스, 플라톤, 아리스토텔레스 등이 고대 철학적 심리학자에 속한다. 특히 후대 심리학에 영향을 미친 철학적 심리학자로는 플라톤과 아리스토텔레스를 꼽을 수 있다. 플라톤의 영향을 받아 이성주의 사상을 바탕으로 이루어진 철학적 심리학은 데카르트, 칸트 등에 의하여 발전되었다. 반면에 아리스토텔레스의 사상인 경험론을 중심으로 이루어지는 철학적 심리학의 전통은 홉스, 로크 등에 의하여 계승되었다.

2.2 과학적 심리학

현대 심리학은 사색적인 연구태도에서 벗어나 과학적이고 실험적인 방법을 사용한다. 과학적 심리학의 출발은 분트(W. Wundt)로부터 시작된다. 그는 1879년 독일의 라이프치히대학에 세계 최초로 심리학 실험실을 설치하고 실험적인 방법으로 심리학을 연구하였다. 과학적 심리학의 학파로는 구성주의, 기능주의, 행동주의, 형태주의, 정신분석, 인본주의 등이 있다. 여기서는 구성주의, 정신분석, 행동주의, 인본주의의 4개 학파만을 간략하게 소개하기로 한다.

2.2.1 구성주의

분트(W. Wundt)는 세상의 물질이 원소로 구성되어 있듯이 사람의 의식도 어떤 구성요소로 되어 있다고 생각했다. 그는 의식의 기본요소에는 객관적 경험요소인 감각(sensation)과 주관적 경험요소인 감정(feeling)의 2가지가 있다고 주장하였다. 감각요소는 시각, 후각 등의 인간의 오감으로 얻어지며, 감정요소는 유쾌-불쾌, 흥분-진정, 긴장-이완 등으로 이루어진다. 분트는 사람의 의식 속에 있는 구성요소들은 남들이 관찰해서는 올바로 알 수 없고, 당사자가 자신을 예민하게 관찰할 때만 알 수 있다고 말했다. 그는 이러한 관찰법을 '내성법'(introspection)이라고 불렀다.

최초의 심리학파인 구성주의(structuralism)는 분트의 제자인 티치너(E. Titchener)에 의해 명명되었고 또한 일반화되었다. 티치너는 〈그림 1-3〉에서 보는 바와 같이 의식의 기본요소로 분트가 주장한 감각과 감정 외에 기억과 꿈같은 심상(image)을 추가하였다. 하지만 구성주의 심리학은 의미있는 전체를 강조했던 형태심리학자들에 의해 강한 비판을 받았다. 의식경험은 전체로서만 의미를 가지므로 이를 쪼개게 되면 무의미한 감각적 파편들만 남게 된다는 것이 비판의 주된 이유였다.

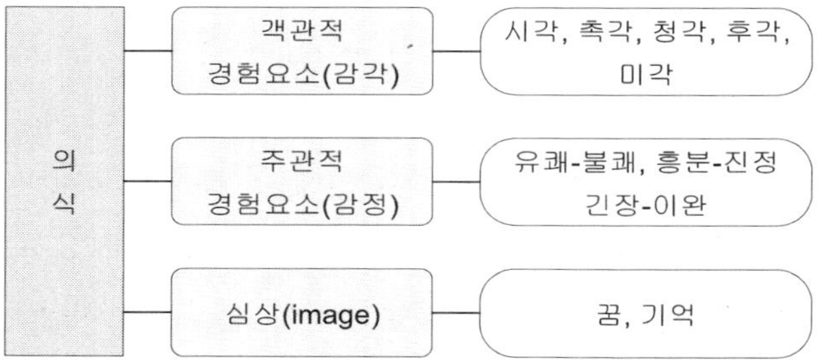

〈그림 1-3〉 인간의식의 구성

2.2.2 정신분석

정신분석(psychoanalysis)은 오스트리아 출신의 신경과의사인 프로이트(S. Freud)에 의하여 창시되었다. 프로이트는 〈그림 1-4〉와 같이 인간의 정신세계를 의식, 전의식, 무의식의 3층구조로 이해하였다. 의식(consciousness)은 현재 자신이 기억하고 있는 모든 감각, 생각, 감정 등 마음의 작용을 가리킨다. 전의식(preconsciousness)은 당장은 기억이 나지 않지만 어떤 단서가 주어지고 기억하려고 노력하면 회상할 수 있는 마음의 작용이다. 무의식(unconsciousness)은 스스로 전혀 의식하지 못하는 마음의 작용을 말한다.

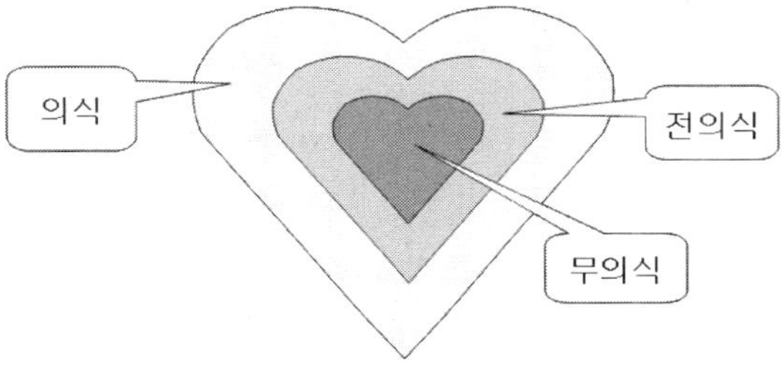

〈그림 1-4〉 프로이트의 정신세계

프로이트는 의식은 물위에 드러난 빙산의 일부에 불과하고, 실제로 인간의 거의 모든 행동은 무의식에 의하여 지배된다고 주장하였다. 인간의 모든 행동에는 반드시 원인이 있는데 그 주된 원인이 무의식의 힘이라는 것이 프로이트의 주장이다. 그는 성욕, 공격성 같은 무의식적인 충동이 인간을 움직이는 힘이라고 생각했다. 특히 성욕을 크게 강조하여 인간의 행동이 주로 성적 에너지인 '리비도'(libido)에 의하여 영향받고 있다고 강조했다.

프로이트의 제자들 가운데 아들러(A. Adler)와 융(C. Jung)은 프로이트가 지나치게 성적에너지로 인간을 분석하는 것에 대하여 반발하여 그를 떠났다. 아들러는 인간 행동의 근원을 우월성의 추구로 보았다. 우월성이 충족되지 못할 때 열등감이 발생하게 되며, 이같은 심리현상이 인간의 성격과 행동을 결정하는 근본요인이 된다는 것이다. 따라서 그는 인간의 행동이 열등감과, 열등감을 보상하려는 집념과 노력에 의하여 주로 영향을 받는다고 강조하였다.

한편, 융은 인간의 성격과 행동이 성욕과 같은 개인적 무의식뿐만이 아니라, 사회적, 문화적, 역사적인 측면에 의한 집단적 무의식의 영향을 받고 있다고 주장하였다. 융은 프로이트와 마찬가지로 인간을 움직이는 힘이 리비도라고 보았다. 하지만 프로이트의 리비도가 성적인 에너지에 초점을 맞춰 설명되었다면, 융의 리비도는 프로이트보다 광범위한 의미로 사용되고 있다. 융에게 있어서 리비도는 심리적 에너지 전반을 뜻하는 의지의 생명력이다.

정신분석은 인간의 정신세계를 지배하는 실체가 의식보다는 무의식에 의하여 지배된다고 주장함으로써 인간의 무의식에 대한 관심을 고조시켰다. 이러한 주장은 심리학뿐만 아니라 의학, 인문, 사회과학 전반에 큰 영향을 미쳤다.

성장의 원동력-열등감

아들러는 '인간은 타고난 열등감을 극복하고 우월성을 성취하려는 존재' 라는 열등감이론을 창시하였다. 그는 곱사등이에 매사에 서투르고 행동도 느려 형과 친구로부터 따돌림을 당했다. 중학교 때는 수학을 너무 못해 그의 선생님은 자퇴하고 구두수선공이 되는 것이 낫겠다고 권유할 정도였다. 그런 일이 있고나서 그는 수학공부에 전력하였고, 졸업할 때는 반에서 최우수 학생이 되었다. 아들러는 비엔나 의대에 입학하여 프로이트 밑에서 정신분석학을 공부하였다. 하지만 인간의 모든 행동을 성본능으로 설명하려는 프로이트를 비판하면서 그와 결별하였다. 그 후 아들러가 유명해지자 프로이트는 아들러를 '난쟁이' 라고 조롱하면서 자신이 난쟁이를 위대하게 만들었다고 말하였다. 그 말을 들은 아들러는 "거인 위의 난쟁이는 거인보다 훨씬 멀리 볼 수 있다." 라는 유명한 말을 남기기도 하였다. 열등감을 극복하고 우월감을 성취할 것인지, 아니면 열등감에서 벗어나지 못하고 신경증환자가 될지는 개인의 선택에 의해 좌우된다고 아들러는 주장하였다.

2.2.3 행동주의

인간의 의식세계만을 탐구하는 구성주의와 정신분석에 반발하여 미국의 심리학자 왓슨(J. Watson)은 행동주의(behaviorism)를 주창하였다. 행동주의는 보이지 않는 의식보다는 눈으로 관찰할 수 있는 행동만을 과학적 심리학의 연구대상으로 여겼다. 왓슨은 외부의 환경자극에 의하여 인간의 행동반응이 결정된다는 환경결정론적인 입장을 취하였다. 그는 몇 차례의 자극-반응실험에 성공하자 매우 고무되어 정상적인 아이를 자신에게 맡긴다면 부모가 원하는 성격, 직업, 능력을 갖춘 사람으로 만들어 주겠다는 공언을 하기도 했다.

행동주의 심리학은 〈그림 1-5〉와 같이 인간의 마음을 블랙박스로 두고 자극(stimulus)과 반응(response)간의 생리적 인과관계만을 연구하므로 'S-R 심리학'이라고 부르기도 한다. 러시아의 심리학자 파블로프(I. Pavlov)가 개에게 종소리를 들려주고 음식을 주었을 때, 나중에 개가 종소리만 듣고도 침을 흘리게 되었던 '고전적 조건형성'의 원리도 행동주의 심리학과 맥을 같이한다.

〈그림 1-5〉 행동주의 심리학의 자극반응모델

2.2.4 인본주의

정신분석과 행동주의 심리학자들이 지나치게 인간을 기계론적, 결정론적, 분석론적으로 보는 것에 반발하여 인본주의(humanism)가 시작되었다. 인본주의 심리학은 자유의지와 자아실현과 같은 기본적인 욕구들을 가지고 있는 인간의 존엄성과 변화가능성을 존중하고 세상에 대한 주관적인 관점인 경험의 해석을 중시한다. 인본주의는 1960년 경 매슬로우와 로저스에 의하여 제기되었다.

인본주의는 인간이 유전이나 환경에 의하여 결정된 존재가 아니라, 스스로 자신의 삶을 만들어가는 존재라는 실존주의 철학의 영향을 받았다. 즉, 인간은 〈그림 1-6〉에서와 같이 외부에서 자극이 주어졌을 때 자유롭게 반응을 선택할 수 있는 자유의지를 가지고 있으며, 자신을 창조적으로 변화시켜 나갈 수 있는 존재라는 것이다. 미국의 정신과의사인 글래서(W. Glasser)는 다음과 같이 말했다. "인간이 동물과 다른 점은 동물은 자극에 대하여 기계적으로 반응하는 것이고, 인간은 반응을 선택할 수 있다는 것이다."

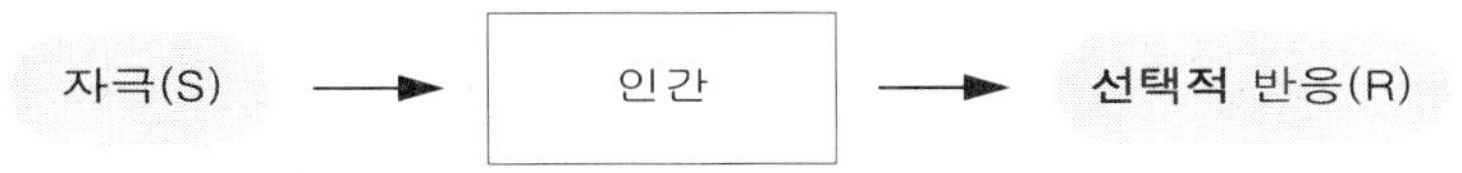

〈그림 1-6〉 인본주의 심리학의 자극반응모델

매슬로우(A. Maslow)는 인간을 자율적인 존재로 여겼다. 또한 인간에게는 자기완성을 추구하는 욕구가 있다고 보았으며, 이를 '자기실현의 욕구'라고 불렀다. 그는 비정상인을 중심으로 연구한 정신분석이나, 동물을 대상으로 실험했던 행동주의심리학은 인간을 이해하는 데 적절하지 않다고 주장했다. 그는 정상인을 대상으로 한 심리학을 강조하였으며, 사회적으로 그리고 개인적으로 건강한 49명을 선발하여 연구하였다.

매슬로우 외에 인본주의에서 빼놓을 수 없는 인물로는 로저스(C. Rogers)가 있다. 로저스는 인간에게 자신을 충족시키고, 실현하며, 유지발전시키려는 본능적인 성향이 있다고 주장하였다. 그는 위대한 삶이란 자신의 잠재력을 인식하고, 능력과 재질을 발휘하여 풍부한 경험을 얻는 것이라고 강조했다. 로저스는 정상인들뿐만 아니라 문제가 있는 비정상인들도 모두 심리학의 대상에 포함시켜 매슬로우보다 다양한 사람들을 연구하였다.

로저스는 인간이 어떻게 행동하는가는 그가 세계를 어떻게 지각하느냐에 달려 있다고 생각하였다. 즉 인간의 행동이란 개인이 세계를 지각하고 해석한 결과로 발생한다는 것이다. 로저스는 인간중심적 상담을 통하여 자신의 개성과 능력을 최대로 발휘하게 하는 자아실현을 촉진하도록 유도하였다.

이들 두 사람 외에 널리 알려진 인본주의 심리학자로는 오스트리아의 정신과의사인 프랑클(V. Frankl)이 있다. 그는 아우슈비츠를 포함하여 강제수용소를 네 곳이나 거치면서 혹독한 시련을 이겨내고 살아남은 것으로 유명하다. 그뿐 아니라 그는 수용소에 수감된 다른 사람들에게 의미있는 목표에 관심을 쏟으라고 격려하여 삶에 의욕을 불러일으켜 주었다. 오스트리아와 미국에서 활동한 그는 수용소의 경험을 토대로 '로고세라피'(logotheraphy)라는 심리치료를 발전시켰다. 로고세라피는 '의미'라는 뜻을 가진 헬라어인 '로고스'에서 유래한 말로 '의미치료'라고 번역된다.

프랑클의 의미와 의미치료

인간은 가치있는 목표를 달성하기 위하여 노력하고 투쟁한다. 이러한 태도는 삶에 의미를 준다. 인간에게 있어 가장 가치있는 삶의 목표는 자기실현이다. 자신의 삶에 의미가 있다는 사실을 깨달은 사람은 최악의 상황에서도 살아남을 수 있다. 극한의 고통을 감수하면서도 그에게는 살아야 할 이유가 있기 때문이다. 고통이 있을 때 그 원인을 제거하려고 노력하는 것은 의미있는 일이다. 하지만 그 고통이 제거될 수 없는 상황에서는 자신의 태도를 바꾸는 것이 삶에 의미를 준다. 극한 고통 중에 있더라도 희생과 같은 어떤 의미를 찾아낼 수 있다면 그는 고통을 참고 견딜 수 있다. 사람들이 삶속에서 발견할 수 있는 의미에는 3가지 내용이 있다. 창조와, 사랑과, 고통에 대한 태도가 바로 그것이다. 이처럼 삶의 의미를 찾으려는 몸부림을 인간의 원초적인 욕구로 이해하고 인간의 고통을 치유하는 것이 '의미치료'다. 의미치료는 고통으로 말미암아 낙심한 사람들에게 고통의 의미를 발견하게 하여 고통을 극복하게 하는 상담치유법이다.

3. 심리학의 범위

심리학은 인간의 행동을 이론적으로 연구하는 기초심리학과, 그 기초심리학 지식을 활용하는 응용심리학으로 크게 구분된다.

3.1 기초심리학

기초심리학은 인간의 마음과 행동 그 자체를 연구대상으로 삼아 이론연구에 초점을 둔다. 이는 다음과 같은 분야들로 세분된다.

- **생리심리학**: 인간행동의 생리적, 생물학적 기초를 다루는 심리학분야로, 주로 뇌의 기능과 신경계통 및 내분비계가 인간의 심리와 행동에 미치는 영향을 연구한다.
- **지각심리학**: 인간이 세상으로부터 얻은 정보를 해석하고 수용, 처리하는 과정을 다룬다.
- **학습심리학**: 인간이 세상에 대한 지식을 획득하는 방법을 살피는 심리학분야로, 학습과 기억의 원리를 주로 취급한다.
- **인지심리학**: 세상의 정보가 인간의 감각기관을 통하여 인지되는 과정을 다루는 학문이다.
- **발달심리학**: 인간이 태어날 때부터 죽을 때까지 전 생애에 걸쳐 나타나는 신체적, 심리적, 행동적 변화를 연구하는 심리학분야다.
- **성격심리학**: 인간의 성격형성요인, 성격유형 등을 다루는 심리학분야로, 개인의 고유한 성격을 분류하고 독특한 행동특징을 파악하는데 관심을 둔다.
- **사회심리학**: 인간이 사회적 동물이라는 전제하에 다른 사람과의 상호작용이 태도나 행동에 어떤 영향을 미치는지 연구하는 심리학분야다.

3.2 응용심리학

응용심리학은 기초심리학에서 밝혀진 심리학적 사실이나 원리를 현실에 적용하여 인간복지와 인류문명발달에 기여하는 심리학분야다.

- **임상심리학**: 정서나 행동에서 심각한 문제를 가진 사람을 진단하고 치료하는 심리학이다.
- **상담심리학**: 성격장애나 인간관계에서 비롯되는 부적응문제, 진로문제 등 비교적 가벼운 문제를 가진 사람을 상담해 주는 심리학이다.
- **산업심리학**: 심리학지식을 산업현장에 적용하여 기업의 효율 및 생산성을 높이기 위한 심리학이다.
- **교육심리학**: 교육현장에서 이루어지는 학습동기, 교수법, 교육평가 등에 심리학적 지식을 활용하는 심리학이다.
- **광고심리학** : 광고를 심리학적 원리를 통해 이해하고 접근함으로써 광고의 효율성을

높이려는 심리학이다.

- 건강심리학: 건강을 증진시키고, 유지하며, 질병을 예방치료하기 위해 심리학적 지식을 활용하는 심리학이다.
- 환경심리학: 심리학 지식을 소음, 오염, 과밀, 개인공간 등 환경문제에 적용하여 최적의 환경을 설계하는 심리학이다.

그 외에도, 반사회적인 범죄행동에 대해서 그 행동의 배경인 심리적 메커니즘을 연구하는 범죄심리학, 군대의 선병, 통솔, 사기진작, 심리전 등을 다루는 군사심리학, 운동선수들의 심리와 사기, 경기력 증진, 종목의 적합도 등을 다루는 스포츠심리학, 건축과 주거공간, 주거환경을 다루는 건축심리학 등 다양한 응용심리학분야들이 있다.

2장 산업심리학 개요

1. 산업심리학의 영역

산업심리학(industrial psychology)은 인간의 심리 및 행동에 관한 조사 및 분석을 통하여 과학적인 원리를 도출하고 이들 심리학적 지식을 산업현장에 적용함으로써 생산성을 증가시키고 산업체에 종사하는 근로자나 고용주 모두의 복지를 증진시키려는 학문이다. 여기에는 인사심리학, 조직심리학, 안전심리학의 내용들이 포함된다.

1.1 인사심리학

인사심리학(personnel psychology)은 근로자의 선발, 훈련, 배치, 승진, 업적평가 등의 문제를 다루는 산업심리학의 한 분야다. 직무에 필요한 인간의 기술과 능력을 파악하여 직무에 적합한 사람을 선발하고 훈련한 다음, 파악된 적성과 능력에 맞추어 적절히 배치하고 합리적으로 업무내용을 평가하여 임금과 승진을 결정한다. 이는 산업심리학에서 가장 오래된 연구 분야이기도 하다.

1.1.1 근로자 선발과 배치

근로자의 선발, 배치, 승진을 위한 효율적인 평가방법을 개발하는데 관심이 있다. 회사에서 필요로 하는 직무특성과 직원들 각각의 재능과 관심분야를 조사하여 적합한 직무에 배치시키는 것은 조직의 성과를 높이는데 있어 크게 중요하다.

1.1.2 교육훈련

근로자의 직무성과를 높이려면 그들의 업무능력을 올바로 파악하고 그 능력을 최대한으로 높여야 한다. 직원들의 업무능력과 직무성과를 끌어올리기 위해 필요한 교육훈련프로그램을 개발하고 그 프로그램의 평가방법을 설계한다.

1.1.3 성과평가

성과평가는 각 직원들이 맡겨진 직무에 대하여 어느 정도의 성과를 보이고 있는지 적절히 기준을 정하여 평가하는 일이다. 각 작업팀이나 부서 혹은 조직 전체의 성과를 측정하고 보상하고 비교하는 효과적인 방법을 개발하고 연구한다.

1.1.4 직무설계

직무설계는 작업자들이 만족스러운 작업환경에서 일할 수 있도록 직무를 설계하는 일에 관심을 둔다. 작업을 수행하는 동안 작업자들이 보람과 만족을 느끼면서 높은 생산성을 얻게 된다면 회사는 물론 개인의 삶에도 큰 발전이 있게 된다.

1.2 조직심리학

조직이 얼마나 효율적인가 하는 것은 조직 내에서 일하는 종업원들의 태도와 행동에 의하여 영향을 받는다. 조직심리학(organizational psychology)은 종업원의 동기부여, 의사소통, 리더십, 조직문화 등을 연구한다.

1.2.1 동기부여

기업의 생존은 종업원들의 동기부여에 달려 있다고 해도 과언이 아니다. 종업원을 잘 선발하여, 효과적으로 교육훈련을 시키고, 현대적인 설비를 갖추었어도, 종업원들이 충분히 동기화되어있지 않으면 기업의 높은 생산성은 기대하기 어렵다.

1.2.2 의사소통

기업에서 종업원들 간의 의사소통은 몸의 혈액순환에 비유될 만큼 절대적으로 중요하다.

혈액순환이 원활하지 않을 때 몸에 병이 생겨나듯이, 조직 내에서 의사소통이 제대로 이루어지지 않을 때 종업원들은 시간을 낭비하고, 스트레스를 받고, 생산성이 떨어지게 된다.

1.2.3 리더십

조직의 유용성을 결정하는 가장 중요한 요인은 조직구성원을 이끌어가는 리더의 리더십이다. 유능한 사람이 리더에 선정되어 효과적인 방법으로 영향력을 발휘할 때 조직의 구성원들은 일사분란하게 움직이면서 조직의 목표를 효율적으로 달성하게 된다.

1.2.4 조직개발

조직개발은 개인과 작업집단에서 직무만족과 성과를 최대로 높이는 조직의 운영방법을 연구하는 분야다. 조직활동이 지속적으로 성장발전하도록 촉진시키는 데 영향을 주는 요인들을 찾고 분석하는데 많은 관심이 모아지고 있다.

1.3 안전심리학

직장에서 근로자의 건강과 안전은 매우 중요한 문제로 대두되고 있다. 안전심리학(safety psychology)에서는 직무스트레스, 작업조건, 산업재해 및 안전 등에 관하여 연구한다.

1.3.1 직무스트레스

급변하는 시대에 기업환경이 복잡해짐에 따라 업무의 역할과중과 불확실성의 증대로 근로자들의 스트레스가 중요한 문제로 대두되고 있다. 스트레스의 요인은 무엇이며, 회사 내에서 스트레스를 어떻게 관리해야 하는지 등이 주관심의 대상이다.

1.3.2 작업조건

작업장의 조명, 온도, 습도, 소음, 작업시간 등을 연구하고 이들이 근로자의 안전보건에 미치는 영향을 조사하여 작업환경개선에 도움을 준다. 또한 단순반복적인 작업으로 의한 지루함과 빠른 작업속도로 인한 작업피로와 불안같은 심리적인 문제에도 관심을 둔다.

1.3.3 산업재해 및 안전

산업재해는 재해당사자뿐만 아니라 가족과 국가경제에 큰 손실을 끼친다. 산업재해가 발생하는 원인들을 찾고 이를 예방하기 위한 안전대책을 수립한다. 안전관리의 효과는 인간존중, 사회복지 증진, 생산성향상, 품질향상, 경제적 손실예방 등으로 나타난다.

2. 산업심리학의 발전

응용학문인 산업심리학의 역사는 길지 않다. 산업심리학은 20세기 들어서 시작되었으며 두 차례 발생한 세계대전이 발전에 큰 촉매제 역할을 했다. 산업심리학의 발전에 기여한 인물들과 사건들을 살펴본다.

2.1 출발기(1900~1916년)

산업심리학은 기초심리학 연구가 실생활에 응용되면서 시작되었다. 또한 작업의 성과를 높이기 위한 산업공학자들의 노력으로 말미암아 서서히 뿌리를 내리기 시작했다. 테일러(F. Taylor)와 길브레스(F. Gilbreth)는 종업원의 성과를 높이기 위해 표준화된 직무를 설계하였고, 작업목표를 정하였으며, 새로운 종업원 선발방법을 시도하였다.

많은 사람들이 인정하는 산업심리학의 창시자로는 스코트, 테일러, 뮌스터베르크를 들 수 있다. 이들은 각기 독립적으로 활동했으며 연구분야도 전혀 달랐지만 산업심리학이 처음 시작하는데 크게 영향을 미쳤다.

스코트(W. Scott)는 심리학을 광고에 적용하기 위하여 노력하면서 '광고의 이론'과 '광고심리학'이라는 두 권의 책을 출간했다. 제1차세계대전 중에는 미육군 인사업무에 심리학을 적용하는 일에도 기여했다.

테일러(F. Taylor)는 회사의 생산량과 종업원의 임금을 동시에 향상시키려면 무엇보다도 작업환경을 재설계해야 한다고 생각했다. 그는 '과학적 관리법'이라는 저서를 통해 작업방법을 과학적으로 설계하고, 우수한 작업자들을 선발하며, 관리자와 작업자가 서로 협동하면서 함께 책임을 질 것을 주장했다. 테일러는 작업 중에 적절한 휴식을 도입하여 생산성을 높일 수 있게 하였다.

뮌스터베르크(H. Munsterberg)는 전통적인 심리학의 방법들을 산업현장의 실제적인 문제들에 적용하는데 관심을 가졌다. 그의 관심은 저서인 '심리학과 산업효율성'에 잘 나타나고 있다. 그 책에서는 종업원의 선발, 작업환경의 설계, 판매와 같은 산업현장의 문제에 대하여 심리학을 적용하고 있다. 사람들은 뮌스터베르크가 산업심리학 탄생에 가장 공로가 크다고 평가하여 그를 '산업심리학의 아버지'라고 부르기도 한다.

2.2 제1차세계대전 기간(1917~1918년)

1차세계대전은 심리학이 사회의 인정을 받는 계기를 마련하였다. 당시 미국심리학회 회장이었던 여크스(R. Yerkes)는 심리학을 적용하여 전쟁수행에 상당한 도움을 주었다. 그가 군에서 심리학을 적용했던 내용들은 다음과 같다.

- 신병을 모집할 때 정신적 능력이 부족한 사람을 가려내었다.
- 선발된 신병들을 군대 내의 적절한 직무에 배치하였다.
- 신병의 동기, 사기, 훈련, 신체적 부상에서 오는 심리적 문제들을 연구하였다.
- 일반 지능검사를 개선하여 군대알파검사를 개발하였다.
- 30%에 달하는 영어 문맹자들을 위하여 군대베타검사를 개발하였다.

2.3 세계대전 중간 기간(1919~1940년)

세계대전을 계기로 응용심리학이 일반인들에게 알려졌다. 이런 사회적 분위기에 따라 전쟁이 끝난 후 심리학은 여러 많은 곳에서 활용되기 시작했다. 심리학자 빙햄(W. Bingham)은 카네기대학에 판매기술연구소를 설립하였다. 이 연구소에서는 판매원, 사무원, 간부사원들을 선발하고, 분류하며, 능력을 개발하는 연구를 집중적으로 수행하였다.

1924년에는 웨스턴 전기회사의 호손공장에서 일련의 연구가 실시되었다. 연구내용은 작업환경이 작업자의 업무능률에 미치는 영향을 살피는 것이었다. 처음에는 조명조건과 작업성과의 관계를 살피는 것이었다. 연구자의 기대와는 달리 작업성과는 조명수준과 상관없이 계속 높게 나타났다. 조명과 같은 물리적 조건은 작업성과에 그다지 중요하지 않았다. 그보다는 작업자들이 연구대상으로 선발되었다는 사실에 심리적으로 고무된 것이 작업성과에 더 큰 영향을 미친 것으로 확인되었다. 이 연구를 계기로 작업자의 심리적 만족감이 작업생산성에 큰 영향을 미친다는 사실을 발견하게 되었다.

2.4 제2차세계대전 기간(1941~1945년)

2차세계대전이 일어나자 미육군은 빙햄(W. Bingham)에게 군대인력분류 자문위원회 회장직을 부탁하였다. 그는 신병들을 다섯 집단으로 분류하는 군대일반분류검사를 개발하였다. 또한 군대일반분류검사를 실시하여 신병들을 군대 내의 적절한 직무에 배치시켰다.

2차세계대전 동안 심리학자들이 기여했던 또 다른 분야로는 전투기조종사의 선발과 훈련이었다. 심리학자들은 조종사의 선발과 훈련을 위하여 실제 비행기의 조종석에 조종사들의 수행능력을 기록, 제어하는 장치를 만들어 그들의 능력을 평가했다. 그 결과 우수한 조종사를 선발하거나, 효과적으로 훈련시킬 수 있었으며, 비행기를 쉽고 안전하게 조종할 수 있는 계기와 장비를 고안할 수 있었다.

2.5 제2차세계대전 이후(1946~현재)

2차세계대전이 끝난 후 산업심리학은 보다 세분화되기 시작했다. 많은 전문학회가 생겨났다. 또한 산업심리학에서 인사선발, 분류 및 배치, 훈련, 수행평가 등을 전문적으로 다루는 인사심리학이 정착되었다. 1950년대에는 조직에 관한 연구에 관심이 생겨났으며 산업심리학, 사회심리학, 사회학의 혼합인 조직행동에 관한 연구가 활발하게 이루어졌다.

1964년 미국 국회에서는 소수집단에 대한 불공정한 차별을 줄이기 위한 시민법을 통과시켰다. 여기서는 고용차별에 관한 문제를 다루고 있었다. 이때부터 산업심리학자들은 인사선발방법의 타당성에 대한 연구에 주력하게 되었다. 인사선발도구의 타당성 확보는 지필검사뿐만 아니라 서류전형, 면접 등에도 적용되었다. 이러한 타당성확보는 인사선발문제뿐만 아니라 배치, 승진, 해고 등의 모든 인사정책에 적용되었다.

제2부

인간의 특성

3장 능력

1. 개인의 능력

개인의 능력(ability)이란 어떤 일을 최대한 잘 수행할 수 있는 개인의 안정된 특성을 가리킨다. 한 사람이 잠재적으로 보유하고 있는 능력의 최대치와 그가 실제로 발휘하는 능력의 수준에는 차이가 있다. 개인의 능력은 크게 지적 능력, 정서적 능력, 신체적 능력으로 구분된다.

1.1 지적 능력

지적 능력(intellectual ability)은 주어진 문제를 해결하기 위해 사고하고 추리하는 능력을 가리킨다. 이는 어휘력, 추리력, 공간지각력, 기억력 등을 종합적으로 사용하는 것으로 상당 부분 유전되는 것으로 알려져 있다. 지적인 능력은 다음과 같은 내용들로 이루어진다.

- 언어이해: 단어의 의미와 단어들과의 관계를 이해한다.
- 단어유창성: 문자를 이용하여 완성된 단어를 신속하게 작성한다.
- 수치적성: 간단한 계산을 신속하고 정확하게 행한다.
- 귀납적 추리: 규칙이나 원리를 발견하여 문제해결에 적용한다.
- 기억력: 단어, 숫자, 목록 등을 정확히 기억한다.

• **지각적 신속성**: 신속하고 정확하게 시각적으로 지각한다.
• **공간적성**: 기하학적인 3차원 도형관계를 정확하게 지각한다.

심리학자인 스텐버그(R. Sternberg)는 사람의 지능이 요소적 지능, 경험적 지능, 상황적 지능의 3가지 능력으로 이루어졌다는 '지능의 3원론'을 주장하였다. 요소적 지능(componential intelligence)이란 논리적 유추를 통하여 추상적으로 사고하는 능력으로 '학업지능'(academic intelligence)이라고도 말한다. 이는 논리적 사고력이나 비판능력과 같은 기존의 IQ검사에서 측정하고 있는 제반능력들을 포함한다.

경험적 지능(experiential intelligence)은 서로 관련되지 않은 사실들을 조합하여 새로운 방법을 생성하는 능력으로 '창의적 지능'(creative intelligence)을 가리킨다. 예를 들어 빨강, 노랑, 파랑의 삼원색을 적절히 조합하면 수많은 색깔을 만들어낼 수 있고, 또한 그것을 이용하여 다양한 그림을 그릴 수 있는데 이렇듯 정보를 조합하는 능력이 창의력이다.

상황적 지능(contextual intelligence)은 변화하는 환경에 적응하고 주어진 상황을 최적화하는 능력으로, '실용지능'(practical intelligence)이라고도 일컬어진다. 이는 일상생활의 처해진 상황에서 알고 있는 지식을 적절히 적용하여 최선의 해결책을 찾아내는 능력을 가리킨다.

최근에는 지능지수(intelligence quotient: IQ)로 대표되는 학업지능보다 창의적 지능을 더욱 중시하는 경향이 두드러지게 나타나고 있다. 아울러 조직에서의 팀웍을 고려하여 성격과 관련된 '감성지수'(emotional quotient: EQ)를 평가항목에 크게 반영하는 경향도 증가하고 있다.

성공과 IQ

1985년 문교부에서는 취학 이전의 영재들을 조사하였다. 전국에서 3세부터 6세까지의 영재 144명이 선발되었다. 이들은 모두 세살 이전에 한글과 숫자를 깨치거나 천자문을 줄줄 외워 주위를 놀라게 했던 아이들이었다. 15년이 지난 2001년에 어느 신문사에서는 그들을 추적 조사하였다. 그 결과는 의외였다. 18세에서 21세가 된 그들에게서 특출한 모습을 전혀 찾아볼 수 없었기 때문이다. 이들 중에는 학교에 제대로 적응하지 못했거나, 고등학교만 겨우 졸업한 사람, 그리고 지방 전문대학에 진학한 사람들도 다수 포함되어 있었다.

미국의 심리학자 펠드만 박사는 4살부터 6살까지 IQ가 160이상이었던 수백 명의 영재들을 대상으로 30~40년 후의 생활을 조사한 후 이렇게 결론내렸다. "성인이 된 영재들은 모두 평범한 삶을 살고 있었으며, 그들 중 어느 누구도 뛰어나게 성공한 사람을 찾을 수 없었다. 성공과 IQ는 전혀 상관이 없다." 왜 이런 결론이 나오게 되었을까? 성공은 IQ만으로 이루어지는 것이 아니기 때문이다.

1.2 감성적 능력

미국의 심리학자 골먼(D. Goleman)은 감성적 능력(emotional ability)이 자기감정인식, 감정제어, 자기동기부여, 감정이입, 사회적 기술의 다섯 가지 요소로 구성되었다고 주장하였다.

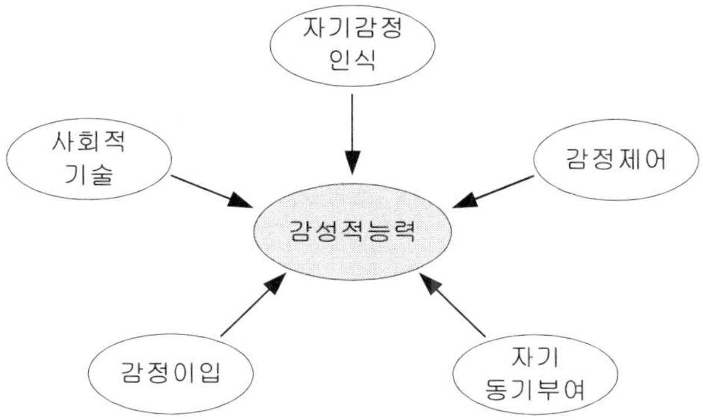

〈그림 3-1〉 감성적 능력의 요소

자기감정인식은 감성지능을 구성하는 다른 요소들의 기초가 되는 것으로, 자신의 감정상태를 인식하는 능력이다. 우리는 어떤 감정에 사로잡혀 있으면서도 그것을 인식하지 못하거나 상당히 시간이 흐른 뒤에 깨닫게 되는 경우가 많다. 감정의 동요가 일어날 때 그것을 알아차리는 것이 정서지능의 핵심이다. 자신의 감정을 인식하지 못하면 감정을 통제할 길이 없다.

감정제어는 자신의 감정을 제어할 수 있는 능력이다. 자신의 감정을 다룰 줄 안다는 것은 감정을 억압하거나 부정하는 것이 아니라, 그 감정상태가 자신의 행동에 어떤 영향을 미치는지를 생각하고 올바른 행동을 선택하는 것이다. 부정적 감정에 휩쓸리지 않으면서 가능한 긍정적인 기분으로 바꾸려고 노력하는 것이 감성지능개발에 매우 중요하다.

자기동기부여는 자신에게 동기를 부여하는 능력으로, 어떤 난관에 부딪혀도 좌절하지 않고 희망을 가지고 지속적으로 헤쳐 나가는 능력을 말한다. 최고의 위치에서 성공한 사람들은 어떤 어려운 상황에서도 헤쳐 나갈 수 있도록 자신에게 동기를 부여할 줄 아는 능력을 갖추고 있다. 이들은 앞에 놓인 목표를 달성하고자 하는 긍정적인 신념과 충동을 참아내는 인내심을 가지고 부단히 노력하는 것이 특징이다.

감정이입은 타인의 입장에서 그가 느끼는 감정을 이해하고 공감하는 능력이다. 사회생활에서 상대방의 감정을 읽는 능력은 매우 중요하다. 다른 사람의 감정을 제대로 인식하지 못하는 사람은 다른 사람들의 말이나 행동에서 스쳐 지나가는 비언어적인 메시지를 탐지하지 못한다. 그래서 상대방의 기분이 상한 것을 파악하지 못하고 계속 상처를 주는 행동을 반복하기도 한다. 비언어적인 단서를 통하여 타인의 감정을 잘 읽는 사람은 인기가 있고, 사교적이다. 일반적으로 여성이 남성보다 감정이입능력이 더 뛰어난 것으로 알려져 있다.

사회적 기술이란 타인과 긍정적인 관계를 형성하며, 타인의 감정에 반응하며, 타인에게 영향을 미치는 능력을 의미한다. 한마디로 좋은 인간관계를 유지하는 능력이다. 사람은 의견의 차이를 조절하고, 갈등을 해결하기 위해, 그리고 공통의 목적을 이루기 위하여 사회적 기술을 사용한다. 사회적 기술을 이용하여 관계를 형성하는 능력은 조직 내의 활동에서 매우 중요하다.

감성적 능력과 성공

조사에 의하면 감성지수(EQ)가 지능지수(IQ)보다 성공에 더 크게 영향을 미치는 것으로 나타났다. 미국 뉴저지 주에 있는 AT&T사의 벨 전화연구소는 우수한 연구원들이 모이는 곳으로 유명하다. 하지만 이 회사에서 우수한 업적을 쌓고 고위직으로 승진한 연구원들은 입사동기들에 비하여 지능이 우수하거나 입사시험성적이 뛰어난 사람들이 아니었다. 그들은 동료들과 신변잡담을 잘 주고받았고, 동료나 상사들에게 인기가 있었으며, 자신의 목표를 달성하는데 있어 주위 사람들의 협조를 쉽게 받아내는 사람들이었다. 반면에 독불장군식의 천재들은 실적이 좋지 않았다. 소위 '떠오르는 별' 이라고 주목받았던 상당수의 사람들이 중도에 탈락하였는데, 그 결정적인 이유는 기술적인 무능함이 아니라 대인관계에서의 결함 때문이었다.

1.3 신체적 능력

플리쉬먼(E. Fleishman)은 수백 개의 직무능력요건을 검토하여 신체적 과업을 수행하는데 필요한 9개의 기본적 능력을 식별할 수 있게 하였다. 또한 신체능력분석기법을 이용하여 특정한 직무가 어느 정도의 신체적 능력을 필요로 하는지 측정할 수 있다고 주장하였다. 그가 제시한 기본 신체적 능력(physical ability)은 다음과 같다.

- **동적 체력**: 일정 기간 반복적으로 근력을 사용할 수 있는 능력
- **몸통 체력**: 몸통의 근력을 사용할 수 있는 능력
- **정적 체력**: 외부 물체에 대하여 정적으로 근력을 사용할 수 있는 능력
- **폭발적 체력**: 폭발적 행위에 대하여 최대의 에너지를 발휘할 수 있는 능력

- **확장 유연성**: 근육을 유연하게 확장할 수 있는 능력
- **동적 유연성**: 신속하게 반복적으로 구부리는 동작을 할 수 있는 능력
- **신체의 전반적 협조**: 신체의 여러 부분을 동시에 조정하며 활동할 수 있는 능력
- **균형**: 신체의 균형을 유지할 수 있는 능력
- **스테미너**: 상당한 시간 동안 최대의 힘을 지속적으로 발휘할 수 있는 능력

2. 창의력

조직의 혁신적인 발전은 창의적인 아이디어에서 비롯된다. 특히 오늘날 지식중심사회에서는 창의력이 그 어느 때보다도 크게 요구되고 있다.

2.1 창의력의 정의

창의력(creativity)이란 문제를 해결하기 위하여 정보나 지식을 독특한 방법으로 조합하여 참신하고 유용한 아이디어를 생성해 내는 능력이다. 창의력에는 2가지 요건이 필요하다. 하나는 남들이 생각하지 못한 독특한 방법으로 문제에 접근하는 차별성이고, 다른 하나는 문제 해결에 직간접적으로 도움을 주는 유용성이다.

이 2가지 요건 중 어느 하나라도 만족되지 않는다면 창의적 아이디어가 될 수 없다. 제안된 아이디어가 문제 해결에는 도움을 주지만 차별성이 결여되어 있다면 모방의 수준에 머무르고 만다. 이와 반대로 제안된 아이디어가 새롭고 독특하지만 문제해결에 도움을 주지 못한다면 문제를 복잡하게 하여 오히려 해결을 어렵게 만들게 된다.

2.2 창의력 발휘의 요소

〈그림 3-2〉에서 보는 바와 같이 창의력을 발휘하려면 전문지식, 상상력, 내적동기의 3가지 요소가 필요하다.

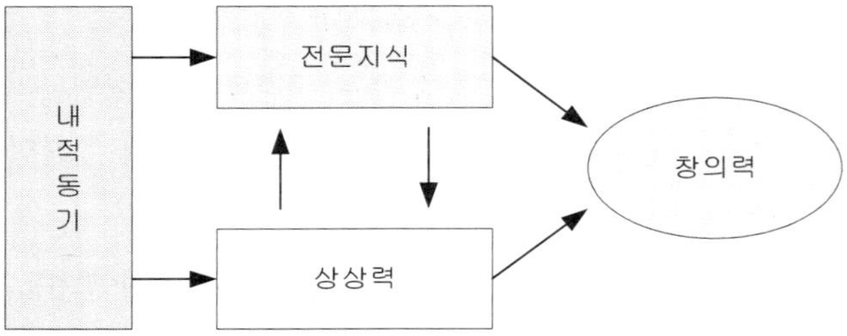

〈그림 3-2〉 창의력발휘의 요소

2.2.1 전문지식

창의적 아이디어는 상당한 수준의 전문지식을 필요로 한다. 전문지식이 부족한 비전문가들로부터 전문분야의 문제를 해결할 수 있는 창의력을 기대하는 것은 불가능하다. 창의적 아이디어는 우연히 운좋게 얻어지는 것이 아니라 전문적인 지식을 기반으로 하여 생성되는 것이기 때문이다.

2.2.2 상상력

사람들이 미처 생각하지 못한 독특한 아이디어는 획일화된 논리적 사고에서는 결코 나오지 않는다. 논리와 제약에서 벗어나 다양한 경험과 지식을 바탕으로 폭넓게 사고할 때 기발한 착상들이 자유롭게 머릿속에 떠오르게 된다. 따라서 풍부한 상상력은 다양한 아이디어를 얻는데 있어 반드시 필요한 요건이다.

2.2.3 내적동기

문제해결과 관련된 연결고리를 찾는 순간 '아하!' 하는 통찰과 더불어 새로운 아이디어를 얻게 된다. 이러한 통찰은 마음속에서 문제해결에 대한 강렬한 열망을 품고 있을 때 무의식적 사고활동을 통하여 나타난다. 의식적으로 문제를 해결하려고 갈망했던 모든 노력이 무의식 상태에서 아이디어를 생성하도록 만드는 원동력이 되었기 때문이다.

2.3 창의력 개발의 과정

창의력은 타고나는 것이 아니라 학습에 의하여 개발될 수 있다는 관점에서 미국의 월라스(G. Wallas)는 창의력 개발을 제안하였다. 이는 〈그림 3-3〉에서 보는 바와 같이 준비, 부화,

발현, 검증의 4단계로 이루어진다.

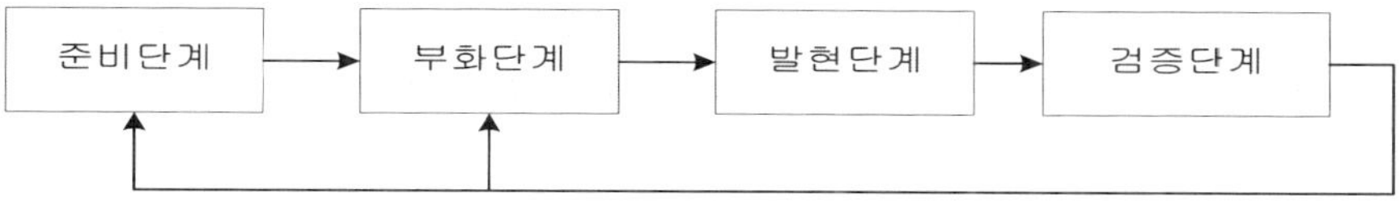

〈그림 3-3〉 창의력 개발의 과정

먼저, 준비단계에서는 문제를 정의하고 필요한 정보를 수집한다. 이때 담당자는 문제를 해결하겠다는 강한 의지를 갖는 것이 매우 중요하다. 그 다음은 부화단계로, 여기서는 무의식 중에 다양한 정보들을 연관시켜 해결방안을 찾게 된다. 이 단계에서는 몸과 마음을 편안하게 하여 상상력을 극대화하는 것이 필요하다. 세 번째는 발현단계로 무의식에서 아이디어를 도출하게 된다. 아이디어가 떠오르는 순간 우리는 '아하'라는 통찰의 느낌을 경험하게 된다. 마지막으로, 검증의 단계에서는 얻어낸 아이디어로부터 문제의 해결방안을 구체적으로 도출해내고 평가하고 확인하게 된다. 평가된 아이디어가 문제해결에 도움이 되지 않는 경우에는 이전 단계로 되돌아간다.

3. 능력의 개발과 성과

능력은 선천적으로 타고나는 것도 있지만 후천적으로 개발되는 것도 많다. 또한 개인의 능력은 사람마다 천양지차로 다르다. 따라서 조직에서는 목표를 효과적으로 달성하기 위하여 교육훈련을 통하여 구성원들의 능력을 개발하고, 각자의 적성에 따라 적합한 업무를 부여하는 것이 매우 중요하다.

3.1 적성

적성(aptitude)이란 어떤 활동을 수행하는데 필요한 기본적 재능을 말한다. 하버드대학교의 심리학 교수인 가드너(H. Gardner)의 '다중지능이론'(multiple intelligence theory)에 의하면 사람에게는 8가지 다른 종류의 지능이 있다고 한다. 이로 인하여 사람마다 서로 다른 능력을 가지게 되는 것이며, 이는 개인의 재능 혹은 적성과 관련이 있다. 8가지의 지능에는 논리수학

지능, 언어지능, 공간지능, 음악지능, 대인관계지능, 자기이해지능, 신체운동지능, 자연탐구지능이 있다.

3.1.1 논리수학지능

논리수학지능은 추상적 관계를 응용하거나 논리적 판단과 사고를 사용하는 능력을 나타낸다. 이는 논리적인 문제나 방정식을 풀어가는 정신적 과정에 관한 능력으로 언어사용이 크게 요구되지 않는다. 이 지능이 높은 사람은 논리적 과정에 대한 문제들을 빨리 해결하고, 추론을 잘 이끌어 내며, 체계적이고 과학적인 방법으로 문제를 해결한다. 이들에게 적합한 직업으로는 회계사, 과학자, 컴퓨터 프로그래머, 엔지니어, 의사, 법조인 등이다.

3.1.2 언어지능

언어지능은 단어의 소리, 리듬, 의미에 대한 감수성이나 언어의 기능에 대한 민감성 등에 관련된 능력을 나타낸다. 이 지능이 높은 사람은 토론학습 등에서 두각을 나타내며, 유머나 끝말잇기, 낱말 맞추기 등을 잘한다. 또한 어휘구사능력이 뛰어난 달변가가 많으며, 글솜씨도 뛰어난 편이다. 이들에게 적합한 직업으로는 정치가, 기자, 작가, 변호사, 영업사원, 번역가, 통역사 등이다.

3.1.3 공간지능

공간지능은 3차원적 공간세계를 정확하게 인지하고 변형할 수 있는 능력을 말한다. 이 지능이 뛰어난 사람들은 색깔, 모양, 형태, 공간 등의 관계를 민감하게 파악하고, 그림이나 3차원 도형을 창조적으로 변형시키는 능력이 뛰어나다. 이들은 방향감각이 뛰어나 처음 방문하는 곳도 잘 찾아간다. 아이디어들을 도표로 잘 나타내며, 시각적으로 표현하는 디자인, 그림 그리기, 만들기 등에 소질을 보인다. 이들에게 적합한 직업으로는 건축가, 실내장식가, 예술가, 조각가, 디자이너, 화가, 코디네이터 등이다.

3.1.4 음악지능

음악지능은 리듬, 멜로디, 음색 등을 다양하게 만들고 평가할 수 있는 능력을 가리킨다. 이 지능이 뛰어난 사람은 소리, 리듬, 진동과 같은 음의 세계에 민감하고, 음악적 유형을 잘 구별한다. 또한 이들은 악기를 연주하고 작곡하는 것을 좋아한다. 음악지능은 단순히 음악이나 리듬에만 국한되는 것이 아니고 소리의 전체를 다루는 능력과 관계되기 때문에 '청각-진동지능'이라고 부르기도 한다. 이들에게 적합한 직업으로는 음악평론가, 작곡가, 연주가,

성악가, 음향기술자, 음반제작자 등이 있다.

3.1.5 신체운동지능

신체운동지능은 운동, 균형, 민첩성 등을 조절할 수 있는 능력을 나타낸다. 이 지능이 높은 사람은 생각이나 느낌을 몸동작으로 표현하는 능력이 뛰어나다. 몸의 균형 감각과 촉각이 다른 사람들에 비해 발달되어 있으며, 손재주가 있어 수공예, 가구조립 등을 잘한다. 이들에게 적합한 직업으로는 배우, 무용가, 공예가, 운동선수, 경찰, 정비기술자 등이 있다.

3.1.6 대인관계지능

대인관계지능은 사람들과 교류하고, 이해하며, 그들의 감정과 행동에 적절히 대처하는 능력을 나타낸다. 이 지능이 뛰어난 사람은 다른 사람들의 표정, 음성, 몸짓 등 대인관계에서 나타나는 여러 가지 신호들을 잘 읽어냄으로써, 타인의 기분이나 감정을 잘 파악하고 그런 상황에 적절히 대처한다. 이들은 대인관계가 뛰어나므로 친구들을 많이 사귀고 사람들과 어울리는 것을 좋아한다. 이들에게 적합한 직업으로는 카운슬러, 교사. 심리치료사, 정치가, 종교지도자, 영업사원 등이다.

3.1.7 자기이해지능

자기이해지능은 자기 자신을 이해하고, 느낄 수 있는 인지적 능력을 말한다. 이는 자신의 감정상태, 행동방식을 이해하는 능력으로, 자기이해지능이 높은 사람은 자기존중감이 높고, 자기계발욕구, 자력으로 문제를 해결하는 능력이 강한 편이다. 이들에게 적합한 직업으로는 철학자, 신학자, 소설가, 심리학자, 성직자, 심리치료사 등이 있다.

3.1.8 자연탐구지능

자연탐구지능은 최근에 추가된 지능영역으로, 자연 현상이나 사물을 파악하고 분류하는 능력을 나타낸다. 이 지능이 높은 사람은 자연친화적이고, 동물이나 식물채집을 즐기며, 이들을 구별하고 분류하는 능력이 우수하다. 이들에게 적합한 직업으로는 자연과학자, 수의사, 농화학자, 천문학자, 고고학자, 약사, 원예가 등이 있다.

3.2 학습과 능력

사람의 적성은 적절한 학습과정이 주어지지 않으면 실제 업무를 수행할 수 있는 기술적 능력으로 변화되지 않는다. 〈그림 3-4〉에서 보는 바와 같이 개인의 업무수행능력은 각자 소유하고 있는 고유한 적성에 체계적인 교육훈련프로그램에 의한 학습이 부가될 때 얻어지게 된다. 학습은 훈련과 경험의 형태로 주어진다.

개인이 잠재적으로 보유하고 있는 능력의 최대치와 실제로 그가 발휘하는 능력에는 차이가 있다. 여기서 학습은 개인의 잠재능력을 최대한 계발하는 것을 말하며 실제 발휘되는 능력은 동기에 의하여 좌우된다. 회사에서 개인 능력에 관심을 갖는 이유는 변화하는 환경 속에서 교육훈련을 통해 개인의 기술적 능력을 지속적으로 다양하게 계발해야 하기 때문이다.

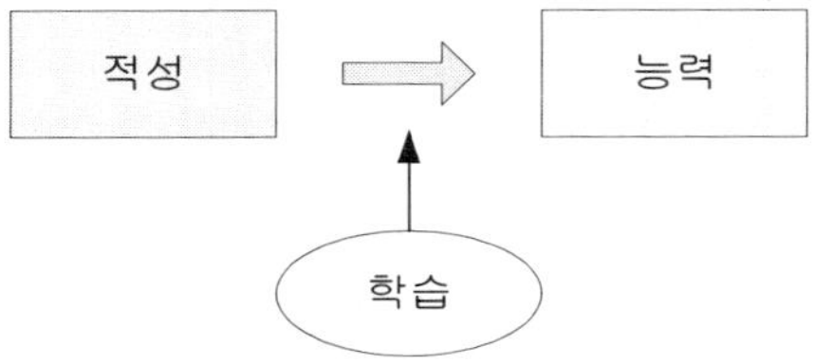

〈그림 3-4〉 능력의 요소

3.3 능력과 성과

개인이 이루어내는 업무의 성과는 〈그림 3-5〉에서 보는 바와 같이 각자의 기술적 능력과 동기에 의하여 좌우된다. 여기서 능력은 특정한 과업을 수행할 수 있는 개인의 역량을 의미하며, 동기는 과업을 수행하려고 하는 작업자의 태도, 의지, 노력 등을 포함한다.

개인의 능력이 담당할 직무의 요건과 일치하게 되면 직무에 대한 동기가 생겨나고 회사의 성과가 증진된다. 따라서 회사에서 종업원들의 성과를 높이려면 그들의 동기와 능력에 대한 이해와 통합된 관리가 요구된다. 조직에서 개인의 능력을 관리하려면 무엇보다도 직무요건에 맞는 적성을 가진 사람을 선발하는 것이 가장 중요하다. 그 다음으로는 그들의 기술적 능력을 계발하기 위한 훈련과 배치가 뒤따라야 한다.

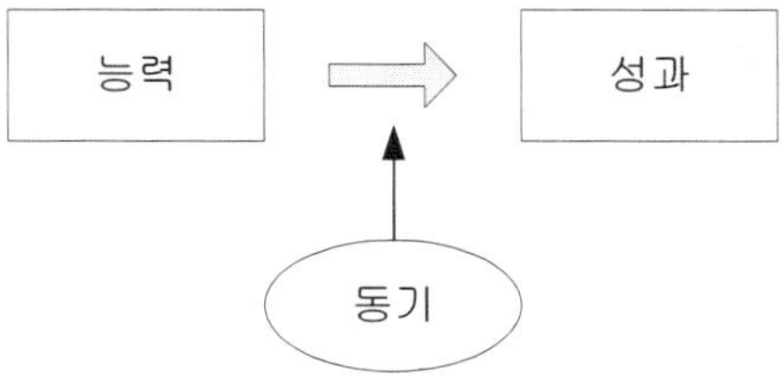

〈그림 3-5〉 성과의 요인

3.4 관리자에게 요구되는 능력

조직경영을 위하여 관리자들에게 요구되는 관리능력은 전문기술능력, 인간관계능력, 개념화 능력으로 나눌 수 있다.

전문기술능력은 특정한 일의 수행을 위하여 필요한 지식이나 방법, 테크닉, 혹은 장비를 사용할 수 있는 현장실무능력을 말한다. 이러한 능력은 특히 일선관리자에게 요구되며 그들이 과업담당자를 지시, 충고, 감독하려면 담당업무에 능통해야 한다.

인간관계능력은 효과적으로 리더십을 발휘하고, 종업원들의 동기를 유발시키며, 상/하급자 및 동료들과의 원활한 의사소통을 수행하는 대인관계능력을 가리킨다. 이 능력은 모든 관리자에게 공통적으로 요구되지만, 하급자를 다루고 여러 부서를 조정해야 하는 중간관리자에게 특히 요구된다.

개념화 능력은 조직에서 일어나는 여러 복잡한 정보, 사건, 현상들을 추상화하여, 일정한 개념의 틀에 따라 이해할 수 있는 상황판단능력을 말한다. 이런 능력이 뛰어난 사람은 조직의 현 상황을 재빨리 이해하고, 조직목표달성에 필요한 것을 꿰뚫어 볼 수 있다. 이러한 능력은 특히 최고경영자에게 필요하다.

〈그림 3-6〉은 일선경영자, 중간경영자, 최고경영자 각각에 대하여 요구되는 관리적 능력을 보여주고 있다.

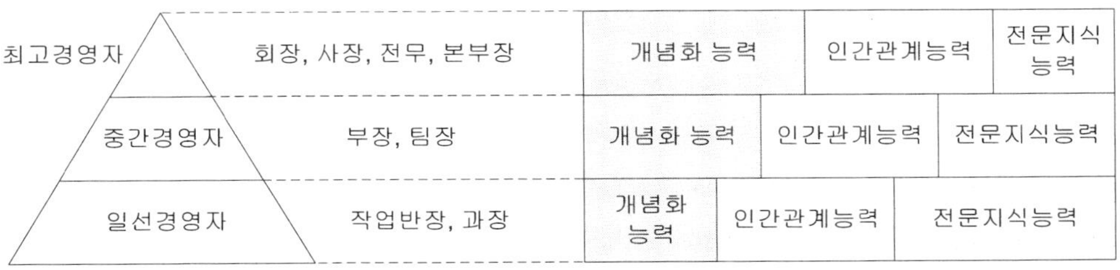

〈그림 3-6〉 관리자에 따라 요구되는 능력

4장 성격

1. 성격의 정의와 특성

어떤 사람에 대하여 착하다, 욕심이 많다, 사교적이다, 내성적이다, 참을성이 많다고 말하는 것은 모두 그의 성격에 관한 말이다. 성격(personality)은 개인의 정체성을 나타내는 안정된 내적특성으로, 타인, 사건, 사물 등 외부 상황에 따라 반응하는 방식이다. 예를 들어, 오늘 활달하고 정직한 사람은 내일도 활달하고 정직할 것으로 기대된다.

성격의 특성은 다음의 내용으로 요약될 수 있다.

- 성격은 상당히 안정적이다.
- 성격은 개인마다 차이가 있다.
- 성격은 외부 상황에 따라 반응하는 방식이다.

성격은 조직 내에서 개인의 행동에 영향을 주는 중요한 요인이다. 〈그림 4-1〉에서 보는 바와 같이 개인의 성격을 알면 그의 행동을 예측할 수 있다. 반대로 개인의 행동을 통하여 그의 성격을 예측하는 것도 가능하다. 따라서 우리가 개인의 성격을 파악하게 되는 경우, 그의 행동 예측, 적합한 직무배치 등 여러 면에서 도움을 얻을 수 있다.

하지만 개인의 성격은 상황에 따라 여러 다른 행동으로 나타날 수도 있다. 예를 들어, 성격이 불 같이 급한 사람이라도 회사에서 직속상사에 대한 불만을 있는 그대로 드러내지 못한다. 하지만 부하직원이 실수를 저지른 경우 분노를 여과 없이 표출하기도 한다.

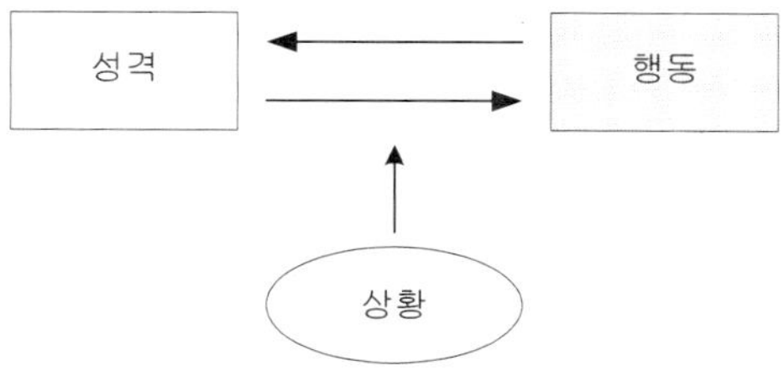

〈그림 4-1〉 성격과 행동

2. 성격의 형성요인

사람의 성격을 형성하는 요인은 무엇인가? 성격이 선천적으로 타고나는 것인지, 아니면 후천적으로 환경과의 상호작용을 통하여 형성되는 것인지 많은 논쟁이 거듭되었다. 하지만 이에 대한 명쾌한 해답은 아직 얻어지지 않고 있으며, 이 두 가지 요인의 영향을 받아 성격이 형성된다고 추측하고 있을 뿐이다. 오래 전부터 성격에 대한 유전과 환경의 영향을 살피기 위하여 쌍생아와 입양아의 연구가 많이 이루어져 왔다.

2.1 유전적 요인

유전적 요인이 사람의 성격형성을 결정할 것이라는 전제는 성격도 신체와 마찬가지로 부모를 닮게 될 것이라는 생각에서 출발한다. 캔터(S. Canter)는 출생 직후 헤어져 멀리 떨어져 다른 부모 밑에서 자란 일란성쌍생아들을 다수 조사하였다. 그 결과 그들 간의 상관관계가 0.91이라는 대단히 높은 값으로 나타나 그들이 환경과 무관하게 거의 유사한 성격을 가지고 있음이 밝혀졌다. 이와 유사한 연구결과는 미네소타 대학 등 많은 곳에서도 이루어졌다. 선천적으로 타고난 기질이 성격형성에 크게 영향을 미치고 있음을 보여주는 것이다.

Jim 쌍둥이 이야기

Jim Lewis와 Jim Springer는 1940년 미국에서 일란성 쌍둥이로 태어나 5주 후에 헤어지게 되었다. 이들은 서로 다른 가족들 사이에서 성장했고 상대방에 대하여 아무 것도 알지 못했다. 1979년 39살이 되었을 때 이들은 처음 만났으며 놀라울 만큼 많은 유사점을 지니고 있었다.

이들의 이름은 신기하게도 모두 Jim이었다. 또한 이들 모두는 Linda라는 이름의 여자와 결혼했다가 이혼했으며, Betty라는 이름의 여자와 재혼했다. Lewis는 아들의 이름을 James Allen으로, Springer는 James Alan이라고 지었으며 이들의 애완견의 이름은 모두 Toy였다.

이들은 모두 혈압이 높았으며, 비슷한 시기에 편두통으로 시달렸다. 또한 동일한 제스처를 취했고, 손톱을 물어뜯는 버릇이 있었으며, 야구를 싫어했다. 학교에서는 중간정도의 성적을 유지했다.

이들은 Miller Lite 맥주를 마셨으며, Salem 담배를 즐겨 피웠다. 차는 Chevrolet를 몰았고, 개조 자동차 경주를 즐겼으며, 휴가 때는 플로리다 주의 작은 바닷가에서 휴가를 수년간 보낸 적이 있었다.

2.2 환경적 요인

성격에 미치는 유전적 영향을 조사하기 위한 쌍생아 연구가 의외로 전혀 다른 결과를 나타내기도 한다. 출생 직후 멀리 떨어져 각기 양육된 쌍생아들이 다른 성격을 갖게 되었다는 연구조사도 상당수 있다. 특히 이들은 나이를 많이 먹음에 따라 성격의 유사점에 관한 상관관계가 줄어드는 것으로 확인되었다. 이는 나이가 많아질수록 유전적 요인들이 성격에 적게 영향을 주는 반면, 환경적 요인은 더 크게 영향을 미치고 있음을 나타낸다.

성격형성에 영향을 주는 환경적 요인으로는 유년기의 영향, 인간관계, 사회나 조직의 영향 등이 있다. 심리학자 프로이트(S. Freud)는 성격이 기억의 심층에 잠재해 있는 어렸을 때의 사건들에 의하여도 영향을 받는다고 하였다. 심지어 임신 중 어머니의 근심, 피로, 공포 등이 태어날 아기의 성격형성에 영향을 미친다는 주장도 있다.

프롬(E. Fromm)이나 설리반(H. Sullivan) 등은 인간관계가 개인의 성격형성에 매우 큰 영향을 준다고 주장했다. 예를 들어 젖 먹는 유아에게 영향을 주는 가장 큰 요인은 엄마에 대한 신뢰와 의존의 관계라고 한다. 아이가 엄마와의 관계에서 충분한 사랑과 보호를 받게 되면 그는 성장하여 다른 사람들을 신뢰하고 긍정적으로 살아가게 된다. 하지만 엄마로부터 제대로 사랑과 보호를 받지 못하게 되면, 그 아이는 성장하여 사람들을 믿지 못하고 부정적으로 세상을 살게 된다고 한다.

군대, 직장과 같은 사회집단의 문화도 구성원들의 성격에 영향을 미친다. 남자들의 경우 군대복무를 마치고 돌아오면 성격이 보다 적극적으로 바뀌게 되는데 이 때문이다. 또한 국가에 따라 국민들은 독특한 성격을 갖게 되기도 한다. 예를 들어 한국 사람들은 성격이 매우 급하다는 말을 많이 듣는데 반해, 중국 사람들의 성격은 매우 느긋한 것으로 알려져 있다.

출생순서와 성격

MIT공대 교수인 프랭크 설로웨이는 형제들의 성격차이가 태어난 순서에서 비롯된다고 주장했다. 그의 이론에 의하면 맏아들은 동생보다 보수적이고, 질투심이 강하며, 새로운 아이디어를 배척하는 성향이 강한 반면에, 둘째 이하로 태어난 동생들은 맏이에 비하여 변화와 모험을 즐기고 급진적인 것으로 나타났다.

이런 맥락에서 설로웨이는 과학 분야의 변혁이 대부분 맏이가 아닌 아우들에 의하여 주도되었음을 밝혀냈다. 그는 28개의 중요한 과학논쟁에 참여한 2,800여명의 과학자들이 견지한 입장을 분석했다. 가령 다윈의 진화론에 대한 논쟁에서 장남과학자의 20%, 장남이 아닌 과학자의 61%가 다윈 편에 섰다. 아인슈타인의 상대성이론을 놓고 진행된 논쟁에서는 장남과학자의 30%, 동생으로 태어난 과학자의 76%가 상대성이론을 받아들였다. 대체적으로 새로운 이론에 대한 반대자는 장남인 것으로 밝혀진 셈이다.

이에 대하여 설로웨이는 부모들이 맏이에게 더 많은 투자를 하고 맏이는 부모와의 관계를 유지하고 싶어하므로 보수적으로 될 수밖에 없지만, 동생들은 형보다 잃을 것이 많지 않으므로 변화를 추구하고 모험을 즐기게 된다고 설명했다. (조선일보, 2007)

3. 조직과 성격

사람은 주어진 상황에 따라 다르게 행동한다. 조직 내의 개인도 마찬가지다. 일단 조직에 들어오면 조직분위기에 따라 자신의 행동을 결정한다. 이를 '조직행동'(organizational behavior)이라고 한다.

3.1 조직행동의 결정요인

일단 조직 내에 들어오게 되면 사람들은 자신의 성격을 감추고 상황에 맞추어 행동하게 된다. 예를 들어 아무리 급한 성격을 가진 영업사원이라도 고객에게 상품을 권할 때는 재촉하지 못한다. 그렇지만 사람들은 개인의 행동이 상황보다는 그의 성격에 더 큰 영향을 받는다고 생각한다. 그런 이유 때문에 회사에서는 신입사원을 선발할 때 성격을 파악하려고 면접을 신중하게 실시한다. 성격은 개인의 감정, 태도, 사고, 행동 등에 영향을 준다. 따라서 개인의 성격을 파악하면, 그의 직무만족, 스트레스 관리능력, 리더십 등을 예측하고 설명하는데 큰 도움이 된다.

조직의 환경과 개인의 성격은 직무태도나 조직행동에 영향을 미치게 된다. 개인의 성격이 그의 조직행동에 얼마나 크게 영향을 미치는가 하는 것은 조직환경에 달려 있다. 조직의 분위기가 느슨하면 개인의 성격이 미치는 영향이 강해지고, 반대로 조직의 분위기가 엄격하면 성격의 영향은 약해지게 된다. 개인이 조직 내에 지속적으로 있으면서 자신을 적응시키다 보면 점차 성격이 변화되기도 한다. 성격은 불변적인 것이 아니라 환경의 지배를 받아 바뀔 수도 있기 때문이다.

3.2 성격과 조직문화

슈나이더(B. Schneider)는 조직구성원들의 성격이 조직의 본질을 결정한다는 '유인-퇴출이론'을 발표하였다. 즉, 한 조직의 전체적인 성격인 조직문화는 그 구성원들의 성격의 산물이라는 말이다. 조직문화와 비슷한 성격을 가진 사람은 선발되기 쉽고, 그 조직에 매력을 느끼게 되므로 오래 남게 된다. 이를 '유인'(attraction)이라고 말한다. 반면에 조직문화와 다른 성격을 가진 사람은 선발되기도 쉽지 않지만 들어오더라도 금방 불만을 느끼고 '퇴출'(attrition) 당하게 된다. 그 결과 조직은 유사한 성격을 가진 사람들로 구성되며, 조직문화를 결정하게 된다.

이는 장점도 될 수 있지만 조직의 변화를 방해하는 문제점이 되기도 한다. 오늘날같이 변화가 심한 환경 속에서 조직은 고정된 성향을 가지는 것보다는 수시로 바뀔 수 있는 유연한 성향을 갖는 것이 더 바람직하다. 유인-퇴출의 작용으로 조직의 성향이 한쪽 방향으로만 유도되는 것은 결코 바람직하지 않다.

4. 5대 성격유형

세상 사람들이 지닌 성격은 수없이 많다. 하지만 이들 성격은 외향성, 포용성, 성실성, 정서적 안정성, 개방성으로 이루어진 5가지 성격의 조합이라는 사실이 밝혀졌다. 딕만(J. Digman) 교수는 이들 성격을 5개의 차원으로 구분한 '5대 성격유형'(big five personality trait)을 제시하였다.

4.1 외향성

외향성(extroversion)은 인간관계의 범위를 나타낸다. 외향적인 사람은 사교적이고, 명랑하며, 말이 많고, 자신감이 넘치며, 매사에 적극적이며, 자기표현을 잘한다. 그에 비하여 내성적인 사람은 혼자 있기를 즐기고, 조용하며, 소극적이며, 사람들과 관계를 맺는 것에 큰 관심을 두지 않는다.

4.2 포용성

포용성(agreeableness)은 다른 사람들과 더불어 원만하게 지낼 줄 아는 성향을 뜻한다. 포용성이 높은 사람은 양보를 잘하고, 협조적이며, 다른 사람의 의견에 동조적이며, 다른 사람들을 신뢰한다. 이런 성향이 높은 사람은 직장에서 동료들과는 물론 외부 고객들과도 좋은 관계를 유지한다. 반면에 포용성이 낮은 사람은 냉철하며, 비판적이며, 몰인정하다.

4.3 성실성

성실성(conscientiousness)은 실행가능한 목표에 관심과 노력을 집중하는 성향을 가리킨다. 성실성이 높은 사람은 체계적이고, 철저하며, 책임감있게 일을 수행하며, 인내심이 있고, 성과지향적이다. 반면에 성실성이 낮은 사람은 감당하기 어려운 목표를 추구하며, 무계획적이며, 책임감도 낮고, 나태하다.

4.4 정서적 안정성

정서적 안정성(emotional stability)은 스트레스나 정서적 감정을 제어하는 능력을 가리킨다. 정서적 안정성이 높은 사람은 침착하며 자제력이 있어, 스트레스나 긴장상태에 대한 극복능력이 뛰어나다. 반면에 정서적 안정성이 낮은 사람은 기쁨과 슬픔, 흥분과 우울의 양극단 감정을 보이며, 조바심같이 불안한 감정을 자주 표출한다.

4.5 경험에 대한 개방성

경험에 대한 개방성(openness to experience)은 개인이 갖는 호기심이나 관심의 범위와 관련이 있다. 개방적인 사람은 새로운 것이나 혁신적인 경험을 즐기며, 상상력이 풍부하고, 외적 자극에 민감하며, 지적인 면모를 보인다. 이들은 변화에 대한 수용도가 높으며, 호기심이 많고, 끊임없이 새로운 정보를 추구하려는 성향을 갖는다. 반면에 개방성이 낮은 사람은 보수적이며, 새로운 것에 대한 변화를 기피한다.

〈그림 4-2〉는 특정 인물들을 5대 성격유형에 의하여 분석한 것이다.

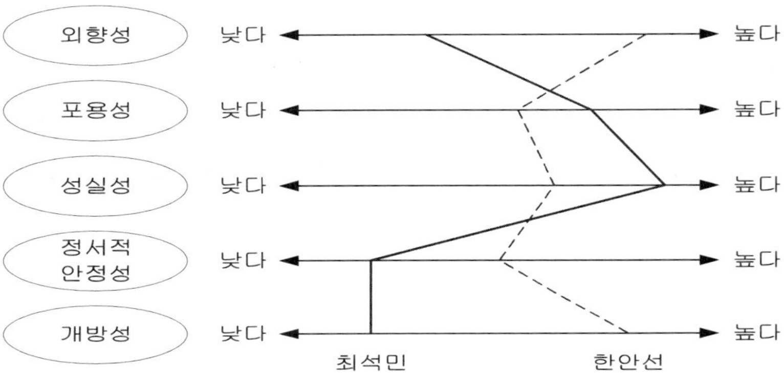

〈그림 4-2〉 5대 성격유형에 따른 성격분석

5대 성격유형에서 각각의 성격차원은 조직의 업무성과와 관련이 깊은 것으로 알려져 있다.

- 성실성이나 정서적 안정성이 높은 사람은 업무성과가 높다.
- 외향성과 포용성이 우수한 사람은 영업과 같은 대인업무에 유리하다.
- 개방성이 높은 사람은 신기술에 대한 교육훈련효과가 높다.
- 개방성이 높은 사람은 팀제에 적합하지 않다.
- 개방성을 제외한 나머지 네 성향이 우수한 사람들로 구성된 팀은 높은 실적을 보인다.

5. MBTI 성격유형

MBTI(Myers-Briggs type indicator)성격유형은 1920년대에 스위스의 심리분석학자 융(C. Jung)에 의하여 연구된 문제해결유형을 마이어스(I. Myers)와 브릭스(K. Briggs)가 설문양식으로 발전시킨 것이다. 융에 의한 문제해결유형은 문제해결방식에 있어서 정보수집의 인지기능과, 수집한 정보를 평가하는 판단기능이 다양하다는 사실에 근거하고 있다.

먼저, 정보수집은 정보를 모으고 조직화하는 과정으로 감각형과 직관형으로 나뉜다. 감각형은 정보수집에 있어서 새로운 가능성보다는 이미 알려진 사실을 다룬다. 한편 직관형은 새로운 문제해결을 좋아하며 틀에 박힌 것을 기피한다.

또한, 정보평가는 수집한 정보를 판단하는 과정이다. 정보평가의 유형은 감정형과 사고형으로 구분된다. 감정형은 순응적이며 자신을 타인에게 적응시키려고 함으로 가능한 한 의견의 일치를 위하여 노력한다. 반면에 사고형은 문제를 처리하는데 이성과 지성을 활용한다. 이런 유형의 사람은 문제를 해결하는데 있어서 사람과의 정서적인 측면을 중요하게 생각하지 않는다.

MBTI는 앞서 기술한 감각적-직관적 차원과 감정적-사고적 차원에 외향적-내성적 차원과 포용적-비판적 차원을 추가한 것이다. 이는 직장인의 성격유형분류에 많이 사용되고 있으며, 100개의 질문으로 사람들이 외부환경이나 타인을 대하는 방식을 측정하여 사람들의 유형을 분류한다.

5.1 외향적(E) - 내성적(I)

외향적(extroverted: E)이냐 내성적(introverted: I)이냐 하는 성격의 구별은 그 사람이 주의를 기울이는 초점의 방향, 즉 에너지의 방향이 외부에 있느냐 내부에 있느냐에 따라 좌우된다. 이 2가지 상반된 성격의 특징을 비교하면 〈표 4-1〉과 같다.

〈표 4-1〉 외향적-내성적 성격의 비교

외향적(E)	내성적(I)
•폭넓은 대인관계 •사교적, 정열적, 활동적 •외부활동에 집중 •말로 표현 •경험한 다음에 이해	•깊이있는 대인관계 •조용하고 신중 •자신의 내면에 집중 •글로 표현 •이해한 다음에 경험

5.2 감각적(S)-직관적(N)

감각적(sensing: S)이냐 직관적(intuitive: N)이냐 하는 성격의 구분은 정보수집의 방법에서 구분된다. 감각형은 이미 알려진 사실에 기초하여 정보를 찾는 반면, 직관형은 새로운 방식으로 문제를 해결하려고 노력한다. 〈표 4-2〉는 감각형과 직관형의 특징을 비교하고 있다.

〈표 4-2〉 감각적-직관적 성격의 비교

감각적(S)	직관적(N)
•오감에 의존한 실제 경험 •현재에 초점을 맞춤 •정확하고 철저한 일처리 •사실적인 사건 묘사 •나무를 보는 경향	•영감에 의존한 아이디어 •미래의 가능성에 초점 •신속하고 비약적인 일처리 •비유적인 묘사 •숲을 보려는 경향

5.3 사고적(T) - 감정적(F)

사고적(thinking: T)이냐 감정적(feeling: F)이냐는 판단의 차원으로 그 사람이 어떻게 결정하느냐에 따라 구분된다. 사고형은 이성을 활용하여 문제를 해결하며, 사람과의 감정적인 측면을 중요하게 여기지 않는다. 반면에 감정형은 순응적이며, 다른 사람에게 자신을 맞추어 적응시키려고 노력한다. 사고형과 감정형의 성격을 비교하면 〈표 4-3〉과 같다.

〈표 4-3〉 사고적-감정적 성격의 비교

사고적(T)	감정적(F)
•객관적 사실에 관심 •논리적, 분석적인 판단 •맞다, 틀리다 •정해진 규범, 기준 중시 •지적 논평	•사람과의 관계에 관심 •상황적, 정상 참작한 판단 •좋다, 나쁘다 •나에게 주는 의미 중시 •우호적 협조

5.4 판단적(J) - 인식적(P)

판단적(judging: J)이냐 인식적(perceiving: P)이냐는 행동양식차원에 관한 것이다. 판단형은 행동에 분명한 목적과 방향이 있으며, 사전에 계획하며, 체계적이다. 반면에 인식형은 행동에 있어서 목적과 방향이 수시로 변할 가능성이 있으며, 상황에 따라 자율적이고, 융통성이 크다. 판단형과 인식형의 성격을 비교하면 〈표 4-4〉와 같다.

〈표 4-4〉 판단적-인식적 성격의 비교

판단적(J)	인식적(P)
•분명한 목적과 방향 •기한 엄수 •철저한 사전 계획 •의지적 추진 •신속한 결론	•목적, 방향은 변화가능 •일정은 유동적 •자율적이고 융통성 •이해로 수용 •우유부단

MBTI에서는 이상과 같은 4개의 성격차원의 조합에 의하여 ESTJ로부터 INFP까지 16가지 성격유형이 도출된다. MBTI 분석에서 얻어진 성격은 좋고 나쁨이 없다. 각각의 성격마다 장점과 단점을 함께 갖고 있기 때문이다. 예를 들어 외향적 성격의 사람은 폭넓은 대인관계를 유지한다. 그러나 대인관계의 깊이는 내성적인 사람에 비하여 부족하다. MBTI에서는 자신이 가지고 있지 못한 성격요소를 개발하여 원만한 성격을 가지도록 지도한다.

6. A유형과 B유형

사람의 뇌에서는 초조, 근심, 불안을 만들어 내는 조바심물질이 분비되고 있다. 사람에 따라 이 물질의 양에 차이가 있는데, 많이 분비되는 사람이 'A유형'(type A), 적게 분비되는 사람이 'B유형'(type B)에 해당한다. A유형의 성격을 가진 사람은 심장질환 발생과 직접적인 관계가 있다. 조사보고에 의하면 A유형의 사람이 B유형의 사람보다 2배 이상 심장병과 고혈압을 앓는다고 한다. 또한 A유형의 사람은 매사에 경쟁적이며 바삐 움직이는 경향이 있다. 반면에 B유형의 사람은 느긋하며 여유를 가지고 행동한다.

6.1 A유형과 B유형의 성격 특성

A유형의 사람은 성격이 급하며 늘 바쁘고 경쟁적이다. 그는 하고 있는 일에 방해를 받게 되면 강한 반응을 나타낸다. 반면에 B유형의 사람은 느긋한 성격을 가지고 있으며, 업무성취를 위해 서두르지 않는다. 또한 다른 사람들에게 협조적이며 일을 즐기는 편이다. 이러한 A유형과 B유형의 성격을 정리 비교하면 〈표 4-5〉와 같다.

〈표 4-5〉 A유형과 B유형의 성격 비교

A유형 성격	B유형 성격
•항상 일을 하고 있으며 바삐 움직인다. •성격이 급하다. •경쟁적이며 신경질적이다. •업무성취를 위하여 급하게 서두른다. •방해를 받으면 더 강하게 반응한다. •한 번에 여러 일을 빨리 한다. •일에만 열중한다. •인내심이 부족하다. •중간경영자 중에 많다.	•차분하고 조용한 편이다. •성격이 느긋하다. •협조적이며 일을 즐긴다. •업무성취를 위하여 서두르지 않는다. •시간에 무관심한 편이며 여유를 즐긴다. •한 가지씩 꾸준하게 일을 한다. •일 이외에 다른 것도 챙긴다. •인내심이 있다. •최고경영자와 하위경영자 중에 많다.

A유형의 사람들은 짧은 시간에 많은 일을 하려는 욕구가 강하다. 이들은 늘 바쁘며 시간에 쫓기면서 살아간다. 또한 다른 사람들과 경쟁하는 태도로 일을 하며 그들을 적대시한다. A유형의 사람은 높은 목표를 설정하고, 일을 위임하지 않으며, 남보다 더 많은 일을 한다. 그로 인하여 이들은 과도한 스트레스를 받아 심장병, 고혈압 등에 걸릴 확률이 높다.

6.2 A/B유형의 성격과 업무수행

A유형의 사람이 B유형의 사람보다 열심히 일하는 것은 사실이다. 또한 A유형의 사람은 B유형의 사람보다 더 어렵고 복잡하며 도전적인 과업을 선택하는 경향이 있다. 그렇지만 A유형의 사람이 B유형의 사람보다 항상 좋은 성과를 내는 것은 아니다. 인내심, 면밀한 분석 및 판단을 요구하는 과업에서는 서두르는 A유형보다 과묵한 B유형이 더 높은 성과를 내는 것으로 밝혀져 있다. 또한 최고경영자들 중에는 A유형보다 B유형이 훨씬 더 많다고 한다. A유형의 사람들은 대인관계에서 자주 갈등이 생겨나 동료들과 마찰을 일으킨다. 이런 부정

적인 면만 잘 극복한다면 일처리가 빨라 단기간에 큰 성과를 낼 수 있다.

〈표 4-6〉은 A유형의 성격을 가진 상사와 B유형의 성격을 가진 상사를 서로 비교하고 있다.

〈표 4-6〉 A유형 상사와 B유형 상사의 비교

A유형 상사	B유형 상사
•부하직원에게 위임하지 않고 스스로 일을 처리한다. •부하직원의 말에 귀를 기울이지 않는다. •너무 경쟁적이어서 팀의 화합을 도출하기 어렵다. •한번 계획을 세우면 끝까지 밀고 나간다. •대체로 단기성과는 좋지만 부하직원들이 따르지 않아 장기성과가 좋지 않다.	•일을 부하직원에게 잘 위임한다. •부하직원의 말에 귀를 기울이며 의견을 반영한다. •부하직원을 배려하여 팀의 화합을 도모한다. •상황이 바뀌면 계획을 수정하기도 한다. •대체로 단기성과는 낮지만 장기성과는 높게 나타난다.

6.3 A/B유형의 성격과 상사-부하관계의 성과 예측

A/B유형에 따라 상사와 부하직원 간의 업무성과를 예상해 보자. 상사가 A유형이고 부하직원이 B유형인 경우, 상사는 부하직원에게 업무를 위임하지 않고 스스로 일을 다 처리한다. 이 경우 부하직원은 상사가 자신을 신뢰하지 않는다고 느끼게 된다. 한편, 상사는 부하직원의 유유자적한 태도를 보며 업무에 충실하지 않다고 생각하여 그를 싫어하게 된다.

상사와 부하직원이 모두 A유형인 경우, 상사는 부하직원에게 업무를 위임하지 않고 스스로 일을 다 처리하므로, 부하직원은 자신을 신뢰하지 않는다고 느끼게 된다. 그렇지만 부하직원은 나름대로 많은 일을 수행하므로, 상사는 그를 열심히 일하는 것으로 생각하고 좋아하게 된다.

상사와 부하직원이 모두 B유형인 경우, 상사는 부하직원에게 많은 업무를 위임한다. 부하직원은 맡겨진 일을 느긋하게 처리한다. 상사는 부하직원의 서두르지 않는 업무처리 방식을 개의치 않으며 천천히 기다린다.

상사가 B유형이고 부하직원이 A유형인 경우, 상사는 부하직원에게 많은 업무를 위임한다. 부하직원은 자신을 신뢰하는 상사에게 호감을 느끼며 위임받은 일을 열심히 수행한다. 상사는 재빠르게 일하는 부하직원에 대하여 호감을 느끼게 된다.

7. 통제위치

세상일이 마음먹은 대로 되는 것만은 아니다. 어떤 일은 통제가 되고 있지만, 통제되지 않는 일도 많이 있다. 또한 자신이 통제할 수 있다고 생각하는 정도가 사람마다 다르다. 물론 그 통제여부에 따라 사람의 성격과 행동방식도 영향을 받게 된다.

7.1 통제위치의 유형

통제위치(locus of control)란 얻어진 결과에 대하여 자신이 영향을 줄 수 있다고 믿는 정도를 나타낸다. 예를 들어 어떤 사람이 입사면접에서 떨어졌다고 하자. 이 때 자신이 충분히 준비하지 못했기 때문이라고 생각하는 사람이 있는가 하면, 면접관이 자신에게만 어려운 질문을 던졌기 때문이라고 생각하는 사람도 있다. 전자와 같이 자신의 운명을 스스로 개척해 나가야 한다고 믿는 사람을 '내재론자'(internals), 후자와 같이 자신의 운명을 운에 맡기는 사람을 '외재론자'(externals)라고 부른다.

7.2 내재론자와 외재론자의 비교

내재론자와 외재론자 간에는 조직행동에 있어 큰 차이가 있다. 그 내용들을 열거해보면 다음과 같다.

- 내재론자들은 자신의 노력에 의하여 성과가 결정된다고 생각한다.
- 내재론자들은 성과급이 주어질 때 업무성과가 크게 나타난다.
- 내재론자들은 직무만족과 업무성과간의 관계가 더 분명하다.
- 내재론자들은 더 높은 수준의 급여를 받는다.
- 내재론자들은 참여적 관리스타일을 선호한다.
- 외재론자는 걱정을 많이 하는 경향이 있다.

7.3 통제위치의 활용

통제위치는 조직의 효과적인 운영을 위하여 유용하게 활용될 수 있다. 내재론자들에게는 복종적이고 단순한 직무보다는 자율적이고 창조적인 직무를 맡기는 것이 적당하다. 또한 이들에게는 지시적 리더십보다는 참여적 리더십이 필요하다. 반면에 외재론자들에게는 높은 복종이 요구되는 직무가 적당하며, 참여적 리더십보다는 지시적 리더십이 적당하다. 내재론자들에게는 노력에 대한 적절한 보상이 있다는 것을 알려주는 것이 바람직하며, 이러한 보상시스템은 지속적으로 시행되어야 한다.

8. 자아개념

자아개념(self-concept)이란 개인이 육체적, 사회적, 도덕적 존재로서 자기 자신에게 갖고 있는 자아인지개념을 가리킨다. 개인이 갖고 있는 자아개념은 "난 네가 자랑스럽다." 혹은 "너는 게으르다." 등과 같이 다른 사람들의 평가에 의하여 대부분 형성된다. 자아개념을 측정할 때 흔히 사용되는 변수가 자기존중감(self-esteem)과 자기효능감(self-efficacy)이다.

8.1 긍정적 자아개념의 경향

사람은 긍정적인 자아개념을 가지려는 경향이 있다. 즉 자신을 과대평가하며 타인보다 더 우수하게 여긴다. 미국 고등학생을 대상으로 조사한 연구에 의하면 70% 이상이 자신의 리더십을 평균보다 높다고 생각했다. 자신의 리더십이 평균 이하라고 대답한 학생은 2%에 불과했다. 운동능력에 있어서도 60% 이상이 자신을 평균 이상이라고 응답했고, 평균 이하라고 응답한 학생은 6%에 머물렀다. 사람들과의 친화력에 대해서는 평균 이하라고 대답한 사람은 한 명도 없었다.

호주에서 성인들을 대상으로 조사한 연구도 비슷한 결과를 나타냈다. 사업가들 가운데 86%는 자신의 능력을 평균 이상으로 평가했으며, 평균 이하라고 대답한 사람은 1%에 불과했다. 또한 관리직의 90%가 자신의 능력이 다른 관리직보다 더 우수하다고 생각했다.

하지만 이렇듯 자신에 대한 과대평가가 모든 사람에게 나타나는 보편적인 현상은 아니다. 자신을 실제보다 못하게 여기는 경우도 있는데, 자존감이 낮고 우울증 기질이 있는 사람들에게서 그런 현상이 자주 나타난다.

8.2 긍정적 자아개념의 원인

사람들이 긍정적인 자아개념을 갖게 되는 대표적인 원인들로는 자존적 편견, 자기중심적 편견, 통제의 착각, 하향 비교가 있다.

8.2.1 자존적 편견

자존적 편견(self-serving bias)은 성공했을 때는 자신에게 원인을 돌리고 잘못되면 외부에 원인을 돌리는 경향을 말한다. 소위 '잘되면 내 탓, 잘못되면 조상 탓'인 것이다. 사람들은 실패했을 때 책임을 외부로 돌려 자존심의 손상을 막으려 하고, 성공하게 되면 그 이유를 자신에게 돌림으로 자존심을 세우려 한다. 또한 자존적 편견은 다른 사람의 성공을 외부 탓으로 돌리게 한다. 타인의 성공을 그의 내부 요인으로 돌리는 경우, 자신은 그보다 능력이 부족하다는 것을 인정하게 되기 때문이다.

8.2.2 자기중심적 편견

자기중심적 편견(egocentric bias)이란 자신이 하는 일은 더 힘들다고 과대평가하면서, 타인의 노력은 대수롭지 않게 과소평가하는 현상을 말한다. 예를 들어 기숙사에서 같은 방을 사용하는 룸메이트들은 자신이 방청소를 더 많이 하고 있다고 생각하는 경향이 있다. 이러한 자기중심적 편견의 원인은 타인들의 활동보다 자신의 활동을 더 잘 인지하고 기억해내기 때문이다.

8.2.3 통제의 착각

통제의 착각(illusion of control)이란 우연하게 일어나는 일에 대해서도 자신이 통제력을 행사할 수 있다고 생각하는 것이다. 다시 말하여 자기만 잘하면 모든 일이 다 잘 될 수 있다고 믿는 것이다. 사람들은 행복한 가정, 좋은 직장, 경제적 성공, 무병장수 같은 바람직한 일들은 자신에게 더 많이 일어날 것으로 기대한다. 반면에 이혼, 중병, 교통사고, 자살과 같은 불행한 사건은 자신에게 일어나지 않을 것으로 생각한다.

8.2.4 하향 비교

하향 비교는 자신의 처지를 자신보다 못한 사람과 비교하는 것을 가리킨다. 하향비교를 하게 되면 자신이 처한 상황을 낙관적으로 인식하게 되는 긍정적인 자기개념이 생기게 된다. 어려운 환경을 인내로 극복해내고 성공했던 사람들을 소개했던 KBS의 인기 프로그램 '인간승리'는 시청자들로 하여금 하향 비교를 가능하게 했으므로 많은 사랑을 받았다.

8.3 자기존중감

자기존중감(self-esteem)은 전반적인 자기 평가에 기초한 자기 자신의 가치에 대한 신념이다. 높은 자기존중감을 가진 사람은 스스로를 가치있다고 여기고 그러한 자신에 대하여 만족한다. 반면에 자기존중감이 낮은 사람은 스스로를 무가치하다고 여기며 자신에 대하여 만족하지 못한다.

자기존중감은 조직구성원들의 직무활동에 큰 영향을 미친다. 자기존중감이 높은 사람일수록 도전적인 업무를 선호한다. 이들은 책임감과 인내심이 강하여 일단 과제를 맡으면 어떤 역경이라도 극복하고 완수해내려고 노력한다. 또한 대인관계가 원만하여 조직생활에 잘 적응한다.

〈그림 4-3〉에서 보는 바와 같이 관리자가 종업원을 존중할수록, 조직구조가 유연할수록, 직무가 복잡하고 도전적일수록 조직 내에서 구성원들이 느끼는 자기존중감은 더 높아진다. 조직 내에서 구성원들의 자기존중감이 높아짐에 따라 동기유발, 직무의 만족과 몰입, 직무성과가 더 높아지는 경향이 있다.

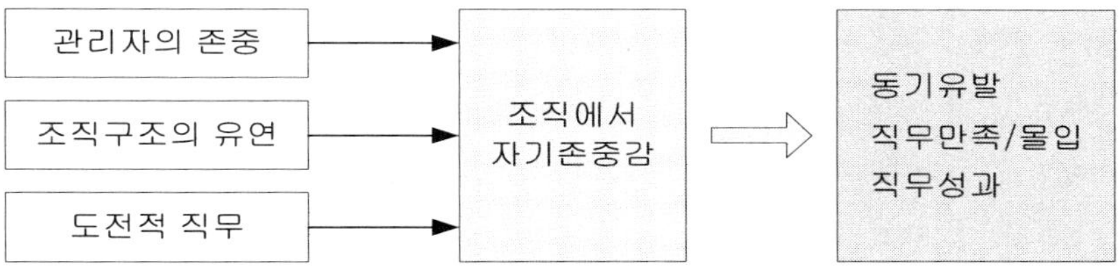

〈그림 4-3〉 조직에서의 자기존중감

8.4 자기효능감

자기효능감(self-efficacy)이란 개인이 특정 과업을 성공적으로 완수할 수 있다고 느끼는 신념을 가리킨다. 자기효능감은 유사한 과업을 성공적으로 수행한 경험이 있거나, 유사한 업무를 동료가 성공적으로 수행한 것을 보았거나, 주위 사람들이 잘 할 수 있다고 말해 주거나, 현재 자신의 육체적/정신적 상태가 양호할 때 높아진다. 물론 이들과 반대되는 상황에 있을 때에는 자기효능감이 낮아지게 된다.

자기효능감과 직무스트레스 간에는 음의 상관관계가 존재한다. 즉, 개인이 수행하고 있는 업무에 대하여 자기효능감이 높을수록 그는 직무로부터 오는 스트레스를 덜 받는다는 것이다. 일반적으로 자기효능감이 높은 사람이 낮은 사람보다 업무성과가 높은 것으로 밝혀져 있다. 〈그림 4-4〉는 자기효능감의 요인과 그 결과를 보여주고 있다.

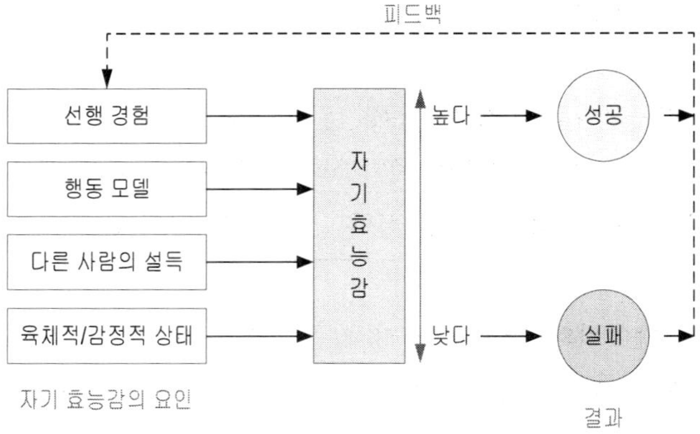

〈그림 4-4〉 자기효능감의 원천과 결과

자기효능감이 높은 사람과 낮은 사람은 각기 행동하는 양식이 다르게 나타난다. 자기효능감이 높은 사람은 맡겨진 업무에 능동적이며, 목표를 정하고 인내심을 가지고 추진해 나간다. 그는 실패를 경험하지만 그것으로 인하여 좌절하지 않는다. 늘 성공을 상상하면서 기대감을 가지고 다시 도전한다. 반면에 자기효능감이 낮은 사람은 맡겨진 업무에 수동적이며 실패가능성에 대한 염려가 많다. 또한 목표를 낮게 세우려 하고 시도한 일이 실패하게 되면 쉽게 포기해 버린다. 〈표 4-7〉은 높은 자기효능감을 가진 사람과 낮은 자기효능감을 가진 사람에 대하여 행동양식을 서로 비교하고 있다.

〈표 4-7〉 자기효능감에 따른 행동양식 비교

높은 자기효능감	낮은 자기효능감
•능동적 •장애물의 회피 •목표설정 •계획, 준비, 실행 •노력, 인내 •창조적 문제해결 •실패로부터 학습 •성공의 상상	•수동적 •어려운 과업의 회피 •빈약한 포부, 낮은 몰입 •개인적 약점에 초점 •시도조차 않음 •차질로 인하여 낙담, 중단 •걱정, 스트레스 •실패에 대한 변명거리 찾음

9. 자기성찰

주어진 상황에 상관없이 자신의 성향대로 행동하는 사람이 있는가 하면, 상황에 따라 자신의 태도와 행동을 적절히 바꾸는 사람도 있다. 후자의 경우처럼 외부 상황을 파악하여 적절히 대처하는 것을 '자기성찰'이라고 한다.

9.1 자기성찰의 정의

자기성찰(self-monitoring)은 개인이 환경으로부터 신호를 읽고 그로부터 자신의 행위를 결정하는 능력을 나타낸다. 바꾸어 말하여 외부환경이나 상황에 잘 대처하는 능력을 말한다.

자기성찰능력이 높은 사람은 상황에 따라 적절히 처신하며, 그에 따라 자신의 행동을 조정해 나가는 능력을 가지고 있다. 소위 '눈치'가 빠른 사람이다. 반면에 자기성찰능력이 낮은 사람은 외부환경의 신호를 파악하는 능력이 부족하거나, 파악하는 능력이 있더라도 그에 따라 자신의 행위를 바꾸지 않는다.

자기성찰능력이 높은 사람은 다른 사람들의 행동에 주의를 기울이며, 그들의 요구에 잘 부응하는 경향이 높은 것으로 연구되었다. 또한 좋은 직장을 찾아 이동하는 횟수도 많고, 승진도 빠르며, 다양한 역할을 수행하는 관리업무에 적합한 것으로 알려져 있다.

9.2 자기성찰능력이 우수한 사람의 특징

사람들과 원만한 대인관계를 유지하려면 상대방의 의중을 정확히 파악하고 자신의 감정과 행동을 적절하게 통제하는 자기성찰능력이 필요하다. 자기성찰능력이 우수한 사람들은 상대방의 욕구와 자신의 행동이 타인에게 미치는 영향을 정확히 파악하여 상황에 맞게 행동을 조절할 수 있다. 예를 들어, 회의에서 참석자들이 지루해할 때 자기성찰능력이 높은 사회자는 회의진행방식을 재치있게 바꿀 줄 안다. 이들은 자신의 주관적인 감정이나 태도에 집착하지 않고 상황이나 상대에 따라 말과 행동을 적절히 선택한다. 따라서 분위기를 깨거나 상대의 감정을 상하게 하지 않으면서도, 표정, 시선, 말투 등 비언어적인 전달 수단을 통하여 타인에게 자신의 생각을 잘 전달한다. 이들은 공감능력이 뛰어나 상대방의 감정을 잘 이해하고, 상대방의 말을 잘 경청하며, 타인중심적으로 생각할 줄 안다.

10. 권위주의

권위는 사회의 법과 제도, 규정이나 조직의 제도와 규정에 근거를 두며, 그 권위의 근거를 얼마나 중시하느냐에 따라 개인의 권위주의(authoritarianism)의 정도가 달라진다. 권위에 높은 가치를 두고, 높은 권위에 순종하며, 타인에게는 자신의 권위를 발휘하려는 사람을 '권위주의적인 사람'이라고 말한다. 권위주의 성격을 가진 사람은 윗사람에게는 절대 순종하면서 아랫사람에게는 강압적인 행동을 보인다. 그는 윗사람이 시키는 일을 매우 열심히 하지만 아랫사람을 들볶으므로 좋은 상사가 되지 못한다. 반면에, 권위주의적이지 않은 사람은 조직이나 상급자에 대하여 자유로우며 부하직원과 민주적인 관계를 형성한다.

권위주의적인 성격이 강한 사람을 관리할 때는 법, 규정, 제도, 직급 등을 활용하면 통제가 쉽다. 반면에 권위주의적 성격이 약한 사람을 관리할 때는 인간적인 관계나 상담 등의 방법으로 접근하는 것이 보다 효과적이다. 권위주의적 성격의 사람은 규칙이나 제도 등을 준수해야 한다는 생각이 강한 반면에, 권위주의적이지 않은 사람은 제도나 규정 등의 틀을 그다지 중요하게 생각하지 않기 때문이다.

[읽을거리] 빼앗긴 얼굴, 더 넓어진 마음

지선씨는 요즘 바쁘지만 행복하다. '인간극장-지선아 사랑해' 방송 이후 많은 것이 달라졌다. 우선 홈페이지 '주바라기'(http://www.ezsun.net)가 터져나갈 지경이다. 방송 이후 홈페이지의 누적 방문객은 200만명을 넘어섰다. 4,000여 통의 메일이 쏟아진 날도 있다.

가장 많이 달라진 것은 거리에서 마주치는 사람들의 시선이다. 그전까지는 지선씨를 보고 화들짝 놀라거나 "어쩌다 그렇게 됐누"하면서 혀를 차는 사람들이 대부분이었다. "아무리 내 얼굴이 부끄럽지 않다고 생각해도 바깥에 나가면 저절로 위축되곤 했어요. 그런데 방송이 나간 후부터는 저를 바라보는 눈빛들이 따뜻해졌어요."

지선씨는 이화여대 유아교육과 4학년이던 2000년 7월 여름에 사고를 당했다. 오빠와 집으로 돌아오는 길에 음주운전 차에 부딪힌 것이다. 차에 불이 나는 바람에 지선씨는 몸의 55%에 3도 화상을 입었다. 응급실에 실려 갔을 때 의료진들이 "가망 없다"며 치료도 안 할 정도였다. 7개월간의 입원, 또 일본으로 건너가 받은 11차례의 수술로 많이 회복되었다 하지만 예쁘던 얼굴을 되찾지는 못했다.

그래도 지선씨는 밝다. 듣는 것만으로도 가슴이 턱 막힐 만큼 무서운 사고를 당했고, 그로 인해 지체장애 3급 판정을 받았지만, 더 이상 지선씨는 사고에 얽매여 있지 않다. "당시에 정신을 잃었기 때문에 사고를 잘 기억하지 못해요. 그래서 사고 이야기를 꺼내는 것이 별로 힘들지 않아요. 제 인생이 끝난 것도 아니고요. 그때부터 새로운 인생이 시작되었다고 생각해요." 지선씨는 담담하게, 아니 명랑한 표정으로 그렇게까지 힘들지는 않다고 말한다.

2001년 10월 탄생한 화제의 홈페이지 '주바라기'도 그런 생각 때문에 만들었다. 병문안 온 친지들이 자신 앞에서는 애써 웃다가도 병실 복도에서 '머리가 아플 만큼' 우는 걸 보면서 글을 써야겠다는 생각을 했다. "말로 하면 모두들 안 믿으시지만 글로 쓰면 제가 괜찮다는 사실을 믿으실 것 같아서요."

화상으로 손가락 절단수술을 했기 때문에 두 엄지손가락만 자유로운 상태에서 지선씨는 병원 침대에 앉아 글을 썼다. 홈페이지도 혼자 만들었다. 이 홈페이지가 세상과 지선씨를 이어주는 끈이 되었다. 홈페이지 회원 중에는 개그맨 남희석씨도 있다. 안면마비로 활동을 중단하고 쉬고 있던 당시 지선씨의 홈페이지를 방문한 남씨는 문자메시지를 주고받을 정도로 친한 사이가 되었다.

유아교육과를 졸업했지만 사고를 계기로 지선씨의 꿈은 바뀌었다. “사고로 장애인이 되면 그 사실을 받아들이고 새로운 삶의 길을 찾아야 하는데 우리나라 병원에서는 그런 부분에 대한 배려가 없어요. 환자의 심리적 상실감이나 분노를 살펴주지 않는 거죠. 저는 아파봤기 때문에 아픈 사람 심정을 잘 알거든요. 그래서 상담심리를 공부해서 전문적인 상담가가 되고 싶어요.”

지선씨를 만나기 전까지 기자는 걱정을 많이 했었다. 인터뷰를 힘들어하면 어쩌나, 혹시 이야기하다 눈물이라도 흘리면 어쩌나 등등. 그러나 실제 만나본 지선씨는 불행하지도 힘들어하지도 않았다. 건강하고 씩씩했다. 지선씨가 이렇게 강해진 데에는 신앙의 힘이 크다. 지선씨의 가족은 모두 독실한 기독교 신자다.

인터뷰를 마치고 지선씨 집을 나오면서 기자는 하고 싶은 말이 있었다. “지선씨, 당신 참 멋진 사람이에요.”

(동아일보, 2003)

5장 태도

1. 태도의 정의와 구성

'열 길 물속은 알아도 한 길 사람 속은 알 수 없다'는 속담이 있다. 바로 이 속마음이 태도에 해당한다. 조직에서 구성원의 태도는 조직성과와 밀접한 관계가 있다.

1.1 태도의 정의

태도(attitude)는 개인이 어떤 대상에 대하여 가지고 있는 긍정적 혹은 부정적인 마음자세를 의미한다. 다시 말하여 태도는 특정 대상에 대하여 좋아하거나 싫어하는 것을 가리킨다. 새로 입사한 친구에게 "회사 일은 어때?"라고 질문했을 때, 그가 "재미없어."라고 대답했다고 하자. 친구의 대답처럼 마음속의 느낌이나 생각이 바로 태도다. 어떤 대상에 대하여 가지고 있는 개인의 태도는 그 대상에 대한 반응에 영향을 미친다. 예를 들어, 상사에게 부정적인 태도를 갖고 있는 사람은 그 상사에게 부정적인 반응을 보일 것을 예상할 수 있다.

1.2 태도의 구성

대부분의 학자들은 태도가 인지적 요소, 정서적 요소, 행동경향요소로 구성되며, 이 요소들이 상호 연관되어 형성된다는 것에 견해를 같이하고 있다.

1.2.1 인지적 요소

인지적 요소(cognitive component)는 특정한 대상에 대하여 가지고 있는 지식이나 신념을 가리킨다. 예를 들어 "우리 회사는 너무 늦게까지 근무한다."라는 생각은 인지적요소로 표현된 태도다.

1.2.2 정서적 요소

정서적 요소(affective component)는 특정한 대상에 대하고 지니고 있는 느낌이나 판단을 의미하며, 일반적으로 긍정적, 부정적, 중립적인 감정으로 구분하여 표현된다. 예를 들어 "너무 일이 많아 우리 회사가 싫다."라고 느꼈다면 이는 정서적 요소로 표현된 태도다.

1.2.3 행동경향요소

행동경향요소(behavioral tendency component)는 특정한 대상에 대하여 행동으로 옮기려는 생각이나 의도를 나타낸다. 예를 들어 "회사가 싫어서 그만두고 싶다."라고 마음먹었다면 이는 행동경향요소와 관련된 태도다.

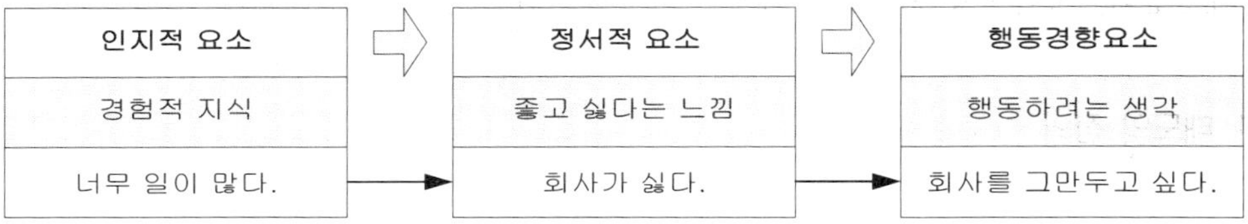

〈그림 5-1〉 태도의 구성요소

2. 태도의 형성과 변화이론

맡은 업무를 싫어하는 사원의 태도를 변화시켜 업무를 좋아하게 만들어보라. 그는 즐겁게 일하면서 높은 업무성과를 나타내게 될 것이다. 태도가 변화되어 사원들 간에 좋은 관계가 이루어졌다면 의사소통과 정보교류가 증진되어 업무성과가 높아지게 된다. 이처럼 일이나 사람에 대하여 조직구성원들의 태도를 변화시키는 것은 조직성과에 크게 영향을 미친다.

그렇다면 어떻게 개인의 태도를 바꿀 수 있을까? 사람의 태도가 형성되고 변화되는 과정에 관한 연구로는 강화이론, 유인이론, 인지부조화이론 등이 있다. 강화이론은 고전적 조건형성이론과 조작적 조건형성이론으로 다시 구분된다.

2.1 고전적 조건형성이론

고전적 조건형성(classical conditioning)이란 반응을 유발하지 않는 '중립자극'과 '무조건반응'을 일으키는 '무조건자극'을 반복적인 훈련으로 연관시켜 중립자극이 '조건자극'이 되도록 하는 것이다. 러시아의 생리학자 파블로프(I. Pavlov)는 개를 이용하여 고전적 조건형성 과정을 실험하였다. 그의 실험을 간단히 소개해보자.

먹이를 줄 때 개가 침을 흘리는 것은 생리적인 현상이다. 이 때 개에게 먹이를 주는 것은 무조건 자극, 개가 침을 흘리는 것은 무조건 반응에 해당된다. 파블로프는 개에게 먹이를 줄 때마다 종소리를 울려주었다. 이 때 종소리는 중립자극에 해당된다. 여러 날이 지난 후 파블로프는 개에게 먹이를 주지 않은 채 종소리만 울려주었다. 그랬더니 개는 종소리만 듣고도 침을 흘렸다. 이 때 종소리는 조건자극, 개가 침을 흘린 것은 조건반응에 해당된다. 결국 중립자극이었던 종소리가 반복훈련을 통하여 조건자극으로 변화된 것이다.

〈표 5-1〉은 파블로프의 실험을 통하여 고전적 조건형성의 과정을 설명하고 있다.

〈표 5-1〉 고전적 조건형성의 과정

단계	자극	반응
1단계	먹이를 준다(무조건 자극)	침을 흘린다(무조건 반응)
2단계	먹이를 준다(무조건자극)+종을 울린다(중립자극)	
3단계	종을 울린다(조건자극)	침을 흘린다(조건반응)

이러한 조건반응의 현상은 실제 생활 중에서 자주 발견할 수 있다. 어느 직원은 사장에게 호출될 때마다 질책을 들었다. 사장의 질책을 들으면서 직원은 긴장하며 불안해했다. 이 때 사장의 질책은 무조건 자극, 직원의 긴장과 불안은 무조건반응에 해당된다. 사장이 그를 호출한 것은 중립자극이다. 하지만 이런 일이 몇 차례 반복된 이후 직원은 사장이 호출하기만 하면 긴장하며 불안해했다. 〈그림 5-2(a)〉에서 보는 바와 같이 중립자극이었던 사장의 호출이 조건자극으로 바뀌어 직원의 긴장과 불안을 조건반응으로 이끌어낸 것이다.

고전적 조건형성이론은 광고에도 자주 이용된다. 일반적으로 술 광고에는 미모의 여자탤런트가 동원된다. 예쁜 탤런트를 보고 남자들은 호감을 느끼게 된다. 이 때 술이 중립적 자극이라면, 미모의 탤런트는 무조건자극, 남자들이 호감을 느끼는 것은 무조건반응에 해당된다. 그 광고를 반복하여 시청하면서 남자들은 자신도 모르게 탤런트와 함께 등장하는 술을 덩달아 좋아하게 된다. 따라서 술을 마실 기회가 있을 때 그 광고를 보았던 남자는 광고에서 보았던 술을 선택할 가능성이 높아진다. 〈그림 5-2(b)〉는 술 광고에서 활용된 고전적 조건형성과정을 나타내고 있다.

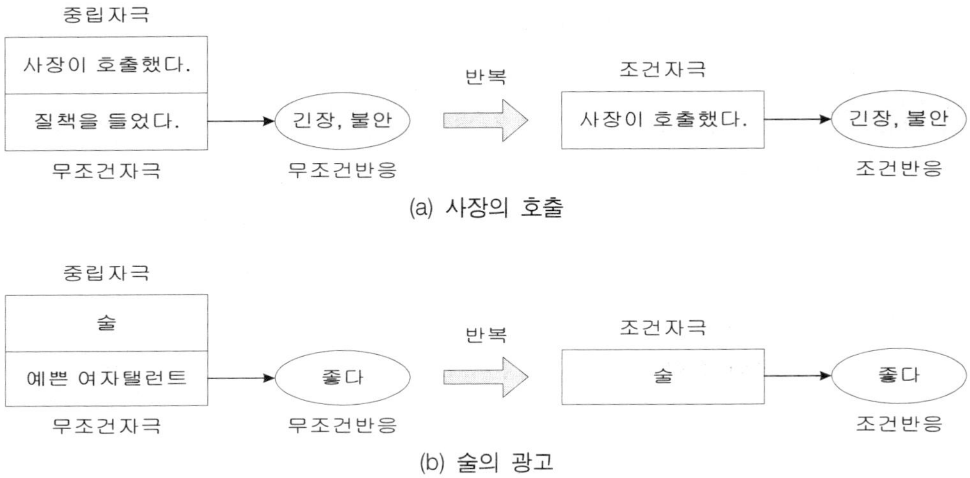

〈그림 5-2〉 고전적 조건형성과정의 예

새로운 업무에 대하여 종업원이 긍정적인 태도를 갖게 하려면 그가 신뢰하는 사람이 설득하는 것이 바람직하다. 사람은 자신이 신뢰하는 사람에 대하여 좋은 태도를 가지고 있으므로 그가 설득하는 업무에 대해서도 좋은 태도를 갖게 될 수 있다. 이러한 태도의 변화 역시 고전적 조건형성이론으로 설명될 수 있다.

2.2 조작적 조건형성이론

미국의 심리학자 손다이크(E. Thorndike)는 고양이와 토끼를 이용한 동물실험을 통하여 즐거움을 주는 행동은 반복되고 고통을 주는 행동은 중단된다는 조작적 조건형성(operant conditioning)이론을 발표하였다. 고전적조건화가 자극에 따른 태도의 반응을 다루는 것이라면, 조작적조건화는 사람의 행동에 따라 얻어진 결과에 의하여 태도를 변화시키는 것이다. 이 경우 행동의 결과는 자극이 되고, 태도의 변화가 반응이 된다. 이 같은 주장은 태도의 변화도 자극 및 반응의 원리인 학습에 의하여 가능하다는 것이다. 〈그림 5-3〉을 보라. 사람이 일단 행동을 하게 되면 유익하든 해롭든 어떤 결과가 나타난다. 그 결과가 유익하면 그 사람의 태도는 긍정적으로 변하여 그 행동을 반복하게 된다. 하지만 그 결과가 해로웠다면 그는 그 행동을 중단하게 된다.

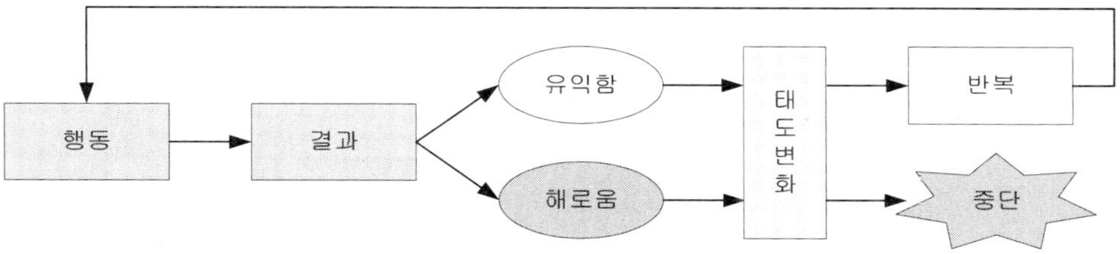

〈그림 5-3〉 조작적 조건형성의 과정

조작적 조건형성이론은 사람의 태도를 인위적으로 바꾸는데 많이 활용되고 있다. 예를 들어 회사에서 직원들이 열심히 일하도록 당근과 채찍을 동원하여 압력을 가하였다. 상당수의 직원들이 심기일전하여 맡은 업무를 성실히 수행하였다. 사장은 높은 실적을 나타낸 직원들을 칭찬하고 상여금을 지급하였다. 이를 계기로 칭찬받았던 직원들은 자신의 업무에 대하여 긍정적인 태도를 가지게 되었고, 계속해서 맡겨진 업무를 성실히 수행하게 되었다. 여기서 사장의 칭찬은 직원에게 자극에 해당되고, 칭찬에 고무되어 열심히 일하게 된 태도의 변화는 반응에 해당된다.

또 다른 예를 들어보자. 대인관계가 미숙한 김씨는 신년도를 맞이하여 마음에 결심을 하였다. 회사 동료들을 만날 때 먼저 웃으며 인사하기로 한 것이다. 그랬더니 동료직원들이 전과 달리 그를 반갑게 대해주었다. 기분이 좋아진 김씨는 먼저 웃으면서 인사하는 것을 긍정적으로 생각하게 되었다. 그 이후 김씨는 회사동료는 물론 외부사람들에게까지 먼저 웃으면서 인사하였다. 그로 말미암아 김씨는 만나는 모든 사람들과 좋은 관계를 유지하며 지내게 되었다.

〈그림 5-4〉는 위의 두 경우 각각에 대하여 조작적 조건형성을 통한 태도와 행동의 변화를 보여준다.

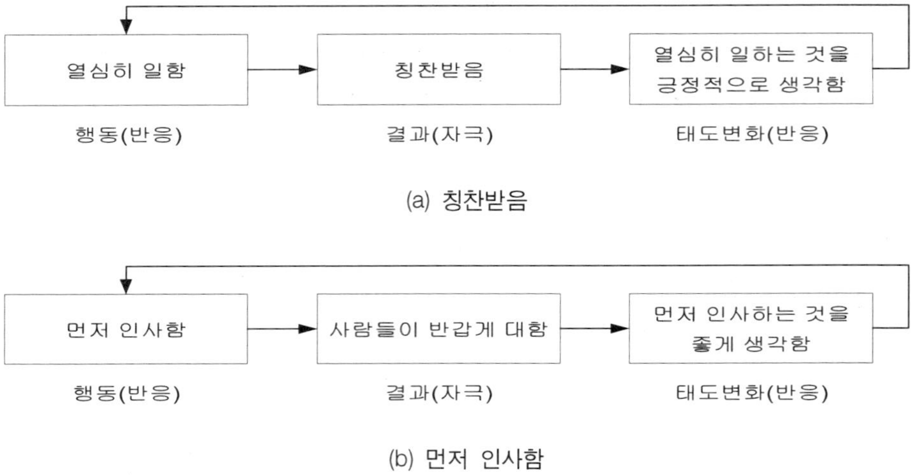

〈그림 5-4〉 조작적 조건형성에 의한 태도변화의 예

2.3 유인이론

유인이론에 의하면 사람은 자신에게 유리한 방향으로 태도를 형성하게 된다. 앞서 조작적 조건형성이론이 행동을 통하여 사람의 태도를 바꾼 것에 비하여, 유인이론은 사람이 행동하기 이전에 그의 태도를 바꾸는 것이 가능하다. 사람들의 태도를 바꾸는 방법으로는 그 업무가 당사자에게 유익하다는 점을 강조하면 된다. 〈그림 5-5〉에서 보는 바와 같이 회사에서 조기퇴직을 유도하려면 조기퇴직이 왜 유리한지 설득하여 대상자들의 태도를 변화시킨다.

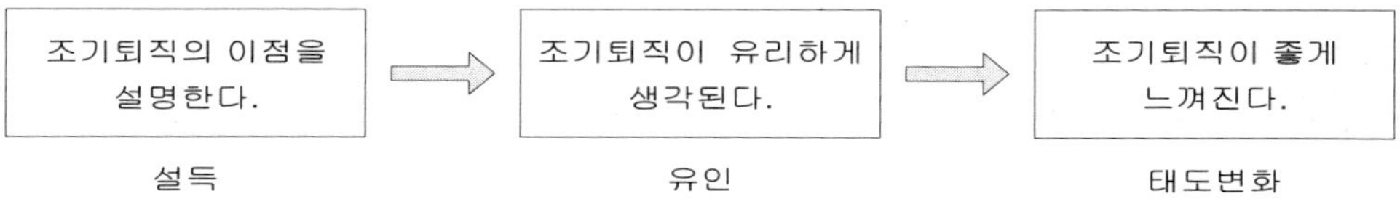

〈그림 5-5〉 유인이론에 의한 태도변화

2.4 인지부조화이론

인지부조화(cognitive dissonance)는 미국의 미네소타대학 심리학자 페스팅거(L. Festinger)에 의하여 주장된 이론이다. 이 이론에 의하면 사람은 두 개의 신념 간에, 신념과 태도 간에,

혹은 태도와 행동 간에 불일치가 발생할 때 인지부조화를 경험하게 된다고 한다. 인지부조화는 심리적으로 불편함이나 불유쾌한 감정을 수반하므로 사람들은 이를 감소시키는 방향으로 신념이나 태도, 행동을 변화시키게 된다. 예를 들어 태도와 행동 간에 부조화가 발생했다고 하자. 이 경우 사람들은 이 둘 가운데 어느 하나를 변화시켜 양자를 조화시킴으로 심리적인 불균형을 해소하려고 노력하게 된다.

담배가 몸에 해롭다는 생각과 담배를 피우는 행동 간에 부조화를 느끼는 흡연가들이 많이 있다. 이들은 인지부조화로 인하여 불안에 사로잡히게 되므로 담배를 끊으려고 노력하게 된다. 하지만 금연의 시도가 번번이 실패하게 되면 이들은 담배를 끊으려는 노력을 포기한다. 그 대신 다른 방법으로 인지부조화를 해결하려고 한다. '누구는 담배를 하루에 세 갑씩 피우고도 90세까지 살았다', '담배 피우는 즐거움이 없으면 인생에 의미가 없다', '담배가 해롭지만 스트레스를 받고 사는 것보다는 낫다'는 등의 이유를 앞세운다. 이들은 담배를 끊는 행동이 아니라 태도를 변화시킴으로써 인지부조화를 해소한다. 〈그림 5-6〉은 인지부조화로 말미암은 태도변화과정을 보여준다.

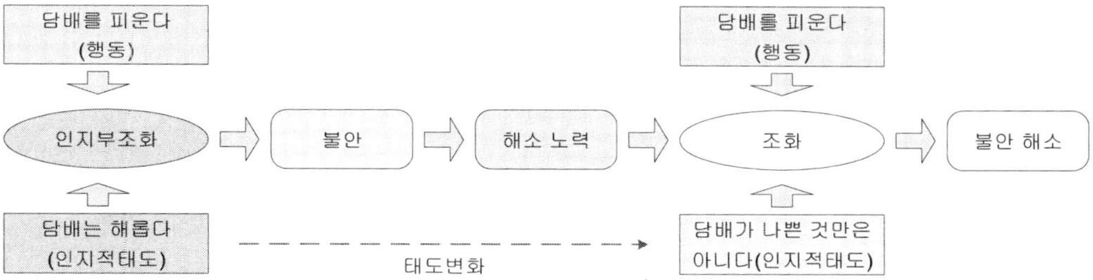

〈그림 5-6〉 인지부조화와 태도변화

인지부조화는 의사결정이 이루어졌을 때, 강요에 따라 복종했을 때, 다른 사람과 의견이 대립되었을 때, 노력을 적게 하고 보상을 많이 받았을 때 자주 발생한다. 의사결정이 이루어진 경우에는 결정하기 전보다는 결정한 후에 태도변화가 더 크게 나타나게 된다. 예를 들어 결혼 전에는 결혼대상자를 계속 비교하다가도 일단 결혼하게 되면 피차 배우자에게 만족하려는 경향이 커지게 되는데 이는 인지부조화로 설명될 수 있다.

3. 태도의 변화

태도는 인지, 감정, 행동의 3요소로 이루어지므로 이들 중 어느 한 가지를 변화시키면 태도변화는 가능해진다. 여기서는 태도변화에 대한 상반된 관점을 살펴본 다음, 실제로 기업에서 태도변화를 위하여 자주 사용되는 방법들을 살펴보기로 하자.

3.1 태도변화에 대한 상반된 관점

경영자가 태도변화에 대하여 관심을 기울이는 이유는 태도를 변화시키면 행동도 함께 변화된다고 생각하기 때문이다. 이런 관점에서 볼 때 태도는 독립변수, 행동은 종속변수가 된다. 예를 들어 종업원이 자신의 직무에 호의적인 태도를 보이면 성과도 좋게 나타난다고 생각하는 것이다. 하지만 이에 반대하는 관점도 있다. 이러한 관점을 주장하는 사람들은 개인의 태도는 행동을 관찰할 때 비로소 알 수 있다고 주장한다. 또한 이들의 이론에 의하면 사람의 태도를 변화시키려면 그의 행동을 변화시켜야 한다는 것이다. 이러한 두 가지 상반된 관점 중에 어느 쪽을 지지하느냐에 따라 태도변화의 전략은 크게 달라진다. 〈그림 5-7〉은 태도변화에 대한 두 가지 관점을 보여주고 있다.

(a) 전통적 관점 (b) 새로운 관점

〈그림 5-7〉 태도변화에 대한 두 가지 관점

회사에서 적용했을 때 전자의 전통적 관점보다는 후자의 새로운 관점이 더 효과적이라는 연구결과가 많이 있다. 전자의 관점에서 볼 때 회사에서 노력하여 종업원들의 태도를 바꾸었다고 해도 실제로 그들이 업무에 어떻게 적용해야 할지 모르므로 실패로 돌아간 경우가 많았다는 것이다. 그에 반하여 후자의 관점에서는 행동변화를 유도하면서 업무행위를 실제로 가르칠 수 있고, 그 행위가 업무수행과정에서 확인되므로 성공적인 태도변화가 가능하다고 한다.

새로운 행위를 가르치는 방법으로는 모형화, 역할연기법, 사회적 강화 등이 추천되고 있다. 여기서 모형화(modeling)란 비디오테이프 등을 이용하여 바람직한 행동을 제시하는 것이다. 역할연기법(role playing method)은 바람직한 행동을 실습해 보는 기회를 제공하는 것이다. 그리고 사회적 강화(social reinforcement)는 피훈련자가 올바른 행동을 했을 때 주위 동료들이 인정하는 등의 방법으로 강화를 제공하는 것이다.

3.2 태도변화의 방법

태도변화는 인지, 감정, 행동의 요소 가운데 어느 한 가지만 변화시켜도 가능하다. 예를 들어 말이나 글을 이용하여 상대방의 인지나 감정을 변화시키는 방법이 설득이다. 또한 행동을 원하는 방향으로 유도하여 상대방의 태도를 변화시키는 방법이 행동유도다. 그 밖에도 공포, 참여제도 등은 구성원들의 태도를 변화시키는데 이용되고 있다.

3.2.1 설득

설득은 상대방의 인지나 감정을 말이나 글을 통하여 원하는 방향으로 변화시키는 직접적인 방법이다. 이 경우 설득하는 사람의 전문적인 지식과 그에 대한 신뢰는 필수적이며, 논리적인 주장이나 사실의 확인은 상대방의 태도변화에 중요한 역할을 한다.

3.2.2 행동유도

행동유도는 조작적 조건형성이론에 입각한 방법으로 상대의 행동을 원하는 방향으로 유도하여 그의 태도를 변화시키는 방법이다. 일단 행동을 유도하여 개인이 그 행동의 유익을 깨닫게 되면 쉽게 태도를 바꾸게 된다.

3.2.3 공포분위기의 유발 혹은 감축

경우에 따라 공포를 유발하는 메시지로 분위기를 유도할 때 효과적인 태도변화를 이끌어내기도 한다. 담배를 많이 피워 폐암에 걸린 환자의 수술장면을 흡연자들에게 적나라하게 보여주면 금연설득이 더 잘된다고 한다. 공포에 사로잡혔을 때 사람들은 보다 단순해지며 설득이 잘되는 경향이 있다. 이와 반대로 고조된 공포를 감소시켜 줌으로써 효과적인 태도변화를 촉진시킬 수도 있다.

3.2.4 참여제도

참여제도는 조직에서 변화의 대상자들을 의사결정과정에 참여시켜 그들의 주도적인 노력으로 변화를 이끌어 내는 방법이다. 의사결정에 참여했던 사람들은 책임감을 느끼게 되어 자율적으로 자신의 태도를 변화시킨다.

스톡홀름 증후군

1973년 스웨덴 스톡홀름의 한 은행에 무장강도가 들이닥쳤다. 곧 경찰이 출동했다. 강도들은 경찰과 대치하다가 고객 중 4명을 인질로 잡아 도주했다. 그들이 체포된 것은 6일이 지나서였다. 그런데 놀라운 점은 체포할 당시에 인질들이 인질범들의 편에 섰고 경찰에 대항했다는 점이다. 경찰이 인질범들에 대한 증언을 요구했을 때에도 인질들은 인질범들에게 불리한 증언을 전혀 하지 않았다. 심지어 한 여자인질은 인질범 가운데 한 명에게 애정을 느껴 약혼자와 파혼까지 하였다. 이때부터 인질들이 인질범들의 편을 서는 현상을 '스톡홀름 증후군'(Stockholm syndrome)이라고 부르게 되었다. 스톡홀름 증후군은 세 단계를 거쳐 일어난다.

1단계: 인질들은 인질범들이 자신들을 해치지 않는 것을 고마워하고 온정을 느끼기 시작한다.
2단계: 인질들은 인질범들을 체포하려는 경찰들에게 오히려 반감을 느낀다.
3단계: 인질범들도 인질에게 긍정적인 감정을 느낀다. 인질과 인질범들은 함께 고립되어 있으며 두려움을 같이 하는 '우리'라는 동질의식을 느끼게 된다.

3.3 태도변화의 과정

켈먼(H. Kelman)은 개인에게 영향을 주어 태도를 변화시키는 과정이 순응, 동일화, 내면화를 통하여 이루어진다고 주장하였다.

〈그림 5-8〉 태도변화의 과정

3.3.1 순응

순응(compliance)은 한 사람이 다른 사람이나 집단의 호의적 반응을 얻거나 비호의적 반응을 피하기 위하여 그들의 영향력을 수용하는 일이다. 이 경우 태도에는 별다른 변화가 없으나 행동에는 즉시 변화가 나타난다. 순응을 지속시키려면 계속해서 감독이 따라야 하며 보상이나 체벌이 필요하다. 영향력을 행사하는 외부의 압력으로부터 벗어나게 되면 개인은 순응에서 벗어나 자신의 원래 모습으로 되돌아간다. 따라서 순응을 태도변화로 보지 않는 견해도 있다.

3.3.2 동일화

동일화(identification)는 한 사람이 다른 사람이나 집단과 관계를 맺는데 만족하고, 그들의 태도를 받아들여 자신의 일부를 형성할 때 생겨난다. 이 경우 맺어진 관계는 보상적이며, 그 보상이 만족스러운 경우에 한해서만 관계가 유지될 수 있다. 동일화를 통하여 집단에서 얻을 수 있는 보상으로는 지위, 인정, 지지 등이 있다.

3.3.3 내면화

내면화(internalization)는 유발된 태도나 행위가 내면적으로 보상되어 그 사람의 가치관에 부합할 때 생겨난다. 이런 경우 별도의 외적 보상이 없어도 적극적으로 다른 사람이나 집단의 태도를 수용하게 된다. 내면화는 동일화보다 더욱 깊은 태도변화를 유도하는 것으로, 비록 어렵기는 하지만 일단 생겨나게 되면 가장 효과가 크다.

4. 직무만족

직무만족(job satisfaction)은 직무에 대한 감정적인 반응이다. 직무만족의 태도는 조직의 성과와 상호 영향을 준다. 즉 직무에 만족하게 되면 업무성과가 높아지고, 업무성과가 높아지면 직무만족 역시 높아진다. 따라서 직무에 대한 종업원들의 태도를 긍정적으로 변화시키는 것은 회사의 입장에서 매우 중요하다.

4.1 직무만족의 요인

직무만족에 영향을 주는 주된 요인으로는 개인의 성격, 개인의 가치관, 직무특성, 근무여건, 사회적 관계가 있다.

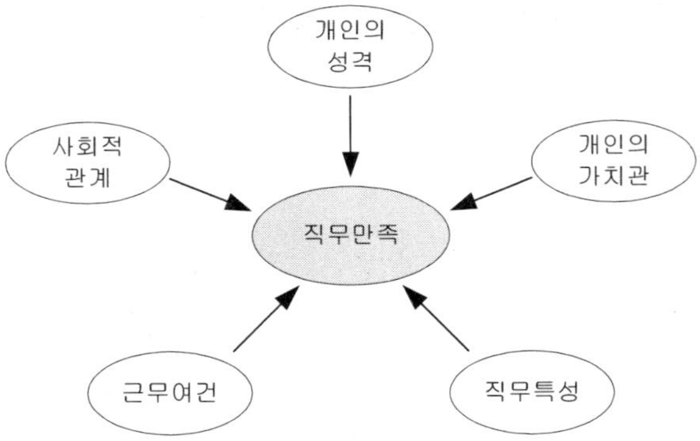

〈그림 5-9〉 직무만족의 요인

4.1.1 개인의 성격

개인의 성격이 직무만족에 영향을 미치는 것은 여러 학자들에 의하여 지지되고 있다. 외향적 성격의 소유자가 비교적 직무만족도가 높다고 발표된 연구결과도 있다. 또한 통제내재론자들이 통제외재론자보다 직무에 더 만족한다고 한다. 회사의 직원들 중에는 맡은 직무에 대하여 늘 불평하는 사람들이 항상 있다. 이들은 새로운 불평거리를 끊임없이 만들어낸다. 불안이나 의기소침 같은 부정적 감정수준이 높은 사람이 자신의 직무에 대하여 불만족하는 경향이 있다.

4.1.2 개인의 가치관

개인의 가치관은 자신이 수행하는 직무에 대하여 내적 혹은 외적 가치를 부여하는 것이다. 내적 직무가치관은 일 자체의 속성에 관련되는 반면에, 외적 직무가치관은 일의 결과와 관련이 있다. 강한 내적 직무가치관을 가진 직원은 즐겁고 가치있는 일이라면 작업환경이 열악하고 보수가 낮아도 기꺼이 수행한다. 반면에 강한 외적 직무가치관을 지닌 직원은 비록 단순하고 단조로운 일이라도 보수만 높으면 기꺼이 수행하는 경향이 있다.

4.1.3 직무특성

단순반복적인 직무는 누구에게나 지루하고 불만족스럽다. 따라서 직무를 복잡하고 의미있게 재설계해야 직무만족을 느끼게 할 수 있다는 주장이 허즈버그(F. Herzberg)를 중심으로 제기되었다. 이후 해크먼(J. Hackman)과 올드햄(G. Oldham)은 직무만족과 관련하여 직무특성이론을 발표하였다. 이들은 직무만족을 가져오는 직무의 특성으로 기술의 다양성, 직무의 정체성, 직무의 중요성, 자율성, 피드백을 들고 있다.

4.1.4 근무여건

근무여건은 작업자의 근무환경이나 회사에서 작업자를 대우하는 수준을 의미하는 것으로, 작업장의 물리적 환경, 근무시간, 직무안정성, 급여, 복리후생 등을 가리킨다. 일반적으로 근무여건에 대한 평가가 긍정적이면 작업자들은 자신의 직무에 만족하게 된다. 예를 들어, 쾌적한 작업환경에서 높은 수준의 급여와 좋은 복리후생을 받으면서 일하는 사람은 그렇지 못한 사람보다 직무만족도가 높다. 특히 임금이 직무만족에 영향을 주는 것은 분명하다. 임금이 직무만족을 좌우하는 것은 임금 자체의 수준보다는 임금의 공정성으로 알려져 있다.

4.1.5 사회적 관계

사회적 관계란 상사, 부하, 동료와 같이 조직 내에서 함께 일하는 사람들과의 관계를 뜻한다. 상사의 감독스타일, 관리자의 리더십, 참여적 의사결정, 동료와의 관계, 승진, 작업집단의 규모 등은 직무만족에 직접적으로 영향을 준다.

4.2 직무만족의 결과

직원들이 직무에 만족할 때 직무성과는 높아진다. 이직과 결근이 감소하며, 조직에 도움이 되는 적극적인 직원들의 행동이 나타나게 된다. 반면에 직원들이 자신의 직무에 만족하지 못할 때, 이직과 결근이 증가하며 맡은 바 서비스나 업무의 질이 떨어진다. 그 뿐만 아니라 파업이나 투서와 같은 적대적인 행위가 증가하게 된다.

4.3 직무만족불변의 법칙

사람들은 각자 자신만의 고유한 직무만족수준을 가지고 있다. 임금인상, 제안의 묵살, 승진탈락 등으로 현재의 상황에 변화가 생겨나면 일시적으로 직무에 대한 만족도가 변하게 된다. 하지만 시간이 조금 지나게 되면 직무에 대한 만족도는 원래의 처음 수준으로 다시 되돌아온다. 이를 '직무만족불변의 법칙'이라고 말한다. 직무를 재설계하여 직원의 만족도가 높아졌어도 6개월이 지난 후에는 직무만족도가 다시 원래의 수준으로 되돌아왔다는 연구조사도 있다.

4.4 직무몰입

직무만족에서 더 나아가면 '직무몰입'으로 발전하기도 한다. 직무몰입(job involvement)이란 개인이 자신의 일을 중요하게 여기고 깊이 몰입하게 되는 심리적 상태를 가리킨다. 직무에 몰입하게 되면 직무만족도가 높아지고 직무성과에 매우 긍정적인 영향을 미치게 된다.

빌 게이츠는 1973년 하버드 대학에 입학했다. 하지만 그는 학교강의보다는 소프트웨어를 만드는데 더 매달렸다. 프로그램을 짜고 있는 동안 빌 게이츠는 기숙사 방에서 프로그래밍 작업에만 몰두하였다. 그는 늘 수면부족 상태였고, 어떤 날은 종일 먹지도 않았으며, 아무도 만나지 않았다. 대학에 입학한 후 2년이 지났을 때 그는 학교공부를 중단하였다. 그리고 19살 나이에 마이크로소프트사를 창업하였다.

5. 조직몰입

조직몰입(organization commitment)이란 개인이 조직에 대하여 깊은 애착을 가지고 조직에 남고자 하며, 조직을 위하여 헌신하며, 조직의 가치와 목표를 공감하는 심리적 상태를 가리킨다. 전통적으로 한국기업에서 종업원들의 조직몰입수준은 매우 높은 것으로 알려져 왔다. 하지만 최근 조직환경의 변화와 구조조정의 여파 등으로 그들의 회사에 대한 태도는 상당히 달라졌다.

5.1 조직몰입의 유형

메이어(J. Meyer)와 알렌(N. Allen)은 조직몰입을 정서적 몰입, 규범적 몰입, 지속적 몰입 의 3가지 유형으로 구분하였다.

5.1.1 정서적 몰입

정서적 몰입(affective commitment)은 구성원이 조직에 대하여 감정적으로 애착을 느끼고 자신을 동일시하는 몰입이다. 그는 조직에서 자신이 수행하는 직무에 큰 보람과 의미를 느낄 뿐만 아니라 다른 구성원들과도 매우 친밀한 관계를 가지게 된다. 정서적 몰입의 결과로 개인은 자신을 집단과 동일시하고, 집단에 참여하면서 멤버십을 즐긴다. 정서적 몰입은 조직몰입을 대표하는 것으로, 정서적 몰입이 높으면 나머지 다른 몰입들은 중요성이 떨어지게 된다.

5.1.2 규범적 몰입

규범적 몰입(normative commitment)은 심리적 부담이나 도덕적 의무감 때문에 조직과의 관계를 유지하면서 몰입하게 되는 태도다. 즉 조직몰입을 조직에 대한 구성원의 책임에 대한 신념으로 보는 견해다. 자신이 모임을 그만 두게 되면 그 모임이 와해될 것 같아 계속 모임에 참여하게 되는 경우가 바로 규범적 몰입에 해당된다. 특히 조직에서 중요한 직책을 맡았을 때에도 규범적 몰입이 생겨날 수 있다.

5.1.3 지속적 몰입

지속적 몰입(continuance commitment)은 조직을 이탈할 때 경제적으로나 사회적으로 손실이 크기 때문에 구성원의 자격을 지속하려는 심리적인 애착이다. 이는 조직을 떠나는 비용이 조직에 남는 비용보다 크기 때문에 생기는 몰입이다. 즉 손실과 이익을 계산하여 조직에 몰입하는 것을 말한다. 어떤 조직이든지 몸담고 있는 기간이 길어지면 그 조직에 투자를 많이 하게 되므로 지속적 몰입은 커지게 마련이다.

5.2 조직몰입의 요인

조직몰입에 영향을 주는 요인은 다양하지만 크게 개인적 요인, 역할요인, 조직특성요인, 작업경험요인으로 구분될 수 있다.

5.2.1 개인적 요인

개인적 요인 중 조직몰입에 가장 큰 영향을 주는 요인으로는 근무연수를 들 수 있다. 근무연수가 오래 되면 그에 비례하여 조직에 대한 투자가 증가하게 되기 때문이다. 또한 나이가 많을수록 이동 가능성이 낮아지고, 성취욕이 높을수록 참여욕구가 높아지므로 조직몰입의 수준이 높아지게 된다.

5.2.2 역할요인

역할과 관련된 요인으로는 역할갈등과 역할모호성이 있다. 개인이 조직 내에서 자신의 역할에 대하여 회의를 느끼거나, 역할이 모호하게 되면 조직몰입의 수준은 낮아진다.

5.2.3 조직특성요인

조직특성요인으로는 조직의 크기, 노조의 존재, 관리의 폭, 조직의 분권화 정도 등이 연구되어 왔다. 하지만 조직의 분권화를 제외하고는 일관된 결과가 나타나지 않고 있다. 조직이 분권화될수록 개인이 의사결정에 참여할 가능성이 높아져 동기가 유발되므로 조직몰입의 수준이 높아진다.

5.2.4 작업경험요인

작업경험요인은 개인이 조직에서 근무하는 동안 경험하게 되는 개인적 느낌을 의미한다. 같은 집단에서 근무하는 동료의 태도가 긍정적일수록, 개인에 대한 조직의 의존도가 높을수록, 조직생활을 통하여 자신의 기대가 실현될수록, 조직에서 자신이 중요하다고 인식될수록, 조직몰입의 수준이 높아진다.

5.3 조직몰입의 결과

조직에 몰입하는 사람은 개인적인 생활과 경력관리에서 성공적인 것으로 나타나고 있다. 또한 조직에 대한 애착으로 말미암아 결근이나 이직이 상대적으로 낮아지고, 성과수준이 높아지며, 조직 내의 다른 사람들에게 좋은 태도를 갖게 된다. 심지어 조직몰입은 자기희생을 촉발시키기도 한다. 그러나 조직몰입이 항상 긍정적인 결과만 가져오는 것은 아니다. 조직몰입이 높은 사람일수록 현재의 직무와 조직상태에 집착하여 변화에 저항하는 경향이 강해진다.

5.4 조직구성원들의 몰입증진 방안

조직구성원들의 몰입을 증진시키기 위한 방안으로는 무엇보다도 조직의 가치를 공유할 수 있는 사람을 선발하는 것이 중요하다. 또한 조직과 개인의 이해를 일치시킬 필요가 있다. 예를 들어 우리사주나 스톡옵션을 발행하여 부를 나누는 제도를 도입하면 종업원들의 조직몰입을 유도할 수 있다. 그 밖에도 종업원들을 기업경영에 참여시켜 주인의식을 갖도록 하는 것도 조직몰입을 높이는 방법 중에 하나다.

[읽을거리] 사람을 변화시키는 힘

판단과 선택에 있어서 이성적인 논리는 매우 강력한 도구다. 우리가 올바른 결론에 도달하려면 논리적으로 판단하고 합리적으로 선택해야 한다. 하지만 실제로 우리의 판단과 선택은 그렇게 이루어지지 않고 있다. 많은 경우에 우리는 이성이 아니라 감정에 따라 판단하고 선택한다.

2002년에 노벨 경제학상을 받은 사람은 심리학자 카너먼(D. Kahneman)이다. 그는 인간의 행동이 이성보다 감정에 의하여 더 크게 영향을 받는다고 가정했다. 인간을 합리적으로 판단하는 존재로 여긴 고전 경제학이론에 도전장을 내밀었다. 반복된 실험을 통하여 그는 인간이 감정에 따라 쉽게 흔들리며 비합리적으로 판단한다는 사실을 입증했다. 인간은 이성적인 존재라고 스스로 생각하지만 결코 이성적으로 행동하는 존재가 아니다.

예를 들어보자. 비만을 예방하려면 적게 먹어야 한다는 것은 상식이다. 그러나 이를 실천하는 것은 쉽지 않다. 맛있는 음식을 먹게 되면 기분이 좋아진다. 일단 기분이 좋아지면 살이 찌게 된다는 이성의 경고를 무시하게 된다. 이처럼 인간의 이성과 감정이 서로 충돌하게 되면 이성은 힘을 쓰지 못하게 된다. 감정이 승자가 되어 우리를 지배한다.

이처럼 사람은 감정의 지배를 받아 행동을 선택한다. 그리고는 자신이 선택한 행동에 대하여 매우 그럴 듯한 논리적 근거를 동원한다. 물론 이런 논리적 근거는 우리의 행동을 결정하게 한 자신의 감정을 정당화하는 보조수단에 불과하다. 예를 들어 담배를 피우는 사람들은 담배를 끊어야 하는 이유와 담배를 피울 수밖에 없는 이유를 모두 알고 있다. 하지만 그들이 감정적으로 담배를 끊을 수 없으면 '담배를 피우면 스트레스가 해소된다' 라거나 '누구는 담배 피우고도 90살 이상 살았다더라'하는 식으로 흡연에 대한 논리적 근거를 동원한다.

사람들에게 영향을 미치고 그들을 움직이고 싶은가? 직원들로 하여금 열심히 일하게 하고, 고객들을 설득하고, 자녀들을 변화시키고 싶은가? 이성적인 논리만을 앞세울 것이 아니라 그들의 감정에 호소할 줄 알아야 한다. 감정적인 호소에 뛰어난 사람은 지적지능(IQ)이 아니라 감성지능(EQ)이 우수한 사람들이다. 이런 사람은 상대방의 기분을 빨리 알아차리고, 자신의 감정을 진솔하게 펼쳐 보이며, 그들과 동일한 감정을 함께 공유한다. 많은 사람들이 모인 행사장에서 뛰어난 연설로 청중들을 감동시키는 사람들이 있다. 그들은 논리만으로 청중을 설득하려고 나서지 않는다.

천 마디의 논리보다는 마음에서 쏟아져 나오는 열정과 한 방울의 눈물이 사람들을 감동시킨다는 사실을 잘 알고 있기 때문이다.

아리스토텔레스는 설득에 에토스(ethos), 파토스(pathos), 로고스(logos)의 3가지 요소가 있다고 말했다. 에토스는 사람들에게 호감을 주는 인격적인 측면이다. 파토스는 열정적으로 사람을 자극하는 감정적인 측면이다. 마지막으로 로고스는 논리적인 근거를 동원하여 상대방을 움직이려는 이성적인 측면이다. 그런데 이 세 가지 요소들 가운데 이성적인 논리인 로고스가 사람에게 미치는 영향이 가장 작다고 한다. 다른 사람을 움직이려면 먼저 호감을 주는 에토스가 있어야 한다. 감정적으로 뜨겁게 호소하는 파토스가 수반되어야 한다. 그럴 때 로고스의 논리는 강력하게 사람들의 마음을 파고들게 된다. 호감이 들지 않고 열정이 없는 사람의 말은 아무리 논리적이어도 듣는 사람들로 하여금 딴전을 피우게 만들뿐이다.

6장 지각

1. 지각의 과정

사물, 사람, 사건 같은 외부의 대상물이 오관을 통하여 뇌에 전달되고 분석, 종합, 해석되는 과정을 지각(perception)이라고 말한다. 지각은 대상의 정보를 받아들이는 단계와 얻어진 정보를 연결, 종합, 해석하는 단계를 거쳐 이루어진다. 사람은 지각과정에서 많은 실수를 범할 수 있다.

〈그림 6-1〉에서 보는 바와 같이 대상물의 정보가 감각기관을 통하여 전달되면 뇌에서는 지각선택, 지각조직화, 지각해석의 단계를 거쳐 대상물에 대한 이미지를 형성하게 된다. 지각을 통해 얻어진 이미지는 특정대상에 대한 우리의 반응이나 행동에 영향을 준다. 따라서 똑같은 상황, 사건에 대하여 우리는 종종 전혀 다른 반응을 나타내기도 한다.

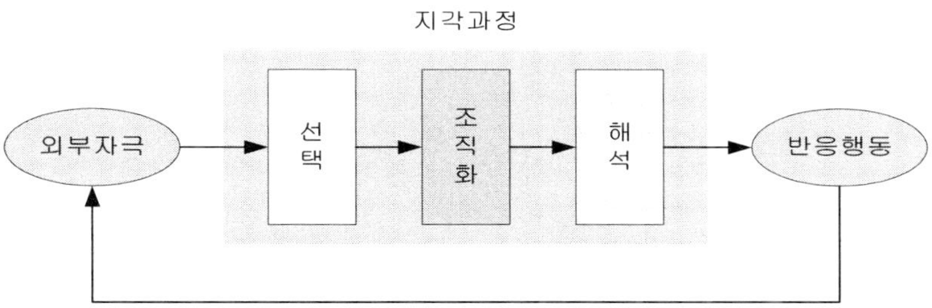

〈그림 6-1〉 지각의 과정

1.1 지각선택

사람은 관심영역 밖에 있는 자극을 잘 인식하지 못한다. 이 같은 현상을 '부주의적 장님'(inattentional blindness)이라고 부른다. 신문사에서 그 날 들어온 많은 뉴스 가운데서 중요한 것을 골라내어 편집하듯이, 우리 뇌도 감각기관을 통하여 들어오는 수많은 정보 가운데 자신에게 중요한 것을 선택하여 집중하도록 하고 있다. 이를 '선택적 주의'(selective attention)라고 한다. 수많은 사람의 이름 중에서 자신의 이름이 유독 눈에 잘 띄는 것은 자신의 이름에 특별한 관심이 있기 때문이다. 또한 직장을 찾는 사람들에게는 구직광고들이 눈에 잘 띄게 되는데 이 역시 동일한 현상이다. 여러 사람들의 목소리가 섞인 시끄러운 장소에서 특정한 사람의 말만 선택적으로 귀를 기울일 수 있는 '칵테일파티 효과'(cocktail party effect)도 선택적 주의에 해당된다.

어떤 자극이 사람의 주의를 끌게 되는 것일까? 지각선택은 〈그림 6-2〉와 같이 외적 요인인 지각 대상, 내적 요인인 지각당사자, 상황 요인인 지각상황에 의하여 영향을 받는다.

지각대상과 관련된 외적 요인으로는 대상물의 강도, 크기, 대조, 반복, 동작, 특이성, 친밀성 등이 있다. 지각자와 관련된 내적 요인으로는 욕구와 동기, 과거의 경험, 자아개념, 성격 등을 들 수 있다. 상황요인도 지각선택에 영향을 미친다. 예를 들어 화려한 옷차림의 여인이 파티장에 나타났다면 사람들의 시선을 끌지 못하겠지만, 장례식장에 나타났다면 모든 사람들의 주의를 끌게 될 것이다.

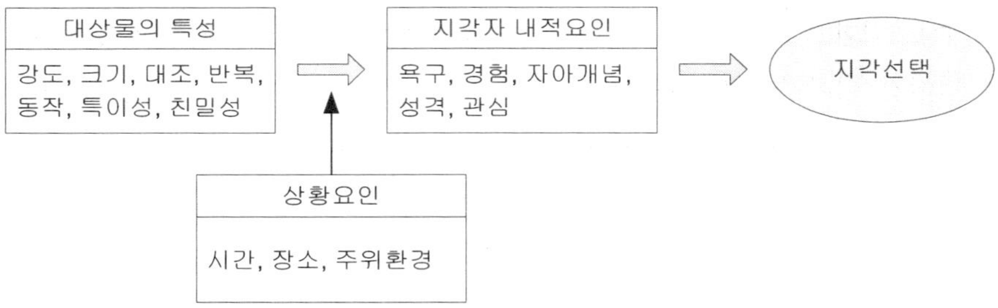

〈그림 6-2〉 지각선택에 영향을 미치는 요인

관심을 가지면 보인다

하버드대학의 심리학 교수인 댄 시몬스는 다음과 같은 실험을 하였다. 실험의 내용은 농구시합을 하고 있는 30초 분량의 동영상을 보여주면서 선수들이 같은 편에게 공을 패스하는 횟수를 세는 것이었다. 동영상이 상영되자 연구원들은 열심히 패스한 횟수를 세기 시작했다. 그런데 동영상 내용의 중간에 갑자기 고릴라로 변장한 사람이 경기장 안으로 나타났다. 시합 중인 경기장을 여기저기 배회하던 고릴라는 카메라 앞에서 가슴을 두드리기도 하고 소리도 질러댔다.

동영상을 마친 후 고릴라를 보았느냐고 질문했을 때 대부분의 연구원들은 보지 못했다고 응답하였다. 실험 도중에 연구원들은 농구공이 패스되는 것에만 몰두했으므로 농구장에 나타난 고릴라를 보지 못했던 것이다. 400명을 대상으로 동일한 실험을 실시했을 때 그들 중 10명만이 고릴라를 보았다고 한다. 상식적으로 믿기 어려운 결과가 실제로 일어난 것이다. 이처럼 어떤 대상을 보았으면서도 실제로는 인식하지 못하여 자신의 눈을 의심하는 결과가 간혹 발생한다. 이 같은 현상은 지나친 집착, 스트레스, 고정관념 등이 원인이 되어 생겨날 수 있다.

사람의 뇌는 원하는 것을 찾는데 매우 익숙하다. 배가 고플 때 우리 뇌는 먹는 것을 찾는 데에 집중하게 되고, 목이 마르게 되면 마실 것만을 찾게 된다. 우리의 뇌는 관심이 있는 것만을 보려고 하기 때문에 관심이 없는 것은 쉽게 놓치고 만다. 그래서 '알고 있는 것만큼 보인다'는 말이 있는 것이다. 출근길에 의식적으로 빨간색을 찾아보라. 지금까지 미처 보지 못했던 빨간색을 가진 대상물들이 새롭게 눈에 들어오게 될 것이다.

1.2 지각조직화

지각선택을 통하여 들어온 정보들은 너무 많고 애매하다. 따라서 이들 정보들을 의미있는 형태로 구성하게 되는데, 이를 '지각조직화'(perceptual organization)라고 한다. 이처럼 형태를 지각하는데 있어서 조직화의 원리로는 전경과 배경, 집단화가 있다.

1.2.1 전경과 배경

지각조직화의 원리로 자극 중 일부는 전경(figure)으로 나머지는 배경(ground)으로 나누는 방법이 있다. 많은 자극 중 전경과 배경을 분리하여 지각하는 것을 '윤곽형성'이라고 한다. 일단 윤곽이 형성되면 자극은 두 영역으로 나뉘게 되는데, 관심을 기울이는 부분이 전경이 되고 그렇지 않은 부분이 배경이 된다.

조직 내에서 관리자가 직원의 자질을 평가할 때, 창의성이나 적극성을 중요시하고 성실성이나 책임감을 가볍게 볼 수 있다. 이 때 창의성과 적극성이 전경이라면, 성실성이나 책임감은 배경이 된다.

〈그림 6-3〉의 두 그림에서 전경으로 흰색 영역을 택하게 되면 각각 화병과 천사가 보이

게 된다. 반면에 검은 색 영역을 전경으로 정하는 경우에는 두 사람의 옆 얼굴과 마귀의 모습이 각각 드러나 보이게 된다.

(a) 화병과 두 얼굴

(b) 천사와 마귀

〈그림 6-3〉 전경과 배경

1.2.2 집단화

사람들은 전경을 이루는 어떤 대상이 있을 때 이들을 의미있는 형태로 묶으려는 습성이 있다. 이를 '집단화'(grouping) 혹은 '범주화'(categorizing)라고 부른다. 집단화에는 근접성, 유사성, 완결성, 연속성 등이 있다. 〈그림 6-4〉는 집단화의 유형에 대한 몇 가지 예들을 보여주고 있다.

- **근접성**: 가까이 있는 자극들을 집단화하려는 성향
- **유사성**: 모양이 비슷한 것들끼리 집단화하려는 성향
- **완결성**: 자극의 빈 곳을 채워서 완전한 대상으로 지각하려는 성향
- **연속성**: 규칙성이 있는 자극이 그 패턴을 계속 유지하도록 지각하려는 성향

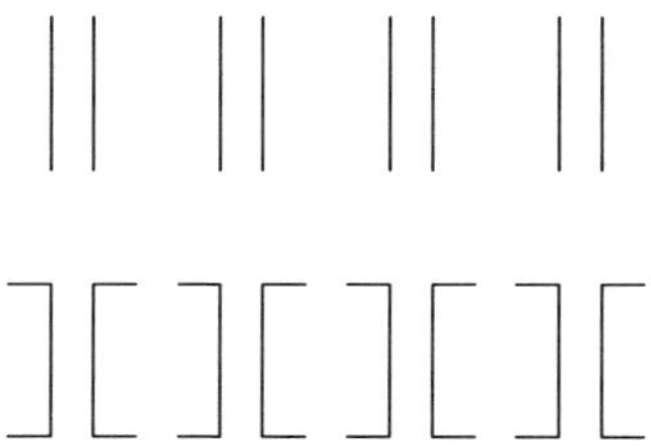

(a) 근접성

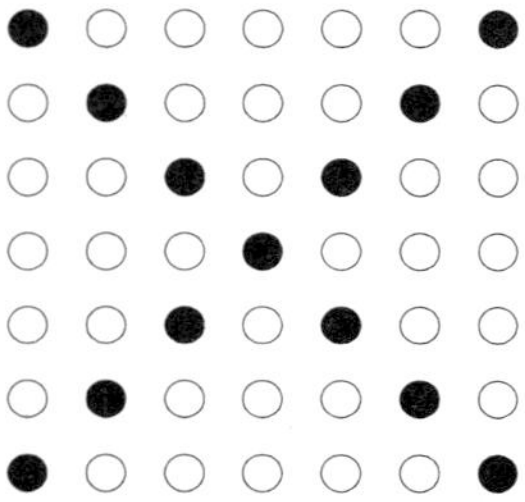

(b) 유사성

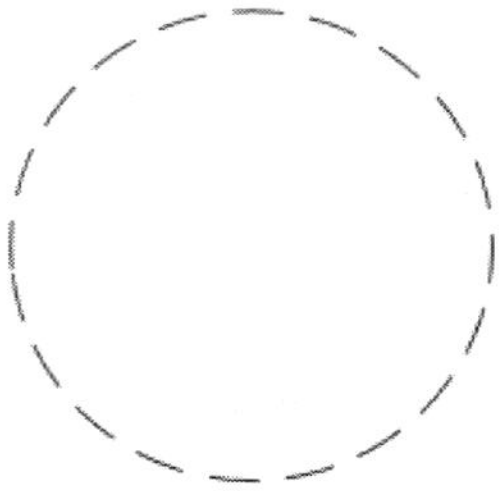

(c) 완결성

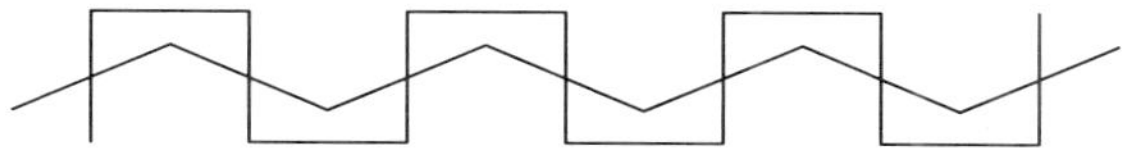

(d) 연속성

〈그림 6-4〉 집단화의 유형

1.3 지각해석

선택한 자극을 조직화한 후에 사람들은 이를 해석하게 된다. 이 때 개인의 성격, 욕구, 경험, 가치관 등에 의하여 나름대로 어떤 의미를 부여하게 된다. 이 과정에서 지각해석은 쉽게 왜곡될 수 있으며, 실제 대상물을 잘못 해석하게 되는 경우가 자주 발생한다. 왜곡된 해석을 가져오는 해석패턴으로는 '원형'과 '기대'가 있다.

1.3.1 원형

인간은 새로 지각된 자료를 해석하기 위해 이미 장기기억에 저장되어 있는 정보에 의존한다. 빈번히 경험했던 자극들을 '원형'(prototype)으로 뇌에 저장하고 있다가, 다음에 유사한 것이 나타나면 자세히 살펴보지 않은 채 머릿속의 원형과 비교하여 쉽게 해석해 버린다. 이는 종족, 나이, 성별, 출신지역, 출신학교 등과 관련하여 자주 나타나게 된다.

1.3.2 기대

사람은 두드러진 자극에 주의를 집중할 뿐만 아니라, 기대, 욕구, 관심에 걸맞는 자극에 주의를 집중하게 된다. 과거의 경험은 인간의 머릿속에 어떤 상황이 일어날 것으로 기대하고 예측하게 만드는데 이런 기대가 지각에 영향을 주게 된다. '자라보고 놀란 놈, 솥뚜껑보고도 놀란다.'는 속담이 이런 예에 해당한다. 또한 사람들의 관심과 욕구도 지각에 대하여 동일하게 작용한다. 직장을 구하는 사람에게는 구직광고가 눈에 잘 띄고, 배고픈 사람에게는 음식점 간판이 잘 보이게 된다.

자기이행적 예언

자기이행적 예언이란 상대를 어떻게 보느냐에 따라 상대방이 정말로 그렇게 행동하는 것을 관찰할 수 있는 현상을 말한다. 예쁘게 보면 예쁜 짓만 한다. 의심하면 수상해 보이고, 미워하면 미운 짓만 한다. 이들은 모두 자기이행적 예언을 가리키는 말이다. 열자의 '설부' 편에는 다음과 같은 이야기가 있다. 어떤 사람이 집에 있던 도끼를 잃어버렸다. 옆집 아이가 의심스러웠다. 걸음걸이나 눈빛, 말투가 도끼를 훔친 것 같았다. 며칠 후 다른 곳에서 도끼를 찾았다. 그 아이를 쳐다보니 전혀 도끼를 훔칠 아이 같아 보이지 않았다.

2. 귀인이론

우리는 자신이나 타인의 행동에 대하여 그 원인을 추론하려는 성향이 있다. 이를 '귀인'이라고 한다. 귀인의 결과는 우리가 어떻게 행동할 것인지 결정하는 기준이 된다.

2.1 귀인의 정의와 분류

귀인(attribution)이란 행동의 원인을 어디에 돌리느냐 하는 것이다. 귀인이론의 창시자인 하이더(F. Heider)는 행동에 대한 귀인을 능력이나 기술과 같은 개인의 내적요인에 돌리는 경우를 '내부귀인'(internal attribution)으로, 업무의 특성이나 상급자의 특성 등 개인의 외적요인에 돌리는 경우를 '외부귀인'(external attribution)으로 구별하였다.

일반적으로 사람은 자신의 성공은 자신의 능력과 같은 내부귀인으로 돌리고, 타인의 성공은 행운과 같은 외부귀인으로 돌리는 경향이 있다. 또한 자신의 실패는 외부귀인으로 돌리고 타인의 실패는 내부귀인으로 돌린다. 예를 들어 친구가 약속시간에 늦게 도착했을 때 친구는 차가 밀려서 늦었다고 핑계를 돌리고(외부귀인), 기다린 사람은 친구가 시간관념이 없다고 생각한다(내부귀인).

또한 타인의 행동을 어디에 귀인하느냐에 따라 행동에 대한 해석과 우리의 반응이 달라지기도 한다. 편도 1차선 도로에서 뒤의 차가 매우 가깝게 근접하면서 운전하고 있다고 하자. 이 때 상대방이 나를 위협한다고 생각하는 경우, 그는 나쁜 사람으로 인식되므로 화가 나게 된다. 하지만 상대방에게 무슨 급한 일이 있기 때문이라고 생각해 보자. 그는 어쩔 수 없다고 생각되므로 화가 나지 않는다.

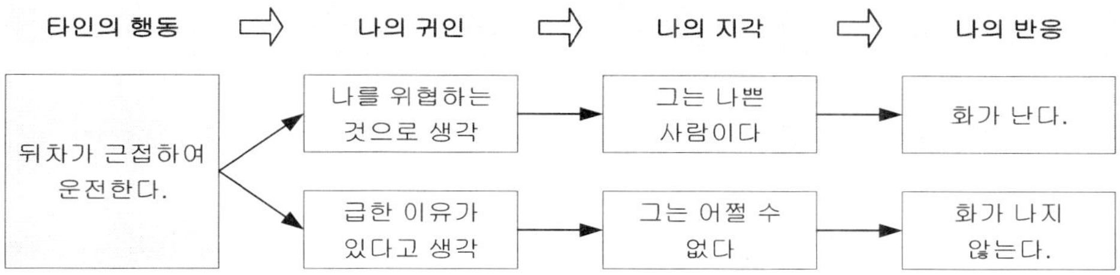

〈그림 6-5〉 타인의 행동에 대한 귀인과 반응

2.2 켈리의 귀인모델

심리학자 켈리(H. Kelley)는 귀인에 대한 내적요인과 외적요인의 개념을 더욱 발전시켰다. 그는 사람들의 행위에 대한 원인을 규명할 경우, 일치성, 특이성, 일관성의 3가지 기준으로 귀인판단이 가능하다고 생각하였다.

일치성(consensus)은 한 사건에 대하여 다른 사람들의 동일한 사건과 비교하여 귀인하려는 성향을 가리킨다. 같은 상황에서 사람들이 모두 동일한 반응을 보일 때 그들의 반응은 일치성을 보인다. 이 때 일치성이 높으면 외부요인에 귀인시키고, 일치성이 낮으면 내부요인에 귀인시킨다.

특이성(distinctiveness)은 한 사건을 현재 그 사람의 유사한 다른 사건과 비교하여 귀인하려는 성향이다. 그의 행동반응이 자주 있는 일이 아니라면 특이성을 보이는 것이다. 이 경우 특이성이 높으면 외부귀인에 해당되고, 특이성이 낮으면 내부귀인에 해당된다.

일관성(consistency)은 현재의 사건을 그 사람의 과거 사건들과 비교하여 귀인하려는 성향을 말한다. 어떤 행동이 예전부터 그 사람에게 자주 있었던 일이라면 일관성이 있는 것이다. 일관성이 높으면 내부요인에 귀인시키고, 일관성이 낮으면 외부요인에 귀인시킨다.

예를 들어 김대리가 맡아 수행한 업무 A의 성과가 높게 나왔을 때 그 원인을 찾으려고 한다. 먼저 일치성에 대하여 생각해 보자. 〈그림 6-6(a)〉에서 보는 바와 같이 김대리 외에 회사의 다른 동료들도 모두 업무 A의 성과가 좋았다면, 업무여건이 좋았기 때문이라고 외부요인에 원인을 돌릴 것이다. 반면에, A업무에 대한 다른 동료들의 성과가 모두 좋지 않았다면, 김대리가 능력이 있기 때문이라고 내부요인에 원인을 돌리게 된다.

다음으로 특이성에 대하여 살펴보자. 〈그림 6-6(b)〉와 같이 김대리가 유사한 업무 B, C, D에 대해서는 모두 성과가 좋지 않았다면, 업무 A가 쉬웠기 때문이라고 외부요인에 원인을 돌릴 것이다. 하지만 김대리가 업무 A뿐만 아니라 유사한 다른 업무들 모두에 대해서도 성과가 높았다면 이는 김대리의 능력 때문이라고 내부요인에 원인을 돌리게 된다.

마지막으로 일관성을 생각해 보자. 〈그림 6-6(c)〉에서 보여주는 바와 같이 김대리가 과거에는 A업무를 잘하지 못하였고 유독 지난 분기에만 성과가 좋았다면, 우리는 지난 분기 A업무가 쉬웠다고 외부요인에 원인을 돌리게 된다. 반면에 김대리가 예전부터 A업무를 꾸준히 잘 수행해 왔다면, 이는 김대리의 능력 때문이라고 내부요인에 원인을 돌리게 된다.

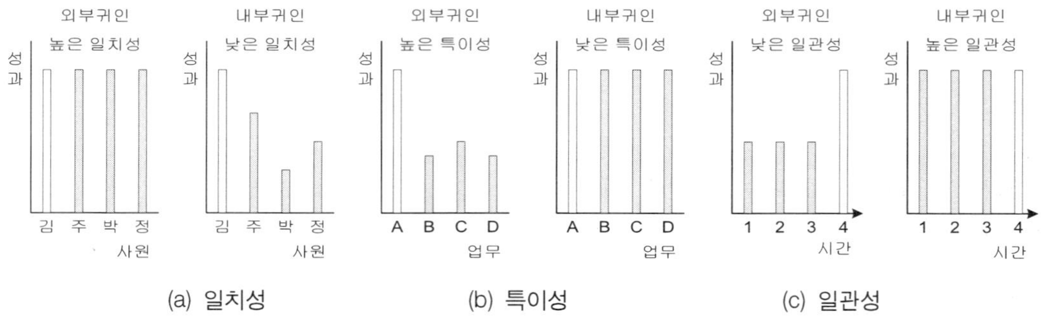

〈그림 6-6〉 켈리의 귀인모델

좀더 정확하게 귀인판단을 하고자 할 경우에는 일치성, 특이성, 일관성의 3가지 판단기준을 동시에 사용하는 것이 바람직하다. 켈리의 주장에 의하면 〈그림 6-7〉과 같이 높은 일치성, 높은 특이성, 낮은 일관성의 경우에 외부귀인을 가져오며, 낮은 일치성, 낮은 특이성, 높은 일관성의 경우는 내부귀인을 가져온다고 한다.

김대리가 업무 A에서 보인 좋은 성과에 대하여 이를 적용해보자. 회사의 동료들의 업무 A에 대한 실적이 모두 낮았고(낮은 일치성), 김대리는 유사한 다른 업무들의 실적이 좋았으며(낮은 특이성), 예전부터 업무 A의 성과가 늘 우수했다면(높은 일관성), 상사는 업무 A에 대한 김대리의 높은 실적이 그의 능력 때문이라고 내부귀인으로 돌리게 된다.

반면에 회사의 동료들도 업무 A의 실적이 모두 높았고(높은 일치성), 유사한 다른 업무에 있어 김대리는 실적이 좋지 않았으며(높은 특이성), 과거에 업무 A에 대한 김대리의 성과가 낮았다면(낮은 일관성), 상사는 업무 A에 대한 김대리의 높은 실적을 그의 능력이 아닌 외부요인으로 돌리게 된다.

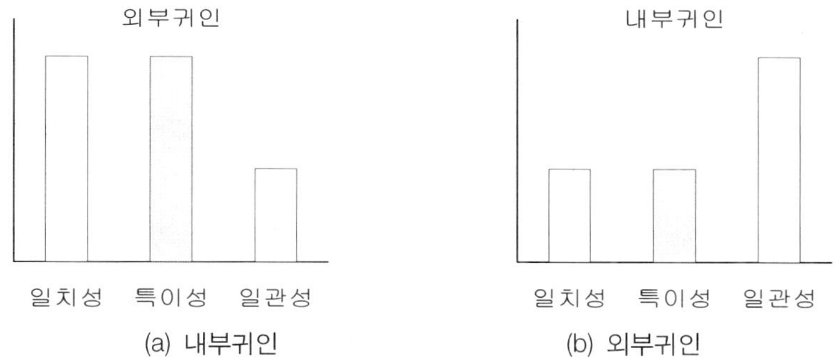

〈그림 6-7〉 귀인판단의 기준

3. 지각의 오류

대상물을 지각하고 판단할 때 우리는 가끔 '지름길'을 택하곤 한다. 여기서 지름길이란 사고의 효율을 높이기 위하여 대상을 빠르고 쉽게 판단하는 방법을 뜻한다. 지각에 있어서 우리는 상대방의 특성이나 상황 등 모든 정보 전체를 입수하는 대신에 한두 가지 현저한 정보를 활용하여 지각의 속도를 훨씬 빠르게 한다. 그러나 이러한 지름길을 사용하여 판단할 때 후광효과, 최근효과, 대비효과, 초두효과, 스테레오타입오류 같은 지각의 오류가 발생하기도 한다.

3.1 후광효과

후광효과(halo effect)는 '현혹효과'라고도 하며, 어떤 대상으로부터 얻은 일부의 정보가 다른 여러 특성에 영향을 미치게 되는 현상을 가리킨다. 뚱뚱하면 게으르다고 생각한다거나 영어를 잘하는 사원은 능력과 성실성에 긍정적으로 평가받는 것 등은 후광효과로 말미암은 것이다.

3.2 최근효과

일반적으로 먼저 주어진 정보보다 나중에 주어진 정보가 사람들의 판단에 더 큰 영향을 주는 경향이 있다. 이를 '최근효과'(recency effect)라고 한다. 상반기보다는 하반기 실적이 연봉협상에 더 큰 영향을 준다고 한다. 또한 선거 직전 상대후보에 대한 흑색선전은 치명적인 악재로 작용한다. 이들은 모두 최근효과에 해당된다.

3.3 대비효과

대비효과(contrast effect)는 시간적으로 바로 이전 것, 혹은 공간적으로 옆의 것과 대조하여 대상을 과대 혹은 과소평가하게 되는 현상을 가리킨다. 평균수준에 크게 미달되는 사람 바로 다음에 면접을 보는 사람은 실제보다 좋은 평가를 받기 쉽다. 반대로 출중한 사람 직후에 면접을 보는 사람은 낮은 평가를 받을 가능성이 높아진다. 키가 큰 사람 옆에 서 있으면 상대적으로 키가 작아 보이게 되는데 이 역시 대비효과로 말미암은 것이다.

3.4 초두효과

초두효과(primacy effect)는 처음 정보에 큰 비중을 두고 나중에 들어온 정보들을 상대적으로 소홀히 여기게 되는 현상을 말한다. 일반적으로 첫인상은 쉽게 바뀌지 않는데 이는 초두효과 때문이다. 상대방으로부터 첫인상을 얻는 것은 단 몇 초면 충분하다. 그러나 그 첫인상을 바꾸려면 무려 40시간의 만남이 필요하다는 연구결과도 있다. 한순간의 실수로 나쁜 인상을 심어주었던 사람과 관계개선이 쉽지 않은 이유가 바로 초두효과 때문이다.

초두효과에 관한 실험

심리학자 애쉬는 두 집단의 사람들에게 어느 사람을 아래와 같이 각각 소개하였다.

집단1 똑똑하다 → 부지런하다 → 즉흥적이다 → 비판적이다 → 고집세다 → 시기심많다

집단2 시기심많다 → 고집세다 → 비판적이다 → 즉흥적이다 → 부지런하다 → 똑똑하다

그 결과 집단1의 사람들은 집단2의 사람들보다 소개된 사람을 더 성공적이고 사회적으로 원만한 것으로 평가하였다. 하지만 두 집단에 각기 소개된 사람의 성격은 모두 동일한 내용이었으며, 단지 소개순서를 반대로 했을 뿐이었다. 이는 처음 정보가 나중 정보보다 더 큰 영향을 준다는 사실을 보여준다.

3.5 스테레오타입오류

사람들은 과거의 경험에서 얻어진 수많은 전형(stereotype)으로 다른 사람을 판단하기 쉽다. 이를 스테레오타입오류(stereotype error)라고 말한다. 사람을 평가할 때 그의 성격, 능력, 가치관이 아니라 출신학교, 출신지역, 종교 등에 대한 선입견으로 판단하는 것이 바로 스테레오타입오류다. 회사에서 사원을 선발할 때 스테레오타입에 의존하여 선발하지 않도록 주의해야 한다.

4. 친밀감의 조건

자주 보는 사람은 친해지기 쉽다. 수업시간에 옆자리에 앉았다거나 군 내무생활을 함께 한 것이 계기가 되어 친해지는 일은 매우 흔한 일이다. 또한 취미나 태도가 비슷한 사람과도 쉽게 친해진다.

심리학자 뉴컴(T. Newcomb)의 연구에 의하면 기숙사에 입사한 신입생들은 처음에는 이웃한 방에 있는 사람들과 친해지지만 시간이 흐르면서 태도나 취미가 비슷한 사람들끼리 친해진다고 한다. 이처럼 유사한 태도나 취미를 통해 친해지는 것을 '유사성매력가설'이라고 부른다. 자신과 유사한 상대에게 매력을 느끼게 된다는 것이다.

태도나 취미가 비슷한 사람끼리는 대화가 통하기 쉽다. 이는 자신의 태도나 취미가 지지받는 것을 의미한다. 여기에도 예외는 있다. 비슷한 것이 상대와 비교되어 열등감을 자극하게 되면 관계는 매우 나빠진다.

단순노출효과

제이존크는 대학 졸업생들의 얼굴사진 12장을 준비하여 학생들에게 무작위로 보여주었다. 얼굴사진을 보는 횟수와 호감도의 관계를 알아보기 위한 실험이었다. 사진을 보여주는 횟수를 0회, 1회, 2회, 5회, 10회, 25회 등 6가지 조건으로 나누고, 각 조건마다 얼굴 사진을 2매씩 할당하여 무작위로 총 86회를 보여 주었다. 실험결과 사진을 많이 볼수록 호감도는 거의 정비례하는 것으로 나타났다.

'몸이 멀어지면 마음도 멀어진다' 는 말이 있다. 주위에 가까이 있으면 친근감이 생겨나고 점차 호감을 느끼게 된다. 이를 '단순노출효과' 라고 부른다. 신체적인 매력이 떨어져도 자주 만나게 되면 서로 좋아질 가능성은 높아진다. 가까워지고 싶은 사람이 있다면 그 사람 주위를 뱅뱅 맴돌아라. 그리고 자주 만날 수 있는 건수를 의도적으로 만들라.

한 번에 오래 만나는 것보다는 자주 만나는 것이 친밀감을 높이는데 더 효과가 있다고 한다. 그래서 세일즈맨들은 특별한 용무가 없으면서도 "인사차 들렀다" 면서 자주 얼굴을 들여밀곤 하는데 이런 심리를 이용한 것이다. 필요할 때만 불쑥 찾아가 도움을 구하지 말고 평상시에 자주 찾아가서 호감도를 높이는 것이 쉽게 도움을 얻는 효과적인 방법이다.

단순노출효과를 가장 효과적으로 활용하는 분야는 TV광고다. 뉴스캐스터나 아나운서의 얼굴을 매일 보다 보면 호감이 생겨난다. 연예인의 인기는 그 사람의 개성이나 연기력도 중요하지만 TV에 나오는 빈도와도 밀접한 관계가 있다. TV에 자주 출연하면 호의적으로 받아들여지기 쉽다.

단순노출원칙에는 한 가지 조건이 있다. 첫인상이 긍정적이거나 최소한 중립적이어야 한다는 점이다. 첫인상이 부정적인 경우 자꾸 만나게 되면 단순노출효과가 작용하지 않을 뿐만 아니라 호감도가 오히려 더 떨어진다고 한다.

[읽을거리] 좋은 첫인상 남기기

낯선 사람을 처음 만나게 되면 그 사람에 대하여 나름대로 첫인상을 얻게 되는데 이는 그 사람의 이미지 형성에 매우 중요한 부분을 차지하게 된다. 미국의 심리학자 얼포트(G. Allport)의 대인지각이론에 의하면 처음 사람을 만나면 30초 이내에 상대의 성격, 신뢰감, 성실성 등을 어느 정도 파악할 수 있다고 한다. 한 번의 만남으로 상대의 모든 것을 알 수는 없지만 '이 사람은 좋은 사람이다.' 혹은 '이 사람과 사귀어보고 싶다' 는 정도의 판단은 내리게 된다는 것이다.

통상적으로 사람의 첫인상은 매력, 친근감, 신뢰감에 의하여 좌우된다. 이 가운데 매력은 외모와 태도를 통하여 상대방의 마음을 사로잡는 능력으로 다른 요소들보다도 더욱 첫인상에 영향을 준다. 친근감은 사람들이 부담감 없이 쉽게 다가가도록 하는 특성요소이며, 신뢰감은 상대방으로 하여금 안심하고 믿을 수 있게 한다. 물론 이 세 가지 요소를 모두 갖춘다면 사람들에게 좋은 첫인상을 줄 것은 당연하겠지만 혐오감만 주지 않는다면 비록 매력이 없어도 친근감과 신뢰감만으로도 충분히 좋은 첫인상을 줄 수 있다.

사람의 첫인상을 결정하는 몇 가지 요인이 있다. 심리학자 메라비안(A. Mehrabian)의 연구에 따르면 사람의 첫인상을 결정하는 요인으로는 얼굴을 중심으로 한 시각적 인상이 55%, 그리고 목소리와 말투를 포함한 청각적 인상이 38%를 차지한다고 한다. 그 나머지 7%는 말의 내용에 의하여 영향을 받는다고 한다.

첫인상이 좋은 사람들은 사람과의 관계에서 많은 혜택을 얻게 된다. 사실 좋은 첫인상은 선천적으로 타고나거나 저절로 생겨나는 것은 결코 아니다. 예쁘고 잘 생긴 사람들이 반드시 첫인상이 좋을 것이라고 생각한다면 큰 착각이다. 오히려 예쁘고 잘 생겼기 때문에 사람들에게 거부감을 주는 경우도 많이 있다.

그렇다면 어떻게 첫인상을 좋게 할 수 있을까? 간단하면서도 근본적인 방법은 다른 사람들이 좋아하는 그런 종류의 사람이 되는 것이다. 이는 단지 겉모습만을 꾸미고 좋은 테크닉을 익히는 것이 아니라 사람 됨됨이가 바뀌는 것을 뜻한다. 좋은 첫인상은 훌륭한 인격에서부터 자연스럽게 흘러나오는 것이기 때문이다.

좋은 첫인상을 지니기 위하여 가장 중요한 것은 마음에 평안과 기쁨이 있어야 한다는 것이다. 그럴 때만이 얼굴에 늘 미소 띤 밝은 표정이 드러나게 된다. 마음에 근심, 걱정, 미움, 질투와 같이 부정적인 생각들이 가득 차 있다면 아무리 억지로 미소를 지으려 해도 결코 자연스럽지 않게 된다.

지나간 일은 빨리 잊어버리고, 매사를 긍정적으로 생각하며, 미래를 낙관적인 시각에서 보는 자세를 가질 때 얼굴표정은 자연스럽게 밝아진다.

두 번째 필요한 태도로는 다른 사람의 입장에서 생각할 줄 아는 역지사지의 마음자세다. 자신의 입장만 내세우는 사람은 다른 사람들에게 좋은 인상을 줄 수 없다. 사람은 남에게 베푼 만큼 돌려받는다. 먼저 다른 사람을 생각하고 그들을 배려해보라. 그들은 친근함을 느끼고 호감과 존경을 보내줄 것이다. 이상의 두 가지 내용을 주의하며 노력한다면 분명 다른 사람들에게 좋은 인상을 주게 될 것이다.

하지만 좀 더 완벽을 기하고 싶다면 여기에 한 가지만 더 추가할 것을 권고한다. 그것은 만약 여러분이 잘못을 범하는 경우에 솔직하게 인정하라는 것이다. 일반적으로 사람들은 완벽한 사람보다는 다소 허점이 있는 사람을 더 좋아한다. 능력있는 사람이 실수를 하는 경우 소박해 보이고 더욱 친근감이 느껴지기 때문이다.

이 점에 있어서 케네디 대통령의 유명한 일화가 있다. 그는 1961년 쿠바정권에 대한 피그만 침공작전을 지시했으나 투입대원 전원이 죽거나 포로로 잡히는 실패로 끝났다. 그는 다음 날 TV에 출연하여 국민들에게 자신의 잘못을 시인하고 용서를 구하였다. 그 이후 케네디의 인기는 이전보다 오히려 더 높아졌다. 완벽해 보이기만 했던 케네디 대통령에게서 국민들은 인간적인 면모를 발견했던 것이 인기상승의 한 요인이 되었다. 잘못한 일에 대하여 은폐하거나 변명하는 대신 솔직하게 인정하는 것은 슬기롭고 용기있는 방법이다.

좋은 인상을 가지고 태어난 사람보다는 그렇지 못한 사람이 오히려 사람들에게 더 좋은 인상을 주기도 한다. 자신의 인상이 좋지 않다고 생각하는 사람들은 좋은 인상을 주기 위하여 나름대로 부단히 노력을 기울이기 때문이다. TV에 출연하여 스포츠건강을 가르치는 황수관박사가 좋은 예이다. 그는 자신의 얼굴이 산적(?) 같다고 자평하였다. 사람들에게 호감을 주는 얼굴표정을 만들기 위해 많은 노력했는데 그 중에 하나가 열심히 웃는 것이라고 고백하였다.

당신은 사람들에게 어떠한 인상을 주고 있는가? 스스로 자신을 살펴보라. 가끔씩 가까운 사람에게도 물어보라. 그래서 부족한 부분이 있다면 변화시키려고 노력하라. 좋은 첫인상, 오늘날 같은 감성적인 시대에 있어서 자신의 가치를 높이고 널리 홍보할 수 있는 더 이상의 좋은 수단은 찾기 어려울 것이다.

제 3 부

인사심리학

7장 직무분석 및 평가

1. 직무분석

인력관리의 핵심은 조직 내의 구성원이 어떤 직무에 적합한지 파악하여 직무와 구성원을 유기적으로 연결하는데 있다. 이 과정에서 필요한 직무의 내용과 수행요건 등을 조직적으로 체계화하는 작업이 필수적이며, 이를 직무분석(job analysis)이라고 한다. 직무분석은 직무의 내용을 체계적으로 분석하여 인력의 선발, 배치, 교육훈련, 임금 배분 등에 관한 기초 정보를 제공한다.

1.1 직무분석 정보의 원천

직무분석에 필요한 정보를 얻으려면 두 가지 측면에서 접근할 수 있다. 즉 직무 자체에 관심을 두고 필요한 내용을 찾는 직무지향접근법과, 직무를 다루는 담당자를 중심으로 요구되는 특성을 살피는 직무수행자지향접근법이 그들이다.

직무지향접근법(job-oriented approach)으로 직무를 분석하여 얻은 정보들은 특정한 직무를 수행하는데 필요한 일과 관련된 사항들이다. 통상적으로 직무(job)는 다수의 임무(duty)들로, 각각의 임무는 여러 과업(task)들로 구성된다. 한편 직무수행자지향접근법(person-oriented approach)은 직무를 수행하기 위하여 담당자에게 필요한 지식, 기술, 능력과 같은 개인적 특성들을 살피는 것이다.

1.2 직무기술서와 직무명세서

직무지향접근법과 직무수행자지향접근법에 의하여 직무를 분석하면 직무기술서와 직무명세서가 각기 만들어진다. 직무기술서(job description)는 직무의 성격과 임무 등 직무특성을 중심으로 작성된다. 여기에는 직무확인(job identification), 직무개요(job summary), 직무내용(job contents), 직무요건(job requirement) 등의 직무전반에 대한 사항이 기술된다.

- **직무확인**: 직무명, 부서명, 직종, 직무분류코드 등을 명기한다.
- **직무개요**: 직무의 목적, 내용, 범위 등을 개략적으로 기록한다.
- **직무내용**: 직무의 구체적인 활동내용을 정한다.
- **직무요건**: 직무담당자에게 요구되는 기술, 지식, 책임 등 자격요건을 기술한다.

반면에 직무명세서(job specification)는 직무를 수행하는데 필요한 인적특성들을 명시한다. 일반적으로 직무명세서에 포함되는 정보로는 직무에서 작업자에게 요구되는 개인의 성별, 연령, 지식, 전공, 기술, 능력, 적성, 성격, 흥미, 태도, 경험 등이다.

1.3 직무분석의 목적

직무를 분석한 자료는 〈그림 7-1〉과 같이 사원모집 및 선발, 교육훈련, 경력개발, 직무평가, 임금결정, 인사고과 등 인사관리의 거의 모든 분야에 활용되고 있다.

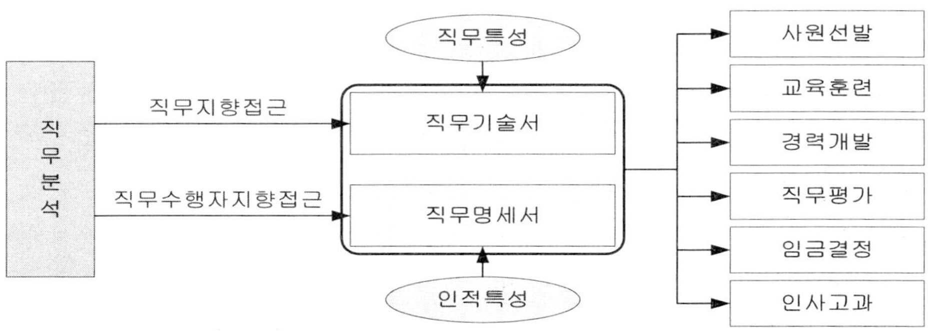

〈그림 7-1〉 직무분석의 내용과 목적

1.3.1 사원모집 및 선발

직무분석을 수행하면 기업에서 필요로 하는 업무의 특성과 요구되는 사원의 자질을 파악할 수 있게 된다. 이러한 정보는 원하는 사원을 모집하고 선발하는데 활용된다.

1.3.2 교육훈련

직원들의 능력계발을 위하여 교육과 훈련은 매우 중요하다. 직무내용이 분석되면 해당 직무를 수행하는 사원들에게 필요한 교육훈련을 계획하고 실시할 수 있게 된다.

1.3.3 경력개발

직무내용이 분석되어 있으면 각 직무마다 필요한 개인적인 특성들이 밝혀지고 직무수행자가 발전시키고 개발해야 할 내용이 무엇인지 알게 된다.

1.3.4 직무평가

직무분석의 결과는 직무의 상대적인 가치를 결정하는 직무평가에 이용될 수 있다. 여러 직무들의 비교평가를 실시하면 직무의 상대적인 중요성이 드러나게 된다.

1.3.5 임금결정

직무분석과 직무평가를 통하여 결정된 직무의 상대적인 가치에 의하여 직무에 따른 공정한 임금을 결정할 수 있다. 따라서 임금과 관련된 종업원들의 갈등을 최소화시킬 수 있다.

1.3.6 인사고과

인사고과는 '직무수행평가'라고도 하며, 직무수행자의 직무수행능력을 평가하는 것이다. 직무분석이 이루어지고 직무평가가 이루어지면 종업원 개개인의 직무수행능력을 평가하게 된다.

1.4 직무분석의 방법

직무분석을 위한 정보를 얻는 방법으로는 직무수행법, 관찰법, 면접법, 설문지법 등이 있다.

1.4.1 직무수행법

직무수행법은 분석자 자신이 현장의 직무를 실제적으로 수행하여 직무내용을 파악하는 방법이다. 이는 종업원들이 수행하는 직무의 내용을 정확히 이해할 수 있는 장점이 있다. 하지만 많은 시간과 비용이 소요되므로 실제 이용되기는 쉽지 않다.

1.4.2 관찰법

관찰법은 직무를 수행하고 있는 종업원들을 현장에서 직접 관찰하면서 직무의 내용을 조사하는 방법이다. 이 방법은 육체적으로 작업하는 종업원에게는 적용할 수 있지만, 정신적인 작업을 수행하는 종업원에게는 적용이 불가능하다. 관찰이 종업원에게 부담을 주는 경우에 얻어진 결과는 오류를 포함할 수 있다.

1.4.3 면접법

면접법은 작업의 내용을 잘 알고 있는 현장전문가들과 면담하는 것으로, 직무정보를 수집하는 방법들 가운데 가장 많이 사용되는 방법이다. 이 때 현장전문가는 현장의 감독자나 상사 혹은 직무를 수행하는 종업원일 수 있다. 오랜 시간이 소요되는 작업의 경우 면접법은 현장전문가가 요약하여 설명할 수 있으므로 정보수집에 시간이 적게 소요된다. 또한 정신적 활동내용까지도 파악할 수 있는 장점이 있다. 하지만 피면접자가 고의로 내용을 왜곡할 수 있는 문제점이 있다.

1.4.4 설문지법

설문지법은 설문지를 사용하여 직무정보를 수집하는 방법으로, 적은 비용으로 정보를 수집할 수 있는 장점이 있다. 또한 직무의 특성과 상관없이 모든 직무에 적용할 수 있다. 하지만 설문지법은 응답자들이 얼마나 성의껏 정직하게 설문에 응하느냐 하는 신뢰성의 문제가 내재한다. 응답자가 설문을 올바르게 이해하지 못했거나 무성의하게 응답한다면 얻어진 정보는 무의미해지기 때문이다. 설문지법은 관찰법이나 면접법을 통하여 직무에 대하여 어느 정도 사전 지식을 갖춘 후에 사용하는 것이 바람직하다.

〈표 7-1〉 직무정보를 얻는 방법들의 장단점

직무수행법	장점	•직무수행이 이루어지는 상황, 여건을 파악하기 쉽다. •직무에 대한 세부사항까지 조사할 수 있다.
	단점	•시간과 비용이 많이 소요된다. •분석 전에 교육훈련을 받아야 하며 때로 위험하다.
관찰법	장점	•직무에 대하여 객관적 시각을 유지할 수 있다. •직무가 이루어지는 상황, 여건을 파악하기 쉽다.
	단점	•시간이 많이 소요된다. •종업원들이 부담스러워하거나 행동을 바꾸기도 한다.
면접법	장점	•직무에 관하여 다양한 관점을 제공한다. •정신적 활동도 설명할 수 있다.
	단점	•내용이 왜곡될 수 있다. •수행된 직무의 전후맥락을 밝히기 어렵다.
설문지법	장점	•광범위한 적용이 가능하다. •계량화가 쉽고 통계처리가 가능하다.
	단점	•조사대상자들이 불성실하게 응답할 수 있다. •수행된 직무의 전후맥락을 밝힐 수 없다.

2. 직무평가

직무분석의 결과로 직무기술서와 직무명세서가 작성되면 이들은 직무의 상대적 가치를 결정하는 직무평가의 기초자료로 제공된다. 직무평가의 자료들은 합리적 임금관리의 기본이며, 인사관리와 업무성과증대에 있어 필수적이다.

2.1 직무평가의 개념

직무평가(job evaluation)는 직무분석 결과 밝혀진 직무의 내용이나 그 직무를 수행하는 사람이 갖추어야 할 자격요건을 통하여 해당 직무의 가치를 측정하는 것이다. 즉, 직무분석 후 작성된 직무기술서와 직무명세서를 바탕으로 해당 직무의 상대적 가치를 평가하는 것이다. 직무평가를 통하여 직무의 가치가 밝혀지면 그에 따라 직무에 대한 임금수준이 결정되며 이는 직원의 만족도를 좌우한다. 직무평가는 직무분석 자료를 기초로 하여 얻어지며 합리적인 임금결정을 위해 활용된다. 공정한 임금수준을 결정하기 위하여 직무담당자에게는 직무평가프로그램에 참여할 기회가 주어져야 한다.

직무 분석 → 직무 평가 → 임금 결정

〈그림 7-2〉 직무평가의 자료와 활용

2.2 직무평가의 방법

직무평가방법으로는 직무수행 난이도에 따라 직무의 가치를 상대적으로 평가하는 서열법과 분류법, 직무의 수행조건에 따라 계량적으로 평가하는 점수법과 요소비교법이 있다.

2.2.1 서열법

서열법(ranking method)은 직무를 상호 비교하여 순위를 결정하는 방법이다. 평가자가 직무별로 구성원의 직무수행에 필요한 지식, 숙련도, 책임 등의 작업요건들을 비교하여 직무의 서열을 정한다. 이는 시간과 비용이 적게 소요되지만 평가의 객관성을 유지하기 어렵다. 또한 직무의 수가 많거나 복잡한 경우 활용하기 어렵다. 서열법을 적용하려면 평가자는 모든 직무에 대하여 잘 알고 있어야 한다.

2.2.2 분류법

분류법(classification method)은 직무의 등급을 미리 정해놓고 직무를 적정한 등급으로 판정하는 방법이다. 간편하며, 이해하기 쉽고, 객관적인 기준에 따른 비교가 어느 정도 가능하다. 그러나 환경이 바뀌면 등급별 기준을 수정해야하는 문제가 있고, 등급판정에 불만이 제기될 수도 있다. 대표적인 예로는 공무원에게 적용되는 1~9급의 등급체계가 있다.

2.2.3 점수법

점수법(point rating method)은 직무를 숙련, 책임, 노력, 작업환경과 같은 평가요소들로 구분하고, 각 요소별로 그 중요도에 따라 가중치를 설정하여 점수를 부여한 다음, 부여된 점수들을 합산하여 직무의 가치를 평가하는 방법이다. 대부분의 기업에서 많이 사용되고 있는 기법으로, 이해하기 쉽고 평가요소의 가중치가 사전에 결정되어 있어 평가의 객관성을 확보할 수 있다. 그러나 평가요소를 선정하는데 시간과 노력이 많이 필요하고, 평가요소의 가중치를 산정하기 어렵다는 문제가 있다.

2.2.4 요소비교법

요소비교법(factor comparison method)에서는 먼저 기준이 되는 핵심직무를 10개 이내로 선정하여 정확한 가치를 부여한 후 서열을 정한다. 그 다음 다른 직무의 평가요소를 핵심직무와 비교하여 직무의 상대적 가치를 결정한다. 이는 직무의 상대적 가치를 임금으로 평가하는 것이 특징이다.

요소비교법은 임금결정에 있어서 공정성을 확보할 수 있으며, 평가방법이 비교적 정교하므로 타당성과 신뢰성이 상대적으로 높다. 하지만 핵심직무의 가치가 잘못 설정되면 다른 직무의 평가가 완전히 그르치게 되며, 핵심직무의 내용이 변경되는 경우 평가체계를 수정해야 하는 문제점이 있다. 또한 이 방법을 실시하기까지 많은 시간과 비용이 소요되며, 평가방법이 복잡하여 이해시키기 어려운 것도 단점으로 지적된다. 이런 어려움으로 인하여 이 방법은 실무에서 많이 사용되지 못하고 있다.

3. 인사관리를 위한 준거

사람이나 사물을 올바로 평가하려면 먼저 분명한 기준이 설정되어야 한다. 이처럼 어떤 대상에 대하여 평가나 의사결정을 내릴 때 사용되는 기준을 '준거'(criterion)라고 부른다. 회사에서는 어떤 사원, 어떤 부서, 어떤 교육프로그램, 어떤 투자대상이 좋은 것인지 판단할 수 있는 명확한 준거가 있어야 한다.

3.1 준거의 개념

어떤 대상을 판단하는데 두 사람의 의견이 서로 다르다고 하자. 이는 두 가지 원인으로 말미암을 수 있다. 한 가지 원인으로는 그들이 동일한 준거를 사용하지 않았기 때문이며, 다른 원인은 그들이 동일한 준거를 사용했지만 주관적인 관점에서 서로 다르게 판단했기 때문이다.

두 학생이 어느 교수를 평가하는 예를 사용하여 이를 설명해 보자. 〈그림 7-3(a)〉와 같이 학생 A는 그 교수를 훌륭하다고 평가했지만 학생 B는 그렇지 않다고 평가하였다. 학생 A는 훌륭한 교수의 기준으로 연구실적과 강의능력을 내세웠다. 그러나 학생 B는 교수의 훌륭함을 학생들에 대한 자상함과 의욕을 북돋우는 능력으로 정하였다. 이렇듯 서로 다른 준거를 가지고 평가할 때 동일한 대상이라도 전혀 다른 결과가 나타나게 될 것은 당연하다.

이번에는 〈그림 7-3(b)〉와 같이 두 학생 모두가 동일한 평가준거인 연구실적과 강의능력을 사용하여 교수를 판단했다고 가정해 보자. 학생 A는 그 교수를 훌륭하다고 판단하였다. 반면에 학생 B는 그 교수가 형편없다고 평가하였다. 두 학생이 동일한 평가준거를 사용했음에도 왜 이처럼 서로 상반된 평가결과가 나오게 되었을까? 두 학생이 마음속에 품고 있는 주관적인 준거가 서로 다르기 때문이다. 학생 B가 학생 A에 비하여 평가기준이 상대적으로 높았기 때문이다. 이러한 주관적 준거의 차이는 평가자의 지각적 편파, 다른 기대, 동일한 준거에 대한 서로 다른 정의 등으로 말미암는다.

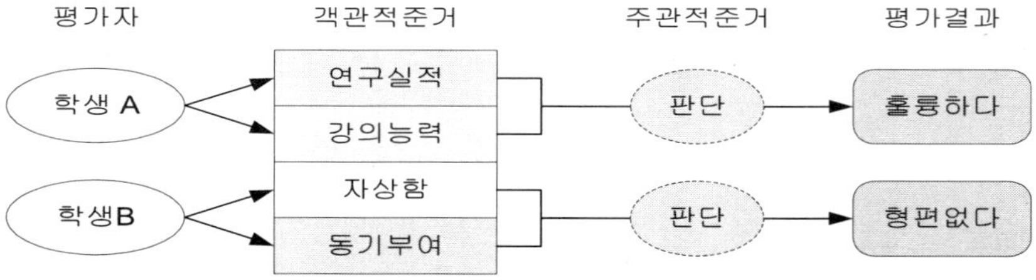

(a) 다른 객관적 준거

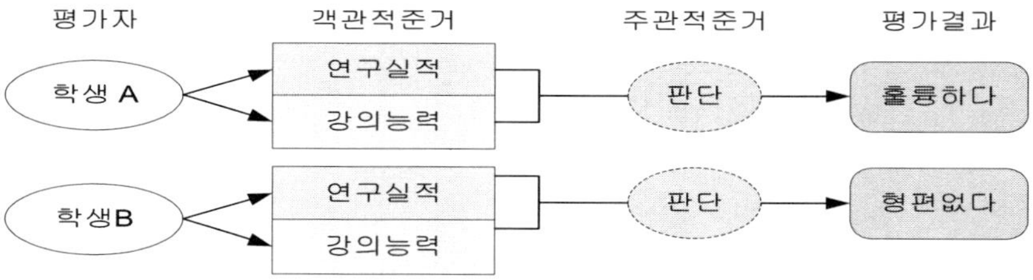

(b) 다른 주관적 준거

〈그림 7-3〉 다른 준거에 따른 평가결과의 차이

3.2 준거의 종류

일반적으로 평가를 위한 준거는 개념준거와 실제준거로 크게 구분된다.

3.2.1 개념준거

개념준거(conceptual criterion)는 측정될 수 없는 막연한 개념의 준거를 말한다. 예를 들어, 기업에서 많은 입사지원자들 가운데 필요로 하는 좋은 인재를 가려내려고 한다고 가정하자. 이 때, 좋은 인재의 개념준거로 명석한 두뇌, 원만한 대인관계, 선량한 시민정신을 설정할 수 있다. 하지만 이러한 요인들은 모두 추상적인 개념으로, 이러한 개념준거들로부터 측정 가능한 값을 얻는 것이 불가능하다.

3.2.2 실제준거

개념준거는 막연하고 추상적이므로 측정 가능한 현실적인 변인을 찾을 필요가 있다. 여기서 변인(variable)이란 '다양한 수치값을 가지고 변하는 요인'으로 정의된다. 이처럼 개념준거를 측정값으로 나타낼 수 있는 수많은 변인들 가운데 가장 타당한 것을 찾아 개념준거를 나타내는 실제준거(actual criterion)로 정할 수 있다.

앞서, 인재의 개념준거로 명석한 두뇌, 원만한 대인관계, 선량한 시민정신을 설정하였다. 명석한 두뇌에 대한 실제준거로는 지능검사점수나, 대학교 학점이 고려될 수 있다. 원만한 대인관계를 측정 가능한 값으로 바꾸려면 인성검사 결과나 주위 사람들의 평가를 실제준거로 사용할 수 있다. 선량한 시민정신은 학창시절의 사회봉사실적 등을 통하여 측정할 수 있다. 이처럼 개념준거와 실제준거가 설정되면 좋은 인재를 선발할 수 있는 지원자들에 대한 평가가 가능해진다. 〈그림 7-4〉는 좋은 인재에 대한 개념준거와 실제준거의 예를 보여준다.

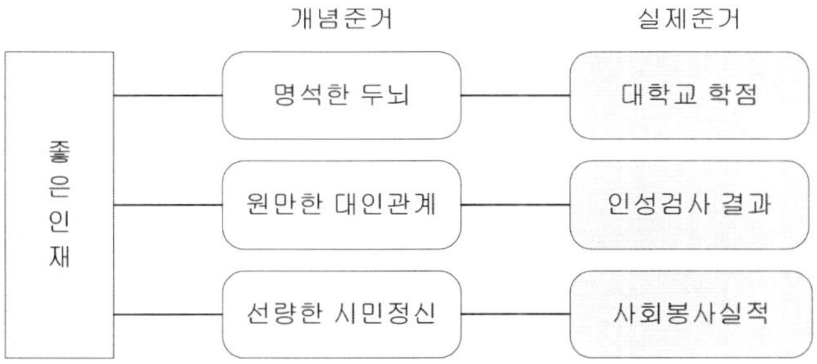

〈그림 7-4〉 개념준거와 실제준거의 예

3.3 준거관련성과 준거왜곡

설정된 실제준거가 원하는 개념준거에 얼마나 일치하는지 정확히 알아낼 수는 없다. 물론 실제준거가 개념준거에 가깝게 일치하는 것이 바람직하겠지만, 두 준거를 완전히 일치시키는 것은 실제로 불가능하다. 따라서 '준거왜곡'이라고 부르는 바람직하지 않은 '준거결핍'과 '준거오염'이 항상 존재하게 마련이다. 〈그림 7-5〉에서 보는 바와 같이 실제준거와 개념준거가 서로 일치하지 않을 때 발생하는 준거관련성, 준거결핍, 준거오염에 관하여 설명한다.

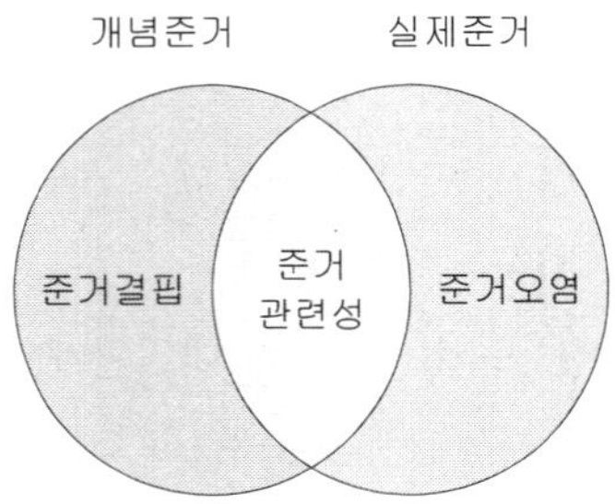

〈그림 7-5〉 준거관련성과 준거왜곡

3.3.1 준거관련성

준거관련성(criterion relevance)은 실제준거가 개념준거와 일치하는 정도를 가리킨다. 〈그림 7-5〉에서 보는 바와 같이 실제준거의 원과 개념준거의 원이 겹쳐지는 부분이 준거관련성이다. 개념준거와 실제준거가 일치할수록 준거관련성은 더 커지게 된다.

3.3.2 준거결핍

준거결핍(criterion deficiency)은 실제준거가 개념준거를 나타내지 못하고 있는 부분을 가리키는 것으로 실제준거에 개념준거가 얼마나 부족한지 그 정도를 나타낸다.

3.3.3 준거오염

준거오염(criterion contamination)은 실제준거에 개념준거와 전혀 관련 없는 내용이 포함되어 있는 부분이다. 이는 실제준거가 개념준거가 아닌 다른 것을 내포하고 있는 정도를 가리킨다.

3.4 준거의 종류

준거는 평가의 관점에 따라 단기/장기준거, 객관적/주관적 준거, 과정/결과준거, 상대/절대준거로 분류된다.

3.4.1 단기준거와 장기준거

시간적 요인을 고려하여 준거를 선택할 경우가 있다. 단기적인 관점에서 대상을 평가할 때 사용되는 준거를 '단기준거', 장기적인 관점에서 평가할 때 사용되는 준거를 '장기준거'라고 부른다. 예를 들어 이사할 집을 정할 때 사용되는 단기준거로는 가격, 소재지, 대중교통이용 편의성, 노후상태 등이지만, 장기준거는 관리비용이나 주변지역의 개발, 차후 집값의 상승 여부 등이 된다. 회사에서 신입사원을 선발할 때 단기준거는 출신대학, 토익성적, 대학성적 등이지만, 장기준거에 따라 평가할 때는 장래 계발 가능한 잠재능력에 초점을 맞추게 된다.

3.4.2 객관적 준거와 주관적 준거

객관적인 준거는 객관적인 데이터에 의한 것으로 사람에 의한 주관적인 평가가 배제된다. 반면에 주관적 준거는 개인의 주관적인 판단에 근거하고 있다. 조직에서 흔히 사용되는 직원의 평가에 대한 객관적 준거로는 생산량이나 판매실적같이 수치값으로 나타나는 업무성과가 이용될 수 있다. 반면에 주관적 준거로는 종업원의 업무수행에 대한 상사의 주관적 판단을 들 수 있다.

3.4.3 과정준거와 결과준거

직무수행을 평가할 때 수행과정에 초점을 둘 것인지 아니면 결과에 초점을 둘 것인지에 따라 과정준거와 결과준거로 나뉜다. 과정준거의 예로는 결근, 노력, 성실성 등을 들 수 있다. 반면에 결과준거의 예로는 판매실적, 생산량 등이 있다.

3.4.4 상대준거와 절대준거

상대준거는 집단 내에서 개인의 성과가 어느 정도인지 상대적으로 평가하는 준거다. 반면에 절대준거는 미리 정해놓은 절대적인 기준에 따라 개인의 성과를 평가하는 준거다. 상대준거를 적용할 경우, 개인이 비록 낮은 실적을 보였어도 그가 속한 집단 구성원들의 실적이 모두 형편없다면 그는 상대적으로 좋은 평가를 받게 된다. 하지만 절대준거를 적용한다면 그는 조직에서 기대하는 절대 실적에 미치지 못하였으므로 나쁜 평가를 받게 된다.

8장 인사선발

1. 사원선발

사람들마다 능력, 성격, 동기 등에서 차이가 있다. 이런 개인들이 모여 조직이 구성되므로 조직의 목표를 극대화하려면 필요한 직무를 잘 수행할 수 있는 적합한 사람들을 올바로 선발해야 한다.

1.1 사원선발의 과정

사원선발과정은 〈그림 8-1〉과 같이 직무분석, 인력계획, 모집, 선발의 순서로 이루어진다. 이러한 절차는 지속적으로 평가되고 검토되어야 한다.

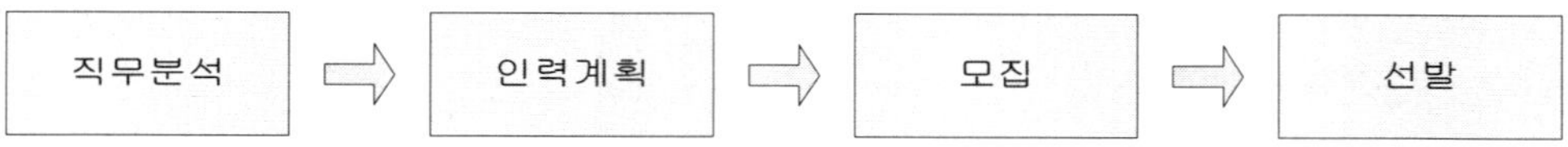

〈그림 8-1〉 사원선발과정

사원선발과정에 있어서 가장 먼저 필요한 것은 직무분석이다. 직무분석은 직무수행에 있어서 종업원에게 요구되는 지식, 능력, 숙련도, 책임 등과 같은 직무요건에 대한 정보들을 얻기 위한 것이다. 직무분석이 이루어지면 그것을 기초로 하여 인력계획을 작성한다. 인력계획은 현재 보유하고 있는 인력의 적정여부를 판단하고, 추가로 요구되는 인력을 예측하여 수급을 조정한다. 그 다음 모집단계에서는 채용비율과 모집방법을 결정한다. 구체적인 모집방법으로 광고, 추천, 인턴사원제, 직업소개소, 채용박람회 등이 이용될 수 있다. 마지막으로, 선발단계에서는 지원한 사람들 중에서 유능한 사람을 선발하고 직무에 부적합한 사람을 가려내 탈락시킨다.

1.2 사원선발의 방법

사람들은 개개인마다 고유한 특성을 가지고 서로 다른 차이를 보인다. 신체적인 면에서뿐만 아니라 성격, 지능, 능력, 동기 등의 면에서도 차이가 있다. 회사에서 직원을 채용하고자 할 때는 필요로 하는 여러 특성들이 있다. 많은 지원자들 가운데 회사에서 원하는 특성들을 두루 갖춘 사람을 고르는 것이 사원선발의 목적이다. 〈그림 8-2〉는 지원자들 가운데 적합한 사원을 선발하기 위한 여러 단계들을 보여준다. 사원선발을 위해 사용하는 전형적인 방법으로는 서류검사, 선발시험, 면접검사 등이 있다.

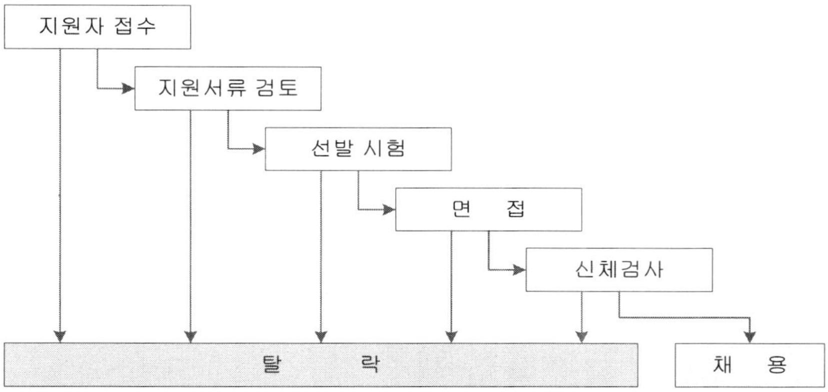

〈그림 8-2〉 사원선발의 절차

2. 서류검사

우수한 인재를 선발하려면 그의 생활 전반에 관한 정보가 필요하다. 서류검사는 개인의 생활전반에 관한 정보가 기록된 서류를 통하여 각 사람들이 어떤 환경에서 성장했으며, 어떤 특성을 지녔는지 손쉽게 알아볼 수 있는 방법이다. 여기에는 지원서, 자기소개서, 신원조회서, 추천서 등이 있다.

2.1 지원서

지원서는 직무의 성공여부를 예측하게 하는 유용한 정보를 제공할 뿐만 아니라, 면접질문의 근거를 제공하므로 많이 이용되고 있다. 지원서를 계획할 때 포함될 기재항목들은 선발에 유용한 정보를 얻을 수 있는 질문들로 제한되어야 한다.

모집인원에 비해 지원자가 지나치게 많은 경우가 있다. 이럴 때는 서류전형 단계에서 지원자들을 걸러내는 효율적인 방법이 필요하다. 지원서를 효과적으로 제작하여 빨리 읽을 수 있게 하거나 점수화 방법을 단순하게 하기도 한다. 경우에 따라서는 토익점수와 같이 계량화된 어느 한 분야의 점수가 기준점 이하일 때 바로 탈락시키는 방법을 사용하기도 한다.

2.2 신상명세서

신상명세서는 지원자의 과거이력에 대한 상세한 정보를 다루고 있다. 따라서 지원서보다 훨씬 내용이 많으며 다양한 직무에 대한 예언지표로 사용될 수 있다. 개인의 직무행동은 태도, 선호도, 가치관, 과거 행동 등과 밀접한 관계가 있기 때문이다. 신상명세서는 특정한 직무를 위해 개발되며, 과거의 경험 가운데 어떤 것들이 직무의 성공과 연관이 있는지 살피기 위하여 많은 연구가 이루어지고 있다.

2.3 자기소개서

지원서와 신상명세서는 지원자들에게 공통적인 내용을 질문할 수밖에 없는 한계를 지니고 있다. 이런 문제점을 보완하기 위하여 자기소개서는 개인의 성장환경, 경험, 특기, 지원동기, 장래희망 등을 비교적 자유롭게 기재한 것으로 최근에 많이 활용되고 있다.

2.4 추천서

추천서는 친구, 스승, 고용주 등 지원자를 가깝게 알고 있는 사람으로부터 지원자에 대한 정보를 얻기 위한 것이다. 그러나 추천서는 지원자에 대한 정보를 의도적으로 다르게 기술할 수 있는 문제점을 안고 있다. 추천인들이 추천서를 관대하게 써주는 경향이 있기 때문이다. 추천서의 형태로는 편지, 질문지 등이 주로 사용된다.

3. 선발시험

선발시험은 직무수행에 필요한 전문지식, 기능, 지적능력, 인성, 적성들을 평가하여 우수한 사원을 선발하는데 목적이 있다. 선발을 위한 시험으로는 지원자의 지식을 평가하는 필기시험과, 기본적인 능력이나 인성, 적성 등을 평가하는 각종 검사들이 있다.

필기시험으로는 어학시험, 전공시험, 상식시험, 한자시험, 논문 등이 있다. 인성적성검사는 업무수행에 필요한 기초직무능력과 인성을 동시에 종합적으로 평가한다. 우리나라의 경우 사원을 선발한 이후에 담당 직무가 결정되는 것이 보통이다. 따라서 인성적성검사에서는 구체적인 능력보다는 잠재적인 능력에, 적성보다는 인성분야에 높은 비중을 두고 있다.

사원선발과정에서 인성적성검사는 다음의 목적을 위하여 이용된다.

- 직장생활의 부적응자를 찾아낸다.
- 개인의 이해를 위한 자료로 이용된다.
- 면접의 단점을 보완하는 수단으로 사용된다.
- 인성/적성검사의 결과를 면접 때에 활용한다.
- 인사배치에 활용한다.

지원자의 인성과 적성을 검사하기 위하여 많은 검사도구들이 개발되었다. 인성검사방법으로는 16PF, MMPI, CPI, MBTI 등의 검사방법이 있으며, 개인의 사회성, 정서적 안정성, 인내 등을 측정하는데 사용된다. 또한 적성검사를 위하여 많은 기법들이 개발되었는데, 국내의 일부 대기업에서는 자체 개발한 적성검사법을 사용하고 있다. 대표적인 예로 삼성그룹의 '삼성직무적성검사'(Samsung aptitude test: SSAT)와 LG그룹의 '기초직무능력평가'가 있다.

4. 면접

요즈음 면접을 생략하고 사원을 채용하는 회사는 거의 없으며, 면접의 중요성은 더욱 강조되고 있다. 면접은 사원에 관한 모든 내용을 종합적으로 판단할 수 있는 기회를 제공하기 때문이다.

4.1 면접의 목적

면접은 서류전형이나 필기시험 후에 이루어지는 거의 마지막 단계의 입사관문이다. 면접의 목적은 서류전형이나 필기시험으로는 알기 어려운 용모, 태도, 성격, 사상, 가정환경, 발표, 표현력 등을 살피는데 있다.

4.2 면접의 방법

면접방법은 형식적 측면과 내용적 측면으로 구분될 수 있다. 형식적 측면에서 면접은 개별면접과 집단면접으로 나누어진다. 내용적 측면에서는 집단토론면접, 합숙면접, 프레젠테이션면접, 롤플레이면접, 현장실습면접, 다차원면접, 압박면접 등 그 종류가 많다. 최근의 면접은 단회로 끝나는 일이 많지 않으며, 2차 혹은 3차까지 이어지는 것이 보통이다.

4.2.1 개별면접

개별면접은 여러 면접관들이 한 명의 지원자에게 질문하는 면접방법이다. 면접관이 여럿이므로 다양한 각도에서 질문을 던져 지원자로부터 많은 정보를 얻어낼 수 있는 장점이 있다. 하지만 지원자의 입장에서는 정신적 압박과 긴장감이 높아지는 문제가 있다.

4.2.2 집단면접

집단면접은 여러 면접관들이 지원자 여러 명을 한꺼번에 평가하는 면접방법이다. 여러 지원자들을 동시에 비교하여 관찰할 수 있으며, 평가에 객관성을 유지할 수 있다. 면접시간을 단축할 수 있다는 장점도 있으므로 많이 이용되고 있다.

4.2.3 집단토론면접

집단토론면접은 5~8명의 지원자들에게 특정한 주제에 대하여 토론하게 하고, 그 과정에서 우수한 인재를 선발하는 면접방법이다. 관리자들은 토론하는 지원자들의 발언내용, 제스처, 경청태도, 발언태도 등을 유심히 살피면서, 지원자들의 논리력, 사고력, 판단력, 표현력, 창의력, 설득력, 협동심 등을 평가한다. 특히 지원자가 조직사회 속에서 얼마나 잘 융화될 수 있는지, 어떤 일에 적합한지를 평가할 수 있는 좋은 방법이다.

4.2.4 합숙면접

합숙면접은 지원자와 면접관들이 1박2일 혹은 2박3일 정도 합숙하면서 우수한 인재를 가려내는 면접방법이다. 대부분의 회사는 합숙면접의 프로그램에 인성적성검사, 집단토론, 늦은 술자리, 새벽 등산, 체육 활동 등을 포함시킨다. 회사 측에서는 시간과 비용이 많이 소요되는 어려움이 있지만 확실한 인재를 발굴해낼 수 있는 장점이 있으므로 점차 확대되고 있다. 합숙면접의 가장 중요한 목적은 조직 내의 적응력을 살펴보기 위한 것으로, 조직원들과 잘 어울리며 함께 과제를 해결해 나가는 지원자가 좋은 점수를 받게 된다.

4.2.5 프레젠테이션면접

프레젠테이션면접은 최근에 많이 채택되고 있는 면접방식으로, 국내에서는 삼성그룹에서 가장 먼저 시도되었다. 지원자에게 미리 주제를 주고 생각을 정리하게 한 다음 면접관 앞에서 발표하는 면접방법이다. 지원자가 발표하는 동안 면접관들은 문제해결능력, 적합성, 논리성, 설득력, 전문지식, 발표력, 표현력, 업무능력 등을 종합적으로 평가한다.

4.2.6 압박면접

압박면접은 예상 밖의 질문으로 지원자를 의도적으로 압박하여 궁지에 몰리거나 극도로 긴장할 때 어떻게 반응하는지 위기대처능력을 평가하기 위한 면접방법이다. '당신은 이 회사와는 어울리지 않는 것 같다'든지, 심지어 '당신은 인상이 좋지 않다'는 식으로 지원자의 자존심을 상하게 하는 말을 던지는 일도 있다고 한다. 이 면접방법은 신중하게 실시될 필요가 있다. 탈락된 지원자들이 회사에 대하여 부정적인 이미지를 갖기 쉽고, 채용이 결정된 지원자들 중에 입사를 거부하는 경우도 있기 때문이다.

4.2.7 다차원면접

다차원면접은 몇 명의 면접관들과 여러 지원자들이 회사 밖의 자유로운 공간에서 장시간

활동하는 가운데 평가가 이루어지는 면접방법이다. 지원자들은 자유로운 분위기에 도취되어 면접 중이라는 사실을 잊고 행동하기 쉬우므로, 자연스럽게 나타나는 여러 가지 면모들을 평가하기가 용이하다. 공원에서 만나 놀이기구를 타거나, 사우나를 하거나, 등산, 단축마라톤, 자전거 경기를 실시하는 경우도 있다.

4.2.8 영어면접

영어면접은 국제화시대를 맞아 외국계기업은 물론 국내기업에서도 많이 시행되고 있다. 영어면접을 통해 평가하려는 것은 영어로 의사소통이 얼마나 가능한지 알아보려는 것이다. 따라서 화려한 문장보다는 간결한 실전 영어가 더 효과적이며, 지원한 분야에 관련된 영어표현을 많이 알고 있는 것도 중요하다. 영어면접이라고 해서 영어실력만 평가되는 것이 아니다. 어학능력과 더불어 직무와 관련된 지식이나 발표능력도 함께 평가된다.

이들 외에도 대한항공에서 시행되고 있는 롤플레이(role play)면접에서는 역할극을 통하여 지원자들의 순발력이나 상황대처능력을 테스트한다. 지원자들을 일정한 기간 동안 실무에 투입하여 조직 적응력, 업무능력 등을 평가하는 현장실습면접도 있다.

4.3 면접의 문제점

일반적으로 면접은 다음과 같은 문제점들을 가지고 있다.

4.3.1 면접관들 간의 낮은 일치도

올바로 구조화되지 않은 면접기법을 사용했을 때 면접관들 간의 평가결과가 서로 일치하지 않을 수 있다. 이런 경우 면접과정은 사원선발에 도움이 되지 않는다. 표준양식에 맞게 질문하고 객관적으로 평가할 수 있도록 훈련시키면 면접관들의 일치성을 어느 정도 높일 수 있다.

4.3.2 면접관의 취향

면접관 고유의 취향은 지원자에 대한 평가에 영향을 미친다. 어떤 특성을 가진 지원자에 대하여 그 특성을 싫어하는 면접관은 부적합하다고 판정을 내린다. 반면에 다른 면접관은 그 특성을 좋아한다는 이유 때문에 그를 호의적으로 평가한다.

4.3.3 지원자의 허위진술

지원자는 면접관이 원하는 대답을 예상하여 거짓말로 대답하는 경향이 있다. 이는 자신의 특성을 거짓으로 나타내 좋은 인상을 주고 높은 평가를 얻으려고 하는 것이다.

4.3.4 긴장을 주는 면접상황

면접상황에서 대부분의 지원자들은 불안해하며 긴장을 느끼게 마련이다. 그로 인하여 지원자들 중에는 엉뚱한 말이나 행동을 하게 될 수 있으며, 면접관에게 나쁜 인상을 주어 부정적인 판단을 내리게 한다.

4.3.5 면접관의 평가오류

사원면접에서 면접관은 자신도 모르게 그릇된 평가를 내리는 오류를 범할 수 있다. 면접에서 자주 발생하는 대표적인 오류로는 후광효과, 대비효과, 스테레오타입오류가 있다. 이들에 대한 구체적인 설명은 앞서 6장 3절에서 기술한 '지각의 오류'를 살펴보기 바란다.

5. 합리적 선발도구

지원서류, 선발시험, 선발면접 등을 '선발도구'라고 말한다. 선발도구가 합리적으로 만들어질 때 올바른 사원선발이 가능하다. 합리적인 선발도구들은 표준화, 객관성, 평가준거, 신뢰성, 타당성, 실용성을 구비해야 한다.

- 표준화: 검사의 조건과 절차에 일관성, 통일성이 있어야 한다.
- 객관성: 평가자의 주관이나 편견이 배제되어야 한다.
- 평가준거: 개인의 점수를 타인과 비교할 수 있는 분명한 기준이 있어야 한다.
- 신뢰성: 반복해서 검사해도 결과가 유사하게 나타나야 한다.
- 타당성: 직무수행능력과 검사점수 간에 충분한 상관관계가 있어야 한다.
- 실용성: 검사의 실시, 채점, 해석이 용이해야 하며 비용이 저렴해야 한다.

이들 요건 가운데 신뢰성과 타당성에 관하여 좀 더 설명하기로 하자.

5.1 신뢰성

신뢰성(reliability)이란 누가 언제 측정하더라도 결과가 일관성있게 나타나는 정도를 가리킨다. 즉 여러 사람이 동일인을 대상으로 측정하여도 같은 결과가 나타나게 될 때, 그 선발도구를 신뢰할 수 있다는 것이다. 선발도구의 신뢰성을 측정하는 방법으로는 재검사법, 복수양식법 등이 있다.

재검사법(test-retest method)은 동일한 상황에서 동일한 대상에게 동일한 선발도구를 시간을 달리하여 두 차례 측정하여 그 결과를 비교하는 방법이다. 두 결과 사이에서 얻어진 상관계수 값이 크다면 선발도구의 신뢰성은 높은 것이다. 이 때 두 측정 사이의 시간 간격이 너무 짧으면 처음 측정이 나중 측정에 영향을 미칠 수 있으므로 주의해야 한다. 두 측정 사이의 시간 간격은 2~4주가 적절하다.

복수양식법(multiple forms technique)은 유사한 선발도구를 개발하여 본래의 선발도구와 함께 동일한 대상에게 차례로 적용한다. 두 결과 사이의 상관계수 값이 크면 신뢰성이 높은 것으로 판정한다.

선발도구의 신뢰성을 개선하는 방안은 다음과 같다.

- 문항수를 늘린다. 문항수가 많아지면 측정값들의 평균치는 측정대상의 실제값에 근접한다.
- 선발도구의 모호성을 제거한다. 선발도구의 내용들을 명확히 설명하여 해석상에 차이가 발생하지 않게 한다.
- 성의없이 작성되었거나 일관성이 없게 응답한 것은 제외시킨다.
- 동일하거나 유사한 질문을 2회 이상 실시한다.

5.2 타당성

타당성(validity)은 선발도구의 점수와 직무수행성과 간의 관련성 정도를 가리킨다. 이는 선발도구가 측정하려는 직무수행의 성과를 정확히 반영하고 있느냐 하는 것이다. 타당성에는 준거관련타당성, 내용타당성, 구성타당성 등이 있다.

준거관련타당성(criterion-related validity)은 동시타당성과 예측타당성으로 다시 구분된다. 동시타당성(concurrent validity)은 선발도구를 통해 얻은 점수와 현재 달성할 수 있는 직무성과와의 관련성을 뜻한다. 예측타당성(predictive validity)은 〈그림 8-3〉에서 보는 바와 같이 선발도구를 통해 얻은 점수와 장래에 있게 될 직무성과와의 관련성을 말한다.

내용타당성(content validity)은 직무성과에 관련된 내용을 선발도구가 포함하고 있는 정도를 가리킨다. 선발도구가 직무성과의 내용들을 올바르게 포함하고 있으면 내용타당성이 높다고 말할 수 있다.

구성타당성(construct validity)은 '개념타당성'이라고도 하며 선발도구가 알아내고자 하는 추상적인 개념을 정확하게 정의했는지를 나타낸다. 이는 응답자료가 계량적인 방법으로 검정되므로 과학적이고 객관적이라는 장점을 가지고 있다.

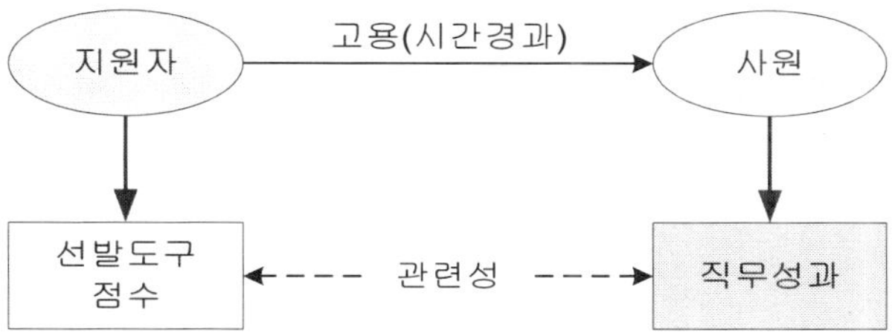

〈그림 8-3〉 예측타당성

6. 사원선발의 결정

사원선발의 결정은 지원자들 중에서 합격자와 탈락자를 구분해내는 과정으로, 성공적인 선발이 이루어지는 경우 선발된 사원들은 성공적인 직무수행능력을 나타낸다. 이 때 선발시험성적은 '평가준거'인 직무성과를 예측하기 위하여 사용되는 '예측변인'(predictor)에 해당된다. 선발시험성적과 직무성과 간에 상관관계가 높은 경우, 선발시험성적은 예측타당성이 높다고 말한다.

〈그림 8-4〉 인사선발에서 예측변인과 평가준거

6.1 선발 결정

〈그림 8-5〉는 선발시험성적과 직무수행의 관계에서 선발결정의 옳고 그름을 보여주고 있다. 이 그림에서 4개의 집단 A, B, C, D에 대한 해석은 다음과 같다.

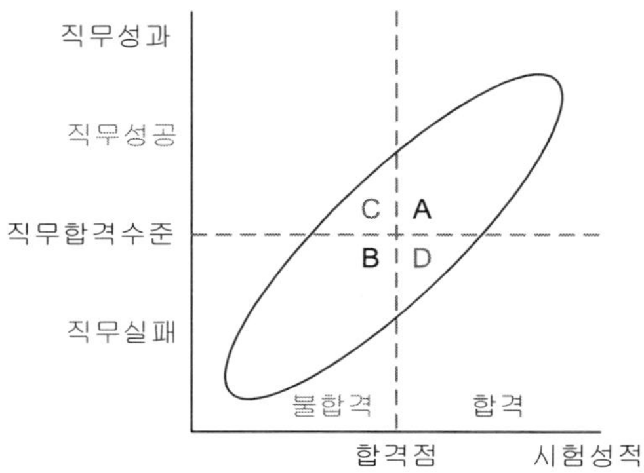

〈그림 8-5〉 선발결정의 옳고 그름

A집단은 시험성적에서 합격점을 받았고 직무도 성공적으로 수행하는 자들이다. 이 집단에 속한 사원들은 올바른 결정으로 채용되었다고 말할 수 있다. B집단은 입사시험에서 불합격 점수를 받았고 직무수행도 실패할 것으로 예상되는 사람들이다. 이 경우에도 올바른 결정이 이루어졌다고 말할 수 있다. C집단은 입사시험에서 불합격 점수를 받아 선발되지 못했지만 선발되었다면 성공적으로 직무를 수행했을 것으로 기대되는 사람들이다. 이 집단의 사람들이 채용되지 못한 것은 잘못된 결정이다. D집단은 입사시험에서 합격점수를 받아 채용되었지만 실제 직무수행 결과 원하는 기준에 미치지 못하는 사람들이다. 이들은 C집단의 사람들과 마찬가지로 채용결정이 잘못된 것이다.

사원을 선발할 때 잘못된 선발결정인 C집단과 D집단을 최소로 하는 것이 중요하다. 특히 D집단은 훈련비용의 증가, 생산성의 감소, 이직률의 증가 같은 문제를 일으키므로 회사에 큰 손실을 가져다준다. 이러한 선발오류는 선발도구의 타당성과 선발비율에 의하여 영향을 받는다.

6.2 선발도구의 타당성

선발시험성적의 타당성은 합격한 지원자들의 시험성적과 입사 후 그들이 달성한 직무성과의 상관관계를 조사함으로 살필 수 있다. 시험성적과 직무성과 간에 상관관계가 큰 경우, 시험성적의 예측타당성이 높다고 말할 수 있다. 이 경우 선발시험을 통하여 우수한 사원을 선발할 수 있는 가능성이 높다. 〈그림 8-6(a)〉는 시험성적의 예측타당성이 높을 때(상관계수 r=0.8), 〈그림 8-6(b)〉는 시험성적의 예측타당성이 낮을 때(상관계수 r=0.0), 시험성적과 직무성과 간의 관계를 각각 보여준다.

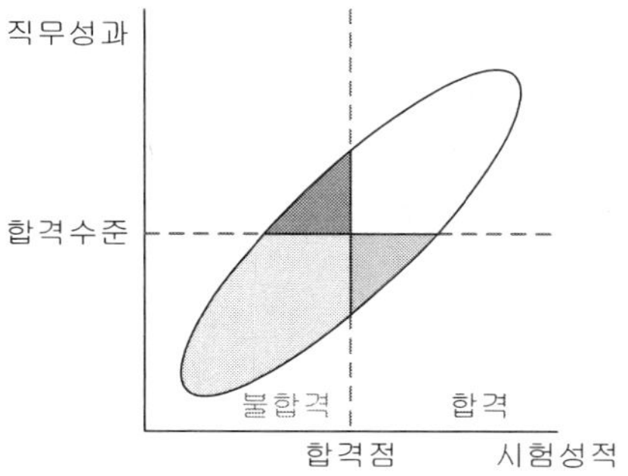

(a) 높은 예측타당성(r=0.8)

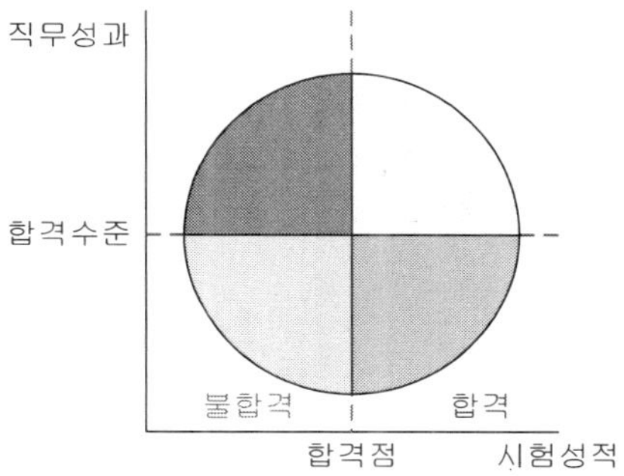

(b) 낮은 예측타당성(r=0.0)

〈그림 8-6〉 선발도구의 타당성

6.3 선발비율

선발비율(selection rate: SR)이란 채용과정에서 선발된 인원을 지원자 수로 나눈 값을 가리킨다. 선발비율이 우수한 사원선발에 미치는 효과는 〈그림 8-7〉과 같다. 〈그림 8-7(a)〉에서 보는 바와 같이 선발비율이 높으면 선발된 사원들의 평균직무성과점수는 낮아진다. 또한 〈그림 8-7(b)〉에서와 같이 선발비율이 낮으면 선발된 사원들의 평균직무성과점수는 높아진다. 따라서 선발비율이 낮을수록 우수한 사원을 선발할 가능성은 높아지게 된다.

특히 이 경우에는 집단 D에 속한 사람의 수가 크게 줄어들게 되므로 훈련비용의 증가, 생산성의 감소, 이직률의 증가 같은 문제가 덜 발생하게 된다. 그러나 선발비율을 낮추면 사원모집과 선발을 자주 실시해야 하므로 그에 따른 비용이 증가하게 된다. 따라서 적정한 선발비율을 결정하는 것이 중요하다.

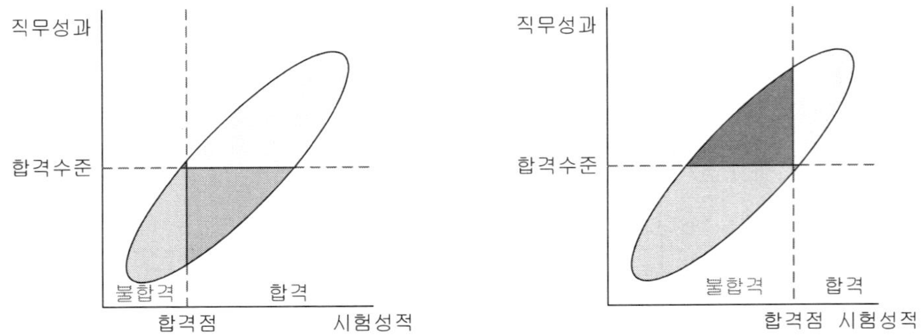

(a) 선발비율이 높을 때(SR=0.75) (b) 선발비율이 낮을 때(SR=0.25)

〈그림 8-7〉 선발비율(SR)에 따른 사원선발의 효용성

7. 심리검사도구

심리검사도구는 인간의 심리적 특성들을 과학적인 방법으로 측정하기 위하여 만들어진 표준화 도구다. 심리검사도구를 사용하면 특정한 직무에 적합한 자질을 가지고 있는 사람을 보다 용이하게 찾아낼 수 있다. 심리검사의 종류에는 지능검사, 적성검사, 흥미검사, 운동능력검사, 성격검사 등이 있다.

7.1 지능검사

개인의 지능수준을 검사하는 지능검사는 그 종류가 매우 많다. 그 중에 많이 알려진 것으로는 스탠포드-비네(Stanford-Binet) 지능검사와 웩슬러(Wechsler) 지능검사가 있다.

7.1.1 스탠포드-비네 지능검사

비네(A. Binet)와 사이먼(T. Simon)은 정규교육을 받을 수 없는 지적 부진아를 찾기 위한 지능검사도구로 비네-사이먼검사를 개발했다. 이후에 독일의 심리학자 스턴(O. Stern)과 미국의 심리학자 터먼(L. Terman)은 비네-사이먼검사를 더욱 발전시켜 오늘날 사용되고 있는 스탠포드-비네(Stanford-Binet) 지능검사를 만들었다. 스탠포드-비네 지능검사에서는 지능지수(IQ)를 생활연령에 대한 정신연령의 비율로 정의하고 있다.

7.1.2 웩슬러 성인지능검사

스탠포드-비네 검사는 16세 이전을 대상으로 하는 지능검사로, 지나치게 언어수리 위주로 구성되어있다. 이에 비하여 웩슬러 성인지능검사(Wechsler adult intelligence scale: WAIS)는 성인들을 위한 검사로, 언어와 수리는 물론 동작성까지 측정한다.

웩슬러 성인지능검사는 언어성 검사와 동작성 검사의 2부분으로 구성되어 있다. 언어성 검사는 지식, 이해, 수리, 유사성, 수 암기, 어휘의 6가지 하위검사로 이루어져 있다. 동작성 검사는 숫자-부호, 그림완성, 나무토막쌓기, 그림배열, 물건맞추기의 5가지 하위검사로 이루어져 있다. 분량이 많으므로 검사하는데 많은 시간이 소요된다.

7.2 적성검사

적성이란 어떤 특수부문에 대한 능력의 정도나 발현가능성을 가리킨다. 적성검사는 개인의 특성이나 능력을 직업활동에 필요한 여러 특성이나 능력과 비교하여 적합, 부적합을 판정하기 위한 것이다. 적성검사에는 기계적성검사와 사무적성검사 등이 있다.

7.2.1 기계적성검사

기계적성이란 기계작업에 적응하기 쉬운 특성을 말한다. 기계적성검사는 대상자가 기계적 원리들을 얼마나 잘 이해하고 있는지를 측정한다. 기계적성에 관계된 요인으로는 손과 팔의 솜씨, 공간시각화, 기계적 이해 등이 있다. 기계적성검사의 대표적인 검사방법으로는 벤니트(G. Bennett)의 기계이해검사가 있다. 이는 기계원리에 관한 그림들로 이루어져 있으며 기계적 추리를 측정하기 위한 검사다.

7.2.2 사무적성검사

사무직에는 지능수준도 중요하지만 손과 팔의 솜씨, 지각속도, 지각정확도 등이 함께 요구된다. 사무적성을 검사하기 위한 방법으로는 미네소타사무직검사(Minnesota clerical test: MCT)가 있다. 이는 제한된 시간 내에 두 항목 간의 차이를 발견하는 능력을 측정하는 것으로, 일할 때 개인의 정확도를 평가하기 위한 속도검사다.

7.3 직업흥미검사

흥미란 어떤 내용에 대하여 특별한 주의를 수반하는 감정을 의미한다. 흥미는 직무선택,

직업성공, 직무만족 등의 직무적 행동에 대한 동기를 유발한다. 사람은 흥미에 맞는 직업을 하게 되면 전념하게 되고 성공할 가능성이 크다. 직업흥미검사에는 스트롱-캠벨 직업흥미검사와 쿠더 직업흥미검사가 많이 사용되고 있다.

7.3.1 스트롱-켐벨 직업흥미검사

스트롱-켐벨 직업흥미검사(Strong-Camphell vocational interest inventory)는 40년 이상 사용되었던 스트롱 직업흥미검사를 대치한 검사로, 직업, 학교과목, 행동, 오락을 다루는 300여 가지의 질문으로 구성되어 있다. 남성용과 여성용이 구분되어 있으며, 현실성, 관찰능력, 예술성, 사회성, 도전성, 보수성의 6가지 영역으로 구성되어 있다.

7.3.2 쿠더 직업흥미검사

쿠더 직업흥미검사(Kuder occupational interest inventory)는 직업과 관련된 흥미, 욕구, 가치 등을 측정한다. 3개씩 짝지어진 많은 항목들로 구성되었으며, 가장 선호하는 것과 가장 선호하지 않는 것을 선택하여 직업지도상담에 사용된다.

7.4 운동능력검사

운동능력검사는 개인의 운동능력을 검사하는 것으로, 멕퀘리 기계능력검사, 퍼듀 펙보드검사, 오코너 손재주검사, 크리포드 소부품 손재주검사 등의 검사방법들이 개발되었다.

7.4.1 멕퀘리 기계능력검사

멕퀘리 기계능력검사(Macquarrie test of mechanical ability)는 필기형태로 운동능력을 측정하는 검사다. 이는 추적, 두드리기, 점찍기, 베끼기, 위치, 블록, 추적의 7가지 하위검사로 이루어져 있다.

7.4.2 퍼듀 펙보드검사

퍼듀 펙보드검사(Purdue pegboard test)는 손가락, 손, 발의 움직임과 손가락의 예민성 등을 측정하는 검사다. 가능한 빠르게 여러 구멍들에 핀을 꽂는 것으로, 처음에는 오른손과 왼손을 각기 사용하고 마지막에는 양손을 사용한다.

7.4.3 오코너 손재주검사

오코너 손재주검사(O'Connor finger dexterity test)는 핀셋을 사용하여 빨리 작은 구멍에 핀을 집어넣는 능력을 측정한다. 이는 손가락의 기민성을 측정하는 대표적인 검사로, 정밀하고 정교한 솜씨가 요구되는 직무에 대한 적합성을 예상하는데 사용된다.

7.4.4 크리포드 소부품 손재주검사

크리포드 소부품 손재주검사(Crawford small parts dexterity test)는 핀을 나무판에 있는 구멍에 넣고 금속고리를 핀 위에 놓은 다음, 손으로 작은 나사들을 구멍 속에 넣고 드라이버를 사용하여 나사를 죈다. 이 검사에서는 눈과 손의 협응능력을 측정한다.

7.5 성격검사

성격은 사람의 행동을 특징짓는 안정되고 지속적인 성향을 가리킨다. 성격과 직업활동은 중요한 관계가 있는 것으로 알려져 있다. 주로 사용되는 성격검사는 형식에 따라 질문지법, 투사법, 행동관찰법으로 크게 분류된다.

7.5.1 질문지법

질문지법은 자기보고식 목록표(self report inventory)를 사용하므로 '자기보고식검사법'이라고도 부른다. 이는 질문지를 이용하여 특별한 상황, 증상, 느낌을 묻는 문제를 제시하고 그 질문에 답하는 방식이다. 질문지법에서는 거짓반응을 방지하기 위한 허위척도가 필요하다. 많이 사용되는 검사법으로는 카텔(R. Cattel)의 16개 성격요인질문지(Sixteen personality factor questionnaire: 16PF), 미네소타 다면적 성격검사(Minnesota multi-phasic personality inventory: MMPI), 캘리포니아 성격검사(California psychological inventory: CPI), 메이어스-브릭스 성격유형검사(Myers-Briggs type indicator: MBTI), 길포드-짐머만 기질검사(Guilford-Zimmerman temperament survey), 5대 성격요인이론(big five personality theory) 등이 있다.

- 16PF : 16개의 성격특성에 대하여 374문항의 질문으로 이루어져 있다.
- MMPI : 개인의 태도, 정서적 반응, 신체적-심리적 증상, 과거경험 등을 알아보는 약 550개 문항으로 구성되어 있다.
- CPI : MMPI와 비슷하지만 지배성, 사교성, 자기수용성, 책임감, 사회화 등을 중심으로 정상인의 성격특성을 더 많이 측정하게 되어 있다.
- MBTI : 인간의 성격을 16가지로 분류한 것으로 최근 폭넓게 활용되고 있다.

- **길포드-짐머만 기질검사**: 독립된 10가지 성격특성인 일반행동, 억제력, 우월감, 사회성, 정서적 안정성, 객관성, 친절성, 신중성, 대인관계, 남성성을 측정한다.
- **5대 성격요인이론**: 5개의 성격요인인 외향성, 포용성, 성실성, 정서적안정성, 개방성을 중심으로 사람의 성격을 검사한다.

7.5.2 투사법

투사법(projective technique)은 모호한 자극을 개인에게 제시하여 각 개인이 자극의 구조와 의미를 찾게 하는 방법이다. 이는 주관성이 개입될 수 있으며 완전한 답이 없다. 투사법은 겉으로는 관찰될 수 없고 인식하지 못하는 무의식적이고 숨은 동기, 욕구, 갈등, 성격 등을 분석하기 위하여 개발되었다. 로샤 잉크반점검사와 주제통각검사가 대표적이다.

로샤 잉크반점검사(Rorschach ink blot test)는 10장의 카드로 이루어지며 각 카드마다 〈그림 8-8〉에서 보는 바와 같이 표준화된 잉크반점그림이 하나씩 인쇄되어 있다. 이 검사법은 1921년 스위스의 정신과의사인 로샤(H. Rorschach)에 의하여 개발되었다. 카드가 한 장씩 제시될 때마다 피검사자는 카드에 인쇄된 그림이 무엇처럼 보이는지 대답하게 된다.

〈그림 8-8〉 로샤 검사의 잉크반점그림

주제통각검사검사(thematic apperception test: TAT)는 1935년 하버드대학의 심리학자인 머레이(H. Murray)와 모건(C. Morgan)에 의하여 개발되었다. 주제통각검사에서는 〈그림 8-9〉에서 보는 바와 같이 다양한 상황에 있는 여러 인물들이 그려진 20장의 카드가 사용된다. 피검사자는 카드가 한 장씩 제시될 때마다 카드의 그림에 대하여 상상력을 발휘하여 그 상황을 설명한다.

〈그림 8-9〉 주제통각검사의 상황그림

7.5.3 행동관찰법

성격을 평가하기 위하여 행동을 관찰하거나 면접을 이용하는 방법이다. 이 때 행동관찰은 구조화될 수도 있고 그렇지 않을 수도 있다. 구조화된 관찰법이 구조화되지 않은 관찰법보다 더 큰 신뢰도를 가진다. 면접이나 행동관찰 후 얻어진 자료는 평정척도와 같은 표준화된 형식에 기록된다.

9장 인사고과

1. 인사고과의 개념과 목적

기업에서 직원들은 일정한 기간이 경과하면 적성과 능력의 차이로 서로 다른 업무성과를 나타내게 된다. 이는 보상이나 승진 등으로 반영되어야 한다. 또한 그들이 맡고 있는 직무의 적합성 여부도 검토되어야 한다. 이러한 이유로 기업은 인사고과를 통하여 근로자의 유용성을 적절히 평가해야 한다.

1.1 인사고과의 개념

인사고과(personnel rating)는 직무수행평가, 근무평가, 능률평정, 종업원평정 등 다양한 이름으로 대신하기도 한다. 회사는 인사고과를 통하여 누가 유능하며, 누가 회사에 기여하며, 누가 교육이 필요한지 등을 파악하게 된다. 이처럼 인사고과는 회사 내의 직원의 태도, 능력, 소질, 근무성적 등을 평가하는 것으로, 임금과 성과급 결정의 중요한 자료가 된다. 그 밖에 작업방법의 검토, 직원 배치, 교육훈련, 승진, 감원 등을 위한 자료로도 활용되고 있다.

1.2 인사고과의 목적

전통적인 개념에서 인사고과는 과거실적이나 인적특성에 따라 직원들의 우열을 판정하는 것이 일반적인 목적이었다. 하지만 현대에 들어와 그 목적이 확대되어 직원들에게 동기를 제공하는 수단으로 활용되고 있다. 오늘날 인사고과는 피드백, 성과인정, 업적개선, 기록, 인력개발, 업적기대 등의 목적으로 사용되고 있다.

- 피드백: 직원들에게 자신의 업무수행 정도를 알려준다.
- 성과인정: 높은 성과를 달성한 직원들을 인정해준다.
- 업적개선: 직원들의 업적개선에 도움을 준다.
- 기록: 승진, 인사이동, 임금지급을 위한 기록을 보조한다.
- 인력개발: 직원들의 개인적인 성장과 발전을 돕는다.
- 업적기대: 상사가 직원들에게 기대하는 업적 기준을 명시할 수 있다.

2. 인사고과의 평가자

인사고과에서 직원을 평가하는 담당자는 상사, 동료, 부하, 고객 등 다양하다. 인사고과담당자는 어떤 조건을 갖추어야 하는가? 그는 평가방법에 대한 훈련을 받아야 하며, 고과대상자에 대하여 잘 알고 있어야 한다.

2.1 상사에 의한 평가

인사고과는 직속상사에 의하여 대부분 이루어진다. 직속상사가 부하직원들의 직무수행을 가장 잘 알고 있으며 그들을 관찰할 기회가 많기 때문이다. 그뿐 아니라 상사는 조직의 전체 목적에 비추어 각 부하직원의 직무수행능력을 가장 잘 평가할 수 있다. 하지만 직속상사는 부하직원의 직무태도에 대하여 올바른 정보를 얻기 어려울 수도 있다. 대부분의 부하직원들은 상사 앞에서 회사에 대한 충성심이나 열성 등을 실제보다 높게 보이려 하기 때문이다.

직속상사에 의한 평가는 다음과 같은 장점이 있다.

- 일상 업무수행에 대한 관리에 효율을 기할 수 있다.
- 직무평가를 통하여 부하의 동기와 복종을 유도할 수 있다.

- 조직의 목적을 부하직원의 성과목표로 연결할 수 있다.
- 승진이나 보상같은 인적자원관리에 공정하게 연결할 수 있다.
- 부하직원을 항상 관찰함으로써 이해의 폭이 넓어질 수 있다.

직속상사가 무능력한 경우에는 고과대상자의 차이가 불분명하거나 관대하게 평가할 수 있다. 또한 인사고과에 고과담당자의 주관이 개입될 가능성이 있는 점도 유의해야 한다.

2.2 동료에 의한 평가

동료에 의한 평가는 같은 집단 내에서 함께 지내는 구성원들이 다른 동료를 평가하는 방법이다. 이러한 평가방법에는 동료지명법, 동료평가법, 동료서열법이 있다. 동료지명법은 개인 각자가 집단 내에서 가장 우수한 동료를 지명하는 방법이다. 동료평가법은 각 개인이 평정척도를 사용하여 다른 동료들을 평가하는 방법이다. 동료서열법은 각 개인이 다른 동료들에 대하여 최상으로부터 최하까지 서열을 매기는 방법이다.

동료에 의한 평가는 여러 문제점을 가지고 있다. 친한 동료에게는 실제보다 높게 평가하고 적대적인 동료에게는 낮은 점수로 보복할 수 있기 때문이다. 또한 동료 간에는 직접 업무지시를 하지 않기 때문에 다른 동료의 능력과 성과를 판단하기가 상당히 어렵다.

2.3 부하직원에 의한 평가

부하직원에 의한 평가는 IBM과 Ford에서 관리자들을 평가할 때 사용하기 시작하였다. 부하직원들은 상사의 직무수행을 다른 관점으로 평가할 수 있다. 그들은 상사의 계획과 조직화의 능력, 리더십, 의사소통, 대인관계 등을 직접 경험하거나 관찰할 수 있다. 일반적으로 부하직원에 의한 평가는 상사에 의한 평가와 높은 상관관계를 가진다. 이 방법은 상사가 부하들의 욕구반영에 노력하게 되어 직무수행이 원활해질 수 있지만, 자칫하면 부하직원들의 인기에 영합될 수 있다. 또한 익명성이 요구되며 상당한 신뢰와 개방적인 분위기가 형성되었을 때에만 가능한 방법이다.

2.4 자기 자신에 의한 평가

자기 자신에 의한 평가는 일반적으로 간부사원을 평가하는 경우에 이용되며, 스스로 자신의 업적과 능력을 평가하도록 요구한다. 이는 인사평가보다는 자기진단의 도구로 많이 사용된다. 자기평가는 상사, 동료, 부하에 의한 평가보다 관대화경향이 높으며, 타인의 판단과는 상당히 벗어나는 경향이 있다. 그렇지만 자신을 평가하는 당사자는 다른 사람들보다 직무수행에 대하여 잘 알고 있다. 또한 자신의 직무수행을 종합적으로 평가하기 때문에 후광효과의 영향을 덜 받게 된다.

2.5 고객에 의한 평가

고객에 의한 평가는 조직내부의 구성원이 아닌 조직 외부의 사람들로부터 전혀 다른 관점에서 평가받는 방법이다. 특히 고객과 자주 접촉하는 서비스 직무의 경우에 고객에 의한 평가는 많이 이루어지고 있으며, 그들이 제공하는 정보는 인사고과에 유용하게 활용되기도 한다.

2.6 다면평가

다면평가는 자기 자신을 비롯하여 여러 다른 사람들로부터 평가받는 방식이다. 고과대상자는 상사, 동료, 부하, 자신, 고객 등을 포함하여 여러 중요한 사람들로부터 평가받는다. 다면평가제도는 최근에 많이 사용되고 있으며, 우리나라의 경우 일반 기업체뿐만 아니라 정부기관에서도 도입이 확산되고 있다.

다면평가는 여러 고과담당자들이 서로 다른 관점에서 고과대상자의 직무수행을 평가하게 되므로, 한 사람이 평가했을 때 발생할 수 있는 개인적인 편견을 최소화할 수 있는 장점이 있다. 하지만 고과담당자들의 고유한 편파적 평가로 말미암아 정확성이 떨어질 수 있다는 문제점도 가지고 있다.

3. 인사고과의 방법

기업에서 적용될 수 있는 인사고과의 방법은 매우 다양하므로, 업종과 고과대상자의 직무에 따라 적절한 방법을 선택하게 된다. 자주 사용되는 몇 가지 인사고과방법들을 소개한다.

3.1 서열법

서열법(ranking method)은 직원의 직무성적과 능력에 따라 최고로부터 최하에 이르기까지 서열을 정하여 평가하는 방법이다. 〈표 9-1〉은 서열법의 간단한 예를 보여준다. 이는 가장 오래되고 단순한 평가방법으로, 실시하기가 용이하며, 전문적인 지식이 필요 없으며, 관대화 경향과 중심화 경향을 극복할 수 있다는 장점이 있다.

하지만 고과대상자가 많을 때 적용하기가 어렵고, 한정된 범위 내에서만 실시할 수 있으며, 부서 간에 상호비교가 곤란하다는 단점이 있다. 또한 순위의 합리성과 타당성이 결여되어 왜곡된 결과를 초래할 수 있으며, 고과기준이 불분명하고 고과결과에 대한 설득력이 부족하여 불평의 소지가 있다. 그 외에 평가의 결과가 계량화되어 있지 않아 통계적 처리가 곤란한 것도 문제점으로 지적된다. 이 기법은 직원의 선발, 승진후보자의 결정, 임금관리에 따른 승급의 순서를 결정할 때 유용하게 이용될 수 있다.

〈표 9-1〉 서열법의 예

요소 / 대상자	직무의 양	직무의 질	협조성	적극성	신뢰성	순위 합계	종합 순위
A	5	1	4	3	1	14	2
B	2	4	3	5	4	18	5
C	1	2	5	4	5	17	4
D	3	3	2	1	2	11	1
E	4	5	1	2	3	15	3

3.2 쌍대비교법

쌍대비교법(paired comparison method)은 회사 내의 직원을 임의로 2명씩 취하여 비교하는 방법이다. 이 경우 비교되는 횟수는 직원이 n명일 때 n(n-1)/2의 공식에 의하여 계산된다. 예를 들어 10명의 직원의 경우에는 45차례 직원쌍을 비교해야 한다.

이 방법은 두 사람씩 짝을 지어 평가하므로 판단과정이 단순하고 정확하다. 또한 고과과정에서 평가자는 최종적인 결과를 알지 못하므로 주관성이 배제될 수 있다. 그러나 평가해야 할 고과대상자가 많아지면 비교회수가 급격히 증가하므로 실시하기가 매우 어렵다. 이 방법은 소규모집단에서 직원들 간의 단순한 순위를 정할 때 적합하다.

3.3 도식평가법

도식평가법(graphic rating scale)은 간단하고 오래된 방법으로 널리 사용되고 있다. 고과대상자는 〈그림 9-1〉에서 보는 바와 같이 직무에 필요한 특성들에 대하여 5점 혹은 7점 척도 상에서 각각 평가된다. 직무에 요구되는 특성으로는 직무의 이해도, 직무의 양, 직무의 질, 직무능력, 판단력, 협동, 창의력, 태도, 동기 등이 있다. 각각의 평가특성마다 가중치를 부여하여 직무평가를 효과적으로 실시할 수도 있다.

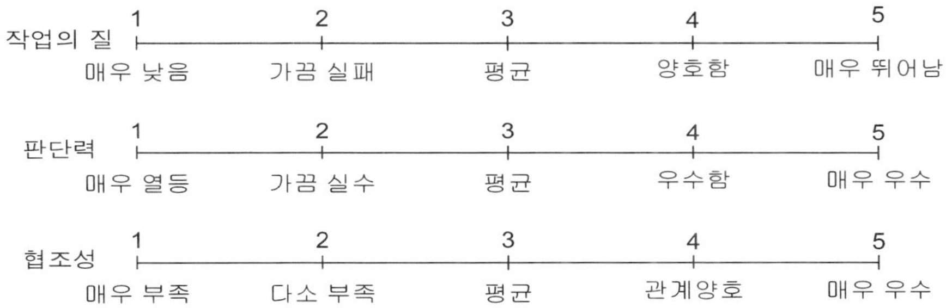

〈그림 9-1〉 도식평가법의 예

3.4 강제배분법

강제배분법(forced distribution method)은 많은 사람을 평가할 때 가장 유용한 방법으로, 직원들의 고과점수를 미리 정해진 백분율분포에 배분하여 평가하는 방식이다. 통상적으로 직원들의 고과점수가 정상분포를 이룬다고 가정하고 〈그림 9-2〉와 같이 사전에 정해진 백분율에 따라 평가대상자들의 등급을 결정한다.

이 방법의 장점은 관대화 경향이나 중앙화 경향을 극복할 수 있다는 점이다. 그러나 상대적인 평가가 이루어지므로 고과대상자들이 전체적으로 우수한 경우에 불리하게 적용되고, 전체적으로 열등한 경우에는 유리하게 적용되는 문제점이 있다.

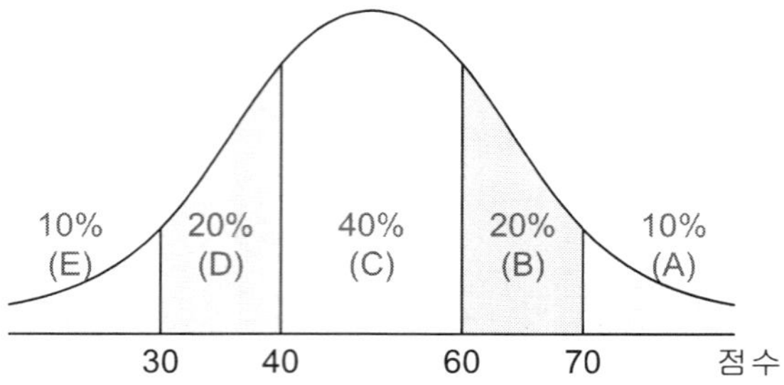

〈그림 9-2〉 강제배분법의 예

3.5 행동관찰척도법

행동관찰척도법(behavior observation scale)은 최근에 개발된 직무수행평가법으로, 중요한 사건을 기준으로 직원들을 평가하는 방법이다. 평가자들은 고과대상자들을 관찰하면서 특수한 행동이나 사건이 얼마나 자주 발생했는지 기록하며 평가하게 된다. 이 방법에 사용되는 평가양식은 전문가에 의하여 개발되므로 내용타당도가 높다는 장점이 있다. 하지만 종업원들의 직무행동을 평가자들이 관찰하여 기억해야 하므로 평가내역은 고과담당자의 기억능력에 의하여 영향을 받게 된다.

4. 인사고과의 오류

인사고과에서 평가담당자는 자신도 모르게 오류를 범하게 된다. 인사고과에서 자주 발생하는 오류로는 후광효과, 중심화경향, 관대화경향, 최근성적오류, 대비오류가 있다.

4.1 후광효과

후광효과(halo effect)는 '현혹효과'라고도 하며, 인사고과에서 가장 보편적으로 발생하는 오류로 알려져 있다. 이는 고과대상자의 한 가지 특성을 기준으로 그의 모든 행동을 판단하려는 경향을 가리킨다. 즉, 고과담당자가 종업원의 평가척도에서 어느 한 평가요소가 매우 우수하다고 판단할 때, 다른 평가요소들도 높게 평가하게 되는 오류를 의미한다. 후광효과를 줄이려면 인사고과를 직원별로 하는 대신 평가요소별로 실시하거나, 여러 고과담당자들이 한 직원을 평가하게 하면 가능하다.

4.2 중심화 경향

중심화 경향(central tendency)은 평가점수들이 평균값에 집중되어 우열의 차이가 적게 나타나게 되는 경향을 말한다. 중심화 경향이 생기는 이유는 다음과 같다.

- 고과담당자가 평가방법을 이해하지 못하거나 평가능력이 부족하기 때문이다.
- 평가방법이나 평가요소가 명확하지 않기 때문이다.
- 낮게 평가하는 경우 생길 수 있는 고과대상자와의 감정적 대립을 우려하기 때문이다.
- 시간적인 여유가 없기 때문이다.

중심화 경향을 줄이려면 강제배분법을 사용하여 평가점수의 분포를 강제로 할당하거나, 고과평가자를 훈련시켜 올바로 평가할 수 있는 능력을 개발한다.

4.3 관대화 경향

관대화 경향(leniency tendency)은 고과대상자의 능력이나 성과를 실제보다 더 높게 평가하는 경향을 말한다. 관대화 경향이 생기는 원인은 다음과 같다.

- 고과대상자를 나쁘게 평가하여 대립할 이유가 없기 때문이다.
- 자신의 부하가 다른 부서의 부하보다 낮게 평가받는 것을 피하기 위해서다.
- 나쁜 고과평가가 고과담당자의 책임으로 돌아올 수 있기 때문이다.
- 평가방법을 충분히 알고 있지 못하기 때문이다.

관대화 경향을 줄이려면 중심화 경향과 마찬가지로 강제배분법을 사용하거나, 평가자를 훈련시켜 올바로 평가할 수 있는 능력을 높여야 한다.

4.4 최근성적오류

고과담당자는 대상자의 최근 업무수행에 더 큰 비중을 두는 경향이 있으며, 그로 인하여 나타나는 오류를 '최근성적오류'라고 말한다. 이러한 경향으로 인하여 인사고과의 시기가 다가오면 고과대상자들은 평가자에게 잘 보이려고 노력하는 것을 볼 수 있다. 이런 오류를 극복하는 방법으로는 수시로 자주 평가하는 것이다. 평가간격이 짧아지면 부하직원들의 평소 전형적인 행동을 간과하는 경향을 줄일 수 있다. 고과담당자에게 최근성적에 의한 오류가 발생하기 쉽다는 것을 깨닫도록 주지시키는 것도 대책방안이 될 수 있다.

4.5 대비오류

대비오류(contrast error)는 고과대상자를 평가할 때 고과담당자 자신의 특성을 기준하여 평가하는 오류다. 예를 들어, 꼼꼼한 성격의 평가자는 자신을 기준하여 다른 사람을 꼼꼼하지 못하다고 평가하기 쉽다.

5. 직무배치

직무배치(job placement)는 적합한 적성을 가진 사람을 직무에 배치하는 일로 조직의 역량에 크게 영향을 미친다. 따라서 동일한 인력을 가지고도 적절한 직무배치를 실시하면 조직의 효율을 크게 높일 수 있다. 직무배치는 직원의 적정배치와 부적격자의 조치를 함께 포함한다.

5.1 적정배치

적정배치는 직원을 적절한 직무에 배치하는 것으로, 직무에서 요구하는 직무요건과 개인의 적성이 사전에 충분히 파악되어 있어야 한다.

5.1.1 직무요건

직무요건은 직무를 올바르게 수행하는데 있어서 직원에게 요구되는 신체적, 정신적 특질을 의미한다. 직무요건에는 직무가 요구하는 능력수준, 직무가 요구하는 인격특성, 직무를 수행할 직장환경 등이 포함된다.

5.1.2 개인적성

개인적성은 직원에게 맡겨진 직무를 잘 수행할 수 있는 지적, 신체적, 인격적 능력을 가리키는 것으로, 직원의 적성이 직무요건을 충족시킬 수 있는지 적합성여부를 나타낸다.

5.2 부적격자의 조치

아무리 신중히 직원을 배치하였더라도 시간이 경과함에 따라 기대와 달리 부적격자가 발생하기도 한다. 이러한 경우 적절한 조치를 취하지 않으면 본인에게는 물론 회사에도 바람직하지 않은 결과를 가져오게 된다. 부적격자들에게는 다음과 같은 조치가 가능하다.

5.2.1 재교육훈련

현재 배치되어 있는 직무에 대하여 어떤 점이 부적합한지 충분히 검토하여 문제의 원인을 명확히 살핀 다음 적절한 교육훈련을 추가로 실시한다.

5.2.2 생활지도

부적격자는 직무에 대하여 불만이 있거나, 상사 혹은 동료들과의 인간관계가 좋지 않을 때 자주 발생한다. 개인적인 상담과 생활지도를 통하여 부적격 문제를 해결해야 한다.

5.2.3 직장환경의 개선

직장의 분위기나 작업환경 때문에 부적격 상황이 발생하기도 한다. 이런 경우에는 작업환경이나 설비를 개선하여 원인을 제거해 주도록 한다.

5.2.4 배치전환

업무 자체가 적성에 맞지 않거나 기타 이유로 부적응상태가 생기는 경우에는 배치전환을 통하여 문제를 해소해 준다. 담당하는 업무의 내용을 변경시키거나, 동일한 업무내용이면서 부서만 바꿀 수도 있다. 해직을 시키는 것도 고려될 수 있다.

10장 교육훈련과 직무설계

1. 교육훈련의 개념 및 목적

기업에서 그 목표를 효율적으로 달성하려면 근로자들의 능력을 충분히 활용해야 한다. 일반적으로 근로자의 능력개발은 교육훈련의 형태로 이루어지고 있다. 교육훈련의 개념과 목적에 관하여 살펴보기로 하자.

1.1 교육훈련의 개념

산업체에서 교육훈련은 사원의 업무수행에 필요한 지식과 능력을 향상시켜 습득시키는 과정으로 인력개발을 위한 중요한 수단이다. 엄격한 의미에서 교육과 훈련은 차이가 있다. 교육이 이해와 지적활동의 활성화를 통하여 지식과 기능을 습득하는 정신적인 과정이라면, 훈련은 반복적인 연습을 통하여 지식 및 기능을 습득하는 육체적이고 기술적인 과정이다. 하지만 통상적으로 지식과 기능의 습득과정이 교육인지 혹은 훈련인지 분명하게 구분되고 있지 않다.

1.2 교육훈련의 목적

회사에서 교육훈련을 실시하는 목적은 조직목표의 달성을 위해 개인의 직무수행능력을 개발하고 직무만족과 직무충실화를 통해 조직을 활성화하는데 있다. 교육훈련으로부터 근로자 개인이 기대할 수 있는 이점은 다음과 같다.

- 신입사원의 경우 회사의 업무에 신속하게 적응하게 한다.
- 높은 봉급과 승진 자격을 얻게 한다.
- 자신의 장단점을 파악하여 자기계발에 도움이 된다.
- 능력을 최대로 발휘할 수 있게 한다.

교육훈련을 통하여 기업의 차원에서 기대할 수 있는 효과는 다음과 같다.

- 직무만족과 직무충실화로 인하여 직무태도가 개선된다.
- 리더십과 의사소통기술이 향상된다.
- 작업시간이 단축되어 노동비용이 감소된다.
- 종업원의 이직과 안전사고가 줄어든다.
- 인적자원의 관리비용이 감소된다.

2. 교육훈련의 절차

회사에서 교육훈련을 실시하려면 그 필요성이 분명히 확인되어야 한다. 일단 교육훈련의 필요성이 인정되면 그에 따라 교육훈련계획을 수립해야 한다. 교육훈련계획은 교육목표, 교육대상자, 교육내용, 교육방법, 강사, 교육기간 등을 적절히 결정하여 원하는 훈련목표에 도달할 수 있어야 한다. 교육훈련은 〈그림 10-1〉에서 보는 바와 같이 필요성 조사, 목표의 수립, 프로그램의 설계, 프로그램의 실시, 평가의 단계로 이루어진다.

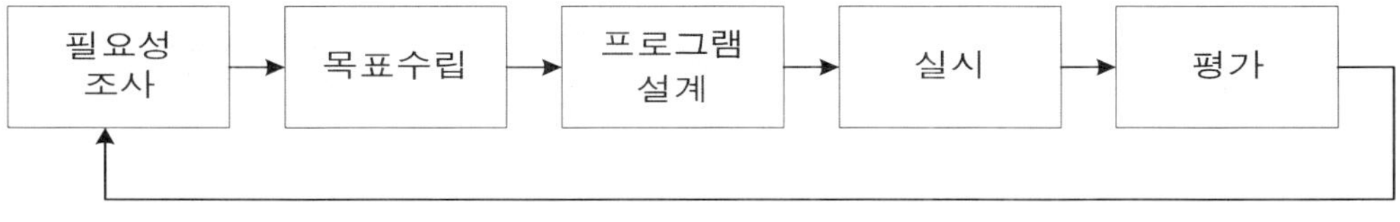

〈그림 10-1〉 교육훈련의 절차

2.1 교육훈련의 필요성 조사

교육훈련의 필요성은 회사의 전반적인 관점에서 직무와 관련하여 조사되어야 한다. 또한 현 시점에서 근로자가 보유하고 있는 직무기술을 전제로 교육훈련이 계획되고 실시되어야 한다. 따라서 직무기술이 필요로 하는 직무요건이 밝혀져야 하며, 그 직무요건에 비추어 현재 부족한 부분을 교육훈련에 의하여 보충해야 한다.

2.2 교육훈련 목표의 수립

교육훈련의 필요성이 조사되면 구체적인 목표가 설정되어야 한다. 교육훈련을 통하여 변화시키려고 하는 내용이 무엇인지 명확하게 기술되어야 한다. 교육훈련의 목표가 분명하지 않으면 훈련 프로그램의 설계나 효과의 평가 모두가 애매해진다.

2.3 교육훈련 프로그램의 설계

교육훈련의 목표가 수립되면 구체적인 교육훈련 프로그램을 개발한다. 프로그램의 개발과정에서는 교육대상자, 교육내용, 교육방법, 강사선정, 교육기간 등의 결정이 포함된다.

- 교육대상자 결정: 기초능력이 요구되는 신입사원이나 장래가 기대되는 간부사원을 우선 대상으로 정한다.
- 교육내용 결정: 교육대상자에게 필요한 교육훈련내용을 적절히 설계한다.
- 교육방법 결정: 강의, 토론, 실습 등 여러 교육방법 가운데 적절한 것을 선택한다.
- 강사 선정: 필요한 내용을 효과적으로 전달할 수 있는 강사를 선정한다.
- 교육기간 결정: 충분한 교육 효과를 얻을 수 있는 적절한 연수기간을 정한다.

2.4 교육훈련 프로그램의 실시

교육훈련 프로그램이 아무리 잘 설계되어도 부적절하게 실시된다면 기대하는 효과를 얻을 수 없다. 설계된 프로그램의 내용이 제대로 실시되는지 지속적으로 확인해야 한다.

2.5 교육훈련의 평가

교육훈련의 평가는 교육대상자들이 훈련 내용을 얼마나 습득하고 있고 있는지 그리고 훈련 효과가 실제로 나타나고 있는지 확인하는 것이다. 교육훈련을 효과적으로 평가하려면 종합인적자원관리시스템과의 연계성은 물론 교육훈련의 전 영역, 즉 훈련의 필요성, 프로그램의 설계 및 실시 등 전체 교육과정과 연관되어 평가가 이루어져야 한다. 효과분석을 위한 평가기준으로는 생산량, 생산소요시간, 불량률, 품질, 근무의욕 등이 이용되고 있다.

3. 교육훈련의 방법

교육훈련의 방법은 크게 직장 내에서의 훈련과 직장 외에서의 훈련으로 구분된다.

3.1 직장 내 훈련

직장 내 훈련(on the job training: OJT)은 부여받은 직무를 수행하면서 직장의 상사나 선배 동료로부터 받게 되는 훈련으로, 멘토링, 인턴십, 도제제도 등이 있다. 이 방법의 장점은 실무와 연결되어 매우 구체적이고, 훈련대상자와 상사/동료 간의 이해와 협동정신을 고취시키며, 대상자의 능력에 따라 훈련진도를 조정하기 쉽다는 점이다. 반면에 단점으로는 한 번에 많은 사람을 훈련시킬 수 없고, 훈련담당자의 능력이 부족한 경우 효과가 낮으며, 기술의 변화가 빠른 기업에서는 새로운 기술을 습득하기 어려워 훈련에 한계가 있다는 점이다.

3.1.1 멘토링

멘토(mentor)라는 말은 그리스 신화에서 유래되었다. 영웅 오디세이는 트로이와의 전쟁에 출정하면서 그의 친구인 멘토에게 자기의 아들 텔리마커스를 훌륭한 통치자로 훈련시켜 줄 것을 부탁했다. 멘토는 텔리마커스에게 필요한 내용을 미리 계획하여 유능한 리더로 성장시켰다. 이로부터 유래된 멘토링(mentoring)은 먼저 입사한 연장자가 연하의 동료나 신입사원에게 업무수행에 필요한 지식, 기술, 기능 등 먼저 터득한 경험을 전해주는 것이다. 멘토링은 다음과 같은 장점이 있다.

- 매우 상세하게 교육을 실시할 수 있다.

- 신입사원과 중도채용사원의 업무적응력을 높인다.
- 교육비용이 많이 들지 않는다.
- 상사나 중견사원의 자기계발에도 도움이 된다.

3.1.2 인턴십

인턴십은 학생들을 임시로 고용하여 훈련시키고 졸업 이후에 정식으로 고용하는 방법이다. 인턴십을 통해 회사는 학생의 능력과 자질을 판단할 수 있고, 학생은 회사의 적합성 여부를 판단하게 된다.

3.1.3 도제제도

도제제도란 일정기간 동안 작업장 내에서 훈련대상자가 상사나 선배동료들로부터 기능을 배우는 것이다. 특히 정교한 수작업이 요구되는 공예, 용접, 배관, 목수직 등에 주로 적용되며 훈련기간은 3～4년 정도 소요된다.

3.2 직장 외 훈련

직장 외 훈련(off the job training: OFFJT)은 직장 밖에서 전문가에 의하여 이루어지는 교육훈련이다. 이같은 훈련방법으로는 강의법, 프로그램 학습법, 시뮬레이션, 토의법, 사례연구법, 역할 연기법 등이 있다. 이러한 방법의 장점은 전문가가 훈련을 실시할 뿐만 아니라, 훈련대상자가 훈련에만 전념할 수 있어 학습효과가 높다는 점이다. 또한 다수의 인원을 동시에 훈련시킬 수 있다. 반면에 훈련내용이 실제업무와 다를 수 있으며, 훈련참가자의 능력에 따라 진도조정이 어렵고, 훈련비용이 많이 소요된다는 점이 문제점으로 지적되고 있다.

3.2.1 강의법

강의법은 강사가 교육내용을 구두로 설명하면 수강자가 내용을 듣고 요점을 필기하면서 학습하는 방법이다. 이는 가장 널리 사용되는 보편적인 교육방법으로, 한 번에 많은 사람들을 교육할 수 있어 비용이 적게 소요된다. 하지만 교육대상자가 다양한 계층인 경우 일반적인 수준의 교육만이 가능하며, 강사로부터 일방적인 의사소통이 이루어지므로 교육훈련의 효과가 낮고 실제 문제해결능력을 높이기 어렵다는 단점이 있다.

3.2.2 토의법

토의법은 훈련대상자들이 한 장소에 모여 특정한 주제에 관하여 자신의 견해, 지식, 경험 등을 발표 교환함으로 문제해결에 대한 방안을 도출하도록 하는 방법이다. 이 방법은 훈련대상자들이 훈련과정에 적극적으로 참여하게 되어 학습의욕을 높일 수 있다. 아울러 피드백을 통하여 자기반성과 함께 자신의 태도를 수정하도록 유도하는 장점이 있다. 반면에 시간과 경비가 많이 소요되며, 훈련대상자의 수가 적을 때 사용할 수 있다는 단점이 있다. 토의법의 성공여부는 토의를 이끌어가는 인도자의 능력에 따라 크게 좌우된다.

3.2.3 프로그램 학습법

프로그램 학습법(programmed learned method)은 강사나 훈련자 없이 스스로 학습자료를 이용하여 속도를 조절하면서 자율적으로 학습하는 방법이다. 학습자료는 특정 주제에 대하여 일련의 질문과 답으로 구성되어 있으며, 훈련대상자는 설명문을 읽고 각 질문에 답을 하도록 되어 있다. 프로그램학습이 이루어지려면 학습내용이 체계적으로 조직화된 학습교재를 개발해야 한다.

이 방법의 장점으로는 훈련에 소요되는 시간이 대폭 줄어든다는 점이다. 또한 참가자가 능동적으로 학습에 참여하여 자신의 능력에 맞게 학습속도를 조절해 갈 수 있다. 그뿐 아니라 제시된 내용을 올바로 습득했는지 여부가 즉시 피드백되므로 학습효과가 높다. 하지만 프로그램 학습법을 위한 교재를 개발하려면 많은 시간과 비용이 투입되어야 하며, 개발 가능한 학습내용의 범위에 한계가 있다는 단점이 있다.

3.2.4 사례연구법

사례연구법(case study method)은 회사에서 일어난 일련의 사례를 구체적으로 제시하고 '왜 이런 일이 발생했을까', '어떻게 상황을 이해할까', '어떻게 대응하면 좋을까' 등을 생각하면서 문제해결에 접근하는 방법이다. 훈련대상자들은 주어진 문제상황에 대하여 개인 혹은 집단으로 해결방안을 제시하게 된다. 사례연구법의 장점은 참가자들의 동기를 유발하여 관심을 높일 수 있고, 기업의 현실적인 문제에 대한 학습이 가능하다는 점이다. 반면에 단점으로는 적절한 사례를 확보하기가 쉽지 않고, 학습진도를 측정하기 힘들며, 체계적인 지식습득이 어렵다는 점이다. 사례연구는 사례 제시, 자료 및 정보수집, 해결방안을 위한 연구와 준비, 해결방안의 발견과 검토의 순서로 진행되는 것이 일반적이다.

3.2.5 역할연기법

역할연기법(role playing method)은 실제에 가까운 상황을 설정한 후 참가자들 각자에게 특정한 역할을 주어 실제로 연기하게 하는 방법으로, 연기를 마친 후에는 참가자들이 연기의 내용에 대하여 토의하여 올바른 행동변화를 이끌어내는 교육훈련기법이다. 이 방법을 효과적으로 수행하게 되면 다음과 같은 효과를 기대할 수 있다.

- 참가자들의 적극적인 참여를 통하여 문제에 대한 실험적인 학습이 가능하다.
- 참가자들은 다른 연기자들의 문제해결모습을 관찰하고 모방하는 효과가 있다.
- 자신의 역할행동이 얼마나 효과적이었는지 다른 사람들로부터 피드백 받을 수 있다.
- 반복적인 역할연기는 실습효과가 있으므로 자연스럽게 문제해결방법을 습득하게 된다.

역할연기법은 참가자에게 흥미와 체험감을 주며, 연기에 나타난 문제점을 파악함으로 개인이 가지고 있는 문제점을 인식할 수 있는 장점이 있다. 반면에 시간이 많이 소요되고, 기업에서 필요로 하는 많은 역할들 가운데 일부에만 적용할 수 있다는 단점이 있다.

최근에는 직원들의 능력을 개발하기 위하여 '교육이수학점제'나 '대학학위위탁교육제'가 확대되고 있다. 교육이수학점제는 대학의 학위취득제와 같이 기업이 각 직급별 또는 직종별로 이수해야 하는 교육학점을 정해 놓고 이수여부와 평가결과를 승진에 반영하는 제도다. 또한 대학학위위탁교육제는 기업의 임직원들로 하여금 국내외 대학에서 정식학위를 취득하도록 지원하는 제도로, 전문경영기술을 습득하게 함으로 업무추진능력을 증진시켜 준다.

4. 직무설계

조직은 직원과 직무사이의 조화가 중요하다. 이들이 서로 잘 조화될수록 조직은 더욱 효율적으로 운영된다. 앞에서 설명했던 인사선발, 인사배치, 교육훈련도 그런 노력 가운데 일환이었다. 하지만 지금까지는 직무를 그대로 둔 채 직원들을 직무내용에 맞추려고 시도하였고, 그로 인하여 직원들의 직무만족도가 저하되는 문제점이 발생하였다.

4.1 직무설계의 개념

조직의 목표를 달성하고 개인의 직무만족을 높이기 위하여 직무수행자와 직무내용과 방법을 설계하는 것을 직무설계(job design)라고 한다. 직무설계는 직무분석의 결과를 기초로 직무수행에 영향을 미치는 인적, 조직적 요소를 규명하여, 직무수행자에게 직무만족과 동기부여를 제공하고 생산성을 높이는 업무수행방법을 찾는 것을 목적으로 한다.

과거에는 아담 스미스의 분업이론에 입각한 전문화와 효율성에 기초한 직무설계에 치중하였다. 그 결과 〈그림 10-2(a)〉와 같이 인간관계를 소홀히 하여 불만족, 이직, 결근, 품질저하 등 많은 문제점들이 야기되었다. 이처럼 전통적인 직무설계는 사람을 직무에 적응시키는 효율성에 바탕을 두고 있다.

반면에, 현대적인 직무설계는 〈그림 10-2(b)〉와 같이 직무수행자에게 의미와 만족을 줄 수 있도록 직무내용과 작업방법을 설계하여, 개인의 욕구도 충족시키고 조직의 목표도 달성하려고 한다. 현대적 직무설계는 조직목표의 달성을 위해 종업원에게 동기를 부여하기 위한 전략으로, 이를 효과적으로 수행하면 직무만족의 증대, 작업생산성 향상, 이직 및 결근율 감소, 제품의 질적 개선, 원가절감, 훈련비용의 감소와 같은 유익한 결과를 기대할 수 있다.

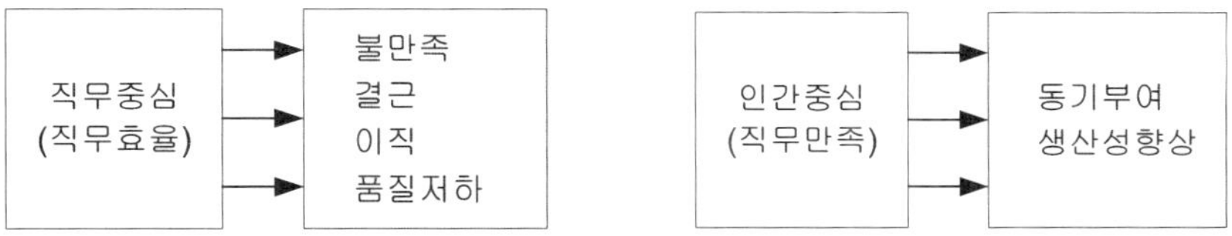

(a) 전통적 직무설계　　(b) 현대적 직무설계

〈그림 10-2〉 직무설계의 변화

4.2 직무순환

직무순환(job rotation)은 〈그림 10-3〉에서 보는 바와 같이 종업원들로 하여금 여러 직무를 순환하여 수행하게 함으로 다양한 직무 경험을 쌓도록 하는 것이다. 종업원은 작업에 지장을 주지 않는 범위 내에서 여러 과업을 순환하게 된다. 직무순환을 실시하게 되면 종업원에게는 다양한 능력을 개발할 기회가 주어지며, 전체 업무에 대한 시야를 넓혀준다. 또한 업무에 대한 권태감과 단조로움이 감소되는 효과도 있다.

직무순환을 실시하려면 실제로 순환이 가능한 업무인지 판단해야 한다. 실제로 업무의 기술적 수준이 높아지게 되면 직무순환이 어려워지는 문제점이 있다. 또한 직무순환은 단조로움과 권태감을 일시적으로 완화시킬 뿐이며, 또 다른 단조로운 직무에 접하게 한다는 비판도 있다.

직무순환을 효과적으로 실시하려면 다음의 내용을 고려해야 한다.

- 숙련에 필요한 기간을 고려하여 직무순환을 실시한다. 직무순환의 주기가 너무 빠르면 적응이 어렵고 너무 길면 지루해진다.
- 직무 간의 연관성을 고려하여 직무순환을 실시한다.
- 작업자의 특성이나 희망을 고려하여 직무순환을 실시한다.

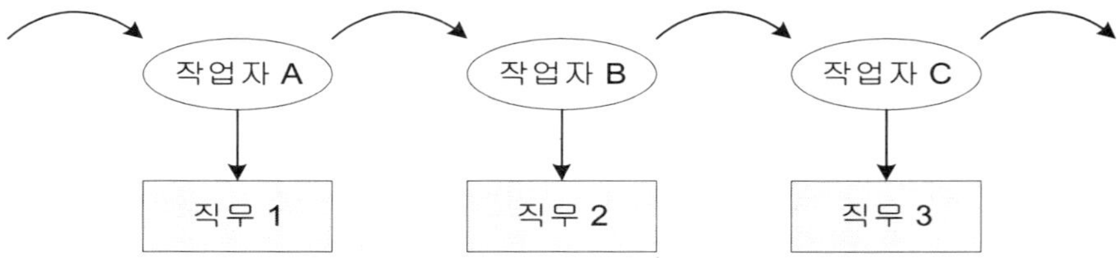

〈그림 10-3〉 직무순환

4.3 직무확대

직무확대(job enlargement)는 〈그림 10-4〉와 같이 종업원의 업무량을 늘이고 다양화하여 직무에 대한 단조로움에서 벗어나 직무만족을 높이려는 활동이다. 한 가지 업무만을 수행했던 종업원이 다른 업무를 담당하게 되면 직무에 대한 권태감이 감소하고 도전의식을 갖는 동기유발 효과를 얻을 수 있다. 그러나 종업원에게 너무 쉽거나 너무 어렵지 않은 적절한 수준의 업무를 할당하는 일은 쉽지 않다. 직무확대를 실시하면 종업원들의 작업량이 늘어나게 되므로 종업원 감축의 수단으로 이용된다는 비판도 있다. 직무확대에 대하여 지금까지 연구된 결과를 요약하면 다음과 같다.

- 직무확대는 직무만족과 동기를 개선한다.
- 단조로운 직무들의 확대만으로는 작업자의 동기를 유발하지 못한다.
- 직무확대를 실시하면 생산의 질이 향상되는 경향이 있다.
- 직무확대는 직무를 다양화시켜 훈련비용이 증가된다.

• 직무확대를 실시하면 과업이 복잡하게 되어 신규사원의 채용기준이 높아진다.
• 직무확대와 생산성 관계는 입증되지 않았다.

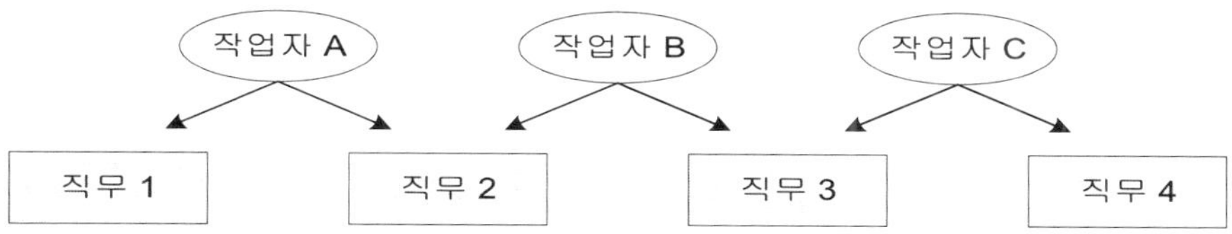

〈그림 10-4〉 직무확대

4.4 직무충실화

직무충실화(job enrichment)는 허즈버그(F. Herzberg)와 그의 동료들에 의하여 이론적 토대가 마련되었다. 허즈버그에 의하면 직무충실화는 직무를 단순히 구조적으로 확대하는 것이 아니라, 종업원의 동기를 불러일으키도록 직무의 내용을 풍부하게 만드는 것을 의미한다. 즉 종업원에게 직무에 관한 자율적 권한과 책임을 부여하며, 도전적이며 보람있는 일이 되게 하며, 능력을 발휘하게 하며, 성취감을 느끼게 하는 활동이다. 직무확대가 단순히 직무의 양을 증가시키는 것이라면, 직무충실화는 직무의 질을 개선한다는 점에서 서로 차이가 있다. 직무충실화를 실시하면 장기적으로 종업원의 직무만족과 생산성을 동시에 향상시키는 효과가 나타난다. 직무충실화에서는 높은 기술수준, 기술의 다양성, 자율성, 피드백이 강조되고 있다.

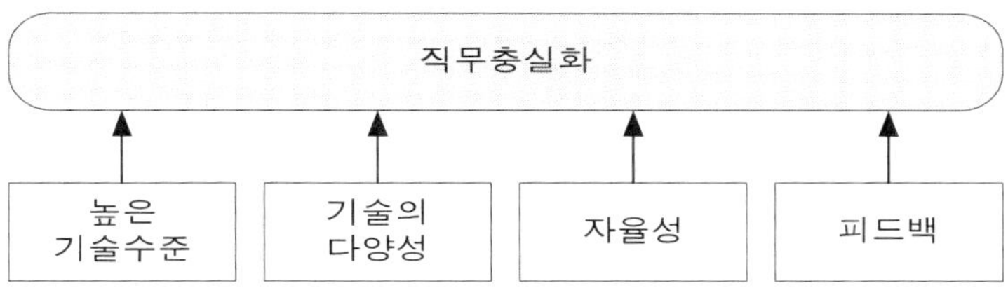

〈그림 10-5〉 직무충실화

4.4.1 기술 수준

기술 수준(skill level)은 직무충실화에서 가장 중요하게 여기는 요소로, 직무에서 요구하는 지식과 기술의 수준이 높을수록 직무의 중요성이 크고 구성원의 능력도 많이 활용된다.

4.4.2 기술 다양성

기술의 다양성(skill variety)은 과업수행에 있어 다양한 기술을 사용하는 정도를 가리킨다. 업무의 세분화를 피하고 업무의 연결성을 중심으로 다양한 기술을 하나의 업무로 통합되도록 추구한다.

4.4.3 자율성

자율성(autonomy)은 과업을 수행하면서 스스로 수행방법을 결정하고, 언제 어떤 일을 할 것인가에 대해 권한을 가지고 있는 정도를 말한다. 자율성이 클수록 구성원은 더 큰 책임감을 느끼게 되고 동기부여로 말미암아 과업성과가 높아진다.

4.4.4 피드백

피드백(feedback)이란 자신이 수행한 과업의 결과에 대하여 분명한 정보를 제공받는 것으로, 피드백이 원활할수록 구성원의 적극적인 참여와 협조가 증진된다.

허즈버그는 직무충실화를 효과적으로 실시하기 위한 방안으로 다음을 제시하였다.

- 통제를 없애는 대신에 자율과 책임을 부여한다.
- 개인에게 완전한 작업단위를 부여한다.
- 종업원의 활동에 부가적인 권한을 부여한다.
- 책임자뿐만 아니라 작업자에게도 정기적으로 보고한다.
- 새롭고 보다 어려운 과업을 도입한다.
- 전문화된 과업을 할당하여 그 분야의 전문가가 되도록 한다.

제 4 부

조직심리학

11장 집단의 이해

1. 집단의 정의

집단(group)은 서로 공유하는 가치와 규범에 따라 특정한 목적을 달성하기 위하여 일정한 기간 동안 지속적으로 상호작용하는 개인들의 모임이다. 예를 들어 축구팀, 이사회, 동아리, 프로젝트팀은 집단에 해당된다. 하지만 구경꾼, 영화관람객과 같이 단순히 사람들이 모여 있는 군중의 경우 사람들은 모여 있지만 구성원간의 상호작용이 없으므로 집단이라고 볼 수 없다.

집단이 역할을 다하려면 추구하는 집단목표가 있어야 한다. 또한 집단을 유지하고 집단의 목표를 효과적으로 달성하려면 구성원들이 공유하고 있는 행위의 기준인 집단규범이 필수적이다. 집단규범(group norm)은 구성원들이 어떤 상황 하에서 어떻게 행동해야 한다는 행동기준으로, 집단에 의하여 생성되고 통제가 이루어진다. 집단 구성원은 각기 집단 내에서 담당해야 할 역할이 있다. 역할은 구성원이 집단 내에서 자신의 지위를 유지하기 위하여 해야 할 일을 의미한다.

사람들이 모여 공동목표를 효율적으로 달성하려면 분업을 실시해야 한다. 또한 분업을 실시하려면 사람들이 함께 모여야 하는데, 이처럼 두 사람 이상이 모여 업무를 분담하며 함께 일하는 구성체를 '조직'이라고 부른다. 실제로 집단과 조직은 그 차이가 애매할 수도 있다. 통상적으로 집단은 조직보다 비공식적이다. 경우에 따라서는 큰 조직에 속하는 하부단위의 조직을 집단으로 보기도 한다.

집단은 개인이 모여 형성된 것이지만 단순히 개인을 모아놓은 것이 아니다. 개인은 혼자 있을 때와 집단 내에 있을 때에 나타나는 행동이 다르기 때문이다. 예를 들어 학생 개개인은 온순하고 착실할 수 있다. 하지만 몇 명이 모이면 강의를 빼먹고 함께 오락실에도 간다. 많은 사람이 모인 군중 속에 섞이게 되면 개인은 폭도로 변하기도 한다. 이처럼 집단에 대한 이해가 없으면 개인에 대한 충분한 이해는 불가능하다.

집단속의 개인

예비군복을 입고 있으면 사람의 행동이 달라진다. 얌전한 여학생들도 여럿이 모이면 목소리 톤이 높아진다. 이처럼 사람은 집단에 속하게 되면 혼자 있을 때와 다르게 행동하는 경향이 있다. 개인이 집단속에 있게 되면 개인적 정체감은 약해지고, 그 대신 집단의 목표와 행동규범에 강하게 영향 받는다. 즉 집단속의 개인은 자신의 가치와 행동을 덜 인식하게 되고 집단의 의식과 행동에 쉽게 동조하게 된다. 집단속의 개인은 자신의 행위를 집단의 행위로 간주하므로 책임감을 덜 느끼게 되며, 이후의 결과에 대해서도 크게 걱정하지 않는다. 그로 인하여 집단속의 개인은 때로 비이성적이고 극단적으로 행동하며 과격한 폭력을 행사하기도 한다.

2. 집단의 유형

집단은 공식집단과 비공식집단으로 구분된다. 공식집단은 조직의 목표를 수행하기 위하여 공식적으로 이루어진 집단이다. 그에 비하여 비공식집단은 조직구성원들이 나름대로의 목적을 위하여 자발적으로 모인 집단이다. 〈그림 11-1〉에서는 집단의 유형을 구분하고 있다.

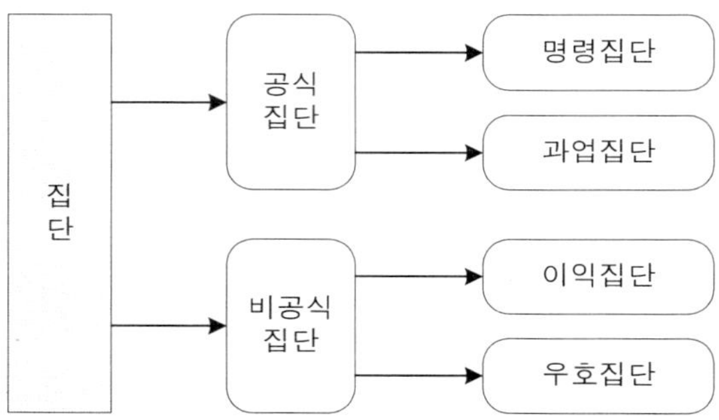

〈그림 11-1〉 집단의 유형

2.1 공식집단

공식집단(formal group)은 조직의 목표를 수행하기 위해 조직에 의하여 계획적으로 만들어진 집단이다. 공식집단은 다시 명령집단과 과업집단으로 구분된다. 명령집단(command group)은 조직도표 상에 나타나는 상사와 그의 직속부하들로 구성된 집단으로, 기업체의 공식조직에 해당된다. 공식집단에서 개인의 행동은 조직목표에 의하여 규제되고 감독된다. 과업집단(task group)은 특정한 과업을 수행하기 위하여 조직 내에서 일시적으로 구성되는 집단으로, 흔히 '프로젝트팀'(project team)이라고 부른다. 과업집단의 구성원은 자신의 일상적인 업무를 떠나 과업집단에 참여하고, 과업을 마치게 되면 원래의 업무로 되돌아간다.

2.2 비공식집단

비공식집단(informal group)은 조직 구성원들이 개인적 욕구를 만족시키기 위하여 조직목표와는 무관하게 자발적으로 형성된 집단이다. 비공식집단으로는 이익집단과 우호집단이 있다. 이익집단(interest group)은 조직 내의 구성원들이 자신들의 목표나 이익을 얻기 위하여 참여하는 집단이다. 이곳에서는 조직의 목표보다 자신들의 이익을 얻기 위한 목표에 우선하게 된다. 조직 내에 이익집단이 존재하는 것은 조직에 부정적인 영향을 미칠 수 있다. 이익집단으로는 노동조합이나 압력단체 등이 있다. 우호집단(friendship group)은 조직 내에서 연령, 취미, 정치성 취향 등이 비슷한 사람들끼리 모여 구성하는 집단으로, 동문회, 등산팀, 동호회 등이 여기에 해당한다.

3. 집단화의 이유

사람들은 여러 다양한 이유로 집단을 형성하거나 집단에 참여하게 된다. 사람들이 집단을 이루는 이유에는 개인의 욕구충족, 경제적인 이득, 집단의 매력 등이 있다.

3.1 개인의 욕구충족

사람들이 집단을 형성하는 가장 근본적인 이유는 개인의 욕구를 충족시킬 수 있을 것이라는 기대감 때문이다. 개인이 집단에 소속됨으로 충족될 수 있는 욕구로는 심리적인 안정욕구, 사회적인 소속욕구, 존경욕구 등이 있다. 사람은 혼자 있으면 심리적으로 외로움과 불안감을 느끼게 된다. 따라서 심리적인 불안감을 줄이고 안정감을 높이기 위하여 사람들은 집단에 참여하게 된다. 또한 집단은 개인을 공동체로 묶어주고 그 안에서 사회적 소속감을 경험하게 해준다. 집단과 관련된 개인의 또 다른 욕구로는 존경욕구가 있다. 사람은 타인으로부터 인정과 존경을 받고 싶어하는데 집단은 그러한 개인의 욕구를 충족시켜준다.

3.2 경제적인 효과

개인이 집단에 참여하게 되는 이유는 경제적인 측면에서 생각할 수 있다. 일반적으로 사람은 혼자 일할 때보다 집단을 형성하여 함께 일할 때 더 큰 경제적인 이득을 얻을 수 있다. 집단으로 일할 때 긍정적인 시너지효과가 나타나기 쉽다는 말이다. 또한 사람들이 함께 모여 각자 가진 것으로 서로 교환하게 되면 더 많은 이득을 얻을 수 있게 된다. 함께 모여 상호교환을 했을 때 얻을 수 있는 부가적 이득이 없다면 집단은 형성되지 않는다. 또한 집단에 속해 있다고 해도 이득이 발생되지 않는다면 개인은 집단에서 탈퇴하게 된다.

3.3 집단의 매력

매력을 느끼기 때문에 개인이 집단에 참여하는 경우도 있다. 집단에 대하여 매력을 느끼게 되는 원인으로는, 집단 구성원들에게 매료되는 경우, 집단의 활동이나 목적에 마음이 이끌리는 경우, 집단 구성원의 자격 그 자체를 원하는 경우 등이 있다.

구성원들에게 매력을 느껴 집단에 참여하게 되는 경우는 집단의 구성원들과 참여하려는 개인 간의 관계나 특성 등을 중심으로 연구가 이루어졌다. 지금까지의 연구에 의하면 지리적 근접성, 빈번한 접촉기회, 상호교류, 신체적 매력, 성격이나 태도의 유사성, 구성원의 능력 등에 따라 개인은 집단 구성원에 매력을 느끼고 집단을 선택하게 된다고 한다.

집단의 활동이나 목적에 매력을 느끼고 집단에 참여하게 되는 경우는 바둑동아리같은 동호인 집단이 대표적이다. 개인이 집단에 참여하는 이유가 집단의 활동 때문인지 아니면 목적 때문인지 구분하기는 쉽지 않다. 활동은 마음에 들지 않으나 목적이 좋아서 집단에 참여하는 경우는 있을 수 있지만, 목적이 나쁜데 활동이 좋아서 집단에 참여하는 경우는 드물다고 한다.

특정집단의 구성원 자격을 얻는 것 자체가 큰 의미를 주는 경우도 있다. 특정 집단이 사람들에게 명예로운 것으로 알려져 있고, 구성원의 자격을 획득하기가 어려울 때, 그 집단의 구성원이 된다는 사실 자체가 보상으로 작용하기도 한다. 이런 경우 집단의 기존 구성원들은 집단의 자격조건을 더욱 까다롭게 하여 자신들이 속한 집단의 가치를 높이려 한다.

4. 집단의 발달과정

집단은 여러 단계를 거쳐 형성되고 원하는 목표를 달성하게 되면 소멸된다. 이같은 집단의 발달과정은 여러 학자들에 의하여 연구되었다. 여기서는 터크맨(B. Tuckman)의 '집단발달의 5단계모형'을 소개하기로 한다. 이는 형성단계, 갈등단계, 규범화단계, 수행단계, 해산단계의 순으로 진행된다.

4.1 형성단계

형성단계(forming stage)는 구성원들이 모이기는 했지만 집단의 구조, 목표, 역할, 행동방식 등이 불확실한 상태다. 이 단계에서는 집단의 활동 및 운영에 대한 기본적인 규칙이 만들어진다. 형성단계에서는 상황이 불확실하고 구성원들이 각자 할 일을 잘 알지 못하므로 불안해한다. 또한 방향설정과 할 일을 정하는데 있어 구성원들은 리더에게 의존하게 되므로 강력한 리더십이 요구된다. 문제점이 발생하는 경우 리더는 즉시 해결해야 하며, 문제 해결과정에서 창의력이 요구된다. 당면한 문제점을 제대로 해결하지 못하는 경우, 리더십과 집단은 위기에 놓일 수 있다.

4.2 갈등단계

갈등단계(conflicting stage)는 '폭풍우단계'(storming stage)라고도 하며, 구성원들의 역할분담, 권력구조 등이 분명하게 정해지지 않아 자주 부딪히게 되는 단계다. 구성원들은 각자 영향력을 발휘하려고 하고 그 가운데에서 갈등이 생겨난다. 갈등이 적절히 해결되지 못하여 구성원들이 이탈하게 되면 집단은 무너질 수도 있다. 갈등단계에서는 과업과 제도에 관련하여 이해가 엇갈리며, 구성원 각자에게 주어진 권한의 한계가 분명하지 않다. 따라서 타협과 양보로 규정과 제도를 점차 확정해 나가야 한다.

4.3 규범화단계

규범화단계(norming stage)는 집단의 목표, 구조, 구성원의 소속감, 역할 등이 분명하게 확립된 단계다. 구성원들은 확립된 규범을 수용하는 과정에서 동료애와 책임감을 느끼게 되고 집단은 응집력을 갖게 된다. 구성원들 간에 정보와 의견교환이 원활한 가운데 동의, 타협이 잘 이루어진다. 하지만 구성원들 간에 갈등을 피하려고 노력하다 보면 문제점을 제기하지 않게 된다. 또한 이 단계에서 관료주의가 발생할 수도 있다. 이를 극복하기 위하여 팀제를 도입하는 것도 한 가지 방안이다.

4.4 수행단계

수행단계(performing stage)는 구성원 각자가 역할을 충실히 수행하면서 집단의 목표달성에 총력을 기울여 많은 업적을 이루어내는 단계다. 집단의 구성원들은 다른 사람들을 방해하지 않고 자신의 업무를 효과적으로 수행하게 된다. 집단 내부에 호의적인 관계가 구축되고 리더십에 대한 수용도가 높아지면 집단의 목표성과가 향상된다. 집단의 구성원들은 상호협력하면서 긍정적 시너지효과를 발휘하게 된다. 이 단계에서 거의 모든 문제는 어렵지 않게 해결되며 집단의 목표는 달성된다.

4.5 해산단계

해산단계(adjourning stage)는 집단을 해산하는 단계로, 추구했던 공동목표를 달성했거나, 구성원들이 소속될 이유가 없어지면 집단은 해산된다. 하지만 집단이 반드시 해산되어야 하는 것은 아니며, 계속해서 성과가 달성되고 있다면 존속될 수도 있다.

집단이 발전단계를 거치면서 경험하게 되는 위기와, 각 단계별로 필요한 관리방법들을 정리하면 〈그림 11-2〉와 같다.

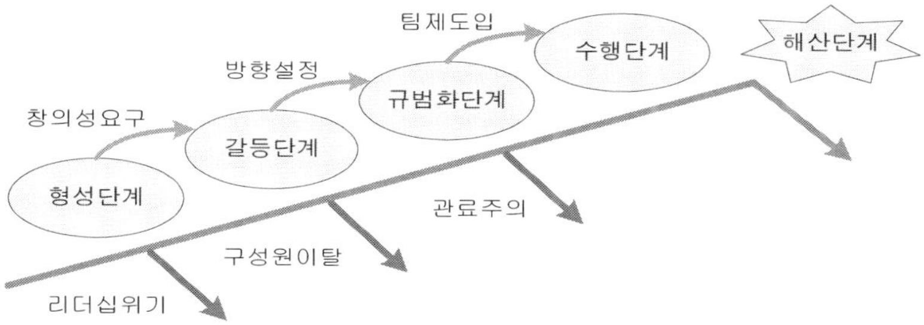

〈그림 11-2〉 집단의 발전단계별 위기와 관리방법

5. 집단규범

집단규범(group norm)은 집단구성원들이 공유하는 태도, 가치관, 규칙으로 구성원들의 행동을 규제하고 정형화하는 기준이다. 이는 집단 내의 구성원들이 공유하고 있는 행동기준으로, 집단의 특징을 결정짓는 요소 중에 하나다.

5.1 집단규범의 특징

규범은 공식적 규범과 비공식적 규범으로 나누어진다. 공식적 규범은 일반적으로 조직의 규정집에 포함되어 있으며, 구성원들이 따라야 할 규칙이나 절차를 가리킨다. 반면에 비공식적 규범은 글로 문서화되지 않았고, 개방적으로 논의되지는 않았지만, 집단의 구성원들이 당연히 따라야 하는 규정이나 절차를 말한다. 특히 후자의 경우는 문서화되지도 않았고 결의된 바도 없지만 구성원들의 행동에 영향을 크게 미친다.

집단구성원들은 규범을 준수하는 사람을 우호적인 태도로 대한다. 반면에 규범을 따르지 않는 사람은 비판당하고, 배척되며, 따돌림의 대상이 된다. 구성원들은 집단 내에서 불이익을 당하지 않고 상호간에 좋은 관계를 유지하기 위하여 자발적으로 집단규범에 동조하게 된다.

5.2 집단규범의 생성

집단규범은 다음의 원인들과 그 결합에 의하여 생겨나고 발전하게 된다.

5.2.1 과거규범의 이전

조직에는 예전부터 지켜오던 규범이 존재한다. 예를 들어 파티와 같은 공식적인 자리에 초대받은 사람은 정장을 해야 한다거나, 설계기사는 정규근무시간 외에 약간의 초과근무를 해야 한다는 것이다.

5.2.2 최초의 행동

집단에서 발생한 최초의 행동은 흔히 규범으로 자리잡는다. 회의장에서 한번 자리를 잡으면 그 이후에도 계속 같은 자리에 앉는 경향이 있다. 따라서 누군가가 다른 사람의 자리에 앉게 되면 이는 규범을 깨는 행위가 되어 눈총을 받게 된다.

5.2.3 과거의 중요한 사건

회사의 결정에 대하여 불평을 터뜨렸다는 이유로 다른 곳에 좌천된 직원이 있다면, 그 사건 이후에는 회사에서 결정한 사안에 대하여 불평하지 않는 것이 규범으로 자리잡을 수 있다.

5.2.4 공식적인 결정

리더의 지시나 집단의 결의에 의하여 규범이 만들어지는 경우도 있다. 회의 때 발표자는 자료를 준비하여 배포한다거나, 참석자들은 회의시작 5분 전에 회의장에 참석한다는 등의 내용을 공식적인 규정으로 정해 놓을 수도 있다.

5.3 집단규범이 강력하게 적용되는 경우

다음의 경우에 규범은 집단 내에서 강력하게 적용된다.

5.3.1 규범이 집단 생존에 도움을 줄 때

규범은 집단에 피해를 주는 일을 예방하거나 유익을 얻는데 이용되기도 한다. 예를 들어 작업자들은 점심시간에 술을 마시지 않아야 한다든지, 작업시간에 늦지 말아야 한다.

5.3.2 규범이 구성원들의 기대행동을 명확히 할 때

어떻게 행동해야 할지 애매모호한 상황에서 그 모호함을 줄이기 위해 규범을 만들기도 한다. 사업계획을 발표하고 문제점 지적을 요청했을 때 이 말이 진실한 것인지, 의례적인 것인지 분명하지 않을 수 있다. 이런 경우 비공식적인 모임에서는 문제점을 지적해도 되지만 대규모의 공식적인 모임에서는 지적하지 말라는 규범이 지침으로 제공될 수 있다.

5.3.3 규범이 특정 구성원의 역할을 분명하게 할 때

집단 내에는 구성원들이 담당해야 할 비공식적 역할들이 많이 있다. 이러한 역할을 집단 내에서 누가 담당할 것인지 명시되지는 않았지만 구성원들에 의하여 기대되는 사람이 있다. 예를 들어 집단의 분위기가 좋지 않을 때 이러한 긴장을 특정한 위치의 사람이 풀어주어야 한다고 기대되는 경우도 있다. 이런 역할은 공식적이지는 않지만 집단에 반드시 필요하므로 규범은 강력히 적용될 수 있다.

5.3.4 규범이 난처한 상황을 피할 수 있게 할 때

집단 내에서 구성원들에게 정치나 종교와 같이 갈등을 일으키는 주제의 대화를 금지하는 규범을 만들기도 한다. 이러한 주제는 집단구성원들 간에 긴장과 분열을 조장할 우려가 있기 때문이다.

6. 집단의 응집력

집단의 응집력(cohesiveness)은 구성원들이 집단에 이끌리는 매력의 정도이며, 집단에 속해 있다고 느끼는 공동체의식의 강도를 의미한다. 응집력이 높은 집단의 구성원들은 그 집단에서 이루어지는 활동에 적극적으로 참여하게 된다.

6.1 응집력의 종류

응집력에는 정서적 응집력과 도구적 응집력의 2종류가 있다. 정서적 응집력은 집단에 참여함으로 더 많은 만족과 즐거움을 얻는 경우에 생겨난다. 반면에 도구적 응집력은 집단을 통하여 자신의 목표를 성취할 수 있을 때 생기게 된다. 일반적으로 응집력이 클수록 집단에 대한 구성원들의 만족수준은 높아지며 집단으로부터 이탈은 줄어든다.

6.2 집단응집력의 요인

집단응집력에 영향을 주는 요인으로는 집단의 규모, 유사성, 활동의 공유, 성공의 경험, 외부의 위협, 가입의 어려움 등이 있다.

6.2.1 집단의 규모

작은 규모의 집단은 구성원들 간에 상호작용할 수 있는 기회가 많아지므로 큰 규모의 집단보다 응집력이 높아지게 된다. 규모가 커지면 집단 내에 여러 파벌들이 생기게 된다. 파벌은 소수의 구성원들로 이루어지므로 응집력이 높지만 다른 파벌들과는 상호 고립되거나 서로 배타적일 수 있다.

6.2.2 유사성

사람들은 자신과 유사한 생각이나 가치관을 가진 사람들과 함께 하는 것을 좋아한다. 의견충돌이 적고 상대로부터 인정받을 수 있는 가능성이 높기 때문이다. 반면에 자신과 다른 생각이나 가치관을 가진 사람들과 함께 있게 되면 의견의 충돌이 생기면서 자신이 잘못된 것 같다는 생각이 들어 불안해진다. 구성원들이 유사한 태도와 가치관을 가질 때 그 집단의 응집력은 높아진다.

6.2.3 활동의 공유

구성원들 간에 함께 있는 시간이 많아질수록 상호간의 활동이 많아져 서로를 잘 알고 이해하게 되어 친근해진다. 사람은 자주 만나지 않으면 자연스럽게 멀어진다. 따라서 집단의 응집력을 높이려면 자주 만날 수 있는 모임이나 행사를 자주 만들어야 한다.

6.2.4 성공의 경험

과거에 성공한 경험이 있는 집단의 구성원들은 자신이 그 집단의 일원이라는 사실을 자랑스럽게 여기게 된다. 그런 집단의 구성원들은 다른 일에도 성공할 수 있다는 기대감을 갖게 되어 집단에 대한 애착이 강해진다.

6.2.5 외부로부터의 위협

외부로부터 위협을 받게 되면 집단의 구성원들은 함께 힘을 합하게 된다. 비록 내부적으로는 이해관계나 권력의 차이로 인하여 화합이 이루어지지 않아도 집단의 생존이 급선무이기 때문이다. 집안에서는 늘 다투는 어린 형제들도 밖에 나가 다른 아이들과 함께 어울리게 되면 서로 사이좋게 돕는 모습을 보이게 되는데 이 역시 동일한 이유 때문이다.

6.2.6 가입의 어려움

집단의 일원이 되는 것이 어려울수록 집단에 대한 애착을 높이게 한다. 대학교 동아리에서 신입회원에게 과도하게 술을 먹인다든가 심지어 구타하는 일도 있다. 이처럼 동아리 가입과정에 어려움을 주면 오히려 애착을 갖고 동아리에서 더 열심히 활동한다고 한다. 우리나라에서 해병대 출신들은 남들보다 더 힘들게 군생활했다는 사실을 자랑스럽게 여기며 제대 후에도 강한 응집력을 보이고 있다.

노력정당화 효과

심리학자 제라드는 사람들이 모임에 가입할 때 고통스런 통과의례를 치르게 될수록 더 가치를 부여한다는 사실을 밝혀냈다. 그는 대학교 신입생들을 대상으로 동아리를 가입할 때 전기충격을 받게한 학생과 그렇지 않은 학생을 비교하였다. 동아리에 대한 학생들의 태도를 조사한 결과, 전기충격을 받은 학생들이 그렇지 않은 학생들보다 동아리활동에 훨씬 더 적극적이었다.

이처럼 사람들은 힘들게 노력을 많이 투입한 대상을 더 가치있게 여긴다. 좋아하지 않는 일에 많은 노력과 시간을 투자했다는 것은 스스로도 용납하기 어렵다. 따라서 사람들은 힘들었던 만큼 더 좋아하도록 태도변화를 일으켜 자신의 노력을 정당화하게 된다. 이러한 심리적 현상을 '노력정당화 효과'라고 하는데, 이는 인지부조화를 극복하려는 노력과 유사한 심리현상이다. 대학시절 많은 과제로 고생했던 과목이 나중에 더 호감이 가게 되는 것도 동일한 이유로 설명된다.

6.3 집단응집력의 결과

집단 내에 응집력이 높아지면 구성원들 간에 만족도는 높아진다. 하지만 이러한 현상이 집단목표에 반드시 긍정적으로 작용하는 것만은 아니다. 집단응집력과 관련하여 나타나는 몇 가지 결과들을 살펴보자.

6.3.1 만족도와 사기

집단응집력이 높아질 때 구성원들의 만족도와 사기는 함께 높아진다. 응집력이 높은 집단에 속한 구성원들은 서로를 긍정적으로 평가하며, 갈등이 거의 발생하지 않는다. 또한 집단의 일원임을 자랑스럽게 여기며, 집단에 계속해서 소속되기를 원한다.

6.3.2 의사소통

응집력이 높은 집단의 구성원들은 자주 교류하게 되므로 서로에 대하여 잘 알게 되고 많은 공통점을 갖게 된다. 이들은 의사소통을 통하여 즐거움을 함께 경험하며 상대방의 생각과 감정을 빠르고 정확하게 알아낸다.

6.3.3 비구성원에 대한 적대감

응집력이 높은 집단에 속한 구성원들은 자신의 집단에 속하지 않은 사람들에게 부정적인 태도를 보이는 경향이 있다. 그들은 다른 집단의 능력과 업적을 과소평가하며, 심지어 비구성원들에게 적대감을 나타내기까지 한다.

6.3.4 집단응집력과 성과

집단의 응집력이 높다고 해서 반드시 업무의 성과가 올라가는 것은 아니다. 〈표 11-1〉에서 보는 바와 같이 목표달성에 대한 열의가 낮은 경우에는 높은 집단응집력이 오히려 낮은 업무성과를 가져오게 한다. 이 경우 응집력이 낮은 집단보다 더 낮은 업무성과를 보이게 된다. 물론 집단응집력과 목표달성의 열의가 동시에 높다면 업무성과가 높게 나타날 것은 당연하다. 따라서 집단의 응집력이 높을 때 작업자들과 회사경영자 간에 우호적인 관계를 유지하는 것은 업무성과를 높이는데 있어 매우 중요하다.

〈표 11-1〉 응집력과 목표달성의 열의에 따른 업무성과

	높은 응집력	낮은 응집력
목표달성의 높은 열의	높은 업무성과	중간 업무성과
목표달성의 낮은 열의	낮은 업무성과	약간 낮은 업무성과

7. 집단이 개인에게 미치는 영향

집단속에 있는 개인의 행동과 혼자 있을 때 개인의 행동은 같지 않다고 이미 언급했다. 개인의 행동이 집단에 의하여 영향을 받기 때문이다. 집단이 개인에게 미치는 영향에 관한

사회촉진효과, 사회적 태만, 시너지효과를 소개한다.

7.1 사회촉진효과

다른 사람들 앞에서 일을 하게 되는 경우, 개인의 성과는 영향을 받는다. 이 때 높은 성과가 나타나는 것을 '사회적 촉진'(social facilitation)이라고 하고, 반대로 낮은 성과가 나타나는 것을 '사회적 억제'(social disturbance)라고 말한다. 마라톤을 혼자서 달릴 때보다는 경쟁자가 있을 때, 관중이 없을 때보다는 관중이 있을 때에 더 좋은 기록을 보이게 된다. 다른 사람이 보는 앞에서 일을 하게 되는 경우, 그 일에 익숙한 사람은 신바람이 나서 일을 더 잘하게 된다. 하지만 일이 서투른 사람은 정신이 산만해져 평소보다 좋지 않은 결과를 보이기 쉽다.

7.2 사회적 태만

사회적 태만(social loafing)은 집단으로 작업을 수행할 때 개인의 성과가 개인적으로 작업할 때보다 낮게 나타나는 현상을 가리킨다. 이러한 현상은 링겔만(M. Ringelmann)이 처음 발견한 것으로 '링겔만 효과'(Ringelmann effect)라고도 부른다. 링겔만 효과가 나타나는 이유는 집단의 구성원들이 집단의 이익보다는 자신의 이익을 더 우선시하기 때문이다.

대기업이 중소기업보다 개인의 능률이 떨어지는 이유도 사회적 태만 때문이다. 대기업이 방만한 조직을 팀조직으로 분할하는 이유도 여기에 있다. 구성원들에게 책임감과 동기를 부여할 수 있기 때문이다. 집단에서 링겔만 효과가 나타나는 이유는 다음과 같다.

- 과제가 단순할 때 참여하고자 하는 의욕이 줄어든다.
- 집단에서 자신의 기여를 알지 못할 때 업무에 대한 동기가 낮아진다.
- 집단으로 일하면 힘의 통합시점을 맞추기 어려워 힘의 상실이 나타난다.
- 집단에서는 책임감이 분산되기 쉽다.

링겔만효과는 다음의 방법으로 예방할 수 있다.

- 단순한 과제는 분업화하여 개인에게 책임을 할당한다.
- 작업결과를 개인별로 피드백하여 자신의 기여정도를 알 수 있게 한다.
- 작업과 휴식시간을 리듬감 있게 활용하여 집단작업의 통합력을 높인다.
- 어렵거나 성취동기가 강한 과제는 공동작업을, 그렇지 않은 과제는 개별작업을 실시

한다.

7.3 시너지효과

시너지(synergy)란 집단이 사용할 수 있는 모든 에너지의 합을 의미한다. 집단 전체의 에너지 합이 구성원들 개개인의 에너지 합과 다르게 나타난다는 것이 시너지효과(synergy effect)의 내용이다. 시너지는 긍정적 시너지와 부정적 시너지로 나눌 수 있다. 앞에서 설명한 사회적 태만은 부정적 시너지의 한 가지 예에 해당된다.

긍정적 시너지효과는 집단의 성과가 집단 구성원 개개인의 성과를 합한 것보다 크게 나타나는 것을 말한다. 이는 구성원들이 상호작용을 통하여 자극을 유발하고, 집단의 목표를 위하여 노력하도록 동기를 부여하는 과정에서 생겨나게 된다.

집단의 시너지효과는 수행하는 과업의 성격에 따라 달라진다. 과업이 복잡하고 상호의존적인 경우에는 집단의 규모가 클 때 집단의 성과가 높게 나타난다. 집단의 규모가 클 때 구성원들 간에 많은 논의와 정보의 창출이 용이하기 때문이다. 반면에 과업이 단순하거나 혹은 신속한 수행이 요구되는 경우에는 집단의 규모가 작을 때 긍정적 시너지효과가 높게 나타난다. 과정손실이 줄어들기 때문이다.

[읽을거리] 대학살에 가담한 보통 사람들

1942년 7월 13일 폴란드에 주둔한 독일 101 예비헌병대 소속 병사 500여명은 새벽에 작은 변두리 마을로 이동했다. 병사들은 영문도 모른 채 무장하고 트라프 소령 앞으로 집합했다. 평소 병사들의 신임을 받아왔던 트라프 소령은 최고 본부로부터 끔찍한 명령이 떨어졌다고 긴장한 표정으로 말했다. 1,800여명의 유대인들이 살고 있는 이 마을에서 건장한 남자들은 체포하여 강제소용소에 보내고, 나머지는 모두 현장에서 사살하라는 것이었다. 이 마을이 게릴라와 관련된 것으로 보인다는 이유 때문이었다. 그의 부대가 그런 명령을 받은 것은 처음이었다. 트라프 소령은 내키지 않는 병사는 즉시 대열에서 나오라고 했다.

병사들은 몇 초 내에 거취를 결정해야 했다. 그들 중 12명이 앞으로 나왔다. 나머지 병사들은 모두 대학살에 가담했다. 하지만 명령을 이행했던 병사들 중 상당수는 구토 등 거부반응을 보여 결국 다른 업무를 떠맡아야 했다. 또한 거의 모든 병사들은 자신들의 행위로 인하여 공포와 자기혐오에 사로잡혔다. 그런데도 500여명 가운데 대학살을 거부하여 대열에서 이탈한 병사는 12명뿐이었다. 왜 그랬는가?

크리스토퍼 브라우닝(Christopher Browning)은 전쟁이 끝난 후 101예비헌병대를 처벌한 문서를 토대로 이 질문의 답을 찾으려고 노력했다. 그들의 살인행각을 뒷받침하는 한 가지 이유로 반유대주의를 들 수 있다. 하지만 브라우닝은 그럴 가능성이 매우 희박하다고 주장한다. 병사들은 대부분 가정을 가진 중년의 남자들이었다. 그런 이유로 그들은 독일 정규군이 아닌 예비헌병대에 징집되었다. 그들은 나치 색채가 적은 함부르크 거주자들이고, 정치문화적으로는 반나치 성향이 매우 강한 계층의 출신들이었다. 다시 말해 그들은 유대인에 대한 반감이 상대적으로 적었고, 그러한 대학살을 자행하기 어려운 부류였다.

브라우닝은 권위에 대한 복종으로 이를 설명하려고 했다. 심리학자 밀그램(S. Milgram)은 인간이 합법적인 권위에 순종하며 잘 따르게 된다는 사실을 실험을 통하여 입증하지 않았던가? 하지만 법정 증언을 분석해 보면 이 역시 대학살의 주원인이 아님을 알 수 있다. 트라프 소령은 밀그램의 실험과는 달리 복종하지 않을 수 있는 기회를 허락했다. 어느 중대장은 자신의 중대에서 대학살 명령을 거부한 병사가 나왔을 때 분노했지만 트라프 소령은 그를 제지했다. 대열에서 이탈했던 병사들 가운데 어느 누구도 불이익을 당하지 않았다.

반유대의 감정이나 권위에 대한 두려움이 원인이 아니었다면 보통사람들을 그처럼 잔인한 학살자로 바꿀 수 있었던 원인은 무엇일까? 브라우닝은 병사들에게 어떤 일이 있을지에 대한 충분한 예고가 없었고 또한 그것을 생각할 시간이 없었다는 점, 승진을 생각해야 했다는 점, 트라프 소령이 아닌 다른 장교들에게 처벌될 가능성이 있었다는 점 등을 원인으로 꼽았다. 그러면서도 그는 유니폼을 입은 사람은 동료들과 일체감을 갖는다는 사실에 기초하여 또 다른 설명을 결론삼아 제시했다.

병사들은 대학살의 명령에 복종하는 것이 비록 '무고한 시민을 죽이지 말라'는 도덕적 양심을 거스른 것이지만, 대열을 이탈함으로써 다른 부대원들과 갈라지고 싶지 않다는 강한 압박을 받았을 것이라고 브라우닝은 설명했다. 즉 대열을 이탈하는 일은 자신의 연약함을 인정함으로 체면이 손상되는 행위이며, 홀로 악역을 피함으로 다른 동료들을 배신하는 일이다. 이처럼 모든 사회집단에서는 집단규범을 형성하여 개인의 행동에 엄청난 압박을 가하고 있다. 도덕적인 관점으로는 어떤 방식으로도 예비헌병대 소속 병사들의 행위를 설명할 수 없다. 하지만 우리는 사회적인 집단규범을 통하여 어떤 상황이 도덕적인 행동을 자극하거나 방해하는지 이해할 수는 있다.

(Gigerenzer, 2007)

12장 팀제

1. 팀의 정의와 특성

팀 중심의 조직구성이 세계적으로 각광을 받고 있다. 팀은 집단의 한 형태이지만 구성원들 간에 상호책임을 지며 목표에 몰입한다는 측면에서 차별화된 특징이 있다. 조직에서 팀제의 도입은 조직 전체는 물론 구성원 개인에게도 실질적인 영향을 미치고 있다.

1.1 팀의 정의

팀이란 상호보완적인 기술이나 지식을 가진 구성원들이 서로 협조하여 공동의 목적을 달성하기 위해 노력하는 자율권을 가진 조직의 기본단위다. 일반적으로 팀은 다음의 특성을 지니고 있다.

첫째, 팀은 고유의 목적을 가지고 구성된다. 팀의 목적은 조직 내에서 팀이 수행해야 할 기능이나 역할을 말하며 팀구성원들의 공동목표가 된다. 둘째, 팀구성원들은 상호보완적인 능력을 가지고 있다. 팀구성원들이 가지고 있는 능력들은 팀의 목적을 달성하기 위해 상호보완적으로 발휘되어야 한다. 셋째, 팀에는 상호협력적인 팀웍이 이루어져야 한다. 팀구성원들은 자신의 능력을 최대로 발휘하면서 좋은 팀웍을 통해 구성원들 간에 상호 협력해야 한다. 마지막으로, 구성원들은 팀의 활동에 능동적으로 참여해야 한다. 팀에서는 팀장만이 리더십을 독점하는 것이 아니라, 모든 구성원이 팀의 활동에 적극적으로 참여함으로 리더십을 발휘하게 된다.

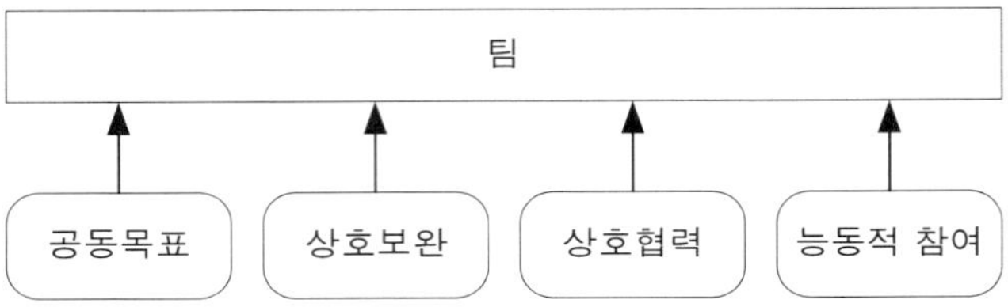

〈그림 12-1〉 팀의 특성

농구팀을 예로 들어 팀제를 설명해 보자. 농구는 5명의 선수가 한 팀을 이루어 경기를 수행한다. 각 선수들에게는 포인트가드, 슈팅가드, 센터 등의 포지션이 정해지고, 각자에게 역할이 분담된다. 팀제와 관련하여 농구팀의 특징을 열거하면 다음과 같다.

- 경기하는 동안 선수들은 포지션에 상관없이 다양한 역할을 수행한다.
- 팀장에 해당되는 주장은 함께 뛰면서 선수들을 연결시키고 팀을 리드한다.
- 경기 도중 선수들의 교체는 수시로 가능하다.
- 개인의 성적보다는 팀의 성적이 더 중요하다.
- 게임 중에 감독은 경기장에 들어가지 못한다.
- 주장과 선수는 지시복종의 관계가 아니라 파트너의 관계로 서로 대등하다.
- 각 선수들은 다양한 기능들을 지니고 있다.

1.2 집단과 팀의 차이

최근에 팀의 개념이 부각되면서 집단과 팀의 차이에 대하여 관심이 모아지고 있다. 팀은 집단의 특수한 형태이지만 전통적인 계층조직형태의 집단과는 상당히 다른 차이점을 가지고 있다. 집단과 팀의 차이점을 정리해보자.

첫째, 팀이 공동의 목표를 추구한다는 점에서는 집단과 같다. 하지만 팀구성원들은 상호보완적인 기술을 지니고 있어 함께 일할 때 시너지효과를 얻을 수 있다. 둘째, 집단은 리더의 지시를 받아 일사분란하게 움직인다. 하지만 팀의 경우에 리더십은 리더와 팀원이 공유한다. 셋째, 집단에서 구성원들은 리더에 대해서만 책임을 진다. 하지만 팀에서는 구성원들이 리더는 물론 팀 내의 다른 동료들에게도 상호 책임을 진다. 넷째, 집단의 성과는 구성원들이 각자 노력한 결과로 얻어진다. 반면에 팀의 성과는 팀구성원들의 공동노력으로 말미암는다. 마지막으로, 집단과는 달리 팀에서는 구성원들이 직급에 구애받지 않고 자유롭게 문제해결에 참여한다.

〈표 12-1〉은 집단과 팀의 차이를 비교하고 있다.

〈표 12-1〉 계층조직인 집단과 팀의 차이

비교내용	집단	팀
조직구조	수직적	수평적
목표설정	상부에서 설정	팀 내에서 설정
정보	폐쇄, 독점	개방, 공유
구성원의 기술	서로 다름	상호 보완적임
직책운영	직위와 직책의 완전 결합	직위와 직책의 분리 운영
감독의 방법	감독자의 통제권 행사(지시)	팀원들 간에 상호 통제(조언)
리더의 역할	감독자	지원자 혹은 촉매자
조직성과	개인 성과의 총합	개인 성과 이상의 시너지효과
결과에 대한 책임	개인별 책임	팀의 공동책임

2. 팀제 도입의 필요성

팀제의 도입은 급변하는 환경에 신속히 대처하기 위하여 시작되었다. 또한 종업원들의 동기유발과 효율적인 조직운영에도 팀제는 매우 효과적이다.

2.1 변화에 대응

과거에는 아담 스미스의 분업의 원칙에 기초하여 기능별로 작업을 분화하는 것이 효율적이었다. 하지만 분업에 의한 작업방식은 기능 간의 연관성으로 말미암아 변화하는 환경에 신속하게 대응하기가 어렵다. 따라서 오늘날에는 〈그림 12-2〉와 같이 효율을 중시하는 분업 대신에 여러 기능의 조정과 통합을 중시하는 팀제 활동이 조직의 원리로 점차 자리잡고 있다. 급격히 변화하는 환경에서 팀제는 다음과 같은 강점이 있다.

• 스피드 시대에 신속한 의사결정이 가능하다.
• 환경변화에 대응할 수 있는 유연성이 있다.
• 현장밀착경영이 가능하다.

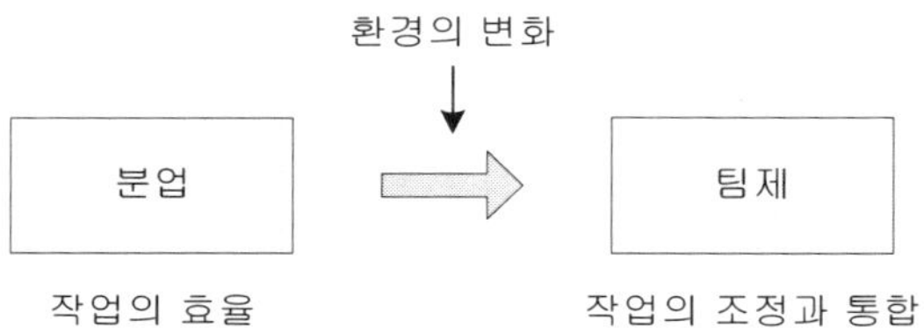

〈그림 12-2〉 분업에서 팀제로 작업의 전환

2.2 작업자의 동기부여

완결되지 않은 작업을 반복적으로 수행하게 되면 작업자에게는 성취감도 없고 일에 대한 책임의식도 생기지 않는다. 물론 일의 성과도 제대로 나타나지 않는다. 반면에 완결된 작업을 수행하고 스스로의 노력으로 작업결과가 나타나는 작업장에서 일하는 작업자는 업무에 대한 만족과 몰입이 증대된다. 팀제는 이런 방식으로 직무를 재설계하여 팀구성원들에게 동기를 부여한다. 팀제는 다음과 같이 구성원들의 동기유발에 도움을 준다.

• 팀구성원의 필요와 욕구의 다양화를 충족시킨다.
• 효율보다는 인간존중을 강조한 인사관리에 적합하다.
• 제너럴리스트가 아닌 다기능 전문가를 양성할 수 있다.

2.3 효율적인 조직운영

조직이 커지게 되면 부서 간 이기주의, 개인의 사회적 태만 등의 문제가 생겨나 비효율적으로 운영되기 마련이다. 조직의 이러한 문제는 팀제를 도입함으로 상당 부분 해결될 수 있다. 조직의 효율적 운영을 위하여 팀제를 도입할 때 얻을 수 있는 효과는 다음과 같다.

• 소수정예화한 인력의 운영이 가능하다.
• 상위직급의 인력을 활용할 수 있다.
• 부서 이기주의를 타파할 수 있다.

특공대의 전투력

2차세계대전 직후 미육군성은 단위부대의 전투력을 점검하였다. 그 결과는 의외였다. 위험한 특수임무를 수행했던 특공대의 생존율이 다른 전투부대에 비하여 월등히 높았던 것이다. 그 원인은 특공대의 독특한 팀조직에서 발견할 수 있었다. 특공대의 작전회의는 계급에 상관없이 모든 대원들이 함께 모여 의견을 수렴하였다. 특공대원들은 계획된 작전을 착오없이 수행하도록 잘 훈련되었으며, 일단 전투가 시작되면 각자 맡은 임무에 최선을 다하였다. 그 결과 비록 적은 인원으로 구성된 팀이었지만 시너지효과가 나타나 엄청난 전투력을 발휘할 수 있었던 것이다. 이러한 특공대의 팀제 원리는 기업에도 그대로 적용되고 있다. 최근 권한위임과 자율경영을 핵심으로 하는 팀제로 조직을 변화시키는 사례가 크게 증가하고 있다.

3. 팀의 종류

조직에서 활용되고 있는 팀들을 자율성의 수준에 따라 분류해보면 〈그림 12-3〉과 같이 문제해결팀, 교차기능팀, 자율경영팀의 3가지로 구분할 수 있다.

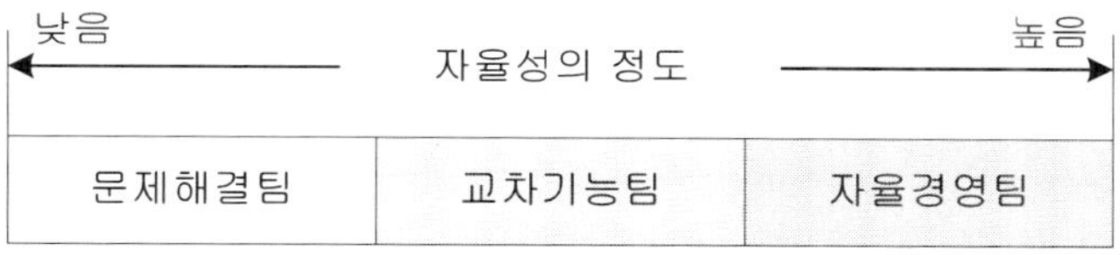

〈그림 12-3〉 자율성에 따른 팀의 종류

3.1 문제해결팀

문제해결팀(problem solving team)은 문제를 파악하고 연구하여 실행가능한 해결방안을 찾기 위해 구성된다. 보통 한 사람의 감독자와 5~8명의 구성원으로 이루어지며, 주기적으로 혹은 일정기간 동안 모여서 정보와 의견을 나누며 해결책을 찾는다. 팀에서는 해결방안을 논의하거나 제시할 수는 있지만 실행권한은 주어지지 않는 것이 보통이다. 품질관리 분임조, 품질개선팀, 경영효율화팀, 신제품의 시장홍보팀 등이 문제해결팀의 전형적인 예들이다. 팀원들은 원래의 업무에 부가하여 문제해결팀의 일원이 되는 복수업무를 수행한다.

3.2 교차기능팀

교차기능팀(cross functional team)은 서로 다른 부서에 근무하는 사람들로 팀이 이루어진다. 신제품개발팀의 경우, 마케팅, 생산, 연구개발, 예산, 자재부서 등에서 사람들을 선발하여 팀을 구성하게 된다. 구성원들이 여러 부서에서 모이게 되므로 전체적인 관점에서 문제해결이 가능하다. 팀을 이끌어 갈 팀장은 조직에서 공식적으로 임명하며, 팀장의 권한은 의견의 취합과 정리, 업무의 배분 정도에 국한된다. 일단 문제가 해결되면 팀을 해체하고 구성원들은 원래의 부서로 복귀된다.

3.3 자율경영팀

자율경영팀(self-managed team)은 권한위임의 정도가 가장 높은 팀으로, 자율적으로 팀의 목표를 설정하고 목표달성방법을 계획한다. 팀장은 팀구성원들에 의해 선출된다. 자율경영팀에서는 자율적으로 의사결정을 내리고, 작업일정을 수립하며, 필요하면 팀구성원을 채용할 수도 있다. 기업에서 자율경영팀을 도입하면 다음의 효과를 기대할 수 있다.

- 팀구성원들이 주인의식을 갖게 되므로 성과가 높아진다.
- 환경변화에 신속히 대응할 수 있다.
- 노사 간의 갈등이 크게 줄어든다.

4. 팀의 설계와 운영

특정한 목적을 달성하기 위해 팀을 결성하였다면 효과적인 팀의 설계와 운영을 위하여 팀의 규모, 팀원의 구성, 팀의 권한, 팀장의 역할, 구성원들 간의 신뢰 등을 고려해야 한다.

4.1 팀의 규모

팀의 규모는 과업의 특성에 따라 달라진다. 팀의 효과적인 운영을 위해서는 구성원의 수가 지나치게 많지 않아야 한다. 얼굴을 마주 보며 교류할 수 있는 최대 규모는 12명 정도라고 한다. 미국 기업의 경우, 이사회 멤버의 숫자가 많아지면 특정 주제를 중심으로 5~7명의 소집단으로 나누어 운영하는 것이 관례다. 팀의 규모가 팀에 미치는 영향에 관한 연구의 내용을 정리하면 다음과 같다.

- 팀의 규모가 커지면 관리하기 어려워진다.
- 팀의 규모가 커지면 팀구성원의 만족도가 낮아진다.
- 팀의 규모가 커지는 것은 생산성에 직접적으로 영향을 주지 않는다.
- 팀의 규모가 커지면 결근과 이직이 늘어난다.

4.2 팀원의 구성

팀원들 간에 성격이나 배경이 다양할 때 팀의 성과가 높아진다는 연구보고가 있다. 팀을 효과적으로 운영하려면 창안자, 후원자, 분석가, 조직책, 프로듀서, 통제관, 수호자, 참모, 조정관 등 다양한 역할이 필요하다. 물론 한 사람이 여러 역할을 동시에 수행할 수도 있다. 중요한 것은 이들 역할을 수행하는데 필요한 성격, 경험, 능력을 갖춘 사람들을 중심으로 팀을 구성해야 한다는 점이다.

4.3 팀의 권한

팀을 구성할 때 팀장과 팀원들에게 어느 정도의 권한을 줄 것인지 결정해야 한다. 권한의 핵심은 인사권과 예산권이다. 팀원을 선발하고 배치하고 퇴출할 수 있는 인사권과 예산을 수립하고 집행하는 예산권이 팀에게 주어져 있다면 그 팀의 자율성은 극대화된 것이다. 하지만 국내에서 이 정도로 팀에게 권한을 위임하고 있는 기업은 거의 없다.

4.4 팀장의 역할

팀조직에서 팀장과 팀원들 간의 경계는 명확하지 않다. 서로 역할이 다를 뿐이다. 따라서 예전처럼 상사로 군림하려는 팀장은 팀을 효과적으로 이끌어가기가 매우 어렵다. 리더로서 팀장은 팀에 정체성을 부여하고, 팀원을 지원하며, 팀 활동을 촉진시키는 수준에 머물러야 한다. 팀장의 역할은 다음과 같다.

- 조직에 목적과 의미를 부여한다.
- 팀원들의 자신감을 증폭시킨다.
- 조직의 활동력을 자극한다.

- 변화를 위한 주도권을 행사한다.
- 모범을 보인다.
- 팀원들에게 권한을 위임한다.

〈표 12-2〉는 팀장과 팀원이 각각 구비해야 할 능력을 비교하고 있다.

〈표 12-2〉 팀장과 팀원의 구비능력

팀장의 구비능력	팀원의 구비능력
•팀의 목표설정과 방향제시 능력 •리더십, 의사결정 능력 •업무지시와 결정 추진력 •정확하고 신속한 판단력 •비전 제시능력	•전문성을 갖춘 업무추진력 •팀구성원 간의 유기적인 조화 •팀장 보좌력 •부여된 업무에 대한 전문성 •창조적 사고능력

4.5 팀구성원 간의 신뢰

팀제에서 가장 중요한 요소는 구성원 상호간의 신뢰다. 신뢰란 다른 사람들의 의지와 행동에 대한 믿음을 말한다. 팀원들이 지속적으로 협력하며 일하려면 팀 내에 신뢰분위기가 구축되어 있어야 한다. G.E.의 전회장인 잭 웰치(J. Welch)는 말했다. "신뢰는 막강한 힘을 가지고 있다. 사람들은 자신이 공정하게 대우받고 있다는 믿음이 없으면 절대로 최선을 다하지 않는다."

팀에 신뢰를 구축하고 유지하는 방법은 다음과 같다.

- 팀원들에게 회사의 정책, 결정사항 등을 설명한다.
- 팀장은 팀원들의 생각을 지원하고 지도한다.
- 팀원들에게 적절히 권한을 위임한다.
- 팀원들의 아이디어를 경청하고 그들의 능력을 신뢰한다.
- 팀원들에 대한 평가를 객관적이고 공정하게 실시한다.
- 팀장은 언행이 일치되어야 한다.

5. 팀제의 도입조건과 장단점

팀제가 모든 상황에서 유효적절한 것은 아니다. 오히려 혼란만 가중시키는 결과를 가져올 수도 있다. 팀제를 도입하기 위한 조건과 팀제의 장단점을 살펴본다.

5.1 팀제의 도입이 적합한 조건

팀제가 적합한 조직, 업무, 인력, 환경 등의 조건은 다음과 같다.

- 오래된 조직보다는 신설된 조직에서 팀제가 적합하다.
- 단순한 관리보다 현장업무가 중요한 조직에서 팀제가 적합하다.
- 승진할 자리가 많지 않을 때 팀제가 적합하다.
- 단순반복적인 업무보다 복잡한 업무에서 팀제가 적합하다.
- 전문성이 요구되는 업무일수록 팀제가 적합하다.
- 안정적인 환경보다 변화가 심할수록 팀제가 적합하다.

5.2 팀제의 장단점

팀제의 장점과 단점은 각각 다음과 같다.

5.2.1 팀제의 장점

팀제의 도입으로 얻을 수 있는 장점은 다음과 같다. 첫째, 변화에 신속히 대응한다. 팀제에서는 문제점에 대한 해결방안을 자율적으로 찾아 시행한다. 팀구성원들은 서로 협력하며 필요에 따라 업무를 다양하게 분담하게 되므로 현장의 요구에 쉽게 대응할 수 있다.

둘째, 높은 업무성과를 제공한다. 팀제는 개인의 능력을 바탕으로 팀 단위의 업무를 수행하므로 시너지효과를 높일 수 있다. 팀제의 핵심은 공동협력이며, 이는 업무수행의 강력한 힘이 된다.

셋째, 관리계층이 축소된다. 팀제는 조직의 비대화를 막을 수 있으며, 업무의 축소, 통합, 조정 등을 용이하게 한다. 팀제로 전환되면 조직구조와 업무가 간소화되고, 중역, 부장, 차장, 과장들이 팀장이나 팀원으로 흡수되어 조직운영의 효율화를 기할 수 있다.

마지막으로, 인력의 효율적 활용이 가능하다. 팀 단위로 업무를 수행하게 되면 구성원들 각각에게 업무를 할당하고 권한을 위임함으로써 그들의 능력과 창의성을 이끌어낼 수 있다. 또한 업무에 대한 전문성과 책임감이 부여되어 팀 단위의 책임경영이 가능하다.

5.2.2 팀제의 단점

팀제의 단점으로는 첫째, 조직원들 간에 갈등이 생길 수 있다. 조직이 계층이 플랫화 됨에 따라 승진기회가 줄고 기존의 서열체계가 파괴되면서 팀 구성원간의 갈등이 초래된다. 팀제에서는 능력에 따라 구성원이 배치되므로 직급역전의 발생으로 선배들의 사기가 저하될 우려가 크다. 직책이 다른 팀장들 간에 업무협조에 있어 불협화음이 생겨날 가능성도 있다.

둘째, 감독 및 통제가 곤란하다. 팀제는 자율경영을 추구하므로 팀이 정상적으로 운영되고 있는지 여부를 감시할 수 없다. 구성원들을 직접 통제할 수 있는 장치도 미흡하다. 팀제는 자율성을 기반으로 하는 조직유형이므로 강한 통제가 필요없기 때문이다.

셋째, 보상에 대한 적절한 기준이 없다. 성과를 달성한 팀이나 팀원을 어떻게 보상할 것인지에 대한 명확한 기준이 없다. 이는 팀원의 사기저하를 가져와 조직 전체에 악영향을 미치게 된다.

마지막으로, 팀의 운영문제에 어려움이 생겨날 수 있다. 특히 팀장의 능력이 부족하게 되면 팀을 운영하거나 업무를 수행하는 과정에서 심각한 혼란과 갈등이 생겨나게 된다.

이상과 같은 팀제의 장단점을 정리하면 〈표 12-3〉과 같다.

〈표 12-3〉 팀제의 장단점

팀제의 장점	팀제의 단점
•변화에 신속한 대응 •높은 업무성과 •관리계층의 축소 •인력의 효율적 활용	•팀내/팀간의 갈등 •감독 및 통제의 곤란 •보상에 대한 기준 부재 •팀 운영의 어려움 가능

5.3 팀제의 성공사례

미국, 일본과 같은 선진국의 기업에서는 1980년대에 본격적으로 팀제를 도입하여 성공한 사례가 많이 보고되고 있다. 그들 중에 일본의 교세라사와 미국의 존슨빌푸드사를 소개한다.

일본의 교세라(Kyocera)사의 이나모리 명예회장은 '아메바'(amoeba)라고 부르는 팀조직을 회사운영에 적극적으로 도입했다. 아메바는 단세포 원형생물이며, 세포분열로 개체의 숫자를 늘리는 특성을 갖추고 있다. 아메바의 인원은 적게는 3~4명, 많게는 40~50명이다. 교세라 전체에는 이러한 아메바가 400여개 있다. 따라서 교세라 회사는 수많은 아메바가 한꺼번에 움직이는 조직체이며, 아메바들은 통폐합과 확장이 가능하도록 유연하게 운영되고 있다. 각각의 아메바는 생산원가를 줄이기 위하여 독자적으로 계획을 수립하고 활동하고 있으며, 아메바의 활동성과는 달성한 이익을 기준으로 평가된다. 업적평가를 통하여 아메바는 통폐합되어 축소되거나 혹은 분할되어 새로운 형태의 아메바가 생겨난다.

미국의 존슨빌푸드(Johnsonville food)사 역시 팀제의 성공적인 사례로 꼽힌다. 이 회사는 1986년에 팀제를 도입한 이후 생산성이 크게 증가하는 대성공을 거두었다. 회사 내에서 팀은 8~15명으로 구성되며, 각 팀마다 과업과 목표에 대한 정의가 분명하다. 팀의 구성원은 직무순환을 통해 자신의 팀이 수행하는 과업을 모두 숙지하고 있다. 팀이 성장함에 따라 상부경영층에서 하던 일정계획, 인력의 채용과 해고, 교육 및 훈련, 자재주문 등의 책임을 떠맡게 되어 권한위임이 이루어졌다. 그 결과 팀 스스로 관리감독을 담당하게 되어 구성원들의 업무만족과 몰입이 증대되었다.

6. 국내 팀제의 문제점

우리나라에서 팀제는 1980년대 중반 삼성그룹에서 처음 도입되었고, 90년대에 들어와 LG, 포스코 등 대그룹을 중심으로 점차 확산되었다. 우리나라에서 시행되고 있는 팀제에서 나타나고 있는 문제점들은 다음과 같다.

1) 일방적인 팀제의 도입

기업의 여건을 고려하지 않고 경영진의 지시에 의해 일방적으로 팀제를 도입하여 무리가 뒤따르고 있다. 충분한 토의나 교육을 거친 다음, 조직수준별로 다양한 형태의 팀제를 점차적으로 도입하는 것이 필요하다.

2) 피라미드 조직의 잔존

많은 회사에서는 기존의 피라미드 조직을 그대로 유지한 채 부서 명칭만 바꾸는 식으로 팀제를 운영하고 있다. 따라서 팀제를 도입했어도 실제로 기존조직과 별 차이가 없는 것으로 인식되기도 한다.

3) 평가시스템의 문제

팀제로 전환한 이후에도 평가시스템은 종전처럼 연공서열에 따른 형식적 평등고과에 의존하고 있으므로 자율과 책임업적과 능력에 따른 보상이 올바로 이루어지지 않는다. 이로 인하여 팀원들의 자발적인 노력을 유도해 내기가 어려운 실정이다.

4) 정보공유 인프라의 미흡

조직의 정보는 여전히 특정부서에서만 독점하고 있다. 따라서 부서간의 정보소통이 원활하지 못하므로 효율적인 팀의 운영을 기대하기가 어렵다.

5) 권한위임의 문제

팀제에서는 권한을 적절히 위임하여 팀원들의 창의성과 자율성을 유도해야 한다. 하지만 우리나라 기업들의 대부분은 팀제도입과 더불어 계층의 간소화와 의사결정단계는 축소했지만 실질적인 권한은 경영층에서 여전히 가지고 있다. 이는 기능별 피라미드 구조와 다를 바 없다.

6) 팀장의 자질문제

팀제에서 팀장의 역할은 절대적이다. 팀장의 리더십에 따라 팀제의 성패가 달려있다고 말할 정도다. 하지만 우리 현실에서는 팀장의 요건에 맞는 사람을 찾지 못해 팀을 제대로 운영하지 못하는 경우가 많다.

7) 팀원의 능력

팀원은 다기능전문가가 되어야 한다. 자신이 맡은 일 외에도 다른 동료들이 하는 일을 어느 정도 알고 있어야 한다. 하지만 우리나라 기업들은 팀제를 도입한 후에도 교육훈련이나 직무확대 없이 팀원들이 자신의 고유한 업무에 종사하고 있다. 따라서 팀에서 결원이 발생할 때 업무추진이 제대로 되지 않는 등 문제점이 노출되고 있다.

[읽을거리] 팀제의 필요성

분업론의 창시자인 아담 스미스가 옷핀 공장을 방문했을 때의 일이다. 10사람의 종업원이 각자 똑같은 옷핀을 만들고 있었는데 하루에 240개를 만들고 있었다. 아담 스미스는 이들에게 각자 일을 나누어 분업을 하라고 가르쳐주었다. A에게는 철사를 자르는 일, B에게는 철사를 갈아 뾰족하게 만드는 일, C에게는 옷핀 모양으로 철사를 구부리는 일 등 14가지로 업무를 구분하여 각자 분담하도록 하였다.

몇 달 후에 공장을 다시 찾아가 보았다. 여전히 같은 10사람이 일을 하고 있었는데 옷핀은 하루에 무려 48,000개나 만들고 있었다. 분업의 위력이 대단한 효과를 발휘했던 것이다. 작업을 단순화시키니 종업원들은 숙련이 되고 기술혁신이 일어난다. 그들은 모든 일을 다하는 대신 자신의 적성과 재능에 맞는 일을 맡을 수 있다. 작업도구의 사용이나 시간절약 등에서 상당한 능률을 올릴 수 있다. 이 모든 것이 분업으로 말미암아 얻어지는 이점들이다. 이런 효과로 인하여 고대로부터 현대에 이르기까지 인간의 거의 모든 생산활동은 분업으로 이루어지고 있다.

그렇지만 여기에도 문제는 있다. 분업을 시행했다고 해서 옷핀이 무조건 48,000개씩 만들어지는 것은 아니다. 종업원들의 작업이 서로 잘 연결되어야 한다. 예를 들어 A의 작업속도가 느린데도 B나 C가 본체만체 도와주지 않거나, 의사소통의 문제로 말미암아 A의 작업이 완료되었는데도 B에게 제대로 전달되지 않는다면 생산량은 오히려 줄어들 수 있다.

특히 어느 누구도 담당이 아닌 문제가 발생하게 되면 일은 매우 복잡해진다. 철사가 녹이 슬었다고 가정해보자. 녹을 닦아내야 하는 일이 추가로 생기게 되면 분업화된 종업원들은 모두들 자기 소관이 아니라고 기피할 것이다. 그 상태에서 현재의 작업방법으로 제품을 만들게 되면 녹슨 옷핀이 만들어지게 될 것이다. 결국 철사에서 녹을 제거하는 일을 담담할 사람을 한 사람 더 채용하거나 아니면 현재 있는 종업원 중 한 사람에게 그 일을 추가로 부담시켜야 할 것이다.

오늘날은 바야흐로 변화와 경쟁의 시대다. 기업조직에는 끊임없이 돌발사건이 벌어지고, 즉흥적으로 대처해야 할 상황들이 하루에도 수없이 생겨나고 있다. 그뿐만이 아니다. 어제 계획했던 일도 하루 밤을 지나고 나면 불필요한 일이 되어버리고, 전혀 새로운 작업이 요구되는 세상이 되었다. 이런 환경에서는 각자 정해진 일을 담당하는 경직된 조직구조가 비효율적일 수밖에 없다.

이제 정보화시대로 접어들면서 기업조직은 주어진 업무를 능률적으로 수행하는 것보다 새로운 정보, 지식, 기술을 창조하는 일에 더 큰 비중을 두게 되었다. 이렇듯 창조를 필요로 하는 업무의 수행은 같은 일만 되풀이하는 업무방식이나 한 사람의 머리만으로는 한계가 있다. 여러 사람이 함께 협력하는 새로운 조직구조가 요구되는 것이다. 여러 사람이 모여 정보를 교류하다보면 혼자서는 미처 생각하지 못했던 참신한 아이디어들이 생겨나게 된다. 1 더하기 1은 예전처럼 2가 아니라 3 혹은 4로 나타난다. 각자의 힘으로는 해결할 수 없었던 문제를 함께 모이니 풀어내게 된다. 소위 시너지 효과가 나타나게 된 것이다. 따라서 사람들은 분업을 하면서도 통합이 필요하다는 사실을 깨닫게 되었다. 이러한 통합의 움직임이 최근 팀제의 모습으로 출현한 것이다.

(임창희, 1999)

13장 동기부여

1. 동기부여의 정의

동기부여(motivation)는 '움직인다'는 뜻의 라틴어인 'movere'에서 나온 말이다. 동기부여는 사람으로부터 어떤 목표를 향한 자발적인 행동을 이끌어내고 그 행동을 유지시키는 힘이다. '말을 물가로 끌고 갈 수는 있어도 물을 마시게 할 수는 없다'는 격언이 있듯이, 아무리 좋은 여건을 제공해도 조직 내의 구성원들이 자발적으로 행동하지 않으면 조직은 목표를 달성할 수 없다.

사람을 움직이게 하는 요인 중에 하나가 개인의 욕구다. 시장하여 음식을 먹고 싶어지면 그 욕구를 충족시키기 위해 사람은 움직이게 된다. 음식을 충분히 먹고 원하는 목표를 달성하게 되면 음식은 당분간 행동을 유인하는 자극이 되지 못한다. 하지만 시간이 지나고 다시 배가 고파지게 되면 음식에 대한 욕구는 또 생겨난다.

2. 동기부여의 요인

사람을 움직이는 동기부여의 요인은 다양하지만 〈그림 13-1〉과 같이 개인의 특성, 직무의 특성, 환경의 특성에 따라 구분된다.

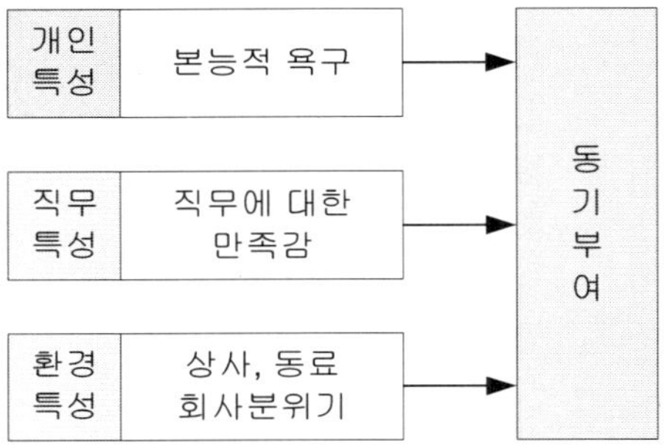

〈그림 13-1〉 동기부여의 요인

2.1 개인특성

개인특성에 관련된 동기부여의 요인으로는 욕구, 기대감, 목표, 공정성지각 등이 있다. 학교에서 시험을 치를 때 생길 수 있는 부정행위를 예로 들어보자. 학생은 성적을 잘 받고 싶은 욕구 때문에 부정을 저지를 수도 있다. 성적을 잘 받을 것이라는 기대감이나 혹은 높은 성적을 받겠다는 목표를 이루기 위해 그런 행위를 할 수도 있다. 다른 학생들이 부정행위를 하고 있을 때 자신만 하지 않고 있다면 불공정하다고 생각되어 부정행위에 참여할 수도 있다.

일반적으로 A유형의 사람들이나 통제내재론자들이 목표달성에 있어 높은 동기수준을 보이는 경향이 있다. 또한 성실하게 일하는 것을 삶의 가치로 삼는 사람들이 상대적으로 동기수준이 높다고 한다. 개인특성에 기초한 동기이론으로 욕구단계이론, ERG이론, 사회욕구이론, 기대이론, 목표설정이론, 공정성이론 등이 연구되었다.

2.2 직무특성

개인이 수행하는 직무의 특성 역시 개인을 움직이게 한다. 예를 들어 직무를 수행하면서 일 그 자체에서 보람과 성취감을 느끼게 되면 직무만족을 느끼게 되고 직무수행에 많은 노력을 기울이게 된다. 또한 직무 자체에서 얻는 즐겁고 유익한 경험이나, 직무에 따른 월급과 같은 외적보상은 동기에 영향을 미친다. 이러한 직무특성에 기초한 대표적 동기이론으로는 2요인이론과 직무특성이론이 있다.

2.3. 환경특성

회사 내의 환경특성도 개인을 움직일 수 있다. 개인이 처한 환경으로는 상사, 동료, 부하직원, 회사의 분위기 등이 있다. 예를 들어, 상사가 종업원들에게 비전과 희망을 불어넣어주고, 칭찬과 격려를 아끼지 않는다면 부하직원들은 열심히 노력하게 될 것이다. 환경특성에 기초하여 연구된 이론으로는 강화이론, 사회적교환이론 등이 있다.

3. 욕구와 동기부여

욕구는 인간행동의 근원적인 이유이며 동기부여의 원동력이 된다. 사람은 누구나 많은 욕구를 가지고 있으며, 그들 중에 가장 강한 욕구가 행동을 일으킨다. 욕구는 일단 만족되면 약화되지만 일정한 시간이 지나면 다시 나타나게 된다.

3.1 욕구에 따른 행동의 종류

욕구로 말미암은 인간의 행동은 '목표지향행동'과 '목표행동'으로 구분된다. 목표지향행동은 목표달성을 위한 수단적 활동이다. 이는 시장하여 음식을 먹고 싶을 때, 식사준비를 한다든가 음식점을 찾는 행동을 가리킨다. 반면에 목표행동은 목표 그 자체에 대한 행동을 가리키는 것으로, 배가 고플 때 음식을 먹는 행동이 바로 그것이다. 목표지향행동을 하는 동안에는 욕구의 정도가 강해지는 경향이 있으나, 일단 목표행동이 시작되어 목표에 접근하게 되면 욕구는 점차 약해진다. 이러한 욕구에 따른 인간행동의 과정을 〈그림 13-2〉는 보여준다.

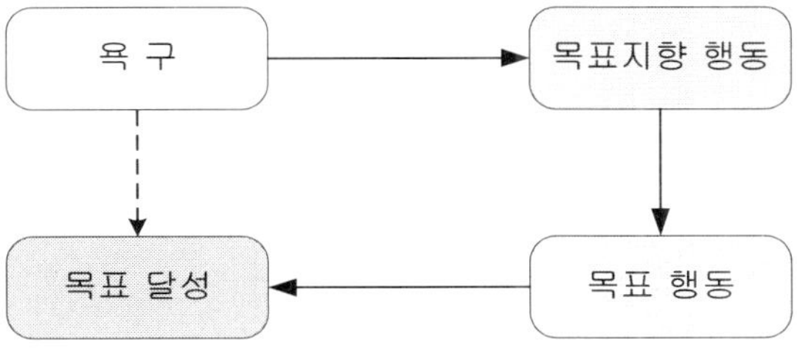

〈그림 13-2〉 욕구에 따른 인간행동의 과정

3.2 목표지향행동과 목표행동의 순환

목표지향행동과 목표행동 모두는 그 활동에 지속적으로 머물러 있을 때 각각 문제가 발생한다. 목표지향적인 행동에 너무 오래 머물러있게 되면 욕구불만이 지속되어 좌절감에 빠지게 되며, 마침내 그 활동을 포기하거나 비합리적인 행동을 하게 된다. 또한 목표행동만을 계속하게 되면 일에 흥미를 잃게 되어 동기부여는 급격히 낮아진다. 따라서 목표지향행동과 목표행동은 순환적으로 반복되는 것이 효과적이다.

3.3 목표설정과 동기부여

재직기간이 짧은 직원과 오래된 직원의 목표는 서로 달라야 한다. 신입사원에게 부과된 업무목표가 오래 근무한 고참사원에게는 무의미할 수 있기 때문이다. 따라서 부하직원의 목표달성능력이 높아지면 상사는 부하직원의 능력을 재평가하고 목표를 좀 더 높게 설정하여 자기성장과 개발의 기회를 제공해야 한다.

맥클리랜드(D. McClelland)와 앳킨슨(J. Atkinson)의 연구에 의하면 동기부여로 말미암은 노력의 크기는 〈그림 13-3〉에서 보는 바와 같이 목표에 대한 성공확률이 50%에 이를 때까지 계속 상승하다가 50%를 넘어서면 점차 감소하기 시작한다. 따라서 목표를 달성할 가능성이 거의 없거나 혹은 확실하게 달성할 수 있는 경우에는 동기화가 잘 이루어지지 않는다. 즉, 설정된 목표치는 노력을 기울였을 때 달성할 수 있는 현실적이고도 실제적인 수준이어야 한다.

참고로, 사람들은 스스로 자신의 목표를 설정할 때 목표를 달성할 가능성이 더 높다고 한다. 또한, 목표지향활동을 오래 지속하더라도 좌절에 빠지거나 활동을 포기하는 일이 적다고 한다.

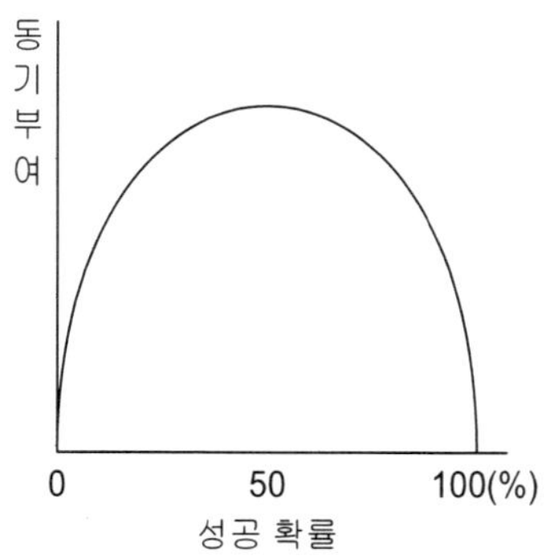

〈그림 13-3〉 성공확률에 따른 동기수준

3.4 동기부여에 관한 이론들

동기부여에 관한 이론들은 크게 '동기부여 내용이론'과 '동기부여 과정이론'으로 구분된다. 동기부여 내용이론(motivation content theory)은 사람이 행동을 일으키는 원동력에 대한 연구로, 인간의 욕구에 관한 내용이 주된 연구대상이다. 여기에는 욕구단계이론, ERG이론, 성취동기이론, 2요인이론, 직무특성이론 등이 있다. 반면에 동기부여 과정이론(motivation process theory)은 사람의 행동이 어떻게 유도되고 또한 어떻게 진행되는지 그 과정에 관하여 주로 연구한다. 여기에는 기대이론, 공정성이론, 목표설정이론, 상호작용이론, 인지평가이론 등이 있다. 〈그림 13-4〉는 동기부여에 대하여 연구된 이론들을 소개하고 있다.

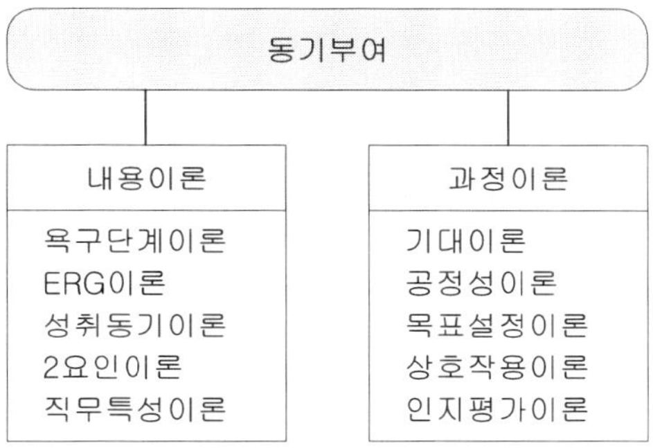

〈그림 13-4〉 동기부여의 이론

4. 매슬로우의 욕구단계이론

1943년 미국의 심리학자 매슬로우(A. Maslow)는 5개의 욕구계층으로 이루어진 '욕구단계이론'을 발표하였다. 그의 이론에 의하면 인간의 욕구계층은 〈그림 13-5〉에서 보는 바와 같이 생리적 욕구, 안전 욕구, 사회적 욕구, 존경욕구, 자아실현욕구로 이루어진다.

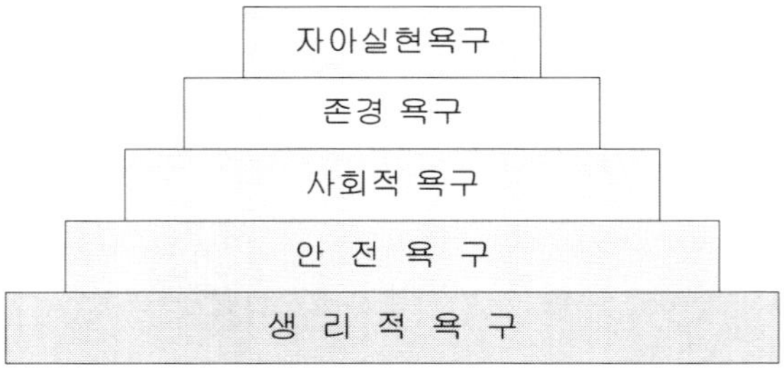

〈그림 13-5〉 매슬로우의 욕구계층

4.1 욕구단계이론의 내용

생리적 욕구(physiological needs)는 매슬로우의 욕구단계들 가운데 최하위 계층에 해당된다. 이는 인간이 생명을 유지하려는 욕구로, 갈증, 배고픔, 졸림, 성욕 등 각종 생리적 욕구들이 포함된다. 회사에서 채워줄 수 있는 생리적 욕구에는 적당한 임금, 휴식, 냉난방시설 등이 있다.

안전욕구(safety needs)는 육체적 안전과 심리적 안정을 추구하는 욕구다. 즉, 개인이 신체적, 심리적 불안의 원인이 되는 위협으로부터 벗어나 안전과 안정을 얻으려는 것이다. 안전욕구를 충족시키기 위하여 회사에서는 작업환경의 안전, 고용보장 등을 제공한다.

사회적 욕구(social needs)는 정서적 애정, 우정 등 다른 사람과 관계를 갖기를 원하는 욕구다. 인간은 사회적 존재이므로 다른 사람들과 관계를 맺거나, 집단에 소속되고 싶어한다. 회사생활에서 개인의 사회적 욕구는 화목한 회사분위기, 우호적인 팀웍 등을 통해 충족될 수 있다.

존경욕구(esteem needs)는 인간이 자존감을 지니고 자신을 존중하면서 타인으로부터 존경받기를 바라는 욕구다. 여기에는 신뢰, 독립, 자유, 위신, 인정, 관심, 존경에 대한 욕망이 포함된다. 회사에서 존경욕구는 포상, 승진, 인정, 책임부여 등을 통하여 얻어질 수 있다.

마지막으로, 자아실현욕구(self-actualization needs)는 매슬로우의 욕구단계 중에서 최고 수준에 해당한다. 이는 자기완성에 대한 갈망을 의미하며, 자신의 잠재력을 실현하고자 하는 욕구를 가리킨다. 이 욕구는 다른 욕구들과는 달리 완전히 충족시킬 수 없다는 특징이 있다. 회사에서는 기술향상, 창조적 활동, 도전적 과업, 업무의 성공적 완성 등을 통하여 자아실현욕구를 경험할 수 있다.

〈표 13-1〉은 매슬로우의 욕구단계에 대하여 각 계층에 관련된 내용을 기술하고 있다.

〈표 13-1〉 매슬로우의 욕구단계와 내용

계층	명칭	욕구의 내용	회사에서 충족가능한 내용
계층1	생리적욕구	의식주, 성욕, 수면	임금, 휴식, 냉난방시설
계층2	안전욕구	물질적, 심리적 안정	작업안전, 고용보장
계층3	사회적욕구	사랑, 우정을 위한 모임에 소속	회사분위기, 팀워크
계층4	존경욕구	존경, 자아존중, 타인지배	포상, 승진, 인정, 책임부여
계층5	자아실현욕구	자기계발, 이상적 자아의 실현	기술향상, 도전적 과업, 업무완성

4.2 욕구단계이론의 작동원리

매슬로우의 욕구단계이론은 '결핍-충족의 원리'에 기초하고 있으며, 다음의 원리에 따라 작동된다.

- 욕구들은 낮은 단계에서 높은 단계로 순차적으로 나타난다.
- 한 순간에는 하나의 욕구만이 개인의 의식을 지배한다.
- 개인의 행동을 일으키는 동기요인은 '결핍'이다.
- 결핍된 욕구가 충족되면 다음 상위의 새로운 욕구가 출현된다.
- 자아실현욕구는 다른 욕구들과는 달리 충족될수록 욕구가 더 증가한다.

매슬로우는 이후에 하위의 3욕구인 생리적 욕구, 안전욕구, 사회적 욕구를 '결핍욕구'로, 상위의 2욕구인 존경욕구와 자아실현욕구를 '성장욕구'로 구분하였다. 여기서 결핍욕구는 삶을 유지하려는 욕구이고, 성장욕구는 삶을 창조하려는 욕구를 의미한다.

4.3 욕구단계이론의 한계

매슬로우의 욕구단계이론은 직관적인 논리와 이해의 용이성으로 말미암아 폭넓게 인정받고 있으며, 기업과 교육 분야에서 널리 활용되고 있다. 그러나 욕구단계이론은 아직까지도 이론의 타당성이 실증적으로 검증되지 못하고 있는 점이 한계로 지적되고 있다. 학자들이 매슬로우의 이론에 대하여 제기하고 있는 의문들은 다음과 같다.

첫째, 욕구계층은 존재하는가? 지금까지의 연구에 의하면 인간의 욕구가 5가지라는 것은 분명하지 않다. 또한 이들이 계층구조를 가진다는 증거도 없다.

둘째, 결핍된 욕구가 개인의 의식을 지배하는가? 매슬로우의 결핍-지배 가설은 욕구의 결핍정도가 클수록 그 욕구는 더욱 커진다는 것이다. 따라서 욕구가 충족되는 경우 그 욕구는 감소되어야 한다. 그러나 이러한 가설은 하위욕구에서만 성립되는 것으로 나타났다. 상위욕구에서는 욕구가 충족될수록 그 욕구가 더욱 증가하는 경향을 보였다. 실현이 불가능한 욕구의 경우 욕구가 증가하는 것이 아니라 오히려 축소되는 것으로 나타났다.

셋째, 한 단계의 욕구가 만족되면 다음 단계의 상위욕구가 출현하는가? 한 욕구단계에서 다음 욕구단계로 옮겨지는 것은 진행과 퇴행과 같이 다양한 패턴을 따르는 것으로 알려져 있다.

마지막으로, 인간의 욕구단계는 어느 나라에서나 동일한가? 국가에 따라 욕구계층은 달리 나타나기도 한다. 예를 들어, 그리스나 일본과 같이 불확실성이 큰 나라에서는 안정욕구를 매우 중요시한다. 〈그림 13-6〉에서 보는 바와 같이 중국처럼 집단주의적 성향의 국가에서는 사회적 욕구가 가장 강조되기도 한다.

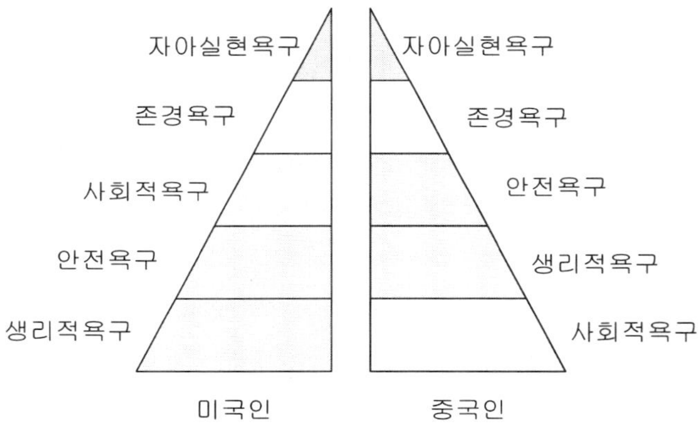

〈그림 13-6〉 국가에 따른 욕구계층의 차이

5. 앨더퍼의 ERG이론

앨더퍼(C. Alderfer)는 매슬로우의 욕구단계이론에 대한 실증연구를 기초로 하여 1969년에 ERG이론을 제시하였다.

5.1 ERG이론의 내용

ERG이론은 매슬로우의 이론을 보다 단순화하여 인간의 욕구를 존재욕구, 관계욕구, 성장욕구의 3가지로 분류하였다. 존재욕구(existence needs)는 매슬로우가 언급한 생리적 욕구와 물리적인 안전욕구를 포함하는 것으로, 인간이 자신의 존재를 확보하는데 반드시 필요로 하는 욕구다. 관계욕구(relatedness needs)는 주변사람들과 인간관계를 형성하고 싶어 하는 욕구를 말한다. 이는 매슬로우의 이론에서 심리적 안전욕구, 사회적 욕구, 다른 사람들로부터 얻어지는 존경욕구를 모두 포함한다. 성장욕구(growth needs)는 매슬로우 이론의 내적존경욕구와 자아실현욕구를 포함하는 것으로, 잠재력 개발과 관련된 욕구를 가리킨다.

〈그림 13-7〉에서는 매슬로우가 언급한 5단계의 욕구계층과 앨더퍼가 주장한 3단계의 욕구계층을 서로 비교하고 있다.

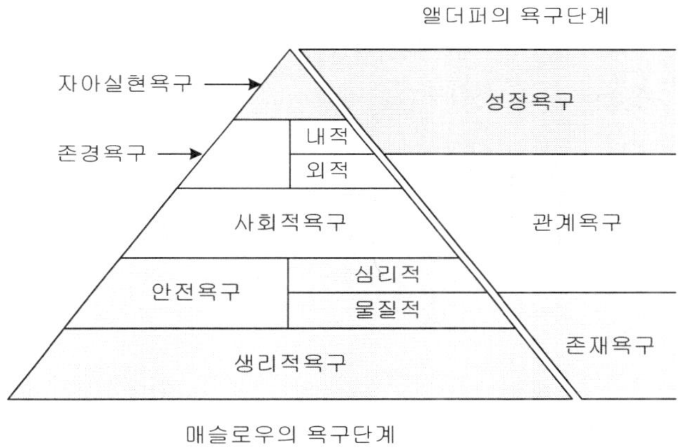

〈그림 13-7〉 매슬로우와 앨더퍼의 욕구계층

5.2 ERG이론의 작동원리

ERG이론은 욕구가 충족되면 상위욕구로 진행되는 '충족-진행의 원리'와, 욕구가 좌절되면 하위욕구로 퇴행하는 '좌절-퇴행의 원리'에 기초하고 있다. 〈그림 13-8〉에서 보는 바와 같이 ERG이론은 다음의 원리에 따라 작동된다.

- 각 단계의 욕구가 충족되지 않으면 그 욕구의 크기는 증가한다.
- 상위욕구가 충족되지 못하고 좌절되면 하위욕구는 강하게 나타난다.

• 하위욕구가 충족되면 상위욕구의 지배를 받게 된다.
• 성장욕구는 충족되면 그 욕구의 강도가 더욱 증가한다.

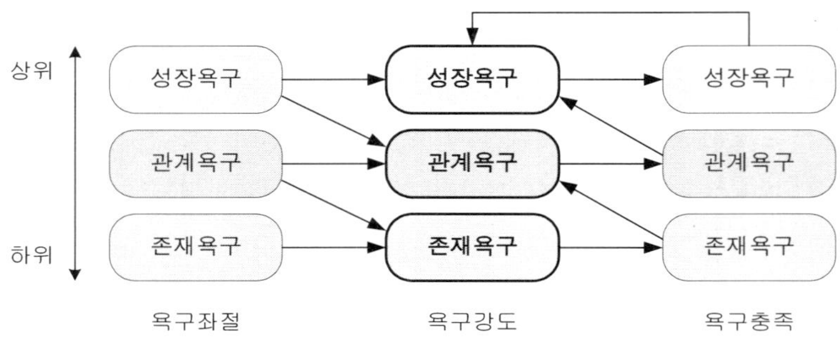

〈그림 13-8〉 ERG이론의 작동원리

좌절-퇴행의 원리에 따르면 관계욕구나 성장욕구는 일단 욕구가 좌절되는 경우, 그보다 낮은 단계의 욕구가 커지게 된다. 회사에서 직원들 간의 관계욕구가 충족되지 않을 때 금전적인 보상을 더 요구하게 되는 것이 이 예에 해당된다. 관계욕구가 충족되지 않을 때 존재욕구가 증가하는 것이다.

5.3 ERG이론과 매슬로우 이론의 비교

앨더퍼의 ERG이론은 매슬로우의 욕구단계이론과 비교할 때 다음과 같은 차이가 존재한다.

• ERG이론은 욕구계층이 3단계로, 5단계인 매슬로우의 욕구단계이론보다 포괄적이다.
• 매슬로우의 이론에서는 하나의 욕구만이 개인의 의식을 지배하는데 반하여, ERG이론에서는 동시에 여러 욕구를 경험할 수 있다.
• 매슬로우의 이론은 상위단계로만 진행하는 일방통행이다. 반면에 ERG이론은 상위욕구가 충족되지 않을 때 하위단계의 욕구로 돌아가는 양방통행이다.

6. 맥클리랜드의 성취동기이론

맥클리랜드(D. McClelland)의 성취동기이론(achievement motivation theory)은 매슬로우의 욕구 단계이론이나 앨더퍼의 ERG이론과 마찬가지로 인간의 욕구에 기초한 동기부여이론이다.

6.1 성취동기이론의 3가지 욕구

맥클리랜드(D. McClelland)는 매슬로우의 5가지 욕구 중에서 상위 3가지를 대상으로 성취욕구, 친화욕구, 권력욕구로 구분하여 성취동기이론을 전개하였다. 이들 3가지 욕구는 조직행동에서 특히 중요하다.

6.1.1 성취욕구

성취욕구(need for achievement)는 업무를 능률적으로 수행하여 목표를 성취하려는 욕구다. 성취욕구가 높은 사람은 목표성취에 대한 열망이 있으며 과업에 몰두하는 경향이 있다. 이들은 다소 높은 목표를 설정하는 경향이 있으며, 스스로의 노력으로 목표를 달성하려고 한다. 또한 맡겨진 업무에 대하여 책임감이 있으며, 수행하고 있는 일에 대한 즉각적인 피드백을 좋아한다.

6.1.2 친화욕구

친화욕구(need for affiliation)란 다른 사람들과 우호적으로 지내려는 욕구다. 친화욕구가 강한 사람은 타인과 우호적인 관계를 가지려 하고, 타인의 규범과 가치를 존중하는 경향이 있으며, 타인의 감정에 주의를 기울인다. 이들은 협조적이며 우호적인 분위기에서 더욱 열심히 일하는 경향이 있다.

6.1.3 권력욕구

권력욕구(need for power)는 다른 사람을 통제하고 영향력을 행사하고 싶어하는 욕구다. 권력욕구가 강한 사람은 집단에서 리더가 되어 다른 사람 앞에 나서기를 좋아한다. 권력욕구는 개인중심적 권력욕구와 사회중심적 권력욕구로 구별된다. 개인중심적 권력추구자는 다른 사람들을 지배해야만 욕구가 충족된다. 조직에 대한 책임보다는 개인적인 이익을 얻는데 더 관심이 있다. 반면에 사회중심적 권력추구자는 집단 목표에 관심을 갖고 구성원들을 동기화시켜 그 목표를 성취하는 활동에 노력을 기울인다.

〈표 13-2〉 맥클리랜드의 성취동기이론

욕구	선호하는 일	적절한 업무
높은 성취욕구	•개인적 책임감을 느끼는 일 •피드백이 주어지는 일	•보너스가 주어지는 세일즈맨
높은 친화욕구	•대인접촉이 많은 일	•고객업무 담당자
높은 권력욕구	•다른 사람에게 영향력을 행사할 수 있는 일	•감독 책임자

6.2 성취동기이론과 조직경영

성취욕구가 높은 사람은 지나치게 개인적이고 성취지향적이다. 반면에 친화욕구가 높은 사람은 결단성이 없어 구성원의 과오를 막지 못한다. 맥클리랜드는 사회중심적 권력욕구가 경영 성공에 가장 중요한 욕구라고 말하였다. 사회중심적 권력추구자는 구성원들과 함께 목표를 달성하려고 노력하는 과정에 자신의 권력욕구를 충족시킨다. 그에 비하여 개인중심적 권력추구자는 권력을 얻을 때까지만 노력하고 그 이후에는 노력하지 않는다.

채용, 배치, 이동 등의 인사관리에서는 개인의 욕구를 고려하여 적재적소에 사람을 배치하는 것이 필요하다. 최고경영자를 영입할 때는 권력욕구가 강한 사람을, 중간이나 그 이하 관리자들을 채용할 때는 성취욕구가 높은 사람을 선발하는 것이 적절하다.

6.3 성취욕구와 업무성과

조직은 목표성취를 위하여 집단을 형성하고 있으므로 성취동기이론의 3가지 욕구 가운데 성취욕구를 가장 중요하게 여긴다. 실제로 업무성과는 성취욕구와 밀접한 관계가 있다. 따라서 직원을 선발할 때는 성취욕구가 높거나, 높은 성취실적이 있는 사람을 우선하는 것이 바람직하다. 또한 일단 입사한 직원들에게는 높은 성취욕구를 가지도록 훈련시켜야 한다. 직원들의 성취욕구를 높이려면 다음의 방법들이 효과적이다.

- 직무의 내용과 목표를 보다 도전적으로 만들어준다.
- 훌륭한 성취모델을 제시하고 모범으로 따르도록 한다.
- 회사 내에서 높은 성취경험을 초기에 얻을 수 있도록 훈련시킨다.

• 높은 성취를 최고로 발휘할 수 있도록 제반 환경을 만들어준다.

7. 허즈버그의 2요인이론

2요인이론(two factor theory)은 1950년대 말 미국의 경영심리학자 허즈버그(F. Herzberg)에 의하여 제시된 동기부여이론으로, '동기위생이론'(motivation hygiene theory)이라고 부르기도 한다.

7.1 2요인이론의 내용

허즈버그(F. Herzberg)는 다양한 직업을 가진 많은 조직구성원을 대상으로 직무에 관하여 크게 만족감을 주었던 요인들과 크게 불만족을 제공한 요인들을 수집했다. 그 조사로부터 허즈버그는 직무만족에 영향을 미치는 요인들을 '동기요인'(motivator), 직무불만족에 영향을 미치는 요인들을 '위생요인'(hygiene factor)으로 호칭하고 2요인이론을 주장하였다.

그의 연구에서 특이했던 점은 직무에 관하여 만족감을 표시했던 요인들은 대부분 직무와 관련된 것이었으며, 불만족을 나타낸 요인들은 대부분 근무여건과 관련된 것이었다는 점이다. 직무만족과 직무불만족 모두에게 동시에 영향을 크게 준 요인은 거의 없었다.

이 조사를 근거로 허즈버그는 만족과 불만족이 동일한 개념의 양극이 아니라 두 개의 독립된 개념이라고 주장하였다. 다시 말하여, 만족의 반대는 불만족이 아니라 만족이 없는 상태다. 이와 마찬가지로 불만족의 반대도 만족이 아니라 불만족이 없는 상태가 된다. 이는 직무에 불만이 없을 때 직무에 만족할 것이라는 전통적인 사고와 전혀 다른 관점을 제시하고 있다. 〈그림 13-9〉는 직무만족과 불만족에 대한 전통적 관점과 허즈버그의 관점에서 본 직무만족과 불만족을 나타내고 있다.

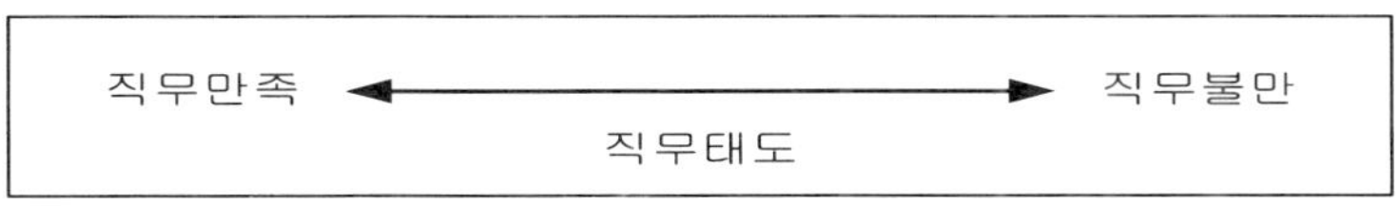

(a) 전통적 관점

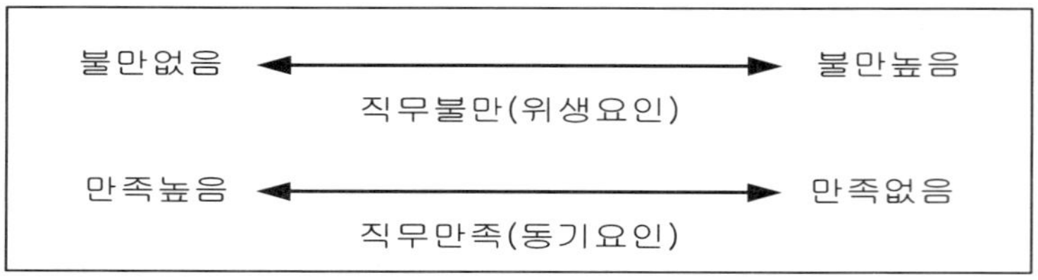

(b) 허즈버그의 관점

〈그림 13-9〉 전통적 관점과 허즈버그 관점의 직무만족과 불만족

7.2 위생요인과 동기요인

위생요인은 작업자들의 욕구를 충족시키는 요인으로, 직무환경과 관련된 회사의 정책과 관리, 감독, 작업조건, 개인 상호간의 관계, 임금, 보수, 지위, 안전 등이 이에 속한다. 허즈버그가 이들 요소에 '위생'이란 용어를 사용한 것은 이들이 단지 직무의 불만을 예방할 수 있기 때문이다. 위생요인은 충족되더라도 직무에 대한 불만족만을 없애줄 뿐 만족감을 제공하지 못한다. 따라서 위생요인을 '불만족요인'이라고 부르기도 한다.

반면에 동기요인은 작업자들의 욕구를 충족시키는 요인으로, 직무내용에 관련한 성취감, 인정, 도전감, 책임감, 성장발전 등이 이에 해당된다. 동기요인은 사람들에게 보다 나은 만족을 제공하므로 '만족요인'이라고 부르기도 한다. 허즈버그는 동기요인이 만족될 때 사람들을 동기화시킬 수 있다고 주장하였다. 위생요인과 동기요인을 서로 비교하면 〈표 13-3〉과 같다.

허즈버그의 이론에 따르면 사람들은 위생요인이 충족되어도 자신의 직무를 위하여 더 이상 노력하지 않는다. 하지만 동기요인이 충족되면 목표를 향하여 최선의 노력을 기울이게 된다. 따라서 경영주들은 작업자들의 동기부여를 위하여 성취감, 책임감, 성장발전 등을 체험할 수 있도록 직무확대나 직무충실화를 실시해야 한다. 아울러 작업자들이 위생요인보다 동기요인을 추구하도록 교육할 필요가 있다.

〈표 13-3〉 위생요인과 동기요인

위생요인	동기요인
•급여 •회사의 정책 및 관리 •작업조건 •감독 •상사, 동료, 부하와의 인간관계 •지위 •직장의 안정성	•성취감 •성장 발전 •칭찬, 인정 •자율, 책임부여 •직업 그 자체의 흥미 •승진 •직무의 도전성

7.3 2요인이론의 비판

2요인이론은 경영실무자들에게 큰 인기가 있으나, 여러 이론적 연구가들로부터 비판을 받고 있다. 그들이 비판하는 내용은 크게 3가지로 요약된다. 첫째, 일부 요인에 대해서는 동기요인과 위생요인의 구분이 분명하지 않다. 임금은 상황에 따라 동기요인도 될 수 있고 위생요인도 될 수 있다. 둘째, 2요인이론은 개인의 차이를 전혀 고려하지 않고 있다. 허즈버그는 작업자들이 동일한 작업환경에 대하여 모두 유사한 반응을 나타낼 것으로 가정하고 있다. 하지만 돈이나 직무안정이 동기부여에 전혀 영향을 주지 못하는 사람이 있는가 하면, 그들로 인하여 동기부여되는 사람도 분명히 존재한다. 마지막으로, 2요인이론에서는 직무만족과 동기부여를 동일하게 여기고 있다. 직무에 만족하는 종업원이 열심히 일하게 될 것이라는 주장이다. 하지만 직무에 만족하는 근로자가 열심히 일하여 높은 성과를 올릴 것이라고 분명하게 장담할 수는 없다.

8. 직무특성이론

직무특성이론은 1976년 해크먼(J. Hackman)과 올드햄(G. Oldham)에 의하여 이론적 체계가 이루어졌다. 이들은 수행하는 직무의 특성이 개인의 심리상태에 영향을 미치고, 심리상태가 만족스러울 때 노력과 성과로 나타난다고 주장하였다.

8.1 직무특성이론의 개념

작업자는 자신이 수행하는 직무의 핵심직무특성에 따라 만족스런 심리상태를 경험하게 된다. 여기서 핵심직무특성에는 기술의 다양성, 과업의 정체성, 과업의 중요성, 자율성, 피드백의 5가지가 있다. 〈그림 13-10〉에서 보는 바와 같이 다양한 기술을 사용하거나, 과업의 정체성이 분명하거나, 과업의 중요성을 잘 인식하게 되면 작업자는 보람감을 느끼게 된다. 또한 자율성이 주어지면 책임감을 느끼게 되고, 피드백이 주어지면 자신이 수행한 업무결과를 알게 되므로 동기부여와 높은 성과로 이어진다.

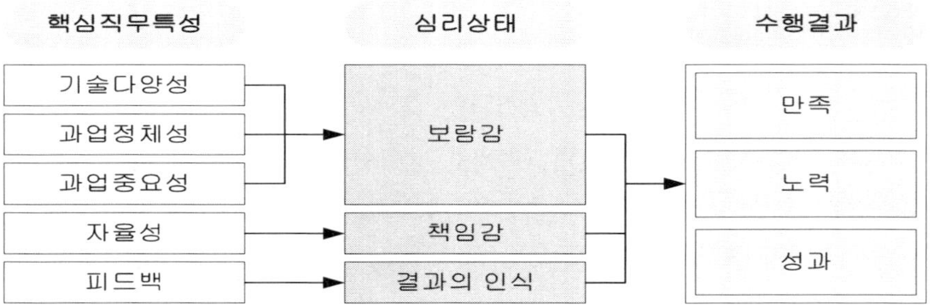

〈그림 13-10〉 직무특성이론

8.2 핵심직무특성

핵심직무특성은 직무가 가진 특성 가운데 핵심이 되는 것으로, 기술의 다양성, 과업의 정체성, 과업의 중요성, 자율성, 피드백의 5가지가 있다.

8.2.1 기술의 다양성

기술의 다양성(skill variety)은 과업을 수행하면서 사용하게 되는 다양한 기술의 정도를 가리킨다. 수행하는 과업이 다양한 기술을 필요로 할 때 직무의 폭이 넓어지므로 종업원은 자신의 업무에서 보람을 느끼게 된다.

8.2.2 과업의 정체성

과업의 정체성(task identity)은 수행하는 과업이 전체에서 차지하는 정도를 가리킨다. 즉,

담당하고 있는 업무가 처음부터 끝까지 전체를 완성하는 것인지, 아니면 한 부분만을 수행하고 있는 것인지를 가리킨다. 맡고 있는 업무의 정체성이 분명하여 자신이 하고 있는 일을 잘 인식하고 있을 때 작업자는 보다 큰 보람을 누리게 된다.

8.2.3 과업의 중요성

과업의 중요성(task significance)은 수행하는 과업이 조직에서 중요한 영향을 미치고 있는 정도를 말한다. 119구조원들은 비록 일이 힘들고 봉급이 적어도 업무의 중요성을 알고 있으므로 보람을 느낀다고 한다. 따라서 상사는 부하직원들에게 담당하고 있는 업무의 중요성을 인식시켜 자부심을 갖도록 유도해야 한다.

8.2.4 자율성

자율성(autonomy)은 과업을 수행하면서 스스로 수행방법을 결정하고, 언제 어떤 일을 할 것인가에 대해 권한을 가지고 있는 정도를 말한다. 업무에 대한 자율성이 증대될수록 더 큰 책임감을 느끼게 된다.

8.2.5 피드백

피드백(feedback)은 자신이 수행한 과업의 결과에 대하여 분명한 정보를 제공받는 정도를 말한다. 종업원이 수행한 과업에 대하여 그 결과를 즉시 알게 되면 동기를 높이는데 큰 도움이 된다.

8.3 동기를 불러일으키는 힘

해크먼과 올드햄은 직무특성이론을 발표하면서 5가지 핵심직무특성으로부터 동기를 불러일으키는 힘(motivational force: MF)을 계산하는 공식을 다음과 같이 제시하였다.

$$MF = \frac{\text{기술다양성} + \text{과업정체성} + \text{과업중요성}}{3} \times \text{자율성} \times \text{피드백}$$

이 공식에 의하면 종업원들에게 동기를 불러일으키려면 다양한 기술을 사용하고, 과업의 정체성과 중요성을 높여주고, 동시에 자율성과 피드백이 주어져야 한다. 자율성과 피드백은 곱의 형태로 동기에 영향을 미치므로 이들이 주어지지 않는 경우 동기를 불러일으키는 것은 불가능하다.

9. 기대이론

기대이론(expectation theory)은 톨먼(E. Tolman)과 레윈(K. Lewin)에 의하여 제시된 동기부여 과정이론으로, 브룸(V. Vroom)에 의해 작업상황에 처음 적용되었다. 이들은 인간이 본능에 따라 행동한다는 생각을 거부하고, 이성을 가진 존재로써 행동의 방향에 대하여 의식적인 선택을 한다고 가정하였다.

9.1 기대이론의 내용

회사에서 사원이 열심히 노력한다고 해서 그의 업무목표가 달성되는 것은 아니다. 능력이 부족하거나 운이 없으면 아무리 노력해도 업적이 낮게 나타날 수도 있다. 업적이 높다고 해서 반드시 그에 상응하는 보상이 따르는 것도 아니다. 부정이나 정실 등이 작용하면 업적이 높아도 허사가 된다. 또한 승진을 원하는 사람에게 월급을 올려주는 것은 동기부여에 크게 도움이 되지 않는다.

기대이론에 의하면 사람이 노력하게 되는 동기수준은 〈그림 13-11〉에서 보는 바와 같이 기대감, 수단성, 가치성의 3가지 요인에 의하여 결정된다.

〈그림 13-11〉 기대이론의 모형

기대감(expectancy)은 노력했을 때 성과가 나타날 가능성에 대한 주관적인 인식으로 정의된다. 사람은 자신의 능력으로 목표달성의 성과가 얻어질 것으로 생각되지 않으면 노력하지 않는다. 반대로 성과가 나타날 것으로 생각하면 목표달성을 위하여 최선의 노력을 기울이게 된다. 이처럼 기대감은 노력과 성과 간의 관계이며, 전혀 성과가 나타나지 않는 기대치 0과

확실히 성과가 얻어지는 기대치 1 사이의 값으로 정해진다.

수단성(instrumentality)은 성과가 있을 때 보상이 주어질 가능성에 대한 주관적 인식을 말한다. 수단성은 성과와 보상간의 관계이므로 이를 강화하려면 성과와 보상 간의 관련성을 강화해야 한다. 조직에서 보상은 임금, 안전, 인정, 승진 등이 가능하다. 수단성은 성과로부터 보상을 얻을 수 있는 주관적인 확률로, 전혀 가능성이 없는 0의 값으로부터 확실하게 보상받을 수 있는 1의 값 사이에서 결정된다.

가치성(valence)은 보상에 대한 욕구의 정도를 가리키는 것으로, 개인에게 있어서 제공되는 보상의 중요성이나 가치를 의미한다. 가치성은 긍정적일 수도 부정적일 수도 있다. 따라서 가치성은 음의 값, 0, 양의 값을 모두 가질 수 있으며, -1에서 +1까지의 범위를 갖는다. 가치성이 양의 값을 가지는 경우는 보상을 좋아한다는 의미이고, 가치성이 0의 값인 경우는 보상에 관심이 없다는 뜻이다. 가치성이 음의 값인 경우는 보상을 싫어한다는 의미를 갖는다.

기대이론에서 동기를 불러일으키는 힘(motivational force: MF)의 공식은 기대감, 수단성, 가치성의 곱으로 결정된다.

$$\text{MF} = \text{기대감} \times \text{수단성} \times \text{가치성}$$

9.2 기대이론의 특징

기대이론은 다른 동기이론에 비하여 포괄적이며 다음과 같은 특징을 갖는다. 첫째, 기대이론은 인지적인 성격을 갖는 이론이다. 기대이론에서 직무에 관한 동기부여는 노력과 성과의 기대감, 성과와 보상의 수단성, 보상과 만족의 가치성에 대하여 개인이 느끼는 기대값으로 결정된다.

둘째, 기대이론은 동기과정에 기초한 이론이다. 기대이론은 사람의 행동을 유발하는 욕구에 대하여 다루는 이론이 아니라, 사람의 욕구가 어떤 과정을 통하여 진행되는지를 설명하는 이론이다.

마지막으로, 기대이론은 곱셈모형이다. 기대이론에서 동기를 불러일으키는 힘은 기대감, 수단성, 가치성의 곱으로 설명되고 있다. 이는 3가지 요소 가운데 어느 하나라도 0의 값을 갖게 되면 동기를 불러일으킬 수 없음을 의미한다.

9.3 조직경영에서 응용

기대이론을 응용하면 직원들의 동기를 높일 수 있다. 동기를 불러일으키는 힘은 기대감, 수단성, 가치성의 곱이므로 경영자들은 이들 각각을 높이는 방법을 강구해야 한다.

9.3.1 기대감을 높이는 방법

회사에서 직원들이 노력할 때 성과가 나타날 것이라는 기대감을 높이려고 한다면 다음 사항에 유의해야 한다.

- 직원들이 달성할 목표를 정확히 제시해준다.
- 교육과 훈련을 통하여 개인의 능력이나 기술을 개발해 준다.
- 적절한 직무를 부여하거나 재배치한다.
- 직원들에게 목표 달성에 대한 확신을 주어 자신감을 높여준다.
- 상하급자들로부터 도움을 받는다.
- 직무수행을 위한 충분한 정보와 자원을 공급받는다.

9.3.2 수단성을 높이는 방법

성과를 나타냈을 때 보상이 있을 것이라는 수단성을 높이려면 다음에 유의해야 한다.

- 신뢰할만한 성과의 측정방법을 사용한다.
- 보상에 대한 객관적인 기준을 사전에 명확히 제시한다.
- 보상의 약속을 철저히 지킨다.

9.3.3 가치성을 높이는 방법

직원들이 원하는 것을 올바로 보상해 주려면 그들의 욕구를 알아내야 한다. 설문이나 인터뷰를 통하여 직원들이 원하는 것들을 올바로 파악하고, 이들을 보상으로 제시해야 한다. 직원들이 원하는 것들을 보상으로 제공하지 않으면서 그들의 동기유발을 기대할 수는 없다.

10. 목표설정이론

목표설정이론(goal setting theory)은 1968년 로크(E. Locke)에 의하여 처음 제시되었으며, 가장 타당성 있는 이론으로 알려져 있다. 목표설정이론은 개인이 정한 목표가 그의 성과를 좌우한다는 이론으로, 목표가 동기부여의 요인이 된다.

10.1 목표설정이론의 내용

목표설정이론의 내용은 다음과 같다. 사람은 현재의 상황을 인지평가하면서 감정적으로 반응하게 된다. 그리고 현 상황을 변화시키기 위하여 미래에 대한 목표를 의식적으로 설정하고 행동에 옮기게 된다. 결과적으로 목표설정에 따른 그의 행동은 미래상황에 변화를 가져다준다. 이처럼 목표설정이론은 〈그림 13-12〉에서 보는 바와 같이 현재의 상황, 상황에 대한 인지평가, 감정적 반응, 목표설정, 목표달성을 위한 행동의 5단계로 이루어진다.

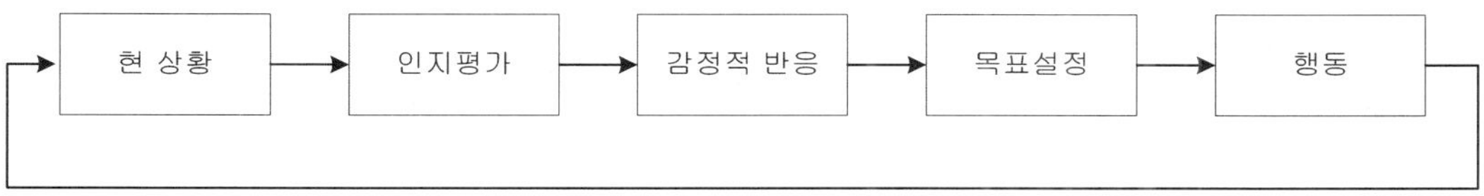

〈그림 13-12〉 목표설정이론

예를 사용하여 목표설정이론을 구체적으로 설명해보자. 모회사의 영업사원 김대리는 지난해 계약실적이 평균 이하였다. 김대리는 스스로 계약실적이 너무 낮다고 평가했다. 그는 전년도 실적이 매우 불만족스러웠으므로 이를 만회해야겠다고 생각했다. 올해 김대리는 계약실적을 상위 20% 이내로 정했다. 그리고 이 목표를 달성하기 위하여 좋은 방법을 모색하며 열심히 노력하고 있다. 김대리는 올해의 계약실적이 설정한 목표에 도달하게 될 것으로 기대하고 있다.

〈그림 13-12〉에서 보여준 목표설정이론의 각 단계에 해당하는 내용을 김대리의 예를 통하여 살펴보자.

- **현재의 상황**: 전년도 계약실적이 평균 이하였다.
- **인지평가**: 전년도 계약실적이 너무 낮다.
- **감정적 반응**: 전년도 계약실적이 매우 불만족스럽다.
- **목표설정**: 올해의 계약목표를 상위 20% 이내로 정했다.
- **목표달성을 위한 행동**: 목표달성을 위하여 새로운 방법을 찾고 열심히 노력한다.

10.2 목표설정의 효과와 유의점

목표를 설정하면 설정하지 않을 때보다 업무성과가 크게 나타난다. 설정한 목표를 달성하게 되면 성취감을 경험하게 되므로 동기유발의 효과가 나타난다. 따라서 맡은 업무를 효과적으로 수행하려면 반드시 목표가 설정되어야 한다. 목표를 설정할 때 다음 사항에 유의하면 큰 성과를 얻을 수 있다.

- **목표의 구체성**: 목표의 내용, 기간, 수준 등을 구체적으로 정한다.
- **목표의 난이성**: 목표는 가능한 범위 내에서 다소 어렵게 세운다.
- **목표설정에 참여**: 목표를 정할 때 담당자가 함께 참여한다.
- **피드백**: 수행하고 있는 업무에 대하여 자주 피드백을 받는다.

10.3 목표관리

1950년 피터 드러거(Peter Drucker)에 의하여 소개된 목표관리(management by objective: MBO)는 목표설정이론을 기업에 적용하여 업무성과를 높이려고 시도한 현대적인 관리기법이다. 이는 상사와 부하직원이 함께 목표를 설정하고 6개월에서 1년에 걸쳐 부하직원들의 활동을 추적하며 목표를 검토하는 관리방법이다. 목표관리의 과정은 〈그림 13-13〉에서 보는 바와 같이 목표설정, 동기부여, 과업실시, 평가의 순으로 이루어진다.

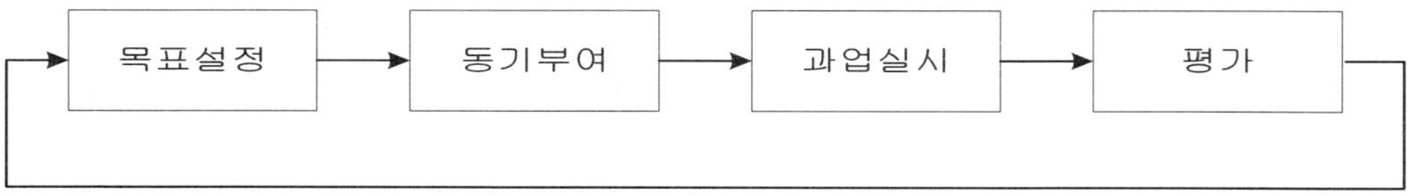

〈그림 13-13〉 목표관리의 과정

10.3.1 목표설정

상사와 부하직원이 함께 상의하면서 목표를 정한다. 목표는 수용가능한 범위 내에서 어렵고, 도전적이며, 구체적으로 정한다. 이 때 목표의 범위와 시기, 계량화된 목표량 등이 결정된다.

10.3.2 동기부여

상사는 부하직원에게 목표의 중요성을 잘 설명한다. 목표달성에 따르는 다양한 보상을 제시하여 부하직원이 목표를 수용하고 기꺼이 노력하도록 동기를 제공한다.

10.3.3 과업실시

상사는 부하직원이 목표달성에 필요한 기술을 확보할 수 있도록 훈련을 실시하고, 필요한 정보를 제공한다. 또한 업무수행정도를 지속적으로 피드백하여 목표달성을 위해 노력하도록 유도한다. 목표를 달성할 가능성이 없거나 예상 외로 쉽게 달성할 수 있을 때, 상사는 부하직원과 함께 상의하여 목표를 수정한다.

10.3.4 평가

부하직원이 설정한 목표를 달성하게 되면 잘한 내용과 잘못한 내용을 평가하여 다음 목표설정에 적극 활용한다.

10.4 피드백과 목표달성을 위한 노력

목표설정이론에 따르면 종업원이 과업을 수행하는 도중에 피드백된 현재의 성과와 목표의 차이를 인식하게 되면 그 차이를 줄이기 위하여 노력을 기울이게 된다. 하지만 그 차이를 인식했다고 해서 반드시 노력하게 되는 것만은 아니다. 기대이론에 의하면 아무리 노력해도 목표에 도달할 가능성이 없다고 생각되는 경우에는 아예 노력을 포기할 수도 있다. 귀인이론에 의하면 통제외재론자들은 목표가 주어져도 적극적으로 노력하지 않는다.

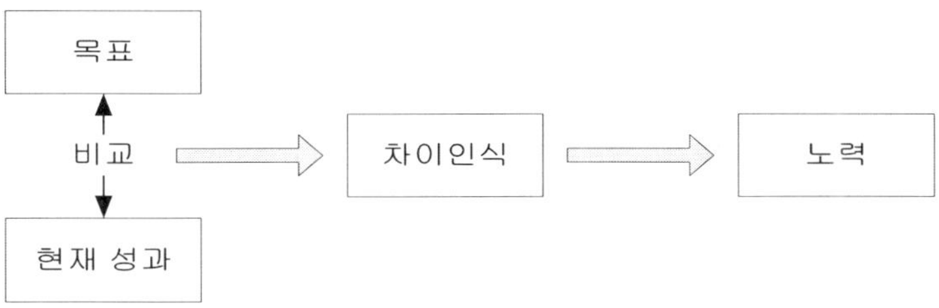

〈그림 13-14〉 피드백과 목표달성을 위한 노력

목표설정의 효과

일을 제대로 끝마쳤을 때 얻게 되는 성취감은 사람들에게 큰 만족감을 준다. 이러한 성취감은 목표가 있을 때에만 경험할 수 있다. 산사나이들은 산이 있기 때문에 산에 오른다고 말한다. 그들에게 있어 높은 산의 정상은 도달해야 할 목표다. 그들은 정상이라는 목표에 도달하고자 부단히 노력한다. 그리고 그 산의 최고 정상에 올라갔을 때 산을 정복했다는 성취감을 만끽하게 된다. 이런 만족감을 얻기 위하여 그들은 지옥 같은 험난한 고생도 마다 않고 기꺼이 감수한다.

목표가 주어졌을 때 어려움을 더 오래 참게 된다는 실험결과가 있다. 추운 겨울에 사람들을 두 그룹으로 나누어 벌거벗은 채 얼음물 속에 있게 하였다. 첫 번째 그룹에 속한 사람들에게는 아무런 목표를 주지 않았고 가능한 오래 있으라고 요구하였다. 3-4분쯤 지났을 때 참가자들의 대부분은 더 이상 참지 못하고 물 밖으로 뛰쳐나왔다. 두 번째 그룹의 사람들에게는 10분이라는 목표를 주고 중간 중간에 남은 시간을 알려주었다. 참가한 사람들은 대부분 목표시간까지 참고 견뎌냈다. 목표가 주어지면 사람들은 목표달성을 위해 모든 에너지를 집중하게 된다. 반면에 목표가 주어지지 않으면 사람들은 쉽게 싫증을 느끼고 지지부진한 성과를 나타내게 된다.

11. 공정성이론

아담스(J. Adams)의 공정성이론은 사회비교이론의 하나로, 사람들이 공정한 대우를 받기 위해 노력하는 것을 설명하는 동기유발이론이다. 이는 페스팅거(L. Festinger)에 의해 제기된 인지부조화이론에 근거하고 있다.

11.1 공정성이론의 내용

공정성이론(justice theory)은 인간이 자신의 사회적 관계를 타인들과의 비교를 통해 평가한다는 가정에서 시작된다. 종업원은 자신이 수고한 투입물(input)과 그로부터 얻어진 결과물(outcome)을 타인과 비교한다. 회사에서 종업원의 투입물은 교육, 경험, 기술, 노력 등이며, 종업원은 투입물에 대한 타당한 보답을 회사 측에 기대한다. 회사는 그 투입물에 대하여 임금, 인정, 승진과 같은 결과물을 종업원에게 제공한다. 얻어진 투입물과 결과물의 비율이 다른 사람들과 동일하다면 종업원은 공정하다고 느끼게 된다. 하지만 공정하지 않다고 느끼는 경우에는 불쾌감과 긴장이 유발되며, 공정성을 회복하는 방향으로 노력하게 된다. 공정성이론에 대한 대부분의 연구는 종업원의 노력이나, 성과를 투입물로, 회사에서 제공하는 급여수준을 결과물로 고려하고 있다.

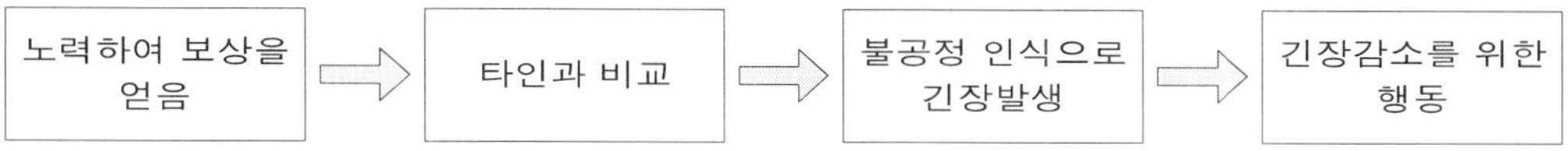

〈그림 13-15〉 공정성이론

11.2 불공정성에 대한 반응

개인이 불공정성을 지각하게 되면 부족한 보상에 따른 불만이나, 과다한 보상에 따른 부담감을 나타내게 된다. 이러한 긴장감은 불공정성의 정도에 따라 달라지며, 결국 불공정성을 감소시키는 방향으로 동기가 주어진다. 이러한 불공정성을 감소시키기 위해 다음과 같은 방안들이 사용되고 있다.

11.2.1 투입물의 변경

불공정성이 유리한지 불리한지에 따라 투입물을 증가시키거나 감소시킨다. 예를 들어 보상이 적다고 느끼는 경우에는 노력을 줄여 투입물을 적게 하고, 보상이 많다고 느끼는 경우에는 더 많은 노력을 기울인다.

11.2.2 결과물의 변경

결과물을 변경시키는 경우에는 주로 결과물의 증가가 이용되며 결과물의 감소는 거의 이루어지지 않는다. 결과물 증가의 예로는 노조의 압력에 의한 임금인상이나, 작업조건의 개선 등이 있다.

11.2.3 자신의 투입물이나 결과물의 왜곡

투입물이나 결과물을 변경시키지 않고도 인지적으로 이들을 왜곡시켜 공정성을 회복시키기도 한다. 예를 들어 회사로부터 불공정한 대우를 받았다고 느꼈을 때, '지난 분기에는 나의 실적이 미미했다'라고 생각하면서 투입물을 인지적으로 변경하기도 한다.

11.2.4 타인의 투입물이나 결과물의 왜곡

왜곡은 자신만이 아니라 비교대상에 대해서도 일어날 수 있다. 예를 들어 자신이 받는 대우가 부당하다고 느끼는 경우, 비교대상이 실제보다 열심히 일하기 때문에 보상을 자신보다 더 많이 받는다고 생각할 수 있다.

11.2.5 비교대상자의 변경

개인이 불공정성을 느끼는 경우, 비교대상을 바꾸는 방법으로 불공정성을 줄일 수도 있다. 비교대상으로 삼던 사람과 계속해서 비교하게 되면 늘 불공정을 느낄 수밖에 없다. 이런 경우 자신과 처지가 비슷한 다른 사람으로 비교대상을 바꾸면, 자신의 상황을 합리화할 수 있게 되어 불공정성에서 벗어날 수 있다.

11.2.6 직장이동

직장을 떠나는 것도 불공정성을 줄이는 한 가지 방법이다. 이는 극단적인 방법이지만 불공정성이 매우 크거나, 다른 방법을 모두 사용하여도 불공정성을 감당할 수 없을 때 사용하게 되는 최후의 방법이다.

11.3 경영에 있어서 공정성이론의 의의

공정성이론은 경영에 있어서 다음과 같은 의의를 제공한다. 우선 경영자는 조직 내에서 종업원들의 사회적 비교에 주의를 기울여야 한다. 무엇보다도 종업원들이 불공정한 대우를 받는다는 느낌을 갖지 않도록 해야 한다. 아울러 경영자는 종업원들에게 동기를 부여할 때 지각의 중요성을 인식해야 한다. 어떤 종업원이 노력에 비해 과다보상되고 있음에도 불구하고 자신이 과소보상되고 있다고 느낀다면, 그는 객관적인 사실이 아니라 주관적인 느낌에 따라 행동하게 된다. 따라서 경영자는 자신의 지각세계가 종업원들과 다를 수 있다는 사실을 늘 기억해야 한다.

12. 인지평가이론

과거에는 성취감이나 성장발전과 같은 내적동기요인들과, 임금이나 작업조건과 같은 외적동기요인이 상호간에 영향을 주지 않는다고 생각했다. 그런데 실제로 이들이 영향을 주고 있는 사례가 자주 발생하고 있다. 자발적으로 열심히 일을 했는데 그에 대하여 외적보상이 주어지는 경우, 〈그림 13-16〉과 같이 일에 대한 내적동기가 줄어들게 된다. 외적보상이 주어지면서 일하게 된 동기가 일 자체의 내적동기에서 보상의 외적동기로 바뀌어졌기 때문이다. 이런 경우 외적보상을 중단하게 되면 내적동기는 이전 수준으로 복원되지 않는다. 이처럼 외적동기에 의하여 내적동기가 떨어지는 현상을 '인지평가이론'(cognitive evaluation theory)이라고 부른다.

어느 조그만 회사에서 몇몇 직원은 퇴근시간 후에 자발적으로 모여 세미나를 갖곤 하였다. 이 사실을 알게 된 사장은 퇴근 후의 세미나를 업무의 일부로 간주하여 수당을 지급했다. 그러자 소문을 듣고 많은 사원들이 그 세미나에 참여하였다. 몇 달 후 재정적인 부담을 느끼게 된 사장은 세미나 수당을 지급하지 않겠다고 통보했다. 그 이후 세미나에 참여하는 사람들은 눈에 띄게 줄었고 결국 세미나는 사라져 버렸다.

이처럼 개인의 성과에 따라 주어지는 외적보상이 일에 대한 내적 만족감을 줄어들게 하여 자발적인 활동을 축소시키는 일은 자주 발생한다. 따라서 자발적인 활동을 보상하는 일은 신중히 검토하여 내적동기가 줄어들지 않도록 해야 한다.

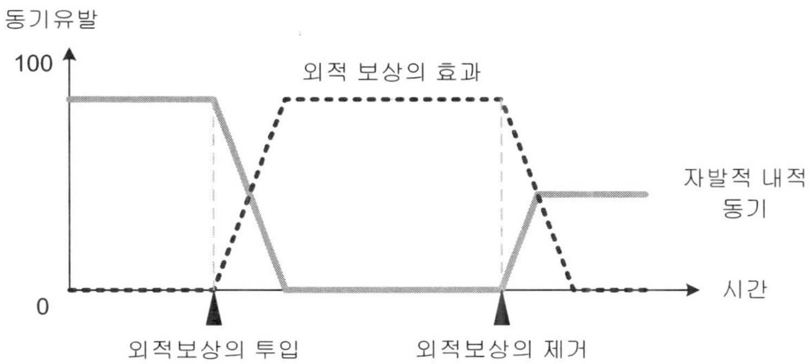

〈그림 13-16〉 인지평가이론

자발적 동기와 상장

미국의 심리학자 레퍼는 보육원 원아들을 대상으로 여러 색깔의 매직으로 종이에 그림 그리는 실험을 실시했다. 그는 3그룹의 원아들에게 조건에 따라 그들의 흥미가 어떻게 바뀌는지 관찰하였다. 첫 번째 그룹의 원아들에게는 그림을 그리면 금색인장과 리본이 달린 상장을 주겠다고 약속하였다. 두 번째 그룹의 원아들에게는 첫 번째 그룹과 똑같이 상장을 주지만 사전에는 아무 말도 하지 않았다. 마지막 세 번째 그룹의 원아들에게는 상장을 약속하지 않았고 실제로 주지도 않았다.

그림을 모두 그렸을 때 첫 번째와 두 번째 그룹의 원아들에게는 상장을 주었다. 그리고 모두가 볼 수 있도록 그림을 게시판에 붙였다. 세 번째 구룹의 원아들에게는 아무 것도 주지 않았다.

진짜 실험은 이제부터다. 그 이후 유치원 교실 안에 매직과 종이를 준비해 두고 원아들이 아무 때나 그림을 그리도록 하였다. 그리고 원아들이 어떤 반응을 보이는지 수일 동안 관찰하였다. 그 결과 첫 번째 그룹의 원아들은 나머지 두 원아들에 비하여 그림 그리는 횟수가 두드러지게 적게 나타났다. 레퍼는 상장이라는 외적동기가 자발적으로 그림 그리려는 내적동기에 악영향을 미친 것이라고 설명했다.

13. 동기부여의 실제적 방법

종업원에게 업무에 대한 동기를 제공하는 요인으로는 두려움, 작업여건, 보상, 업무만족이 있다.

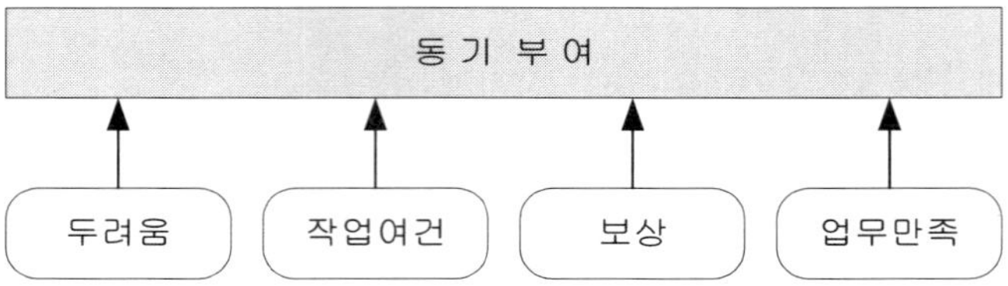

〈그림 13-17〉 동기부여의 방법

13.1 두려움을 이용한 동기부여

두려움을 이용한 강압적 동기부여는 해고나 감봉 등 불경기같이 직장을 얻기 힘든 경우에 가능한 방법이다. 이 때 직원들은 금전적인 손실이나 직장을 잃지 않기 위하여 회사의 요구에 따라 열심히 노력하게 된다. 하지만 이런 방법은 일시적으로는 효과가 있을 뿐이며, 장기적으로는 직원들의 불만을 초래하여 조직 내의 협력과 의사소통의 저하를 가져올 수 있다.

13.2 작업여건을 이용한 동기부여

작업여건을 통한 동기부여의 방법으로는 경쟁력있는 급여, 복리후생, 재미있는 근무환경 등을 꼽을 수 있다. 이 때 급여와 복리후생은 동기부여의 요인이기보다는 불평불만을 줄이는 위생요인으로 알려져 있다. 복리후생으로는 의료보험, 학자금지원, 단기보험, 주택자금 등이 있다.

작업여건으로 동기유발에 영향을 주는 중요한 요인으로는 즐거운 근무환경이 있다. 일의 재미와 직원의 생산성, 창조성, 사기, 만족 사이에는 직접적인 관계가 있는 것으로 알려져 있다. 즐거운 근무환경에서 일하는 직원들은 큰 에너지, 큰 자신감, 일에 대한 열정, 단체정신, 지속적인 동기유발, 긍정적인 자세 등을 경험하게 되기 때문이다. 미국 텍사스의 사우스웨스트항공사는 직원들이 즐겁게 일하는 펀경영(fun management)으로 유명하다. 이 회사는 창업 이래 30여년 연속 흑자를 기록하고 있으며, 미국에서 가장 일하기 좋은 10대 기업으로 두 번이나 선정되는 영광을 차지하기도 하였다.

13.3 외적보상을 이용한 동기부여

업무를 수행한 결과에 대하여 적절히 보상해 주면 만족감이 생겨나고, 이는 업무수행에 긍정적으로 작용한다. 외적보상을 이용한 동기유발의 과정은 〈그림 13-18〉과 같이 이루어진다. 회사에서 직원들의 동기를 제공할 수 있는 외적보상의 방법으로는 보너스, 승진, 인정, 칭찬 등이 있다.

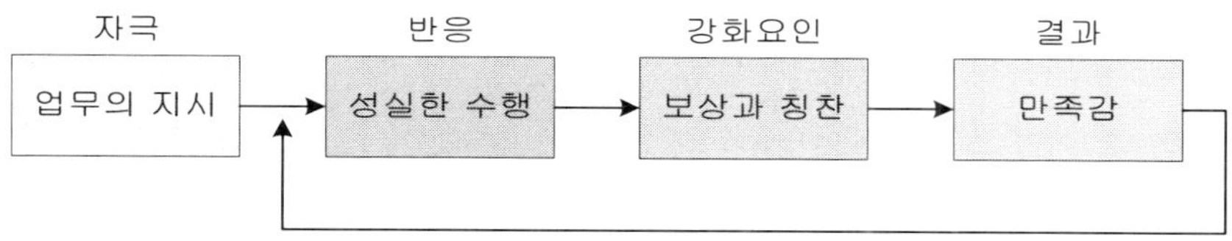

〈그림 13-18〉 외적보상에 의한 동기유발

13.3.1 성과에 대한 특별 보너스

기대된 보너스는 동기유발의 효과가 크지 않지만, 기대하지 못한 갑작스런 보너스는 동기유발의 효과가 매우 크다. 특별 보너스는 수당뿐만 아니라 상품권, 티켓, 상품 등의 선물로도 가능하다.

13.3.2 승진

승진은 성과를 보상하는 확실한 방법이지만 조심스럽게 시행되어야 한다. 승진이 너무 빠르면 준비부족으로 좌절할 수도 있고, 너무 늦으면 회사를 떠날 수도 있기 때문이다. 직원을 승진시킬 때에는 승진이 그의 목표에 부합되어야 한다. 아울러 그가 새로운 지위에서도 계속해서 좋은 성과를 발휘할 수 있도록 적절한 교육훈련이 필요하다.

13.3.3 인정과 칭찬

특별한 공로가 있는 사람에게는 인정과 칭찬이 따라야 한다. 사람들이 모인 자리에서 공개적으로 칭찬하거나, 사보에 성공담을 싣거나, 업적고가에 적극 반영하는 것은 상당히 효과적인 방법이다. 특별한 공로가 없더라도 직원에 대한 기대, 인정, 칭찬은 동기유발에 큰 도움을 준다.

직원에 대한 보상은 공평하게 이루어져야 한다. 보상이 불공평하게 이루어지면 사람들의 불만을 불러일으켜 오히려 역효과가 나타나기 때문이다. 보상의 효과는 오래 지속되지 않는다. 이는 잠시 유지될 뿐이며 곧바로 이전의 상태로 되돌아간다. 따라서 보상의 효과가 지속되게 하려면 수시로 더 큰 보상이 제공되어야 한다.

칭찬과 인정의 위력

칭찬과 인정의 힘은 대단하다. 다른 사람들로부터 칭찬과 인정을 받게 되면 자신감과 자존감이 높아진다. 뇌에서 신경전달물질이 분비되어 기쁨을 느끼게 되고 힘이 솟아난다. 그는 더 큰 칭찬과 인정을 받기 위하여 더 열심히 노력하게 된다.

세계적인 소프라노 성악가인 조수미는 TV에 출연하여 성악가로 대성하게 된 계기를 고백한 적이 있었다. 중학교 때 우연히 노래를 불렀는데 선생님이 목소리가 매우 예쁘다고 칭찬해 주었다고 한다. 그 후부터 자신감이 생겨 열심히 노래를 부르게 되었고 오늘에 이르게 되었다는 것이다.

'여자는 자기를 사랑해주는 낭군을 위하여 단장을 하고, 남자는 자신을 인정해주는 주군을 위하여 목숨을 바친다.' 는 말이 있다. 다른 사람을 움직이게 하는데 있어 칭찬과 인정의 효과를 강조한 말이다. 이런 말도 있다. '인정하라. 충성을 다할 것이다. 칭찬하라. 존경으로 되돌아 올 것이다.' 존경은 칭찬의 일종이다. 웃사람에게 하는 칭찬이 바로 존경이기 때문이다. 아랫사람이든 윗사람이든 누구나 칭찬을 필요로 한다. 칭찬과 인정을 서로 주고받을 때 우리가 속한 집단은 더욱 활기차게 움직이게 된다.

13.4 직무만족을 통한 동기부여

업무를 성실히 수행하여 좋은 성과를 얻게 되면 성취감과 만족을 누리게 되고, 이는 직무수행에 긍정적으로 작용하게 된다. 직무만족을 통한 내적 동기유발의 과정은 〈그림 13-19〉와 같이 이루어진다. 회사에서는 개인적인 성장, 일 자체에 대한 성취감과 만족, 목표달성에 대한 기대감, 팀웍, 주인의식 등의 방법으로 직원들의 내적동기를 유발할 수 있다.

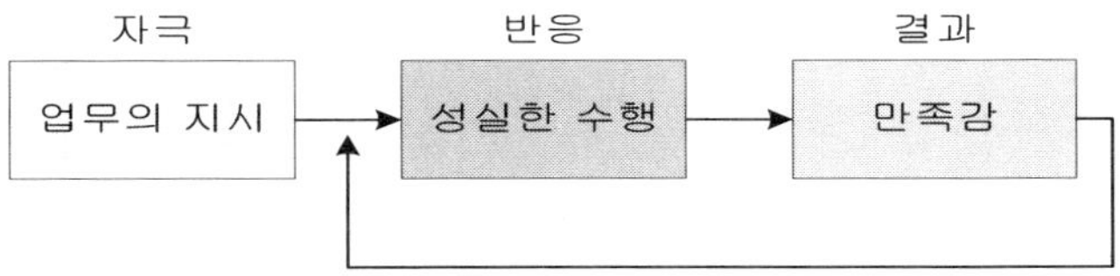

〈그림 13-19〉 내적만족에 의한 동기유발

13.4.1 개인적 성장

직원들은 과업을 수행하면서 자신의 능력을 발전시키게 된다. 이런 말이 있다. "잠재력은 스스로 계발해내지 않으면 결코 알 수 없다. 그것은 당신 자신에게 달린 일이다."

우리는 힘든 업무를 맡아 그것을 수행하면서 업무처리방식이나 장비사용법 등을 배우게 된다. 제안서작성, 보고서발표 등을 통하여 의사소통능력을 개발하게 된다. 여러 직원들과 어울리면서 대인관계능력이 향상된다.

13.4.2 일 자체의 만족과 성취감

일은 그 자체로 직원들에게 만족감이나 성취감을 제공하는 내적 보상으로 작용한다. 자신이 하고 있는 일을 좋아할 때, 자신이 하고 있는 업무의 중요성을 알고 있을 때, 자신의 생각에 따라 일을 수행할 때, 자신이 존경하거나 좋아하는 사람과 함께 업무를 수행할 때, 직원들은 만족과 성취감을 느끼게 되며 강한 동기가 부여된다.

13.4.3 목표성취에 대한 기대감

사람들은 보상 그 자체보다 보상에 대한 기대감 때문에 행동하게 된다. 따라서 직원들에게 비전을 제시하여 그들의 기대감을 높이는 것은 동기부여에 필수적이다. 직원들의 기대감을 불러일으키려면 직원들과 회사의 비전을 함께 공유해야 한다. 또한 그들의 노력이 보상을 가져온다고 분명히 믿게 해야 한다.

13.4.4 팀워크

팀을 구성하여 과업을 수행할 때 직원들은 소속감을 느끼게 된다. 또한 성공을 위하여 서로 협력하게 되며 열심히 일하려는 동기가 생겨난다. 팀에서 구성원들이 함께 일할 때 다음과 같은 긍정적인 효과를 기대할 수 있다.

- 함께 일할 때 문제를 보다 성공적으로 해결하게 된다.
- 팀제에서는 구성원들의 전문성, 경험, 개성의 차이를 건설적으로 사용할 수 있다.
- 팀원들은 협동하여 프로세스를 개선하고 낭비와 비용을 줄일 수 있다.
- 팀은 구성원들에게 소속감, 안정감, 자신감과 같은 내적만족을 제공한다.

13.4.5 주인의식

직원들이 회사의 주인이라는 의식을 갖게 되면 자발적으로 맡은 업무에 열중하게 된다. 따라서 회사는 보너스지급이나 스톡옵션 등의 방법을 통하여 직원들과 성공을 함께 나눌 필요가 있다. 또한 업무에 대한 의사결정권을 주는 방식으로 주인의식을 유발할 수도 있다. 유능한 경영자는 모든 직원들로 하여금 사업파트너로 생각하게 만든다. 이러한 주인의식의 태도가 이윤증대로 이어진 사례로는 휴렛패커드, 사우스웨스트 항공사, 노드스트롬, 인텔, 스타벅스, 월마트, 마이크로소프트 등에서 찾아볼 수 있다.

14. 동기부여에서 유의할 점

회사의 업무에 따라서는 동기부여가 필요하지 않거나 피해야 할 경우도 있다. 인지평가이론에서 이미 설명한 바와 같이, 자발적으로 열심히 일하는 사람들에게 동기부여는 오히려 역효과를 불러일으킨다. 자동화된 시스템을 다루는 업무는 기계가 업무성과를 좌우한다. 이런 경우 종업원에게 동기를 부여하는 것은 성과에 도움이 되지 않는다. 너무 어렵거나 조심스런 작업을 수행하는 경우에 동기를 부여하는 일은 피해야 한다. 자칫 종업원들의 실수를 유발할 수 있기 때문이다.

동기수준을 높인다고 해서 업무성과가 향상되는 것은 아니다. 업무성과에 영향을 주는 요인들로는 동기부여 외에도 종업원의 능력, 기술수준, 업무방법숙지정도, 종업원의 감정상태, 작업환경이 있다.

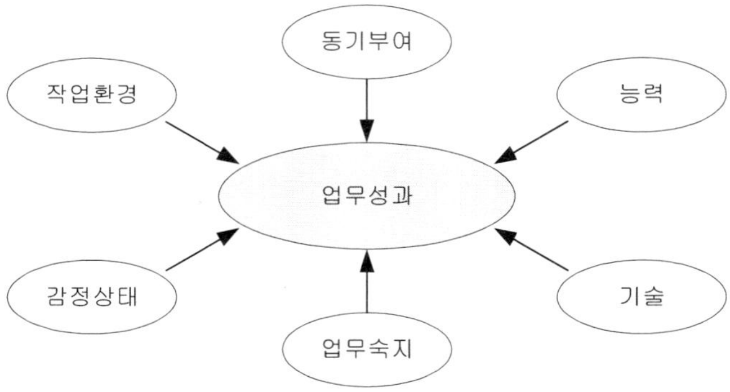

〈그림 13-20〉 업무성과의 요인

업무성과는 아래와 같은 공식으로 나타낼 수 있다.

$$업무성과 = 능력 \times 기술수준 \times 동기수준 \times 업무숙지 \times 감정상태 \times 작업환경$$

업무성과의 공식에서 각각의 요인들이 곱하기 관계인 것은 어느 한 요인만 부족해도 업무성과에 상당한 영향을 미친다는 것을 의미한다. 동기부여는 업무성과의 필요조건이며 충분조건이 아니다. 다시 말하여 동기수준을 크게 높인다고 해도 다른 요인들이 미흡하게 되면 업무성과는 제대로 올라가지 않는다. 반대로 동기수준이 낮다고 해서 업무성과가 반드시 떨어지는 것은 아니다. 다른 요인들을 잘 관리한다면 업무성과를 유지하거나 심지어 높일 수도 있다. 동기부여가 만능이 아니라는 말이다.

14장 의사소통

1. 의사소통의 개념

사람은 대부분의 시간을 말하고, 듣고, 쓰는데 사용한다. 조직에서도 마찬가지다. 조직의 운영은 다양한 의사소통을 통해 이루어진다. 조직은 의사소통을 통해 정보를 교환하고, 의사결정을 하며, 목표를 추구하게 된다. 따라서 의사소통이 원활하지 않으면 조직의 운영에 심각한 차질이 발생한다.

1.1 의사소통의 정의와 중요성

의사소통(communication)이란 사람들 사이에 언어와 비언어를 사용하여 자신의 의견, 감정, 정보를 전달하고 피드백 받으면서 상호작용하는 과정이다. 즉 의사소통은 사람들 간에 정보, 아이디어, 이해, 느낌을 교환하면서 공유하는 것이다.

세계적인 경영 컨설턴트인 스티븐 코비(Stephen Covey)는 "의사소통은 인생을 사는데 가장 중요한 기술이다"라고 말하였다. 또한 댄스(F. Dance)는 회사 중견간부의 경우 직장에서 80%는 다른 사람과 의사소통하면서 보낸다고 보고하였다. 민쯔버그(H. Mintzberg)의 조사에 의하면 관리자들은 하루 시간의 69%는 회의에서, 6%는 전화로, 3%는 이동, 여행으로 22%는 사무실 책상에서 보낸다고 한다.

사실 관리자의 업무는 의사소통 그 자체라고 할 수 있으며, 대부분은 다음과 같은 활동으로 이루어진다.

- 부하에게 업무를 지시한다.
- 부하기 수행한 업무에 대하여 평가한다.
- 부하에게 피드백을 제공한다.
- 상급자에게서 받은 정보를 부하에게 전달한다.

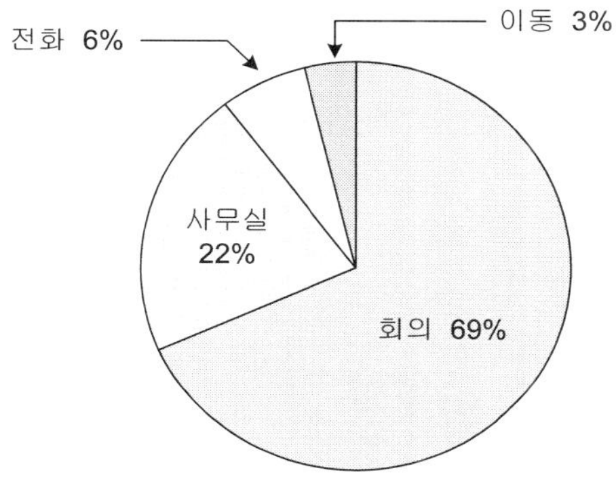

〈그림 14-1〉 관리자의 시간 사용

1.2 의사소통의 기능

의사소통은 조직을 운영하는데 중요한 기능을 수행한다. 조직 내에서 의사소통이 담당하는 핵심적인 기능으로는 정보전달기능, 지시통제기능, 동기부여기능, 감정표출기능이 있다.

- 정보전달기능: 의사소통은 조직에 필요한 정보를 전달하는 기능을 수행함으로 의사결정의 중추적 역할을 담당한다.
- 지시통제기능: 의사소통은 상급자가 지시와 명령을 통하여 하급자를 통제하는 기능을 수행한다.
- 동기부여기능: 의사소통은 조직구성원의 칭찬하거나, 목표를 정해주거나, 상담을 통하여 그들의 동기를 높이는 수단으로 사용된다.
- 감정표출기능: 의사소통은 조직의 구성원들이 기쁨, 만족, 불쾌감과 같은 자신의 감정을 다른 사람들에게 표출함으로 사회적 욕구를 충족시키는 역할을 한다.

1.3 의사소통의 과정

의사소통은 송신자, 부호화, 메시지, 전달경로, 해독, 수신자, 피드백 등의 요소들로 이루어져 있다. 의사소통이 이루어지는 구체적인 과정은 〈그림 14-2〉와 같다.

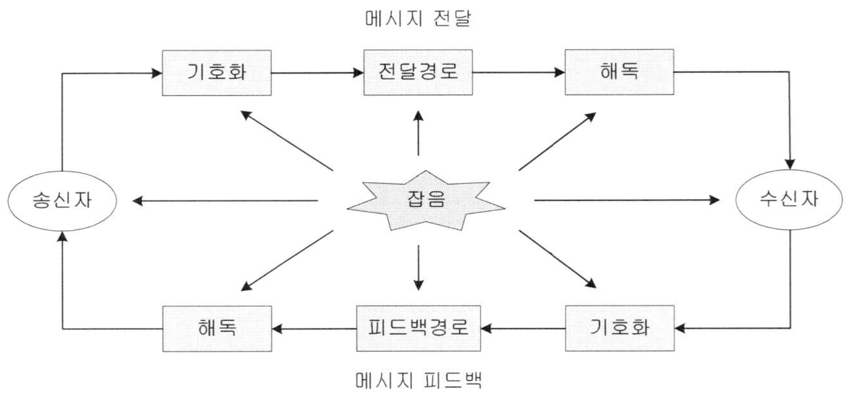

〈그림 14-2〉 의사소통의 과정

1.3.1 부호화

부호화(encoding)는 송신자의 생각을 체계적인 기호로 변환시키는 과정이다. 부호화에 사용되는 일반적인 방법으로는 말과 문서 등을 사용하는 언어적인 방법이 있다. 또한 신호, 몸짓, 그림, 숫자 등과 같은 비언어적인 방법을 통해서도 부호화는 가능하다.

1.3.2 전달경로

전달경로(channel)는 '매체'(medium)라고도 말하며 메시지의 전달수단을 가리킨다. 그 방법으로는 대화, 전화, 컴퓨터, 팩스, E-메일, 게시판 등이 있다. 전달내용에 따라 전달경로를 달리 선정해야 정확하고 효과적인 의사소통이 가능하다.

1.3.3 해독

해독(decoding)이란 수신자가 메시지를 해석하는 과정을 의미한다. 해독은 수신자의 지적 수준, 과거의 경험 등에 의하여 영향을 받는다. 해독된 내용이 송신자의 의도와 일치할 때 효과적인 의사소통이 이루어졌다고 말할 수 있다. 따라서 송신자는 수신자가 쉽게 이해할 수 있도록 메시지를 전해야 하며, 수신자는 받은 메시지를 정확하게 이해하려고 노력해야 한다.

1.3.4 피드백

피드백(feedback)은 송신자에게 전달된 수신자의 반응을 가리킨다. 이는 수신자의 반응을 송신자에게 전달하여 메시지가 올바로 전달되었는지 여부를 확인하게 하므로 의사소통에서 반드시 필요하다.

1.3.5 잡음

잡음(noise)은 송신자의 메시지를 왜곡시키는 모든 요인들을 가리킨다. 이는 의사소통의 모든 과정에 항상 존재하며, 물리적인 잡음뿐만 아니라 잡념 같은 심리적인 잡음도 포함된다.

2. 의사소통망

의사소통망(communication network)은 조직 내의 구성원들 간에 정보를 교환하는 경로구조를 의미하며, 그 유형에 따라 의사소통의 성과가 달라질 수 있다.

2.1 의사소통망의 유형

조직에서 의사소통망은 사슬형, Y자형, 수레바퀴형, 원형, 전체연결형의 5가지 유형으로 분류된다.

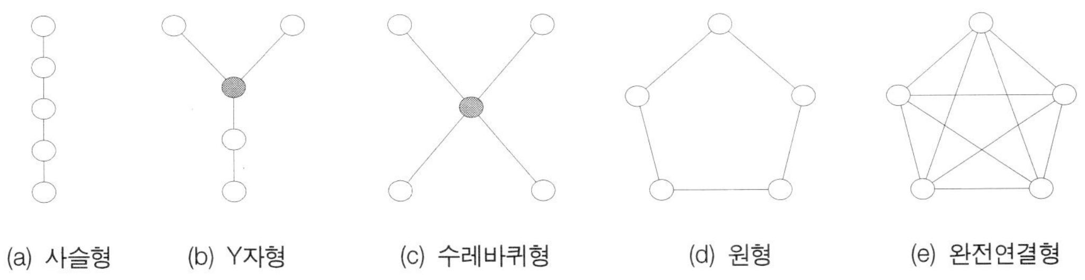

〈그림 14-3〉 의사소통망의 유형

2.1.1 사슬형

사슬형은 〈그림 14-3(a)〉와 같이 정보전달이 상하로 이루어지는 의사소통망의 유형이다. 이는 명령권한관계의 조직에서 찾아볼 수 있으며, 정보는 단계적으로 최종 중심인물에 집중된다. 단순 업무에 있어서는 신속성과 효율성이 높지만 정보의 왜곡이 일어나기 쉽다. 구성원 상호간에 피드백이 어려우므로 의사소통의 효과는 낮다.

2.1.2 Y자형

〈그림 14-3(b)〉의 Y자형은 특정한 리더는 없지만 비교적 집단을 대표할 인물이 있을 때 나타나는 의사소통망의 유형이다. Y형은 거꾸로 세우면 여러 하위자가 직속상위자에게 보고하는 형태다. 라인과 스텝의 혼합집단에서 자주 찾아볼 수 있으며, 조정역을 담당하는 사람을 통해야만 전체의 의사소통이 제대로 이루어진다. 단순한 문제를 해결할 때 정확도는 비교적 높은 편이다.

2.1.3 수레바퀴형

수레바퀴형은 〈그림 14-3(c)〉와 같이 집단 내에 중심인물이 있을 때 생겨나는 의사소통망의 유형이다. 하위자들끼리는 상호교류가 없고 모든 의사소통은 중심인물을 통하여 이루어진다. 단순한 문제가 발생하는 경우 신속하게 문제를 해결할 수 있다. 하지만 정보가 중심인물에게 집중되고 구성원들 간에는 정보공유가 잘 되지 않는 단점이 있다.

2.1.4 원형

〈그림 14-3(d)〉형태를 갖는 원형 의사소통망은 위원회나 태스크포스(task force)와 같이 구성원을 대표하는 인물이 없는 경우에 주로 발생한다. 근접한 구성원들 간의 상호 교류만 주로 이루어지므로 정보전달과 수집, 종합적 상황파악, 문제해결의 속도가 매우 느리다. 이 유형은 집단사고나 차선의 결정을 내릴 위험이 있다.

2.1.5 전체 연결형

〈그림 14-3(e)〉모양의 전체 연결형은 친구들의 모임같은 비공식집단에서 생겨나는 의사소통의 방법으로, 구성원들 간에 자유로운 의견교류가 이루어진다. 종합적인 상황파악과 문제해결에 시간이 많이 소요된다. 하지만 상황판단의 정확성이 높고, 창의성이 요구되는 문제에 적합하다. 전체연결형은 조직구성원의 만족도가 높게 나타나는 것으로 알려져 있다.

2.2 의사소통망의 유형에 따른 유효성 비교

집단의 성과는 의사소통망의 유형과 관계가 깊다. 정보전달의 정확성을 추구하는 경우는 전체 연결형이 바람직하지만, 신속하게 문제를 해결하는 데에는 바람직하지 않다. 사슬형은 정보전달과 문제해결속도는 빠르지만, 정보의 정확도가 떨어지고 결정된 내용을 구성원들이 기꺼이 수용하게 만드는데 어려움을 겪을 수 있다. 〈표 14-1〉에서는 의사소통망의 유형에 따른 유효성을 비교하고 있다.

〈표 14-1〉 의사소통망 유형의 유효성

유효성			사슬형	Y형	수레바퀴형	원형	전체연결형
정보 전달	정확도	단순한 문제	낮음	높음	높음	낮음	높음
		복잡한 문제	낮음	낮음	낮음	높음	높음
	신속도		빠름	빠름	빠름	느림	빠름
조직 행동	문제해결속도		빠름	빠름	빠름	느림	느림
	권력집중도		높음	높음	높음	낮음	낮음
	구성원 만족도		낮음	중간	중간	높음	높음
	결정 수용도		낮음	중간	중간	높음	높음

3. 의사소통의 방법

송신자가 수신자에게 메시지를 전달하는 의사소통은 기본적으로 언어적 의사소통과 비언어적 의사소통으로 구분된다.

3.1 언어적 의사소통

언어를 이용한 의사소통은 말에 의한 의사소통과 문서에 의한 의사소통으로 나누어진다.

3.1.1 말에 의한 의사소통

말에 의한 의사소통의 장점은 신속성과 피드백에 있다. 말로 하는 메시지는 신속하게 전달된다. 또한 피드백이 빠르므로 상대방이 그 내용을 제대로 이해하지 못하였을 때 신속히 수정할 수 있다. 말에 의한 의사소통의 단점은 여러 사람을 통과하면서 메시지 내용이 왜곡될 수 있다는 점이다.

3.1.2 문서에 의한 의사소통

문서에 의한 의사소통의 장점은 영구보관이 가능하여 필요할 때 언제든지 읽을 수 있다는 점이다. 특히 정확한 표현이 요구되거나 수신자가 가까이 없을 때에는 문서를 이용하는 방법이 보다 효과적이다. 문서에 의한 의사소통은 깊이 생각하여 작성한 문서를 매체로 사용하므로 논리적이고 명확하다. 하지만 문서를 준비하는데 시간이 많이 소요되는 것이 단점이다. 문서에 의한 의사소통의 또 다른 단점으로는 상대방이 수신했는지 혹은 그 내용을 제대로 이해했는지에 대한 피드백이 쉽지 않다는 점이다.

3.2 비언어적 의사소통

말과 글이 아니더라도 사람들은 얼굴표정, 몸짓 등의 방법으로 상대에게 메시지를 전달할 수 있다. 예를 들어 상대방을 뚫어지게 쳐다본다든지, 미소 짓는다든지, 눈살을 찌푸린다든지, 고개를 좌우로 흔든다든지, 시계를 자꾸 들여다보는 것들은 상대방에게 비언어적으로 메시지를 전하는 것이다. 이러한 비언어적 의사소통의 방법으로는 얼굴표정, 눈의 마주침, 몸의 동작과 자세, 송수신자간의 거리, 부언어(paralanguage) 등이 있다.

3.2.1 얼굴 표정

얼굴 표정은 감정을 표현하는데 있어 가장 탁월한 방법이다. 얼굴로 표현할 수 있는 기본적인 감정은 분노, 경멸, 메스꺼움, 두려움, 행복, 슬픔, 경악 등이며, 이들 감정을 표현하는 얼굴표정은 인종이나 문화에 따라 차이가 없는 것으로 밝혀졌다. 동양인보다는 서양인의 얼굴표정이 훨씬 더 다양하며 의사소통의 보조수단으로 자주 사용된다.

3.2.2 눈의 마주침

'눈치', '눈웃음', '눈짓' 등 눈에 관련된 많은 단어들이 사람들의 감정이나 심리상태를 표현하기 위하여 사용되고 있다. 통상적으로 눈을 마주치는 것이나 눈을 마주치는 시간에 의하여 상대방의 감정상태를 파악할 수 있다. 감정을 드러내는 시선의 종류로는 노려보기, 곁눈질하기, 눈 내리깔기, 눈 부라리기, 윙크, 쳐다보지 않기, 째려보기 등이 있다.

3.2.3 몸의 동작

동물들은 다양한 동작(movement)으로 의사표현을 하며, 사람 또한 동작으로 감정이나 생각을 표현한다. 예를 들어 고개를 끄덕이는 것으로 응답여부를 전달할 수 있고, 빨리 걸어가는 모습으로 바쁘다는 것을 알 수 있다.

3.2.4 몸의 자세

몸의 자세(posture)는 그 사람이 어느 정도나 긴장하고 있는지를 알려준다. 일반적으로 윗사람과 아랫사람이 마주할 때 윗사람은 이완된 자세를 보이는데 반하여 아랫사람은 경직된 자세를 취하게 된다.

3.2.5 송수신자 간의 거리

사람들은 타인으로부터 침범 당하지 않는 자유로운 공간을 원하며, 이를 '개인적 공간'(personal space)이라고 말한다. 개인적 공간은 각 사람의 문화적 배경, 사회적 지위, 성격, 연령, 성별에 따라 달라진다.

미국의 인류학자인 홀(E. Hall)은 미국의 문화권에서 사람들이 상황에 따라 편안하게 느끼는 송수신자간의 거리를 〈그림 14-4〉에서 보는 바와 같이 공적 거리, 사교적 거리, 개인적 거리, 친밀관계 거리의 4가지로 구분하였다.

- 공적 거리 : 4m 이상 떨어져 있어 공석 상에서 연설이나 강의를 들을 때 강사와 청중 간에 편안하게 느껴지는 거리다.
- 사교적 거리 : 사무실에서 업무상으로 공식적인 대화를 할 때나 혹은 사교적인 모임에서 불특정 다수와 이야기 나눌 때 편안하게 느껴지는 거리로 1~4m정도 떨어져 있다.
- 개인적 거리 : 50cm~1m 떨어져 있어 친한 친구끼리 대화를 할 때의 거리다. 손을 뻗으면 닿을 수 있으나 신체적 접촉은 원하지 않는다.
- 친밀관계 거리 : 50cm 이내의 서로 밀착될 정도의 거리로, 부모-자녀관계나 연인들 간의 친밀한 관계에서 관찰된다.

(a) 공적거리 (b) 사교적거리 (c) 개인적거리 (d) 친밀관계거리

〈그림 14-4〉 송수신자간의 거리

3.2.6 부언어

부언어(paralanguage)란 말로 표현된 메시지에 담겨있는 내용 이상의 단서를 의미한다. 이 단서들에는 목소리의 크기, 부드러움, 속도, 리듬 등이 포함된다. 우리 속담에도 '아' 다르고 '어' 다르다는 말이 있다. 같은 말을 하더라도 어떻게 표현하느냐에 따라 언어적 메시지와는 전혀 다른 의미를 전달할 수 있다는 뜻이다.

예를 들어 '자-알 한다.'라고 말할 때 '자-알'에서 말을 길게 끌면서 말끝을 올렸다가 내리게 되면 몹시 못마땅한 마음상태를 나타난다. "그래 잘 했어"라는 말을 들을 때도 불쾌한 느낌을 받는 경우가 있다. 우리는 평소보다 말이 빠르거나 느린 것, 혹은 높고 낮음을 통하여 상대방의 감정상태를 파악할 수 있다.

눈 마주침과 심리상태

눈을 마주치는 동작을 통하여 상대방의 심리상태를 파악할 수 있다고 한다. 예를 들어 상대방의 눈을 응시하는 시간이 길다면, 이는 상대방에게 좀 더 주의를 기울이고 있다는 표시다. 청중과 오래 눈을 마주치는 연사는 더 유능한 사람으로 평가받는다. 반대로 청중과 눈을 제대로 마주치지 못하고 있으면 긴장된 것으로 평가된다.

일반적으로 상대의 눈을 응시하는 시간이 길면 사교술이 좋고 신뢰감이 높은 사람으로 평가된다. 대체로 여자들은 남자들보다 상대방을 대할 때 시선을 오래 유지하는 경향이 있다. 하지만 상대방을 응시하는 시간이 너무 길게 되면 상대방은 불편하게 느껴지기도 한다. 불쾌하거나, 당황하거나 속이는 경우, 상대방과 눈길을 마주치는 일이 줄어든다. 하지만 노련한 거짓말쟁이들은 거짓말을 하면서도 자연스럽게 시선을 유지하므로 주의해야 한다.

윗사람과 아랫사람이 이야기할 경우 아랫사람은 윗사람을 오래 쳐다보게 되고, 윗사람은 아랫사람을 덜 쳐다본다고 한다. 남녀가 만날 때 여자는 남자보다 상대방을 더 오래 쳐다보는 경향이 있다고도 한다. 반면에 상당수의 남자들은 여자를 뚫어지게 응시하는 일이 많다고 조사되었다. 남자들의 지배적인 태도가 반영된 결과로 추측된다.

4. 의사소통의 장애와 극복

여러 가지 요인에 의하여 송신자의 메시지가 수신자에게 올바로 전달되지 않는 일이 자주 일어난다. 이러한 의사소통의 장애를 일으키는 요인과 이를 극복하는 방안에 관하여 살펴보기로 한다.

4.1 의사소통의 장애요인

구약성경에서는 바벨탑을 쌓던 사람들이 중도에 실패한 이유를 하나님이 그들의 언어를 혼잡하게 했기 때문이라고 말한다. 조직에서도 마찬가지다. 의사소통이 제대로 되지 않을 때 목표를 올바로 달성하는 것은 불가능하다. 조직 내에서 의사소통이 단절되었거나 잘못 이루어지는 경우에 발생하는 문제는 매우 심각하다. 의사소통을 방해하는 여러 장애요인 가운데 대표적인 몇 가지를 소개한다.

4.1.1 전문용어의 사용

집단에는 그들 내부에서만 통용되는 독특한 단어나 문구가 있다. 이러한 전문적인 특수용어나 집단언어는 집단 내에서는 효과적이지만 외부인들과의 의사소통에서는 장애를 일으킨다. 10대 학생들이 사용하는 은어를 나이든 세대의 사람들이 이해하지 못하는 것은 이 경우에 해당된다. 상대방이 이해하지 못하는 영어단어를 문장 중에 섞어서 말하는 것도 의사소통장애를 일으킬 가능성을 높게 한다.

4.1.2 여과

정보를 전달할 때 송신자가 의도적으로 사실의 일부를 누락시킬 때 이를 여과(filtering)라고 한다. 이는 100% 모두 전달했을 때 송신자에게 불이익이 올 수 있으므로 사실을 조작하려는 의도에서 비롯된다. 여러 계층을 거쳐 최고책임자에게 올라간 정보도 엉뚱한 내용으로 변해 있는 경우가 종종 있다. 여러 사람들을 거치면서 여과가 이루어졌기 때문이다.

4.1.3 선택적 지각

수신자는 송신자가 전달한 내용 가운데 일부만 선택하여 나름대로 해석하므로 의사소통장애가 일어난다. 사람들은 자신의 욕구를 충족시키거나 신념과 일치하는 메시지는 잘 받아들이고, 그렇지 않은 메시지는 부정하거나 귀를 기울이지 않는 경향이 있다.

4.1.4 신뢰감 부족

수신자가 송신자를 불신하거나 선입견을 가지고 있을 때 그의 메시지를 대충 듣거나 내용을 성급하게 판단하면 의사소통에 문제가 생긴다. 구성원들 간의 신뢰는 의사소통에 결정적으로 영향을 미친다.

4.1.5 감정상태

극단적인 감정상태는 송신자의 경우 메시지 전달에 지장을 주고, 수신자에게는 메시지 해석에 영향을 미친다. 감정이 격해지면 이성적이고 객관적인 사고과정은 무시되기 쉬우므로 의사소통에 막대한 지장을 준다.

4.1.6 시간 부족

전달할 메시지의 양에 비하여 시간이 부족하면 올바른 의사소통은 힘들어진다. 송신자의 경우 메시지의 누락이 생기기 쉽고, 수신자의 경우 부호화하고 해독하는 과정에서 오류를 범하기 쉽다.

4.1.7 조직분위기

조직의 분위기는 의사소통에 크게 영향을 미친다. 구성원 간에 높은 신뢰가 구축되어 있고 개방적인 분위기인 경우, 긍정적인 의사소통이 이루어질 가능성이 높다. 분위기가 좋은 조직에서는 메시지가 불충분해도 수신자가 그 부족한 부분을 호의적으로 해석하게 된다. 반대로 조직분위기가 좋지 않은 경우에는 좋은 메시지조차도 부정적인 방향으로 해석하여 내용을 왜곡시킬 가능성이 있다.

4.2 의사소통 장애의 극복방안

의사소통의 장애는 조직구성원들 간의 원활한 교류를 어렵게 하고 조직분위기와 성과를 저해한다. 의사소통장애를 극복하는 방법을 살펴보자.

4.2.1 적절한 매체의 선택

송신자는 전하려는 메시지를 명확하게 말, 문서, 행동 등으로 적절히 표현해야 한다. 가능하면 수신자가 쉽게 이해할 수 있는 매체를 사용하여 메시지를 전달해야 한다. 특히 감정상태와 관련된 메시지를 전달할 경우에는 말이나 글 같은 언어적인 매체보다는 제스처나 표정의 비언어적 매체가 효과적이다.

상대방이 이해할 수 있는 수준의 용어를 사용하여 쉽게 설명하거나, 말로 지시한 다음 그 내용을 기록한 문서를 넘겨주면, 의사소통의 장애를 극복하는데 상당히 도움을 준다. 〈그림 14-5〉는 메시지의 복잡성과 전달속도를 고려하여 선택할 수 있는 적절한 의사소통 매체들을 소개하고 있다.

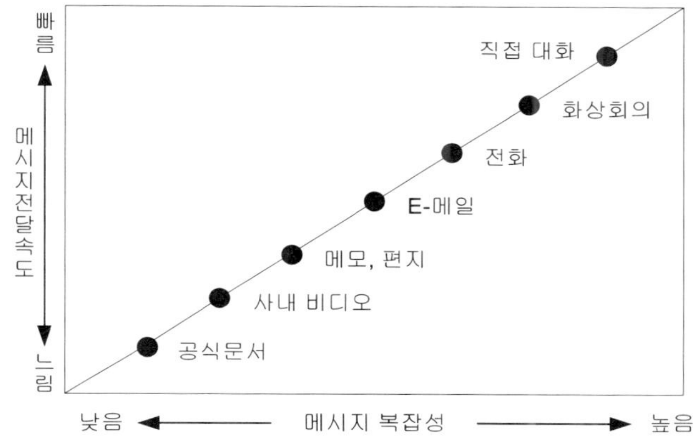

〈그림 14-5〉 적절한 의사소통 매체의 선택

4.2.2 비언어적 매체에 주의

송신자의 표정, 제스처, 안색, 억양 등의 비언어적 매체에 주의를 기울이면 메시지 이해에 큰 도움이 된다. 일반적으로 여자들이 남자들보다 비언어적 표현에 대한 이해가 빠르다고 알려져 있다. 우리나라 사람들의 경우 소위 '눈치'를 보는 감각은 비언어적 매체의 변화를 감지하는 중요한 의사소통의 능력이기도 하다.

4.2.3 적극적 경청

대다수의 사람들은 말하는 것을 좋아하면서도 듣는 것에는 별 관심이 없다. 사람들은 아는 것이 많다고 생각할수록, 자기중심적일수록, 자신에 대한 홍보가 필요할수록, 말을 많이 하려고 한다. 상대방의 말을 단순히 듣는 것과 적극적으로 경청하는 것은 다르다. 일반적으로 듣는 것은 수동적인데 반하여 적극적 경청(active listening)은 능동적이다. 적극적 경청은 지적인 노력과 정신력의 집중을 필요로 한다. 이는 상대방의 입장에서 상대의 욕구, 경험, 관심, 기대, 태도에 진지한 태도를 가지고 듣는 것이다.

4.2.4 감정의 억제

고도로 흥분된 감정상태에서는 의사소통이 제대로 될 수 없으므로, 감정이 가라앉을 때까지 기다리는 것이 좋다. 메시지를 들었을 때 그 내용을 있는 그대로 해독하는 것보다는 송신자와 자신의 감정상태를 고려하면서 이해하게 되면 상당 부분 오해를 줄일 수 있다. 의사소통의 활성화를 위하여 감정을 억제하는 것만이 바람직한 것은 아니다. 상대방을 설득할 때 말하는 사람이 메시지와 더불어 감정을 표출하는 비언어적인 방법이 뜻밖의 큰 효과를 나타내기도 한다.

4.2.5 피드백의 활용

송신한 내용이 올바로 전달되었는지 확인하지 않고 다음 내용을 보낸다면, 오해가 계속해서 누적되어 엉뚱한 의사소통이 된다. 따라서 송신한 메시지는 수시로 피드백을 받아 정확하게 전달되었는지 검증하고, 잘못이 확인되면 올바른 내용을 재송신해야 한다. 예를 들어 상사에게 지시를 받을 때 부하직원은 그 내용을 수첩에 메모하고, 상사의 말이 끝나면 그 내용을 즉석에서 확인하는 것이 바람직하다. 업무를 수행하는 도중에 틈틈이 중간보고를 생활화하는 것도 의사소통의 오류를 방지하는 유용한 방법이다.

경청의 기술

말하는 속도는 분당 100~150단어인데 비해 듣는 속도는 분당 400~500단어라고 한다. 말하는 것과 듣는 것 사이에는 상당한 여유가 있다. 그 여유시간에 다른 생각을 하다보면 상대 말의 핵심을 놓치기 쉽다. 듣기의 기술이 필요하다. 경청은 상대방의 입장에서 그를 이해하려는 의지를 가지고 공감하면서 듣는 것이다. 경청의 요령은 다음과 같다.

첫째, 상대의 말에 전적으로 몰두하라. 상대의 말을 듣고 있는 동안에는 할 말을 생각하거나 판단하지 말고 오직 상대에게만 집중하라. 성실한 자세로 그의 말과 태도를 민감하게 살피라. 그의 의도와 감정을 완전히 이해하려고 노력하라.

둘째, 상대의 말을 평가하지 말라. 상대의 말을 듣다보면 감정이 격해지거나 판단하기 쉽다. 속단은 금물이다. 상대의 말에 대하여 옳고 그름을 판단하지 말고 있는 그대로 받아들여라. 냉정함을 유지하고 섣부른 판단을 유보하라.

셋째, 상대에게 관심을 보여주어라. 묵묵부답은 곤란하다. "아, 그렇군요.", "바로 그것이 중요하지요." 이런 식의 짧은 반응으로 관심있게 듣고 있음을 상대에게 보여라. 확인하기 위하여 가끔 그의 말을 정리하거나 질문하는 것을 잊지 말라.

넷째, 상대방의 감정에 공감하라. 상대는 목적을 가지고 말한다. 자신을 이해해 달라는 것이다. 말 그 자체보다 상대의 감정을 파악하는 것이 더 중요하다. 상대의 입장에서 공감하라. 그럴 때 상대는 자신이 이해받고 있다고 생각하게 된다.

다섯째, 상대의 말을 끊지 말라. 상대의 말을 대충 이해했다고 서둘러 자신의 생각을 꺼내지 말라. 확인질문 외에는 말하는 도중에 개입하지 말라. 끝까지 듣는 것이 중요하다. 상대방의 말이 잠시 끊겼더라도 지속될 수 있으므로 좀 더 기다릴 필요가 있다.

5. 설득을 위한 의사소통

사람들은 자신의 메시지를 상대방이 이해할 뿐만 아니라 받아들여주기를 기대한다. 즉, 상대방이 설득되기를 기대하는 것이다. 설득은 메시지의 이해와 수용을 포함한다. 설득을 위한 의사소통에는 설득자의 특징, 메시지의 내용, 의사소통의 매체, 설득대상자의 4가지 요소를 고려해야 한다.

5.1 설득자의 특징

설득력이 있는 사람들에게는 다음과 같은 특징들이 발견된다. 이들은 그 분야에 대한 전문적인 지식이 있다. 자신감있게 전문적 용어를 사용하면서 유창하게 말할 때 사람들은 설득되기 쉽다. 또한, 이들은 사람들에게 신뢰를 받고 있다. 메시지를 전하는 사람이 신뢰할만할 때 상대방은 쉽게 설득되는 경향이 있다. 특히 자신의 주장만 내세우는 사람보다는 반대자의 주장을 인정하면서 자신의 입장을 주장하는 사람에게 더 이끌린다. 그 밖에도, 상대방에게 호감을 주거나 듣는 사람과 비슷한 부류의 사람이 더 설득력이 있다고 한다.

5.2 메시지의 내용

메시지의 내용이 크게 중요하지 않을 때는 설득자의 특징에 의하여 설득이 좌우된다. 그러나 메시지의 내용이 중요할 때는 그 내용이 설득의 관건이 된다. 상대방을 효과적으로 설득하려면 메시지의 내용을 준비할 때 다음을 유의해야 한다.

첫째, 메시지에서 논쟁이 되는 부분들을 모두 언급할 때 설득력이 있다. 상대방이 공감하거나 중시하는 내용을 먼저 언급한 다음, 자신의 주장을 이야기하는 것이 설득력을 높인다. 설득자가 자신의 관점에서만 이야기하면 신뢰성이 떨어지고 상대방에게 강요하는 느낌을 주어 메시지를 거부하게 만든다.

둘째, 주장하는 메시지는 몇 가지 핵심내용에 초점을 맞춘다. 일반적으로 사람은 몇 가지 강력한 주장만을 기억하는 경향이 있으므로, 전체 메시지에서 몇 가지 핵심적인 내용만을 강하게 주장하는 것이 설득에 보다 효과적이다. 메시지의 모든 내용을 다 강조하게 되면 설득의 초점이 흐려지고 불필요한 문제거리를 만들어 낼 수 있기 때문이다.

셋째, 메시지는 논리적인 주장과 감성적인 호소를 동시에 하는 것이 바람직하다. 감성적 호소는 심리적으로 활력을 북돋우지만 듣는 사람에게 조종당하는 느낌을 줄 수 있다. 반면에 논리적인 주장은 주장의 타당성은 인정받게 하지만 선택에 대한 심리적 활력을 높여주지 못한다. 따라서 논리적 주장과 감성적 호소를 함께 사용하면 상대방을 효과적으로 설득할 수 있다.

마지막으로, 메시지는 반대주장을 미리 차단할 수 있는 내용을 담고 있어야 한다. 설득력 있는 사람은 다른 사람의 주장이 영향을 미치지 못하도록 '예방접종'을 실시한다. 예방접종이란 다른 사람의 주장을 경계하도록 앞질러 경고하는 것을 말한다.

5.3 의사소통의 매체

상대방을 설득하고 동기를 부여시키려 할 때는 서면이나 전화같은 매체보다 만나서 마주보고 대화하는 것이 효과적이다. 대면하여 의사소통하게 되면 정보의 신뢰성 또한 높아지는 경향이 있다. 아울러 설득하려는 메시지가 원하는 효과를 발휘하는지 여부도 판단할 수 있다.

5.4 설득대상자의 특징

앞서 기술한 설득자의 특징, 메시지의 내용, 매체를 모두 고려했다고 해서 사람들을 모두 설득할 수 있는 것은 아니다. 자존심이 강한 사람이나 자기 신념이 투철한 사람은 설득하기가 매우 어렵다. 또한 설득하려는 내용에 대하여 이미 예방접종이 된 사람은 설득하는 것이 거의 불가능하다. 모든 사람을 설득할 수 없다는 사실을 인정하고, 구성원들 중에서 설득할 가능성이 있는 사람부터 우선적으로 선별하여 차츰 그 대상 범위를 넓혀가는 것이 바람직하다.

[읽을거리] 발표의 요령

오늘날 발표는 학교나 직장에서 매우 흔한 일이 되었다. 또한 개인의 능력을 평가하는 척도로 사용되기도 한다. 학교에서 발표를 잘하는 학생은 좋은 학점을 받게 되고, 회사에서 발표를 잘하는 사원은 상사에게 인정받으며 승진에 유리해진다. 심지어 입사면접에서 발표를 요구하기도 한다. 성공적인 사회생활을 하려면 무엇보다도 발표를 잘 할 수 있어야 한다.

성공적인 발표는 발표내용, 발표기술, 발표자의 태도에 의하여 결정된다. 이들을 중심으로 효과적으로 발표하는 요령에 대하여 정리하여 본다.

1. 발표장을 미리 점검한다.

발표하기에 앞서 발표장을 미리 가보게 되면 실제로 발표할 때의 불안감이나 긴장감을 줄일 수 있다. 이 때 발표장비들에 대한 점검도 필수다. 아무리 발표내용을 훌륭하게 준비했어도 예상 밖의 기계 오작동은 발표를 망치게 하는 요인이 된다. 발표장에서 발표할 내용을 최종확인하며 마무리 준비를 한다. 또한 배포할 유인물을 충분히 준비하는 것도 잊지 말아야 한다.

2. 외모와 태도에 주의한다.

발표자의 외모와 태도는 첫인상을 좌우한다. 발표하기에 앞서 거울을 보고 머리손질은 잘 되었는지, 의상은 잘 어울리는지, 옷에 구김이나 얼룩은 없는지를 살핀다. 발표자세도 매우 중요하다. 청중 앞에서 등을 곧게 펴고 바른 자세를 하고 있는지, 밝게 웃으면서 여유를 가지고 이야기하고 있는지 유의한다. 주머니에 손을 넣고 있거나 꾸부정한 자세와 무표정한 모습으로 발표하는 태도는 피해야 한다.

3. 긴장을 적절히 대처한다.

사람들 앞에서 발표할 때 누구나 긴장되고 떨리게 마련이다. 긴장하면 불안해지고 목소리가 작아지며 말이 빨라진다. 머릿속이 하얘지고 아무 생각도 나지 않아 말문이 막히거나 혹은 되는대로 이야기하기도 한다. 긴장해소에 도움을 주는 방법들로는 발표하기 전에 청중과 이야기를 나누거나, 차분히 발표장 주위를 둘러보거나, 이전에 성공했던 발표경험을 마음속으로 그려보거나, 심호흡을 몇 차례 하는 것 등이 있다.

4. 사람들과 눈을 맞춘다.

발표 내내 청중을 외면한 채 발표자료만 쳐다본다거나 허공을 응시하는 발표자를 가끔 보게 된다. 이런 경우 청중들도 곧바로 발표자에게 무관심해지고 발표내용에서 마음이 떠나게 된다. 발표자는 반드시 청중들에게 눈길을 주면서 말해야 한다. 청중들의 눈을 잠시 응시하면서 두루 시선을 옮기도록 하라. 그럴 때 사람들은 발표자가 자신에게 개인적으로 말하는 것처럼 느끼면서 발표에 빠져들게 된다.

5. 중요한 주제를 먼저 말한다.

발표의 목표는 이해와 설득이다. 중요한 주제는 서두에 간략하게 먼저 말하고, 설명을 전개한 다음 마지막으로 결론부에서 말하고자 하는 내용을 한번 더 강조하는 것이 바람직하다. 중요한 내용을 충분히 주지시키지 않은 채 세부사항을 오래 이야기하면 시간만 끌뿐 발표내용을 올바로 전달하지 못하게 된다.

6. 숫자는 그래프로 나타낸다.

발표 도중에 권위있는 단체의 조사자료나 데이터를 활용하면 청중은 더 높은 신뢰를 보낸다고 한다. 하지만 짧은 시간에 내용을 전달하는 발표에서 단순히 숫자만을 나열하는 데이터는 청중의 이해를 막는 장애물이 될 수도 있다. 이런 경우 숫자로 된 데이터보다는 그래프로 제시하는 것이 훨씬 이해가 쉽다. 시간의 흐름은 선형그래프, 항목을 비교할 때는 막대그래프, 100%와 같은 비율을 표현할 때는 원형그래프가 좋다.

7. 발표는 가능하면 짧게 한다.

불필요하게 시간을 오래 끌지 말라. 별 내용도 없으면서 시간만 끌게 되면 역효과만 초래하게 된다. 주어진 시간보다 일찍 마치도록 하라. 발표 도중에 시간독촉을 받게 되면 발표자나 청중이나 내용에 집중하지 못하게 된다. 5분 정도 먼저 끝낼 수 있는 여유를 확보하는 것이 좋다. 준비가 충분하지 않으면 내용이 지리멸렬해지고 시간이 길어진다. 덜 중요한 부분은 줄이거나 과감하게 생략하고 중요한 핵심부분을 강조하라. 짧은 시간에 간단명료한 내용으로 전하는 것이 요령이다.

8. 질문에 대하여 성실하게 답변하라.

어떤 질문이라도 자신있게 그리고 성실한 태도로 대답해야 한다. 청중은 발표자의 답변하는 내용보다 그의 태도에 감탄하는 경우가 더 많기 때문이다. 일단 질문이 있으면 무조건 질문자와 그의 질문을 존중한다. 그리고 질문의 내용을 끝까지 경청한 다음 적절히 질문자를 칭찬한다. 질문이 장황한 경우에는 질문의 내용을 요약해주고, 질문이 애매한 경우에는 질문의 내용을 확인해주는 것이 바람직하다. 질문이 들어왔을 때 즉시 대답하는 것보다는 잠시 생각하는 시간을 가진 후 대답하는 것이 더 큰 신뢰감을 준다고 한다.

15장 갈등관리

1. 갈등 관계

갈등은 어느 조직에서나 존재하며 부정적인 기능과 긍정적인 기능을 모두 지닌다. 조사에 의하면 조직 내에서 관리자들은 활동시간의 20% 정도를 갈등관리에 소비하고 있는 것으로 나타났다.

1.1 갈등의 정의

개인이나 집단의 목표 행위가 다른 사람이나 집단에 의하여 방해를 받을 때 발생하는 대결과정을 '갈등'이라고 말한다. 〈그림 15-1〉은 다양한 갈등의 표출방식을 크기에 따라 열거하고 있다.

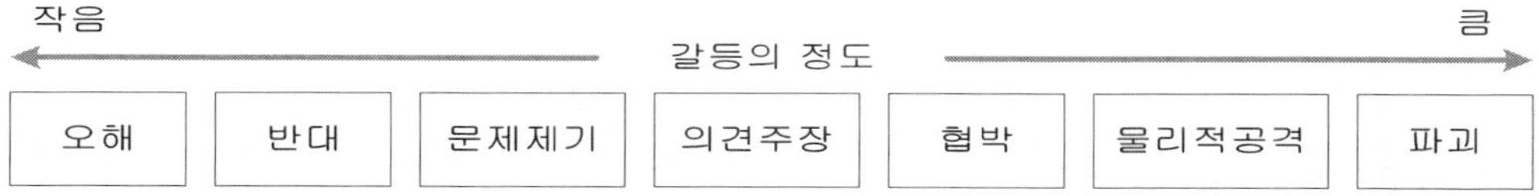

〈그림 15-1〉 갈등의 표출방식

1.2 갈등에 대한 견해

전통적으로 갈등에 대한 견해는 대부분 부정적이었다. 하지만 최근에는 갈등에 대하여 긍정적인 견해를 취하는 입장도 상당히 대두되고 있다. 갈등에 대하여 전통적인 견해, 인간관계론자들의 견해, 현대적인 견해를 각각 살펴보자.

1.2.1 전통적인 견해

오래 전부터 갈등은 파괴와 비능률을 야기하므로 피해야 하고, 갈등이 발생하는 경우 곧바로 해결해야 한다고 생각하였다. 집단 내에서 갈등은 의사소통의 문제, 상호신뢰의 부족, 불만의 무시에서 생겨나므로, 이러한 문제의 해결을 통하여 갈등을 예방하려고 노력을 기울였다. 과학적관리법을 주장했던 테일러(F. Taylor)도 이런 관점에서 갈등에 관한 연구를 수행하였다.

1.2.2 인간관계론자들의 견해

테일러의 과학적관리론에 대한 반발로 등장한 인간관계론자들의 견해에 따르면, 갈등은 집단에서 관리능력과 상관없이 필연적으로 발생한다고 한다. 이들은 갈등을 한정된 자원을 놓고 서로 경쟁하거나 혹은 목표의 차이에서 발생하는 집단의 부산물로 보았다. 따라서 갈등을 예방하려고 노력하는 것은 헛수고이므로, 집단 내에서 갈등이 발생하면 차분히 인내하면서 수용하는 것이 해결책이라고 주장하였다. 갈등을 관리하려면 구성원들에게 인간적으로 호소하고 가능한 조직분위기를 좋게 유지하는 것이 그나마 피해를 줄이는 방법이다.

1.2.3 현대적인 견해

1970년대에 들어서면서 갈등은 조직에 부정적인 결과만 주는 것이 아니라 긍정적인 결과를 가져올 수 있음이 밝혀졌다. 즉, 갈등을 없애는 것만이 최선은 아니며, 때로 갈등을 조성할 필요도 있다는 것이다.

〈표 15-1〉은 갈등수준에 따라 조직에서 나타나는 결과를 보여주고 있다. 과다한 갈등은 조직에 혼란과 분열을 가져오지만, 갈등이 거의 없는 경우도 조직구성원들 간에 무관심, 창의력 결핍, 무사안일, 매너리즘에 빠지게 한다. 후자의 경우, 적당한 갈등을 조성하면 조직은 활력을 찾게 되고, 외부환경변화에 적절히 대응할 수 있는 긍정적인 결과를 얻는다. 따라서 현대적 의미에서 갈등관리란 역기능적인 갈등을 축소하고, 순기능적인 갈등을 조장하는 것을 의미한다.

〈표 15-1〉 갈등수준에 따른 결과

과소한 갈등	적정한 갈등	과다한 갈등
적응력약화, 획일성, 무사안일	변화지향, 창조, 다양성, 도전	혼란, 분열, 비협조, 투쟁

2. 개인 간의 갈등

먼저 개인 간의 갈등에 대하여 살펴보기로 하자. 조직의 관리자가 구성원들 간의 갈등을 올바로 알고 있다면 보다 효과적으로 대처할 수 있을 것이다.

2.1 개인 갈등의 원인

개인 간에 발생하는 갈등의 원인은 다양하다. 지금까지 연구된 갈등의 원인들을 살펴보면 개인적인 차이, 공동책임의 업무, 자원의 부족, 역할의 모호성, 의사소통 등이 있다.

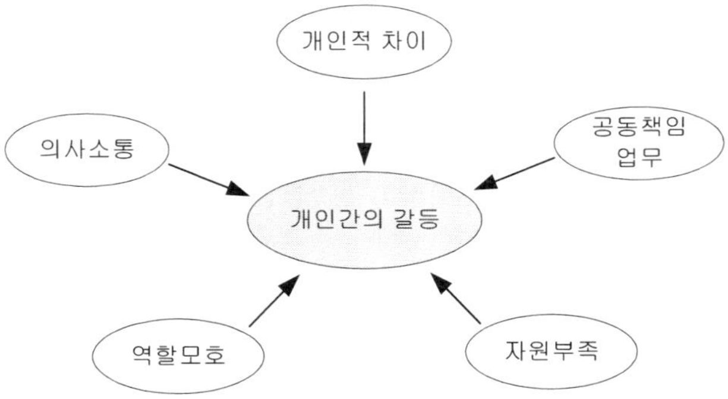

〈그림 15-2〉 개인 갈등의 원인

2.1.1 개인적인 차이

구성원들이 각자 살아온 배경이나, 경험 등의 차이로 인하여 갈등이 발생할 수 있다. 이러한 개인차로는 능력, 성격, 신념, 태도, 가치관, 윤리 등이 있다. 이들을 줄이기 위하여 기업에서는 직원들의 경력을 일반화시키기도 한다. 예를 들어 직원들이 서로 다른 직무, 부서, 지역 등을 오가도록 순환근무를 시키는 경우, 서로의 경험을 공유하는 영역이 넓어져 개인

차가 점차 줄어들게 된다.

2.1.2 공동책임의 업무

함께 일하는 업무에서 다른 사람의 성과로 의하여 자신이 받게 될 보상이 영향을 받을 때 갈등이 생길 수 있다. 즉, 과업에서 상호의존성이 클수록 갈등이 생길 가능성은 높아진다. 이러한 갈등을 줄이려면 개인 간에 상호의존성을 줄이는 방법을 모색해야 한다. 비용이 크게 문제되지 않는다면 지금까지 공유해왔던 자원을 분할하여 개인적으로 자원을 사용하게 한다.

2.1.3 자원의 부족

조직에서는 한정된 자원을 공급하여 목표를 달성하려고 한다. 이 때 조직의 구성원들은 서로 자원을 더 많이 차지하려고 하는데 그 과정에서 갈등이 발생한다. 자원을 늘이는 것은 갈등을 줄이는 가장 간단한 방법이지만 이 경우 비용이 증가한다. 따라서 자원부족으로 인하여 발생하는 갈등의 비용을 자원증대로 말미암은 비용과 비교해볼 필요가 있다.

2.1.4 역할의 모호성

조직의 제도가 체계화되어 있지 않거나 구성원들의 역할이 분명하지 않을 때 갈등이 발생하기 쉽다. 서로 상대방에게 업무를 미루거나, 다른 사람의 영역을 침해할 수 있기 때문이다. 이러한 갈등은 조직의 규칙과 제도 등을 재정비하면 줄어든다.

2.1.5 의사소통

잘못된 의사소통은 조직 내에서 갈등을 유발하는 중요한 원인이다. 의사소통의 불협화음은 조직의 목표에 차질을 빚고, 구성원들 간에 갈등을 일으킨다. 의사소통으로 인한 갈등을 줄이려면 보다 많은 정보를 공유하고 효과적인 의사소통 방법을 사용한다. 또한 전달한 내용을 수시로 피드백 받아 확인하는 것도 의사소통에 도움이 된다.

2.2 개인갈등의 처리방식

레이힘(A. Rahim)은 갈등관리의 유형을 〈그림 15-3〉과 같이 협조, 양보, 강요, 회피, 타협의 5가지 방안으로 구분하였다. 유능한 관리자는 조직 내에 갈등이 발생했을 때, 상황에 따라 적절한 방안을 선택하여 문제를 해결해 나간다.

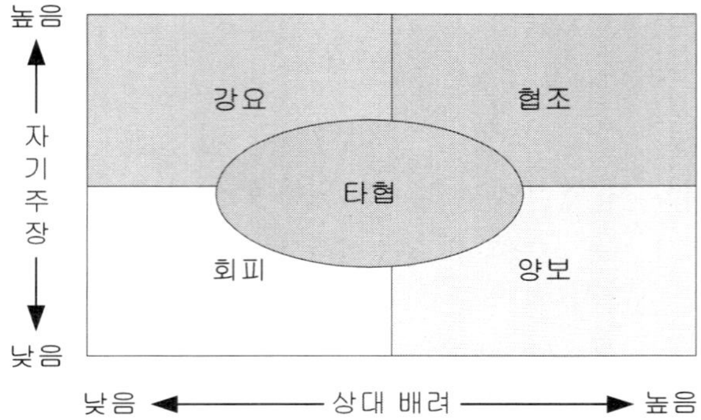

〈그림 15-3〉 개인갈등의 처리방식

2.2.1 협조

협조(collaboration)는 피차간의 관심과 이해관계를 정확히 파악하여 문제해결을 위한 통합적 대안을 도출해내는 방안으로, 자신과 상대방이 모두 이익을 얻는 윈-윈의 결과를 가져올 수 있다. 이해관계가 완전히 상반되지 않을 때, 피차 충분히 신뢰하며 모든 정보를 공유하고 있을 때, 채택할 수 있는 적합한 방법이다. 그러나 이 방법은 총체적으로 문제를 다루기 때문에 효력이 오랫동안 지속되지만 많은 시간이 소요된다는 단점이 있다.

2.2.2 양보

양보(accommodation)는 타인의 관심을 충족시키기 위하여 자신의 관심을 양보하거나 포기함으로 갈등을 해결하는 방법이다. 이는 당장에는 손실이 따르지만 차후에 다른 보상을 받을 가능성이 있을 때 사용할 수 있는 방법이다. 양보는 문제를 근본적으로 해결하지 못하고 일시적인 미봉책에 그칠 수 있다는 단점이 있다.

2.2.3 강요

강요(forcing)는 공식적인 권위를 사용하여 갈등을 해결하는 방법으로, 받아들이기 싫은 해결책이 제시될 때 주로 사용된다. 갈등이 생겼을 때 신속하게 적용할 수 있으므로 시간적인 여유가 없는 경우에 자주 사용된다. 하지만 강요받는 측으로부터 분노와 원망이 생길 수 있는 문제점이 있다.

2.2.4 회피

회피(avoidance)는 갈등을 감추고 원만히 넘어감으로 직면한 갈등문제를 피하는 방법이다. 문제가 사소하거나, 시간이 지남에 따라 갈등이 완화될 수 있을 때 적용할 수 있다. 하지만 이 방법은 자칫 중요한 문제마저도 회피해 버릴 가능성이 있으며, 문제를 내버려두고 비켜 가기만 하므로 미해결 상태로 남아있게 된다.

2.2.5 타협

타협(compromise)은 쌍방의 입장을 중간정도에서 고려하여 갈등을 풀어가는 방법이다. 서로의 입장을 양보하고 외부나 제3자의 개입, 협상 또는 표결의 방법을 동원한다. 이 방법은 쌍방이 서로 반대의 목표를 가지고 있거나 비슷한 힘을 갖고 있을 때 적합하다. 민주적인 방법이지만 창조적으로 문제해결방안을 도출하지 못하여 피차 불만족한 결과를 얻기 쉽다.

3. 집단 간의 갈등

조직에서는 개인 간에서 뿐만 아니라 팀이나 과, 부서와 같은 집단 간에도 갈등이 자주 발생한다.

3.1 집단 갈등의 원인

집단 간의 갈등은 목표의 불일치, 업무의 상호의존성, 집단 단위의 보상제도, 자원의 부족, 불균형적 종속 등이 주된 원인이 되어 발생한다.

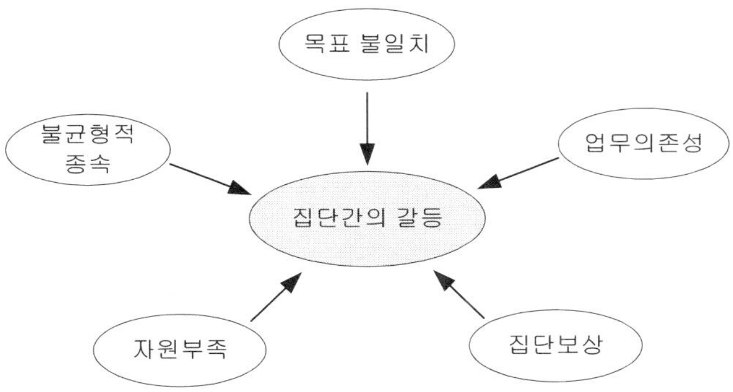

〈그림 15-4〉 집단 갈등의 원인

3.1.1 목표의 불일치

부서 간에 추구하는 목표가 상반될 때 갈등이 생겨난다. 예를 들어, 임금문제로 인한 노사갈등은 종업원의 목표와 회사의 목표가 다르기 때문에 발생한다. 목표의 불일치에서 오는 갈등을 해소하는 방법은 상위목표에 관심을 기울이게 하는 것이다. 임금문제가 발생했을 때 회사의 존립이나 다른 회사와의 경쟁과 같은 상위목표를 전면에 내세우면, 노사갈등을 쉽게 수습하고 조직의 단합을 도모할 수 있다.

3.1.2 업무의 상호의존성

업무의 상호의존성이란 여러 집단이 과업수행에서 목표를 달성하기 위하여 상호 의존관계에 있는 것을 말한다. 과업수행이 순조롭게 진행될 때는 상호의존성이 크게 문제되지 않는다. 그러나 과업수행에 문제가 발생하는 경우 서로 책임을 전가하고 갈등이 생겨나게 된다. 상호 협력이 필요한 가까운 집단들 간에서 갈등은 자주 일어나게 마련이다.

3.1.3 집단 단위의 보상제도

보상제도가 조직차원이 아니라 집단별로 이루어질 때 집단 간에 갈등이 생겨날 수 있다. 두 집단의 상호 의존성이 클수록, 경영자가 개별 집단의 업무를 더 강조할수록, 집단 간의 갈등은 더 커지게 된다. 그러나 집단별 성과보상제도는 창조적이고도 건설적인 순기능 갈등관계로 발전시킬 수 있으므로 조직의 발전을 위하여 적절히 활용할 필요가 있다.

3.1.4 공동자원의 부족

공동으로 필요한 자원이 충분히 공급되지 못할 때 집단들은 더 많은 자원을 확보하려고 서로 경쟁하게 된다. 이러한 경쟁이 심해지면 집단 간에 적대감과 갈등이 생겨난다. 공동자원으로는 공간, 설비, 운영자금, 예산과 같은 물질적인 것들 외에도 승진, 인정, 업적달성 기회 등 자아실현에 관련된 심리적인 것들도 포함된다.

3.1.5 불균형적 종속

불균형적 종속은 한 집단이 다른 집단에 서비스, 정보 등을 의존해야 하는 경우에 생겨난다. 이 때 상대적으로 독립적인 집단은 종속적인 집단에게 소극적으로 협력하는 반면, 종속적인 집단은 필요한 도움을 얻기 위하여 적극적이 된다. 이는 두 집단을 협력하게 만들기도 하지만 갈등을 일으키는 부정적인 역효과를 낳기도 한다.

3.2 집단 내의 변화

집단 간의 갈등은 역기능 혹은 순기능의 결과를 가져올 수 있다. 역기능적인 결과로는 지나친 집단의식, 독재자의 출현 등이 있고, 순기능적인 결과로는 집단내부의 협조, 환경적응 능력의 강화 등이 있다.

3.2.1 지나친 집단의식

집단 간의 경쟁이나 갈등은 집단에 대한 충성심을 자극하여 구성원들에게 집단의식을 지나치게 강조한다. 그 결과 내부적으로는 집단규범이 강조되어 개인의 특성이 무시되고 획일적인 분위기에서 충성을 강요당한다. 또한 자신들의 집단만을 지나치게 강조하고 다른 집단은 근거없이 비하함으로 집단 간의 협조를 방해하기도 한다.

3.2.2 독재적인 리더의 출현

집단 내외에서 일어나는 갈등은 집단을 약화시키거나 외부로부터의 위협을 느끼게 한다. 이런 경우 집단의 구성원들은 보다 강한 리더를 원하며, 이는 독재적인 리더를 출현시키기도 한다. 독재적인 리더는 과업주도형으로 집단을 이끌어가므로 개인보다는 집단의 이익을 우선하게 된다.

3.2.3 집단내부의 협조

집단 간에 갈등이 발생하면 집단 내의 구성원들끼리는 협조적인 분위기가 조성되고 많은 의사소통이 이루어진다. 다른 집단과의 갈등해결이라는 보다 큰 공동목표가 생겼기 때문이다. 따라서 집단 내의 구성원들은 서로 단합하여 자신들이 겪고 있는 문제를 해결하기 위한 방안을 적극적으로 찾게 된다.

3.2.4 환경적응능력의 강화

집단 간의 갈등을 겪게 되면 문제를 해결하고자 하는 충동으로 말미암아 구성원들은 단합하여 노력하게 되므로 무사안일에서 탈피하게 된다. 또한 자신들이 속한 집단의 문제점을 올바로 자각하고 수정하게 되므로, 이전보다 경쟁력이 강화되어 변화된 외부환경에 보다 잘 적응하게 된다.

3.3 집단 간의 갈등해소 방안

집단 간의 갈등은 조직 내에서 필연적으로 발생하는 현상으로, 관리자들은 해결방안을 찾고자 적극적으로 노력해야 한다. 갈등을 해결하는 방안으로 지금까지 연구된 내용을 정리하면 다음과 같다.

3.3.1 상위목표의 설정

집단 간의 갈등을 해결하는 한 가지 방법은 공동의 상위 목표를 설정하는 것이다. 집단의 독자적인 목표보다 상위의 공동목표가 더 중요한 경우 집단 간의 갈등은 잠잠해진다. 독재자들은 내부 비판세력의 갈등을 잠재우기 위하여 외국과 전쟁을 벌이거나 전쟁의 위협을 높이기도 한다. 하지만 이는 임시 처방일 뿐이며, 상위 목표가 달성되면 집단 간의 갈등은 다시 나타날 가능성이 많다.

3.3.2 자원의 확충

갈등이 한정된 자원 때문에 발생했다면 이를 해결하는 손쉬운 방법은 필요한 자원을 더 많이 확충하는 것이다. 노사 간의 임금 갈등은 회사에서 이익을 더 내는 방법으로, 승진으로 인한 갈등은 조직개편이나 계열사를 만든 방법으로 어느 정도 갈등을 해소할 수 있다.

3.3.3 협상

협상은 집단의 대표들이 직접 만나 상호의존관계나 목표의 차이 등을 타협하여 갈등을 해결하는 방법이다. 협상이 현재의 갈등을 완전히 해결해주지는 못하지만, 계속해서 발생할 수 있는 잠재적인 갈등을 억제하고 현 상태를 계속 유지시킬 수는 있다.

3.3.4 상급자의 명령

상급자가 권한을 사용하여 집단 간의 갈등을 해결하는 방법은 오래 전부터 자주 사용되었던 방법이다. 하급자들은 상급자의 명령에 따라야 하므로 단기적으로만 적용할 수 있다. 이는 갈등의 원인이 아니라 결과에 초점을 두고 조치하는 방법이므로 언제든지 갈등이 다시 발생할 가능성이 있다.

3.3.5 조직구조의 변화

조직의 구조를 변화시키면 집단 간의 역기능적 갈등을 해소하면서 순기능적 갈등을 유발할 수 있다. 회사 내의 일부 부서를 통폐합하는 경우, 부서간의 갈등이 해소되는 동시에 부서 내의 구성원들끼리 서로 경쟁하게 된다. 이처럼 조직구조의 변화는 집단 간의 갈등해소는 물론 순기능적인 갈등유발의 효과까지 나타나 조직성과에 유익한 결과를 가져다준다.

3.4 순기능적 갈등조성의 방안

조직의 활성화를 위하여 적절한 방법으로 순기능적인 갈등을 조성할 필요가 있다. 조직 내에 순기능적인 갈등을 일으키는 방법으로는 외부인력의 영입, 조직구조의 변화, 경쟁심리의 자극 등이 있다.

3.4.1 외부인력의 영입

외부로부터 인력을 영입함으로 비능률적인 조직의 분위기를 새롭게 일깨우는 방법도 자주 사용되고 있다. 새로운 사람을 끌어들이는 것은 부정적인 결과를 가져올 수도 있지만 조직의 분위기를 새롭게 하는 긍정적인 효과도 있다.

3.4.2 조직구조의 변경

조직구조의 변경은 갈등이 있는 집단을 통합하거나, 조직개편을 통하여 갈등관계에 있는 직원들을 이동시키는 것이다. 이는 역기능적 갈등을 해소할 뿐만 아니라 순기능적 갈등을 새롭게 유발하여 조직의 성과를 높이기도 한다.

3.4.3 경쟁심리의 자극

의도적으로 조직 내에 경쟁을 유발하여 성과를 높일 수도 있다. 예를 들어, 개인의 업무성과에 따라 보상하는 경우에는 보다 많은 보상을 얻기 위하여 경쟁이 발생한다. 이러한 경쟁은 순기능적인 갈등을 유발하여 조직의 성과를 높이게 된다. 하지만 과도한 경쟁에 따른 부정적인 결과도 생겨날 수 있으므로 주의해야 한다.

순기능의 갈등 조성

양식장에서 키우는 미꾸라지가 죽어나가고 병에 걸려 주인이 고심하고 있었다. 누군가 양식장에 메기를 몇 마리 넣으라고 충고해 주었다. 메기를 넣은 후부터 양식장의 미꾸라지는 튼튼하게 자라기 시작했다. 예전에 주는 사료만 받아먹고 있을 때 미꾸라지들은 할 일이 없었다. 하는 일 없이 빈둥빈둥 가만히 있게 되니 미꾸라지들은 허약해졌다. 하지만 메기가 들어온 이후부터는 달라졌다. 메기들에게 잡혀 먹히지 않으려고 미꾸라지들은 도망쳐 다녀야했고 그로 인해 튼튼해졌다. 어느 나라든지 국영기업체는 사기업체보다 훨씬 비능률적으로 운영된다. 그들에게도 메기와 같은 순기능적인 갈등을 조성할 필요가 있다.

4. 협상

협상(negotiation)은 개인, 집단, 조직, 국가들 간에 존재하는 갈등에 대하여 피차 수용할 수 있는 해결책을 상호 대화를 통하여 찾는 과정이다. 협상은 피차 공평한 결과를 얻을 때까지 양보와 인내가 요구된다.

4.1 협상의 전제

다음과 같은 상황에 협상이 필요하게 된다. 중개자가 없이 서로 갈등을 일으키는 둘 이상의 당사자가 있으며, 이들 간에는 이해관계가 서로 충돌하고 있다. 당사자들은 무작정 싸우는 것보다는 타협하는 것이 더 유리하다고 생각하고 있다. 또한 이들은 상호 의존관계에 있으며 무작정 관계를 끊으면 더 큰 손실을 입게 된다.

4.2 협상의 유형

협상에는 두 가지 유형이 있다. 분배적 협상과 통합적 협상이 그것이다. 분배적 협상은 일정한 크기를 가진 파이를 나누는 zero-sum협상이다. 반면에 통합적 협상은 결과에 따라 파이가 더 커질 수도 있는 plus-sum협상이다.

4.2.1 분배적 협상

분배적 협상(distributive negotiation)은 한정된 자원에서 더 많은 것을 얻으려는 경쟁적인 협상이다. 협상의 당사자들은 서로 더 많이 얻기 위하여 최대한 노력을 기울인다. 이는 단기적인 인간관계에서 이루어지는 협상으로, 노사 간의 임금교섭, 중고차의 가격흥정 등이 분배적 협상에 해당된다. 〈그림 15-5〉에서 보는 바와 같이 협상 당사자들은 목표수준, 개시수준, 저항수준의 3가지 중요한 협상수준을 각자 준비해야 한다.

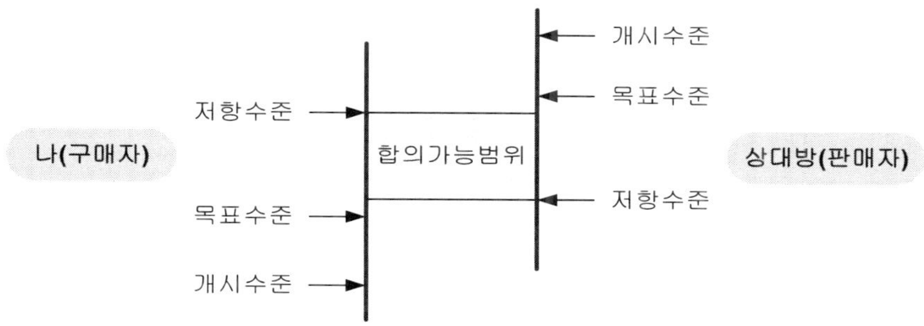

〈그림 15-5〉 협상에서 합의가능한 범위

1) 목표수준

목표수준(target level)은 협상에서 자신이 얻고자 하는 실질적인 목표이거나, 최종적으로 합의되기를 바라는 수준이다.

2) 개시수준

개시수준(starting level)은 상대방에게 처음 제시하는 수준이다. 일반적으로 목표수준보다 낮은 수준이다. 개시수준과 목표수준의 차이가 지나치게 크면 협상에서 양보할 수 있는 여지를 충분히 가질 수 있는 이점이 있다. 하지만 이런 경우 자칫 초기부터 상대방으로부터 거절당하거나 완강한 태도에 부딪힐 위험이 있다.

3) 저항수준

저항수준(resistance level)은 협상에서 양보할 수 있는 마지막 한계수준으로, 상대방에게 절대 노출되어서는 안 되는 중요한 정보다.

저명한 미국의 협상가 코헨(H. Cohen)은 분배적 협상에서 고려해야할 핵심요소로 정보, 시간, 힘의 3가지를 꼽았다.

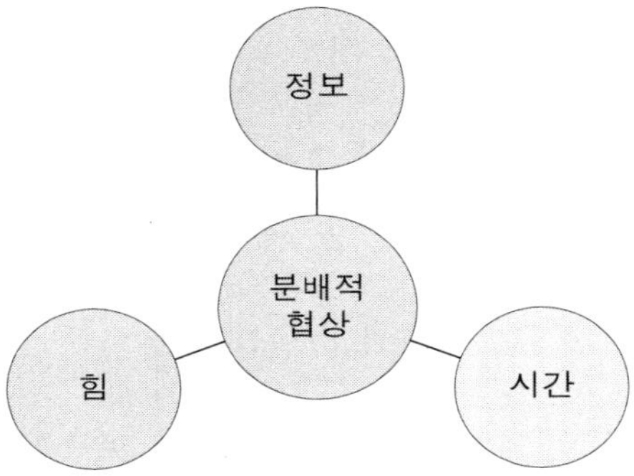

〈그림 15-6〉 분배적 협상의 핵심요소

1) 정보

협상은 정보전이다. 먼저 협상 상대에 대한 객관적인 정보를 사전에 충분히 파악하고 협상에 임해야 한다. 상대의 목표수준과 최후 보루선이 어디인지 파악하면 협상을 유리하게 진행시킬 수 있다. 이 때 자신의 정보는 가능한 숨기고 상대의 정보를 캐내는 것이 협상의 관건이다.

2) 시간

협상 마감시간은 매우 중요하다. 시간이 촉박할수록 협상은 불리해지고 상대방이 이를 알아차리면 상황은 더욱 불리해진다. 따라서 시간을 넉넉히 가지고 협상에 임해야 하며, 시간에 대한 정보가 상대방에게 노출되지 않도록 주의해야 한다.

3) 힘

협상은 힘을 겨루는 자리이기도 하다. 더 큰 힘을 가진 쪽이 협상에서 보다 유리한 입지에 서게 된다. 여기서 힘은 실제 보유한 힘이기보다는 상대방에게 영향을 미칠 수 있는 힘을 가리킨다. 힘의 종류로는 보상적 힘, 강제적 힘, 합법적 힘, 전문지식의 힘, 도덕성의 힘, 인내의 힘, 설득의 힘 등이 있다.

4.2.2 통합적 협상

분배적 협상이 상호 배타적인 목표설정으로 인해 갈등이 초래되는 상황이라면, 통합적 협상(integrative negotiation)은 협력적이고 공동의 이익을 위해 문제를 풀어가려고 노력하는 협상이다. 통합적 협상은 양측의 차이점보다는 공통점에 초점을 두고 양측의 필요를 충족시키고

자 정보와 아이디어를 교환해 나간다. 이는 장기적인 인간관계에서 이루어지는 협상으로, 판매원이 회사와 판매량에 따른 수당을 약정하는 것이 한 예가 될 수 있다. 통합적 협상을 성공으로 이끄는 요인으로는 공통의 목표, 문제해결능력, 상대방에 대한 인정, 상호간의 신뢰, 정확한 의사소통 등이 있다.

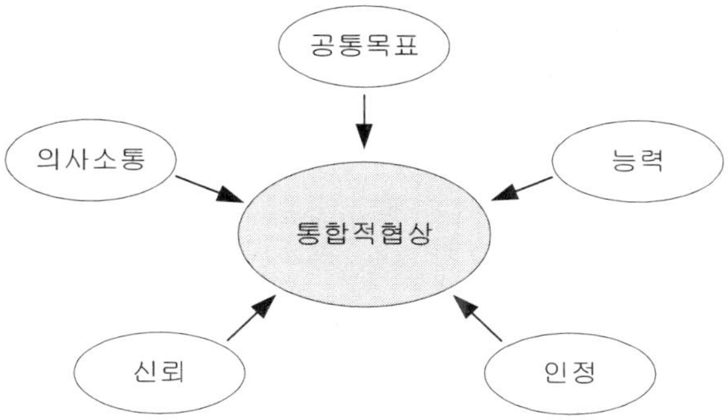

〈그림 15-7〉 통합적 협상의 성공요인

1) 공통의 목표

당사자들이 서로 경쟁하는 것보다 공통의 목표를 놓고 함께 협력하는 것이 모두에게 이익이 된다는 믿음이 있을 때 협상은 성공할 수 있다.

2) 문제해결능력

문제해결의 능력을 자신하는 협상가는 보다 개방적으로 협상에 임한다. 반면에 능력이 부족한 협상가는 협력적 관계설정에 시간이나 노력을 덜 투자하며, 경쟁적이며, 갈등관계를 설정하는 경향이 있다.

3) 상대방에 대한 인정

자신의 입장만을 주장하며 상대방의 입장을 배려하지 않으려하는 분배적 협상과는 달리, 통합적 협상에서는 자신과 상대방의 태도와 필요를 모두 고려하며 협상에 임하게 된다.

4) 상호간의 신뢰

상대방을 신뢰하지 못하면 방어적인 태도를 보이게 된다. 일단 상호 간에 신뢰가 구축되면 서로의 필요, 입장, 상황 등에 대하여 보다 정확히 의사소통하게 된다. 협상 초기에 협력적이고 친화적인 발언과 행위는 상대방의 신뢰를 불러일으킨다. 구축된 신뢰는 지속되는 경향이 있으나, 신뢰가 깨지게 되면 재구축하기는 매우 어렵다.

5) 정확한 의사소통

성공적인 협상에는 분명하고 정확한 의사소통이 필수적이다. 서로의 발언이나 비언어적 행동에 대하여 올바로 이해하여 오해가 발생하지 않도록 주의해야 한다.

4.3 협상의 절차

협상은 〈그림 15-8〉에서 보는 바와 같이 준비, 규칙약정, 의견제시, 협상, 실행의 단계를 따라 이루어진다.

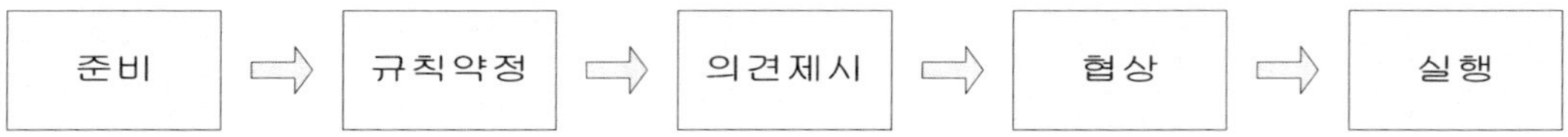

〈그림 15-8〉 협상의 절차

준비단계에서는 협상에 앞서 협상내용과 상대방에 대한 정보를 수집한다. 동시에 자신의 제시안도 정리해 두고 양보할 수 있는 최후의 보루선도 설정한다. 규칙약정단계에서는 협상 방식과 협상기간 등을 놓고 상대방과 규칙을 정한다. 의견제시단계에서는 각자의 요구사항을 제시하고 설명하면서 상대방이 충분히 이해했는지 확인한다. 협상단계에서는 주장과 양보를 거듭하면서 피차 동의하는 내용을 찾아 약정한다. 이 단계에서 양자가 서명한 약정서가 나오게 된다. 실행단계에서는 약정서에 따라 실행에 옮기게 된다. 실행 중에는 상호간에 약속을 제대로 이행하고 있는지 관찰과 감시가 필요하다.

4.4 협상과 제삼자의 개입

협상이 잘 진행되지 않거나 시간을 오래 끌 때는 제삼자에게 도움을 청하여 그의 중재를 따르게 된다. 제삼자가 개입하는 방식으로는 상담, 조정, 중재의 3가지가 있다. 상담(consultation)의 경우, 상담자는 완전 중립의 입장에서 양측에게 서로 취할 행동과 의무, 양보사항을 충고해주며 협상이 잘 마무리 되도록 도와준다. 조정(mediation)의 경우, 조정자는 양측의 신임을 받는 사람으로 협상을 주재하면서 대안도 제시하면서 양측으로부터 양보를 얻어낸다. 중재(arbitration)의 경우, 협상에 임한 양측이 동의하는 제 3자에게 판정을 위임하고 그 판정에 무조건 승복하기로 약속한다. 노사 간의 분쟁을 중재하는 노사중재위원회가 여기에 해당된다.

[읽을거리] 협상전문가들의 전략

한미자유무역협정(FTA)의 마지막 담판이 시작되었다. '테이블 위의 전쟁'으로 표현되는 협상 최전방에 나선 양측 협상가들은 어떤 전략과 전술로 상대방을 설득시킬까. 우리 협상팀 관계자와 협상전문가들의 조언을 받아 한미FTA에 숨은 최고의 협상기술들을 찾아보았다.

1. 스트레스를 주어라.

지난해 9월 한미 FTA 3차 협상은 미국 시애틀에 있는 허름한 박물관에서 열렸다. 서울에서 열린 2차 협상 때 우리가 특급 호텔에 모신 것과 비교하면 하늘과 땅 차이다. 한 협상참가자는 "보안을 위해 외딴 곳으로 잡았다고 하지만 무시당했다는 생각도 들었다"고 말했다. 하지만 이는 미국의 '스트레스전략'일 수 있다. 상대편이 협상에 집중할 수 없도록 만들어 정작 주요한 사안은 넘어가게 만드는 것이다.

2. 최종 결정권자는 한걸음 물러서라.

회사 간의 인수합병을 추진하는데 사장이 "반드시 성사시키라"고 지시하는 것은 좋지 않다. 협상성공이 제일 목표가 되면 협상의 내용은 뒤로 밀릴 수 있기 때문이다. 노무현대통령이 협상초기에 "한미 FTA는 꼭 필요하다"고 강조했던 것은 협상전략으로 볼 때 좋지 않았다. 하지만 그가 최근 "이익이 안 되면 체결하지 않아도 된다. 시한에 얽매이지 말라"고 한 말은 협상단에게 힘을 실어주었다는 평가다. 실무진이 앞서 가는 것을 막고 상대를 압박할 수 있기 때문이다.

3. 초조하게 만들라.

2차 세계대전 말기 얄타회담에서 소련의 스탈린은 밤늦게까지 협상을 끌었다. 나이 많은 루스벨트 미국 대통령은 피로해졌고 그 결과 소련은 많은 것을 얻어냈다. 이번 FTA협상에선 누가 더 초조할까. 얼핏 생각하면 경제 규모가 작은 우리나라일 것 같지만 반드시 그렇지만은 않다. 미국은 태국, 말레이시아와의 FTA 협상을 연달아 실패했다. 남은 것은 한국밖에 없다. 이번마저 실패하면 부시 행정부의 아시아전략은 실패했다고 볼 수 있다. 미국도 초조한 것은 마찬가지다.

4. 악역과 선역의 등장.

영화를 보면 경찰관이 피의자를 거칠게 다루면서 마실 물도 주지 않는다. 그러다가 잠시 후 다른 경찰관이 들어와 담배를 건네면서 회유하는 장면이 자주 나온다. "지금 합의를 봐라. 안 그러면 더 힘들 것이다"란 뜻이다. 이번 한미 FTA 협상도 8차까지 미국은 양보한 것이 거의 없었다. 최종 담판에 나선 카란 바티아 미무역대표부(USTR) 부대표가 담배를 들고 오는 경찰관 역을 맡을 수도 있다. 이것이 전통적인 미국의 협상방식이다.

5. 협상은 정보전이다.

협상 상대가 부인과 별거 중이라면? 모른 척하면서 끊임없이 부부관계에 대한 농담을 한다. 신경을 날카롭게 하여 협상을 빨리 끝내기 위해서다. 실제로 과거 미국과 한국 기업 사이의 인수합병 협상에서 우리 기업이 썼던 방식이다. 이처럼 사생활도 중요한 협상에는 치명적인 정보가 된다.

6. 적진을 분열시켜라.

협상 상대방 중에 합의에 반대하는 사람이 있을 때 그를 제거하는 방법은 무엇일까? 여러 사람 앞에서 그를 칭찬하는 것이다. 그러면 상대측은 동료를 의심하고 단합이 깨지는 효과가 있다. 서강대 안세영 교수는 "집단의식이 강한 한국이나 일본이 의외로 이런 전략에 취약하다. 유치하지만 미국이 이 같은 분열전략을 쓸 수도 있다"고 말했다.

(조선일보, 2007)

16장 의사결정

1. 의사결정의 정의와 중요성

'인생은 선택이다'라는 말이 있다. 인간은 살아있는 동안 끊임없이 선택해야 한다. 조직도 마찬가지다. 조직에서도 크고 작은 많은 선택이 의사결정을 통해 이루어진다.

1.1 의사결정의 정의

의사결정이란 바람직한 결과를 얻기 위하여 여러 대안 중에서 하나를 선택하는 과정이다. 주어진 문제를 해결할 수 있는 대안이 하나만 존재한다면 의사결정은 필요 없다. 여러 개의 대안이 있고 그들 중에 하나를 선택해야 한다. 물론 선택에 따라 그 결과는 다양하게 나타난다.

1.2 의사결정의 중요성

우리는 매일 의사결정을 하며 살아간다. 어떤 대학을 지원할 것인가? 어느 전공을 택할 것인가? 어느 교과목을 수강할 것인가? 어떤 옷을 입을까? 무엇을 먹을까? 어떤 TV 프로그램을 볼까? 언제 잘까? 우리의 삶은 의사결정의 연속이다.

의사결정에는 사소한 것도 있고 중요한 것도 있다. 배우자를 결정하는 것이나 직장을 선택하는 것은 개인적인 차원에서 매우 중요한 일이다. 기업의 최고결정권자는 기업의 운명을 좌우하는 큰 문제를 결정해야 할 때도 자주 있다. 삼성의 창업주였던 고 이병철회장은 당시 많은 반대를 뿌리치고 반도체사업에 뛰어드는 결단을 내렸고, 그로 인하여 세계적인 기업체인 삼성전자가 시작되었다. 고 정주영회장이 결단하여 시작한 거의 모든 기업들은 기가 막힐 정도로 성공하였다. 그의 의사결정으로 말미암아 세계 굴지의 기업인 현대 중공업, 현대자동차, 현대건설 등이 이루어졌다. 하지만 그는 1992년도 대통령후보로 출마하였다가 쓰디쓴 실패를 경험하기도 하였다. 이처럼 의사결정은 미래의 결과에 중대한 영향을 미친다. 의사결정에 대한 올바른 이해와 합리적인 의사결정방법을 배우는 것은 매우 중요하다.

2. 의사결정의 유형

조직에서 이루어지는 의사결정은 상황에 따라 정형화/비정형화 의사결정, 하향적/자율적 의사결정 등으로 유형이 구분될 수 있다.

2.1 정형화/비정형화 의사결정

동일한 문제가 반복적으로 발생하며 문제의 해결방법이 존재할 때 정형화된 의사결정(programmed decision)이 이루어진다. 이런 경우에는 정해진 정책이나 규정에 따르면 된다. 반면에 비정형화된 의사결정(nonprogrammed decision)은 갑작스럽게 발생한 새로운 문제에 대한 것으로, 의사결정을 위한 정해진 지침이 없으므로 그 때 그 때마다 적절히 해결해 나가야 한다. 대체로 조직의 하부계층에서 수행되는 단순업무는 정형화된 의사결정이 많고, 상부계층으로 올라갈수록 비정형화된 의사결정이 많다.

2.2 하향적/자율적 의사결정

하향적/자율적 의사결정은 결정권한이 윗사람에게 있느냐 아니면 아랫사람인 실무자에 있느냐에 따라 구분된다. 전자를 '하향적 의사결정', 후자를 '자율적 의사결정'이라고 부른다. 오늘날에는 실제 업무를 수행하는 담당자에게 더 많은 의사결정권을 주는 것이 보다 효과적이라고 말하는데 그 이유는 다음과 같다.

- 신속한 의사결정이 필요하다.
- 변화가 많아 과거의 선례가 잘 맞지 않는다.
- 사원들의 참여요구가 많아졌다.
- 사원들의 정보수집, 분석능력, 경험이 향상되었다.
- 동기가 유발되어 업무성과가 높아졌다.

3. 의사결정의 모델

사람들은 누구나 합리적으로 선택한다고 생각한다. 하지만 의사결정의 접근방법은 사람들마다 다양하다. 의사결정의 대표적인 모델로는 합리적 모델, 관리적 모델, 직관적 모델, 쓰레기통 모델이 알려져 있다.

3.1 합리적 의사결정모델

합리적 모델(rational model)에서는 의사결정자가 합리적이며, 의사결정을 위한 정보는 모두 주어져 있다고 가정한다. 합리적 모델은 모든 대안을 수집하여 목표를 최고로 달성할 수 있는 최적안을 찾는 것이다. 합리적 의사결정모델은 〈그림 16-1〉에서 보는 바와 같이 문제인식, 대안탐색, 최적안선택, 실행, 평가의 5단계를 거쳐 이루어진다.

- **문제의 인식**: 문제를 정확히 인식하고 정의하는 것은 성공적인 의사결정을 위해 매우 중요하다.
- **대안의 탐색**: 문제를 올바로 이해했다면 문제해결을 위한 대안들을 찾아야 한다.
- **최적안 선택**: 수집한 대안들의 장단점을 비교 평가하여 최적안을 선택한다.
- **선택안의 실행**: 선택된 최적안을 실행에 옮긴다.
- **결과의 평가**: 실행된 대안에 대하여 원하는 결과가 얻어졌는지 평가한다.

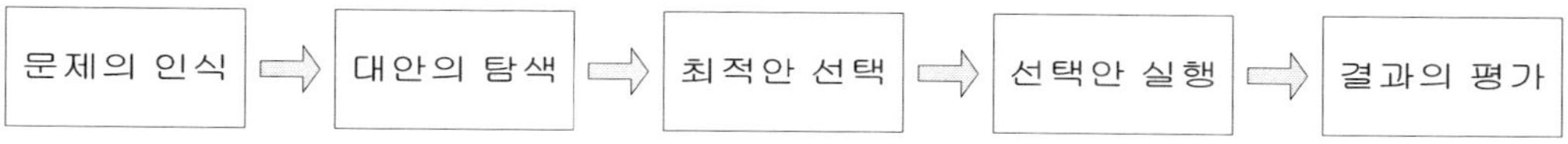

〈그림 16-1〉 합리적 의사결정모델의 절차

합리적 모델이 내용적으로는 완벽해 보이지만, 실제로 발생하는 문제의 해결에는 거의 사용되지 않는다. 또한 적용된다고 하더라도 다음과 같은 한계로 인하여 올바른 결과를 얻기가 쉽지 않다.

- 시간, 돈, 능력 등의 제약으로 인하여 관련된 모든 정보를 조사하거나 분석할 수 없다.
- 가능한 모든 대안을 비교 검토하는 것은 불가능하다.
- 대안을 분석, 검토, 평가할 때 그 기준이 주관적이다.
- 최선안을 선택했어도 과거의 정보를 사용한 것이므로 그 효과를 보장할 수 없다.

3.2 관리적 의사결정모델

사람은 합리적 모델에 따라 최적해를 얻을 수 있을 만큼 시간, 정보, 능력 등의 자원을 갖고 있지 않다. 따라서 사이먼(H. Simon)은 '관리적 모델'(managerial model) 혹은 '규범적 모델'(normative model)이라고 부르는 보다 현실에 가까운 모델을 제시하였다. 이는 문제의 해결 대안을 정할 때 최선책을 찾는 대신, 적절한 기준을 통과하는 대안 중에 가장 먼저 발견되는 것을 선택하는 방법이다.

관리적 모델은 최적해를 찾는 것이 아니라 만족스러운 해를 찾는 방법이다. 또한 모든 대안을 동시에 고려하는 것이 아니라 순차적으로 하나씩 살피게 된다. 〈그림 16-2〉를 보면 9번째 발견될 대안이 최적안이지만 5번째 대안이 설정된 만족수준을 넘어섰으므로 관리적 모델의 대안으로 선택된다.

백화점에서 새 양복을 사려고 할 때 모든 백화점을 다 들러 진열된 양복들을 다 비교할 수는 없다. 대부분의 남성들은 자주 가는 백화점에 들러 몇 군데 매장을 둘러보다가 맘에 드는 양복이 눈에 띄면 구입하게 된다.

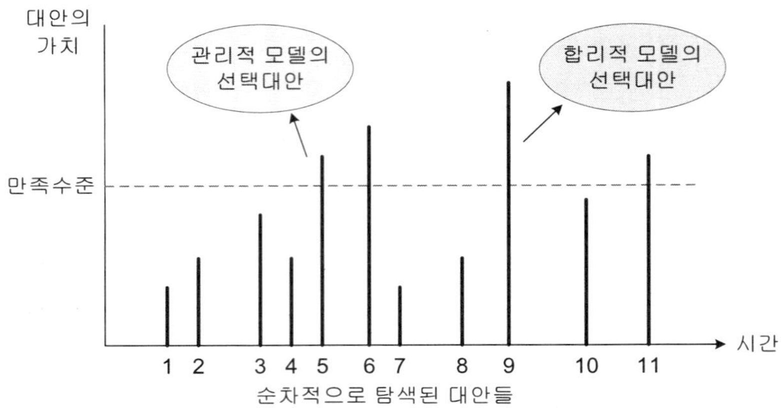

〈그림 16-2〉 관리적 의사결정모델

3.3 직관적 의사결정모델

전체 혹은 일부 대안을 비교하는 대신 과거의 경험이나 느낌을 근거로 한 직관을 사용하여 의사결정을 내리기도 한다. 최근 연구에 의하면 직관은 무시할 것만은 아니며 합리적인 결정을 돕는 것으로 알려져 있다(Johnson, 1993).

직관적 결정(intuitional decision)이란 오랜 경험에서 나오는 무의식적 판단과정이며, 특수한 사람들만이 아니라 모든 사람이 자주 사용하는 방식이다. 이러한 직관은 상황의 불확실성이 심할 때, 과거의 선례가 없을 때, 현실적 자료와 정보가 부족할 때, 합리적인 예측이 불가능할 때, 비슷한 대안이 많을 때, 시간 제약이 클 때 주로 사용하게 된다.

3.4 쓰레기통 의사결정모델

사이먼의 관리적 모델과 마찬가지로 쓰레기통 모델(garbage can model)도 합리적인 모델로는 사람들의 의사결정을 설명할 수 없기 때문에 제시된 최근 이론이다. 이는 불확실한 상황에서 조직의 의사결정과정을 설명하기 위한 것으로 코헨(M. Cohen), 마치(J. March), 올슨(J. Olsen)에 의하여 주장되었다.

이들은 의사결정이 단계적 순서를 따르는 것이 아니라 우연한 과정에 의하여 이루어진다고 주장한다. 조직에서 의사결정은 문제점, 해결대안, 의사결정자, 선택기회의 4가지 요인들이

〈그림 16-3〉에서 보는 바와 같이 각각 독립적으로 존재하며 상호작용한 결과로 얻어진다.

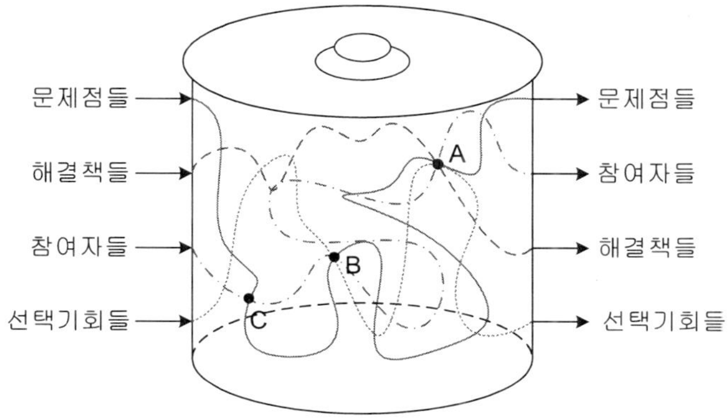

〈그림 16-3〉 쓰레기통 의사결정모델

3.4.1 문제점

문제점(problem)이란 현재의 상황과 기대하는 상황간의 차이를 말한다. 이는 올바른 해결책이 적용되지 않는 한 계속해서 존재한다.

3.4.2 해결책

해결책(solution)은 문제를 해결하는 방안으로 조직 내에서 흘러다닌다. 문제해결을 위한 방안들은 조직원들에 의하여 다양하게 제시된다. 하지만 문제점을 고려하지 않은 채 특정한 해결책을 선택하도록 강요될 수도 있다.

3.4.3 참여자

참여자(participant)는 조직에서 활동하는 구성원을 가리킨다. 이들은 서로 다른 가치, 태도, 경험을 가지고 의사결정에 참여한다. 사람들마다 생각하는 문제점과 해결책은 서로 일치하지 않는다.

3.4.4 선택기회

선택기회(choice opportunity)는 문제점에 대한 해결대안을 선택하도록 요구되는 시점을 의미한다. 종업원의 고용같은 의사결정은 규칙적으로 발생하지만, 그 밖에 많은 의사결정들은 임의로 발생한다. 결정의 시점이 위기나 독특한 상황으로 인하여 갑자기 발생하는 경우가 많기 때문이다.

이들 4가지 요인들은 쓰레기통 속에서 어떤 규칙이나 패턴이 없이 마구 뒤엉켜 흘러다닌다. 그러다가 우연한 기회에 이들 모두가 〈그림 16-3〉의 지점 A에서와 같이 한 곳에서 만나게 될 때 의사결정이 이루어진다. 이 경우 그 결정이 얼마나 효율적인가 하는 것은 또 다른 문제다.

〈그림 16-3〉의 지점 B에서와 같이 해결책을 제외한 나머지 요인인 문제점, 참여자, 선택기회가 함께 만나는 경우, 문제에 대한 의사결정은 해결책과 전혀 관계없이 얻어지게 된다. 따라서 쓰레기통 모델은 선택된 의사결정들이 왜 문제점을 해결하지 못하는지 설명한다. 한편 〈그림 16-3〉의 C지점에서는 문제점과 참여자의 2요인만 만나고 있으므로 의사결정이 이루어지지 않는다.

쓰레기통 의사결정과정은 다음과 같은 결과를 가져올 수 있다.

- 문제가 없는데도 해결책이 제안될 수 있다.
- 선택된 해결책이 문제를 해결하지 못할 수 있다.
- 어떤 문제는 해결되지 않고 계속 방치된다.
- 일부 문제는 해결되기도 한다.

파킨슨 법칙

1차 세계대전이 일어난 1914년 영국 해군 병사의 수는 15만명, 군함은 62척이었다. 전쟁이 끝나고 14년이 지난 후 해군 병사는 10만명으로 30% 감축되었고, 군함은 20척도 채 안되는 3분의 1이하로 줄어 있었다. 그럼에도 불구하고 이들을 지원하는 해군성의 공무원 수는 2,000명에서 3,600명으로 80%나 더 늘어났다. 상식적으로 도무지 이해할 수 없는 현상이 일어난 것이다.

그 이유는 무엇인가? 공무원들은 승진을 위해 부하를 늘리려 하기 때문이라고 파킨슨은 주장하였다. 사람이 늘어나면 일이 늘어나고, 일이 늘면 사람이 다시 늘어나 조직의 규모는 커지게 되며, 그에 따라 조직 내의 직급이 늘어나게 되어 승진의 기회는 그만큼 늘어나게 된다.

파킨슨은 영국 해군의 사무원으로 근무한 경험을 바탕으로 1955년 관료제의 본질을 꿰뚫어본 '파킨슨의 법칙'을 만들어 발표했다. 그 내용은 '공무원의 수는 업무의 양에 상관없이 증가한다'는 것이었다. 그는 자신의 이론을 통계적으로 분석한 뒤 수식으로 만들었는데, 공무원 조직은 업무의 증감에 상관없이 매년 평균 6% 정도 증가한다는 내용이었다.

4. 합리적 의사결정의 방해요인

의사결정은 합리적으로 이루어져야 한다. 하지만 지각적 편견, 대표적 정보의존, 손실혐오 경향 등의 이유로 말미암아 합리적인 의사결정은 쉽게 이루어지지 않는다.

4.1 지각적 편견 오류

사람의 능력에는 한계가 있으므로 문제를 제대로 인식하지 못할 가능성이 있다. 또한 편견, 시간적 제약, 잘못된 정보, 불충분한 정보 등으로 인하여 문제를 잘못 파악할 수도 있다.

전자시계는 세계의 시계산업을 장악했던 스위스인들에 의하여 처음 발명되었다. 하지만 베어링과 기어가 없는 전자시계는 자존심이 강한 스위스 시계제조업자들에게 외면당했다. 이후 일본의 세이코회사는 이 발명품을 받아들여 세계시장을 점령했다.

빌 게이트는 1990년 초 등장한 웹에 대하여 혼란을 우려하였으며 1990대 중반까지도 인터넷과 관련된 제품을 만드는 회사에 투자하는 사람들을 비웃기까지 하였다. 하지만 1990년대 후반 빌 게이츠는 자신의 실수를 인정하였으며, 몇 개의 웹서비스를 인수하고 윈도우 OS에 인터넷을 지원하는 프로그램을 추가하였다.

그릇된 의사결정

미국의 대통령이었던 링컨이 자주 이야기했다는 우화 하나를 소개한다. 어느 날 족제비가 닭을 훔쳐 먹은 일로 인하여 재판정에 서게 되었다. 여우가 족제비의 변호를 맡게 되었다. 여우는 재판장인 원숭이 앞에서 변론했다. "족제비가 닭을 훔치는 것을 보았다는 증인은 3명이 있습니다. 하지만 저에게는 족제비가 닭을 훔치는 것을 본적이 없는 증인이 12명이나 있습니다. 3대12라는 점을 고려해 주시기 바랍니다."

원숭이 재판관은 한참동안 생각한 후에 판결을 내렸다. "보지 못한 증인은 12명이고 본 증인은 3명밖에 되지 않으니 피고는 무죄다."

4.2 대표적 정보의존 오류

대표적 정보의존 오류란 객관적인 확률을 무시하고 대표적인 특별한 정보에 더 의존하는 데서 발생하는 오류다. 비행기를 탔을 때 사고가 일어날 가능성은 자동차 사고에 비하여 훨씬 적다. 하지만 사람들은 비행기가 자동차보다 더 위험하다고 생각하는 경향이 있다.

로또복권의 기대금액은 복권의 구입가격보다 훨씬 낮다. 그렇지만 사람들은 최고 당첨액을 기대하면서 복권을 구입한다. 사람들은 박찬호나 배용준을 부러워하면서 자녀들에게 야구를 시키거나 유명연예인의 꿈을 꾸곤 한다. 하지만 그 꿈이 실제로 이루어질 가능성은 다른 직업으로 출세할 가능성에 비하여 훨씬 낮다.

4.3 손실혐오경향

카너먼(D. Kahneman)과 트버스키(A. Tversky)는 1979년 '전망이론'(prospect theory)을 통해 사람에게 '손실혐오'(loss aversion)의 경향이 있다는 이론을 제시하였다. 전망이론에 따르면 사람들은 어떤 것을 얻었을 때 느끼는 기쁨보다 그것을 잃었을 때 느끼는 슬픔이 훨씬 더 크다고 한다.

예를 들어, 10,000원을 우연히 주웠을 때의 기쁨과 10,000원을 잃어버렸을 때 슬픔을 비교해 보라. 카너먼 교수에 의하면 손실은 이득보다 2.5배 정도 더 큰 영향력을 갖는다고 한다. 이 때문에 사람은 어떤 것을 소유하는 것보다 소유한 것을 포기하는 것이 훨씬 더 힘들다고 한다.

일단 의사결정이 이루어지면 이미 투자한 시간과 비용이 아까워 중도에 포기하지 못하는 것이나, 홈쇼핑에서 반품보증제도를 실시했음에도 불구하고 실제 반품율이 1~2%로 매우 낮은 것은 손실혐오경향으로 설명할 수 있다.

2009년 전 세계적으로 경기가 악화되었을 때 미국 내의 현대자동차는 획기적인 환불마케팅전략을 선보였다. 차를 구입한 후 1년 안에 실직, 파산, 사고사 등으로 할부금을 낼 수 없게 되면 차를 되돌려 받겠다는 것이었다. 이는 실직자가 발생한다고 해도 실제로 차를 환불할 사람은 그렇게 많지 않을 것이라는 속셈에서 나온 전략이었다.

4.4 몰입의 상승

사람에게는 일단 결정하여 실행하게 되면 잘못된 일인 줄 알면서도 도중에 취소하지 않고 계속 밀어붙이는 성향이 있다. 이를 '몰입의 상승'(escalation of commitment)이라고 부른다. 이러한 성향은 지금까지 투자한 것이 아깝기도 하거니와 자신의 결정을 스스로 부정하고 싶지 않은 심리가 작용하기 때문이다. 물론 하던 일을 도중에 중단할 때 받게 될 사람들의 비판을 우려하는 것도 한 원인이다. 그런 까닭에 사람들은 어떤 결정을 수행하게 되면 일이 잘

되건 잘못되건 간에 더욱 깊이 빠져 들어가게 된다. 존경받는 리더나, 독재적인 리더가 내린 결정에서 이런 경향이 특히 심하게 나타나기 쉽다.

사람들이 비효율적인 행동을 도중에 중단하지 않고 지속하게 되는 것은 다음과 같은 이유 때문이다.

4.4.1 자기 정당화

비효율적인 행동을 도중에 중단하지 않고 지속하게 되는 것은 부정적인 결과를 인정하고 싶지 않은 스스로에 대한 정당화 욕구 때문이다. 책임이 큰 지위에 있는 사람일수록 더욱 비효율적 행동을 멈추지 못한다는 연구결과도 있다.

4.4.2 도박사의 오류

도박사의 오류(gambler's fallacy)란 도박사가 연속해서 판돈을 잃게 되면 다음번에는 따게 될 것으로 생각하여 도박을 멈추지 않게 되는 오류를 말한다. 동전던지기에서 연속해서 앞면이 나왔다고 해서 다음에 뒷면이 나올 확률이 더 높아지는 것은 아니다. 사람들은 실패를 계속하면서도 다음에는 성공할 것이라고 생각하여 계속 투자하는 실수를 범하게 된다.

4.4.3 매몰비용에 대한 집착

매몰비용(sunk cost)이란 이미 지출되었기 때문에 회수가 불가능한 비용을 말한다. 매몰 비용은 이미 지출되었기 때문에 합리적인 선택을 할 때 더 이상 고려하지 않아야 한다. 하지만 투자된 비용이 큰 경우 그것에 집착하여 앞서 내린 결정을 중단하지 못한다.

4.4.4 과업의 특성

대부분의 결정사안은 추진 중인 과업이 완료된 후에 손익결과가 분명하게 나타나게 되므로 그 때까지는 계속 투자하게 된다.

4.4.5 조직의 타성

일반적으로 조직은 변화를 싫어하므로 예전에 하던 대로 업무를 지속하려는 관성이 있다. 또한 결정을 중단하려 해도 결정부서와 실천부서 간에 의사소통이 안 되어 업무가 지속되기도 한다.

4.4.6 사회적 이유

결정을 번복하게 되면 지난번의 의사결정이 잘못되었다는 것을 인정하는 것이 되어 동료들로부터 비난을 듣게 되기 때문이다.

4.4.7 외부의 힘

사이비 종교단체나 조직폭력단체에는 일단 가입하고 나면 잘못을 깨닫는다 해도 외부의 압력 때문에 탈퇴할 수 없다. 이와 유사하게 소비자나 정부는 조직으로 하여금 손해가 되는 결정사항을 계속하도록 때로 강요하기도 한다.

이러한 몰입의 상승을 피하기 위하여 다음과 같은 방안들을 도입할 수 있다.

- 최소한의 목표를 세워놓고 정해진 기일 내에 달성되지 못하면 즉시 중지시킨다.
- 실행 도중에 진행결과에 대한 피드백을 지속적으로 받는다.
- 실패에 대한 처벌이나 비난의 풍토를 없앤다.
- 당사자에게 지속될 경우 발생할 심각한 손실에 대하여 명확히 알린다.
- 처음의 결정자와 번복할 수 있는 두 번째 결정자를 서로 다르게 정한다. 즉 취소결정은 처음부터 다른 사람에게 맡긴다.

콩코드 오류

콩코드 여객기는 영국과 프랑스가 공동 개발한 마하 2.2의 초음속 여객기다. 그로 인하여 파리와 뉴욕 간의 비행시간은 7시간대에서 3시간대로 단축될 수 있었다. 하지만 2003년 콩코드여객기는 만성적자를 이겨내지 못하고 비행을 중단하였다. 콩코드 여객기는 개발 초기부터 과도한 투자비용과 불투명한 수익 등으로 논란이 많았다. 두 나라는 콩코드에 문제가 많다는 사실을 알고 있었지만 개발을 포기하지 못했다. 엄청난 비용이 투자되었기 때문이다. 이처럼 이미 많은 비용이 투입되어 어쩔 수 없이 개발을 지속해야 하는 것을 '콩코드 오류' 라고 부른다. 콩코드 오류는 미국의 베트남 전쟁과 더불어 잘못된 결정에 더 집착하는 몰입상승의 대표적 사례로 꼽힌다.

5. 개인차에 따른 의사결정

사람들마다 최종대안을 선택하는 방식에는 여러 접근이 가능하며, 그 결과 다양한 의사결정을 내리게 된다. 여기서는 사람들이 의사결정을 할 때 영향을 주는 요인들에 대하여 살펴보기로 한다.

5.1 의사결정의 요인

어떤 사람은 오랫동안 심사숙고하여 결정하는가 하면, 재빨리 결정해 버리는 사람도 있다. 이들 중에 어느 쪽이 더 우수하다고 단정할 수는 없다. 사람마다 의사결정의 성향이 다르기 때문이다. 로우(A. Rowe)를 비롯한 몇몇 학자들은 사람들의 의사결정에 영향을 주는 요인으로 사고방식(way of thinking)과 불확실성 감수능력(tolerance of ambiguity)의 2가지를 제시하였다.

5.1.1 사고방식

치밀한 정보분석을 토대로 사고하는 합리적인 사람이 있는가 하면, 그렇지 않은 직관적인 사람도 있다. 이처럼 사고방식의 유형은 합리적 사고유형과 직관적 사고유형으로 구분될 수 있다. 합리적 사고유형의 사람은 가능한 모든 정보를 수집한 후 시간이 걸리더라도 자세히 분석하여 결정한다. 한편, 직관적 사고유형의 사람은 정보의 전체적인 윤곽을 보고 직관적으로 결정을 내린다.

5.1.2 불확실성 감수능력

불확실성(ambiguity)이란 의사결정이 내려지지 않은 상태를 의미한다. 불확실성에 대한 인내력이 큰 사람은 시간을 끌면서 좀 더 확실한 정보와 대안들을 검토한다. 반면에 불확실성에 대한 인내력이 낮은 사람은 신경쓰는 것을 피하기 위하여 알고 있는 정보를 근거로 빨리 결정해 버린다.

5.2 의사결정의 유형

사고방식과 불확실성 감수능력을 각각 독립된 차원으로 생각하면, 사람들이 취하는 의사결정의 유형은 〈그림 16-4〉에서 보는 바와 같이 단순형, 분석형, 개념형, 행동형의 4가지로 구분된다.

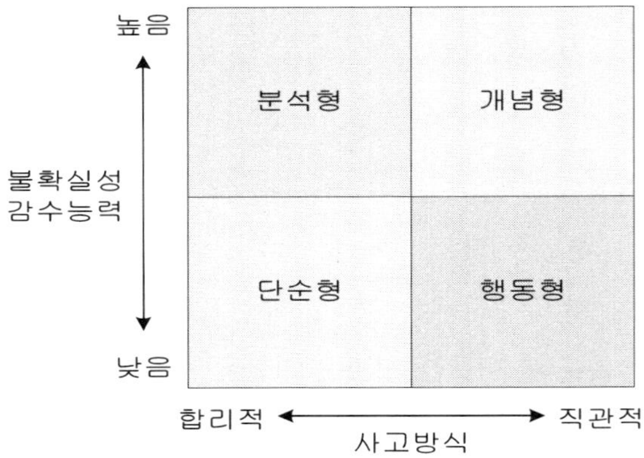

〈그림 16-4〉 개인의사결정의 유형

5.2.1 단순형

단순형(directive style)은 합리적인 것을 추구하지만 불확실성에 대한 인내력은 적은 유형이다. 이런 유형의 사람들은 적은 양의 정보를 가지고 철저히 분석하여 단시간에 빠른 의사결정을 내린다. 또한 여러 대안의 검토 없이 단순하고 분명하게 결정하는 것을 선호하며 규정과 절차에 의존하는 경향이 있다.

5.2.2 분석형

분석형(analytic style)은 애매모호한 상태를 참고 정보를 추가하면서 가능한 많은 대안을 검토하여 최적의 의사결정을 얻으려는 유형이다. 분석형의 사람들은 복잡한 문제를 선호하며 신중하고 조심스럽게 문제해결을 접근한다.

5.2.3 개념형

개념형(conceptual style)은 장기적으로 많은 대안을 검토하여 문제를 해결하는 유형이다. 이런 유형의 사람들은 일반 사람들이 생각하지 못하는 창의적이고 비상한 생각으로 문제에 대한 해결방안을 제시한다. 또한 이들은 사교적이며 새로운 아이디어를 즐기며 생활한다.

5.2.4 행동형

행동형(behavioral style)은 애매모호한 것을 참지 못하며, 다른 사람이 제공하는 정보나 생각을 그대로 받아들이는 유형이다. 행동형의 사람들은 다른 사람들의 주장에 따라 빨리 결정하고 움직이는 경향이 있다.

이들 중 한 가지 유형에 속하는 사람도 있지만, 대부분의 사람들은 2가지 이상의 유형을 혼용하여 의사결정을 내리게 된다. 유능한 관리자들은 상황에 따라 4가지 유형을 적절히 선택하여 의사결정을 내리기도 한다.

6. 집단의사결정

의사결정은 개인이 혼자서 결정하는 개인의사결정과, 의사결정 과정에 여러 사람이 함께 참여하는 집단의사결정으로 구분된다. 집단의사결정은 개인의사결정과 비교해 볼 때 공동목표, 연대감과 같은 특성들이 영향을 주게 된다.

6.1 집단의사결정의 장단점

집단의사결정의 장점과 단점을 소개한다. 먼저 집단의사결정을 통하여 얻을 수 있는 장점들로는 방대한 지식, 다양한 관점, 시너지 효과, 수용성 증대 등을 꼽을 수 있다.

- **방대한 지식**: 여러 사람들이 가지고 있는 아이디어와 정보를 모을 수 있다.
- **다양한 관점**: 다양한 경험을 가진 사람들이 여러 관점에서 문제를 검토하고 대안을 비판할 수 있다.
- **시너지 효과**: 많은 사람의 폭넓은 상호작용을 통하여 새로운 아이디어의 개발을 자극하는 시너지 효과를 얻게 한다.
- **수용성 증대**: 구성원들이 의사결정에 참여함으로서 수용성과 응집력이 높아져 결정된 내용을 강력히 추진할 수 있다.

반면에 집단의사결정은 시간의 낭비, 평가우려, 동조, 소수지배, 차선책 선택, 집단사고, 책임분산, 집단양극화 등 단점이 존재한다.

- **시간 낭비**: 개인의사결정에 비하여 시간이 많이 소요된다.
- **평가우려**: 다른 사람들을 의식하여 의견 제안을 꺼리는 경향이 있다.
- **동조**: 구성원들이 다른 사람의 의견에 비판 없이 동조하기 쉽다.

- **소수지배**: 몇 사람이 전체 의견을 주도하여 회의가 편파적으로 진행될 수 있다.
- **차선책 선택**: 의견대립이 발생하는 경우 최적안이 아닌 타협안을 선택할 수 있다.
- **집단사고**: 집단사고의 함정에 빠질 가능성이 있다.
- **책임분산**: 결과에 대하여 아무도 책임을 지지 않으므로 과도한 모험을 선택하기 쉽다.
- **집단양극화**: 구성원들이 원래 선호하던 입장보다 더욱 극단적인 방향을 추구한다.

집단의사결정에서 나타나는 문제점들은 다음의 방법으로 해결될 수 있다. 먼저 의사결정 과정이 소수의 사람에 의하여 지배되지 않도록 주의해야 한다. 또한 구성원의 수는 문제해결이 가능할 정도로 충분해야 하며 또한 개인의 능력이 사장되지 않을 정도로 적어야 한다. 구성원들에게 집단의 묵시적 선호대안을 강요하지 말아야 하며, 비판적 사고와 발언이 보장되어야 한다.

집단동조실험

집단에서 다른 사람들과 생각이 다를 때 개인은 어떻게 행동할까? 미국의 사회심리학자 애쉬는 8명의 대학생들에게 기준카드와 비교카드로 이루어진 12쌍의 카드를 한 쌍씩 보여주면서 비교하는 실험을 실시하였다.

기준 카드 비교카드

기준카드에는 하나의 선이, 비교카드에는 각기 다른 세 개의 선이 그려져 있었다. 실험의 내용은 기준카드에 있는 선과 동일한 길이의 선을 비교카드에 있는 선들 가운데에서 찾아내는 것이었다. 이 실험은 무척 쉬운 내용으로 누구든지 정확히 맞출 수 있었다.

실험에 참가한 8명의 대학생 가운데 7명은 실험보조자였으며, 이들의 대답은 사전에 결정되어 있었다. 결국 피실험자는 한 사람뿐이었다. 카드를 제시하였을 때 실험보조자들이 먼저 틀린 답을 골랐고 마지막에 피실험자가 응답하는 방식으로 실험은 진행되었다.

여러 그룹을 만들어 동일한 실험을 반복하였는데 피실험자들 가운데 20%만이 소신에 따라 대답하였다. 반면에 약 80%의 사람들은 최소한 한번 이상 집단의 압력에 굴복하였고, 2번 이상 오류에 동조한 사람들도 58%나 되었다. 평균적으로는 3분의 1에 해당하는 37%의 피실험자들이 실험보조자의 틀린 대답에 동조하였던 것이다.

당신이 피실험자라고 가정해 보자. 앞의 사람들이 명백하게 틀린 답을 일제히 선택할 때 당신은 갈등하게 될 것이다. 소신껏 올바른 답을 말할 것인가? 아니면 다른 사람의 대답을 따라갈 것인가? 이런 상황에서 상당수의 사람들은 자신의 확신을 접고 앞의 사람들의 대답에 동조하였다.

그 이유는 무엇일까? 한 가지 이유로 그들 중 일부는 자신의 눈을 의심하였다. 불확실한 때에는 다른 사람의 판단이 선택기준이 된다. 또 다른 이유로 그들은 집단에서 소외되는 것이 싫었다. 그래서 분명하게 확신했음에도 불구하고 무조건 동조하게 된 것이다. 개인주의적인 성향이 강한 미국대학생들에게서 이런 결과가 나왔다면 동조성향이 강한 우리나라나 일본에서는 더 높은 값의 동조실험결과가 나타날 가능성이 있다.

애쉬의 실험에서 한 가지 흥미로운 점이 있다. 그것은 실험보조자들 가운데 어느 한 사람이라도 올바르게 대답하는 경우, 틀린 대답을 말하는 피실험자의 비율이 5.5%로 급격히 떨어졌다는 사실이다. 다른 사람들이 일제히 틀린 답을 정답이라고 우기는 경우 그 의견에 따라야 한다는 중압감을 느끼게 된다. 하지만 그들 중 단 한 명이라도 정답을 말하는 경우 마음속에 있던 동조의 중압감은 힘을 잃게 된다. 우리 사회에서 빛과 소금의 역할을 담당해야 할 사람이 반드시 있어야 할 이유를 말해준다.

6.2 집단의사결정의 양극화 현상

연구에 의하면 집단은 개인보다 훨씬 위험이 큰 의사결정을 내리는 경향이 있다고 한다. 집단으로 모여 함께 토의를 하면 위험이 높은 쪽으로 의견이 모이게 된다. 특이한 점은 〈그림 16-5〉에서 보는 바와 같이 토의를 하기 전에는 개인의 의견이 극단적이지 않았는데, 토의를 하고 나면 의견이 양극단으로 나뉘게 된다. 이런 현상을 '집단양극화 현상'(group bipolarization)이라고 말한다.

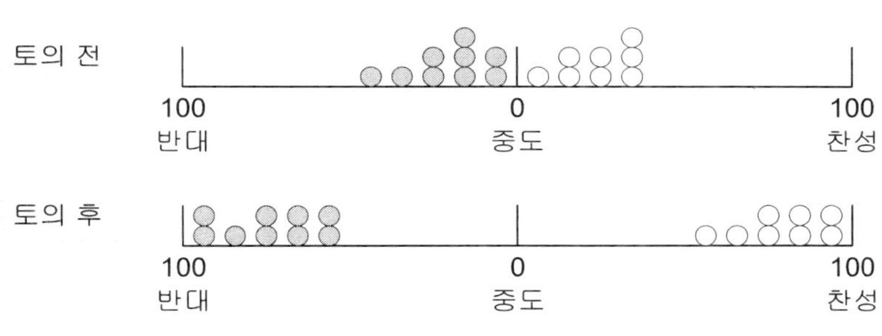

〈그림 16-5〉 집단의사결정의 양극화 현상

집단양극화현상은 다음의 과정으로 이루어진다.

① 한 집단을 선호하는 사람들은 그 집단의 주도권을 잡기 위하여 과장하여 발언한다.

② 새로운 사실을 알게 된 구성원들은 자신들의 집단에 더 애착심을 갖고 다른 집단을 배척하게 된다.

③ 집단의 응집력이 한층 더 강화됨에 따라 구성원들은 자신의 집단에 더욱 애착심을 갖게 되고 다른 집단은 더욱 배척하게 된다.

집단양극화 현상은 책임분산이론, 리더십이론, 친숙화 이론, 가치이론 등에 의하여 그 원인을 설명할 수 있다.

- **책임분산이론**: 집단에서는 구성원들이 책임감을 덜 느끼게 되므로 모험적인 결정을 선택하게 된다.
- **리더십이론**: 토의장에서는 극단적인 사람이 더 큰 설득력과 자신감으로 구성원들에게 더 큰 영향을 미치게 된다.
- **친숙화이론**: 다른 사람과 문제를 토의하게 되면 불확실성이 감소되면서 모험적인 대안을 지지하게 된다.
- **가치이론**: 변화를 추구하는 것이 긍정적인 가치로 받아들여지는 것이 보편적으로 모험적인 대안에 동의하는 경향이 생긴다.

6.3 집단사고

집단사고(groupthink)는 응집력이 큰 집단에서 의사결정을 할 때 나타날 수 있는 매우 위험한 현상 중에 하나다. 이는 1971년 재니스(I. Janis)가 대 실패로 끝난 미국 케네디 대통령의 쿠바 피그만 침공사건 등 몇 가지 의사결정사례를 분석하여 밝혀낸 집단착각현상이다. 즉, 개인이 집단으로 모이게 되면 각자의 감정과 생각은 하나의 동일한 방향으로 향하게 되고 개인의 고유한 사고와 성격은 사라지면서 집단사고가 발생한다는 것이다. 집단사고의 예로는 쿠바 피그만 침공사건 외에도 1986년 미국 NASA의 챌린저 우주왕복선 폭발사고가 유명하다.

집단사고가 일어나기 쉬운 조건은 다음과 같다.

- 집단의 응집력이 고도로 높았다.
- 집단이 외부로부터 고립되었다.
- 비민주적인 리더십이 행사되고 있었다.

- 올바른 토의절차가 이루어지지 않았다.
- 집단이 동질적인 구성원들로 이루어졌다.
- 외부 위험으로 말미암아 구성원들의 스트레스가 급증해 있었다.

집단사고에 빠진 집단에서는 다음과 같은 특성을 나타내게 된다. 그들은 자신들의 집단이 항상 옳고 다른 집단을 악하고 어리석다고 생각한다. 이들은 집단의 의견에 반대하는 사람들을 충성심이 부족하다고 미리 몰아붙이거나 그들의 의견을 무시한다. 이렇듯 유도된 분위기에서 집단의 의견과 다른 생각을 가진 사람들은 조용히 침묵을 지키게 된다. 이러한 침묵은 동의로 간주되므로 집단은 만장일치가 이루어졌다고 생각한다.

일단 집단사고에 빠지게 되면 의사결정과정에 심각한 영향을 미치게 된다. 우선 정보탐색에 소홀해져 가능한 대안을 모두 고려하지 않은 채 유리한 정보만 선택하게 된다. 또한 선호하는 대안의 위험성을 충분히 검토하지 않으며, 모든 상황에 대한 대응책을 세우지 않는다.

이러한 집단사고를 방지하려면 집단에 비판적인 시각을 가진 평가자를 미리 정하고 다른 의견을 제시하도록 한다. 객관적인 관점을 지닌 외부 인사를 토의에 초빙하는 것도 바람직한 방법이다. 토의분위기를 어느 한 방향으로 유도하지 않기 위하여 리더는 자신이 선호하는 대안을 구성원들에게 미리 밝히지 않아야 한다. 또한 구성원들에게 가능한 모든 정보를 검토하도록 요구하고 확인할 필요가 있다.

쿠바 피그만 침공사건

1961년 미국과 쿠바의 관계가 극도로 냉각되었을 때 케네디 대통령의 산하 특별자문위원회는 쿠바 침공 계획에 대하여 잘못된 결정을 내렸다. 미국 CIA가 훈련시키고 미국병기로 무장한 1,400명의 쿠바 망명인을 쿠바에 상륙시키는 계획이었다. 자문위원회는 쿠바 남쪽의 피그만을 상륙거점으로 정하고 쿠바의 비밀기지를 공격하기로 하였다. 하지만 CIA의 계획은 완전히 빗나갔다. 쿠바의 공군은 미국의 탄약운송선을 격침시켰고, 공중지원에 나선 여러 대의 미국 폭격기들을 격추시켰다. 또한 미국의 상륙군들을 공격하여 다음 날 200명의 상륙군이 사망했고 1,200명이 포로로 잡혔다. 철저히 실패로 끝난 계획이었다.

7. 효과적인 의사결정기법

집단으로 의사결정할 때 집단사고, 동조, 집단양극화와 같은 문제점이 따르게 된다. 이러한 문제점을 최소화하면서 효과적인 집단의사결정을 하기 위하여 브레인스토밍, 명목집단법, 델파이법, 변증법적 토의, 반론지명자법 등이 개발되었다.

7.1 브레인스토밍

브레인스토밍(brain storming)은 여러 사람이 모여 한 가지 문제를 놓고 많은 아이디어를 제안하는 방법이다. 이 방법에서는 효과를 극대화하기 위하여 다음의 4가지 원칙을 정해놓고 있다.

- 자유분방의 원칙: 자유롭게 의견을 발표한다.
- 양 위주의 원칙: 가능한 많은 의견을 제시한다.
- 비판금지의 원칙: 제시된 의견을 절대로 비판하지 않는다.
- 개선의 원칙: 제시된 의견을 결합하거나 변형시켜 개선된 아이디어를 도출해낸다.

브레인스토밍에서는 구성원이 아이디어를 제안하면 그 내용을 칠판에 기록하여 다른 사람들이 모두 볼 수 있게 한다. 아이디어를 창출하는 시간은 30~40분 정도 할당하는 것이 일반적이다.

7.2 명목집단기법

함께 모여서 의사결정을 하게 되면 상급자의 눈치도 보아야 하고, 개인적으로 좋아하고 싫어하는 다른 사람의 의견에 영향을 받기도 한다. 이런 폐단을 없애려면 누가 이야기했는지 서로 모르도록 해야 한다. 따라서 말로 하는 의사소통을 중단하고 종이나 PC에 의견을 적어 의사결정을 하는 방법이 명목집단기법(nominal group technique)이다. 명목집단기법은 다음의 순서에 따라 이루어진다.

① 일체 말을 하지 않은 채 자신의 생각을 종이에 적는다.
② 종이에 적은 내용을 익명으로 제출하고 칠판에 기록한다. 토의는 하지 않는다.
③ 기록된 내용에 대하여 보충 혹은 지지설명을 하여 아이디어를 분명히 알린다.

④ 비밀투표를 실시하여 최종안을 선택한다.

7.3 델파이기법

명목집단기법의 경우에 다른 사람의 의견은 들을 수 있지만 토의를 하지 못하는 단점이 있다. 제시된 아이디어에 대하여 함께 토론하게 되면 더 좋은 의견으로 수정될 수 있기 때문이다. 하지만 이렇게 하는 경우 말한 사람이 누구인지 알게 되므로 여전히 문제가 남는다. 델파이기법(Delphi technique)은 의견을 제출하는 것은 물론 토론까지도 무기명 문서로 하는 것이다. 이는 지리적으로 멀리 떨어진 사람들끼리도 참여가 가능하다는 장점이 있다. 델파이기법은 다음의 순서에 따라 이루어진다.

① 토의참가자들에게 문제를 분명히 알린다.
② 참가자들은 무기명으로 종이에 의견을 기록한다.
③ 의견들을 모은 후 모든 참가자들에게 알려준다.
④ 참가자들은 다른 사람들의 의견을 읽고 그 내용을 수정하여 다시 보낸다.
⑤ 수정된 의견들을 모아 다시 모든 참가자들에게 보낸다.
⑥ 이 과정을 반복하면서 최선의 의견을 찾는다.

델파이기법은 지극히 불확실한 미래현상을 예측할 때 특히 효과적이지만 시간이 많이 걸린다. 또한 복잡한 사안인 경우 말과 글이 일치하지 않으므로 소기의 목적을 달성하려면 많은 노력이 필요하다. 이 기법은 공장입지선정, 임원선발, 정책결정 등 회사의 사활이 걸린 문제의 의사결정에 적합하다.

7.4 변증법적 토의

집단의 구성원들을 두 편으로 나누어 찬반을 토론하게 하면 장단점이 모두 드러난다. 이런 내용을 모두 이해한 다음 의견을 나누면서 토의하는 기법이 변증법적 토의(dialectical discussion)다. 이는 헤겔의 변증법적 사고에 기초하고 있으며 다음의 과정으로 실시된다.

① 집단의 구성원을 두 편으로 나눈다.
② 한쪽 집단이 먼저 자신들의 의견을 제시한다.
③ 다른 쪽 집단은 정반대의 의견을 제시한다.
④ 양 집단이 토론하여 두 의견의 장단점이 모두 드러나게 한다.

⑤ 토론으로부터 최종 의견을 선택한다.

7.5 반론지명자법

회의에 참여한 구성원 중 일부를 지명하여 집단에서 결정한 안건에 대하여 반론을 제기하도록 한다. 이는 집단에서 결정된 내용을 한번 더 생각하게 하여 집단사고의 위험을 줄이는 방법이다. 참가자 가운데 일부 사람을 미리 반대자로 지명하면 반대자로 지명된 참가자는 다른 사람들의 눈치를 보지 않고 비판적인 의견을 제시할 수 있다. 따라서 대안이 가지고 있는 한계나 문제점들이 명확하게 드러나 선택안을 수정 보완할 수 있다. 반론지명자법은 다음의 과정으로 이루어진다.

① 참가자들 중에서 반대의견을 제기할 반론자들을 선택한다.

② 잠정적 선택안을 발의했거나 이를 지지하는 사람들이 의견을 제시한다.

③ 반론자들은 제시된 의견에 대하여 비판안을 제기한다.

④ 반론과정을 반복하면서 발의된 의견의 수정안을 찾는다.

의사결정 후의 갈등

아무리 심사숙고 했어도 일단 의사결정을 내리고 나면 후회나 갈등이 따르기 마련이다. 한 가지 대안을 선택하게 되면 나머지 다른 대안들을 모두 잃어버리게 되기 때문이다. 이러한 갈등은 페스틴저가 주장한 인지부조화로 인한 갈등과 유사하다. 의사결정을 내린 후 이런 갈등이 생겨날 때 사람들은 어떻게 반응하는가? 제니스와 맨의 연구에 의하면 사람들은 결정철회, 실행축소, 결정재확인 등의 방식으로 의사결정 후에 생겨나는 갈등을 해소한다고 한다.

17장 리더십

1. 리더십의 개념

강한 장수 밑에는 약한 졸개가 없다고 한다. 조직에서 리더의 역할을 단적으로 말해주는 말이다. 리더가 리더십을 올바로 발휘할 때 조직의 성과가 높아지는 것은 당연하다. 조직에서 리더십은 매우 중요하다. 조직을 이끌어가는 리더에게 리더십은 마땅히 요구된다.

1.1 리더십의 정의

리더십의 정의는 매우 다양하다 리더십에 관한 몇몇 정의를 소개해 본다. 허시(P. Hersey)와 블랜차드(K. Blanchard)는 리더십을 주어진 상황에서 집단의 목표달성을 위한 활동에 영향을 미치는 과정이라고 정의했다. 베니스(W. Bennis)는 리더십을 조직으로 하여금 비전을 갖게 하고 구성원들로 하여금 맡은 일을 열성적으로 실현하도록 이끌어가는 기술이라고 말했다. 스톡딜(R. Stogdill)은 리더십이란 구성원으로 하여금 특정목표를 지향하게 하고 그 목표달성을 위해 실제 행동을 하도록 영향력을 행사하는 것으로 표현했다. 리더가 조직을 올바로 이끌어가려면 조직이 나아가야할 목표에 대한 명확한 비전을 제시하고, 구성원들로부터 신뢰와 열성적인 지지를 얻어내야 한다.

1.2 리더의 역할

조직을 이끌어가는 리더에게 요구되는 역할은 비전설정, 목표달성, 협동심 조성, 갈등조정과 해결, 과업분배, 동기부여, 업무능력 개발 등이 있다.

- **비전설정**: 조직이 추구할 비전과 사명을 구체적으로 설정하고 제시한다.
- **목표달성**: 열정을 가지고 조직의 목표를 추진하며 달성해 나가야 한다.
- **협동심 조성**: 조직구성원들이 일체감을 느끼도록 협동심을 조성해야 한다.
- **갈등조정과 해결**: 조직구성원들에게서 발생하는 갈등을 조정하고 해결한다.
- **과업분배**: 조직구성원들이 담당해야 할 과업을 적절히 분배한다.
- **동기부여**: 조직구성원들이 자발적이고 의욕적으로 맡겨진 과업을 수행하도록 동기를 제공한다.
- **업무능력 개발**: 조직의 발전과 개인의 성장을 위하여 조직구성원들의 업무능력을 개발하는 훈련프로그램을 제공한다.

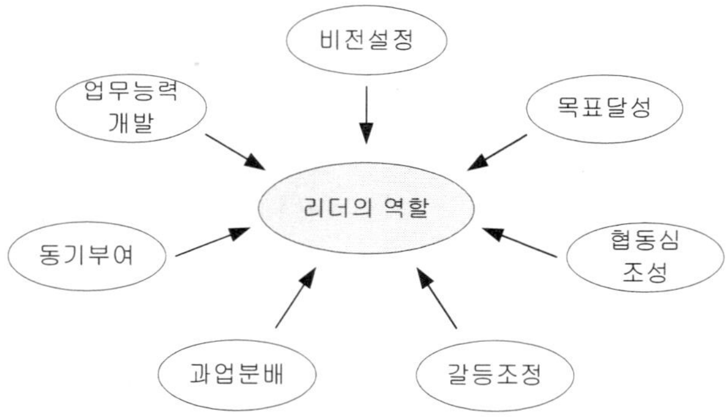

〈그림 17-1〉 리더의 역할

1.3 리더와 관리자

관리자가 수행하는 관리와 리더가 발휘하는 리더십을 혼동하는 일이 자주 있다. 관리는 복잡한 기업조직을 안정적이고 일관성있게 유지하기 위한 활동이다. 즉, 목표달성을 위하여 계획을 수립하고, 계획을 달성하기 위하여 예산편성, 조직의 구조설계, 업무분담, 인재충원 등을 수행하며, 목표달성 여부를 확인해가는 과정이 관리다. 반면에 리더십은 변화를 만들어가는 과정으로 조직을 건설적으로 변화시키기 위하여 나아갈 비전을 제시하고, 이 비전을 달성하기 위하여 조직구성원들의 동기를 유발하는 행동을 말한다.

오늘날같이 급변하는 환경에서는 조직을 유지하는 관리보다 비전을 창출하는 리더십이 더 중요하다. 관리자보다 리더가 더 요구되는 시대라는 말이다. 유클(G. Yukl)과 밴 플리트(D. Van Fleet)은 말했다. "리더는 추종자들의 조직몰입에 영향을 미치지만, 관리자는 단순히 직위에 따른 책임과 권한만을 행사한다."

관리자와 리더의 특성을 서로 비교하면 〈표 17-1〉과 같다.

〈표 17-1〉 관리자와 리더의 특성 비교

관리자 특성	리더특성
•책임수행 •목표지향 •현 상태 수용 및 유지 •시스템과 구조에 초점 •수직적 관점 •일을 옳게 함(How 중심) •기계적 의사결정 •계획에 따른 업무관리	•혁신주도 •적극적으로 목표수행 •현 상태의 변화 및 혁신 •인간에 초점 •수평적 관점 •옳은 일을 함(What 중심) •모험적 선택 •비전 제시

1.4 리더십이론의 구분

리더십이론은 리더를 강조한 이론, 상황을 강조한 이론, 현대적 리더십이론으로 크게 구분된다. 먼저 리더를 강조한 이론에는 특성이론과 행동이론이 있다. 또한 상황을 강조한 이론으로는 상황적합성 이론, 경로-목표이론, 상황적 리더십 이론이 있다. 마지막으로 현대적 리더십이론으로는 섬기는 리더십, 폴로어십, 카리스마적 리더십, 변혁적 리더십, 수퍼리더십 등이 있다. 〈표 17-2〉는 리더십이론을 구분하여 정리한 것이다.

리더를 강조한 특성이론이나 행동이론은 리더십의 효율이 리더 자신에게 달려있다는 관점에서 본 것이다. 반면에 상황을 강조한 이론은 리더와 상황이 잘 맞아떨어질 때 리더십의 성과가 높아진다는 주장이다. 현대적 리더십이론은 리더나 상황을 강조한 앞의 두 이론들보다 상대적으로 나중에 제안된 연구들이다.

〈표 17-2〉 리더십이론의 구분

리더를 강조한 이론	상황을 강조한 이론	현대적 리더십이론
특성이론, 행동이론	상황적합성 이론, 경로-목표이론, 상황적 리더십 이론	섬기는 리더십, 폴로어십, 카리스마적 리더십, 변혁적 리더십, 수퍼리더십

보스와 리더

홍사중의 저서 '리더와 보스'로부터 보스와 리더의 차이를 비교한 내용을 발췌하여 정리하면 다음과 같다.

- 보스는 사람들을 몰고 가지만, 리더는 그들을 이끌고 간다.
- 보스는 권위에 의존하지만, 리더는 신뢰에 의존한다.
- 보스는 사람들에게 공포감을 주지만, 리더는 비전을 준다.
- 보스는 잘못을 추궁하지만, 리더는 잘못을 바로잡는다.
- 보스는 사람들을 앞세우지만, 리더는 앞장서 나간다.
- 보스는 시키기만 하지만, 리더는 모범을 보인다.
- 보스는 부하들을 억누르지만, 리더는 추켜세운다.
- 보스는 '나'라고 말하지만, 리더는 '우리'라고 말한다.
- 보스는 불편하게 하지만, 리더는 신명나게 한다.
- 보스는 부하들을 믿지 않지만, 리더는 부하들을 믿는다.
- 보스는 자기 눈으로 세상을 보지만, 리더는 부하들의 눈으로 세상을 본다.
- 보스는 자신을 숨기지만, 리더는 자신을 있는 그대로 드러낸다.
- 보스는 의견을 달리하는 사람을 미워하지만, 리더는 그들을 가까이 한다.
- 보스는 말하려고 하지만, 리더는 들으려고 한다.
- 보스는 잘못한 사람을 지적하지만, 리더는 잘못된 일을 지적한다.

2. 리더십 특성이론

리더는 타고나는 것이며 인위적으로 만들어지는 것이 아니라고 생각했던 사람들에 의하여 특성이론(traits theory)은 연구되었다. 이들은 리더에게 보통 사람과 다른 특성이 있을 것으로 생각했다.

2.1 리더십 특성의 연구대상

리더십 특성이론은 알렉산더, 나폴레옹, 히틀러, 처칠, 간디와 같은 세계적인 위인연구에 의해 영향을 받았다. 바스(B. Bass)와 스톡딜(R. Stogdill)은 리더의 특성을 〈표 17-3〉과 같이 신체적 특성, 사회적 배경, 지능, 성격, 과업특성, 사회적 특성으로 분류하였다.

〈표 17-3〉 리더십 특성이론에서 리더의 특성

특성의 유형	연구 대상
신체적 특성	활력, 연령, 신장, 체중, 외모, 건강
사회적 배경	교육수준, 사회적 신분, 거주지, 출신지
지능과 능력	판단력, 결단력, 창조력, 지식, 화술
성격	적응성, 신념, 독립성, 자신감, 열정, 추진력, 공격성
과업 특성	성취욕구, 솔선수범, 책임감, 목표지향성, 인내심
사회적 능력	협력을 끌어내는 능력, 사교능력, 센스

2.1.1 신체적 특성

신체적 특성(physical characteristics)의 요인으로는 활력, 연령, 신장, 체중, 외모, 건강 등이 있다. 이러한 신체적 특성요인들은 리더십 능력과 어느 정도 밀접한 관계가 있다고 한다. 하지만 신체적으로 우위에 있는 사람들이 그렇지 않은 사람들보다 리더의 지위를 얻는데 별다른 이익을 얻지 못한 것으로 나타났다. 트루만, 간디, 나폴레옹 등 왜소한 체구에도 불구하고 강력한 리더십을 발휘했던 사람들이 그 단적인 예들이다.

2.1.2 사회적 배경

사회적 배경(social background)의 요인으로는 교육수준, 사회적 신분, 거주지, 출신지 등을 들 수 있다. 관련된 연구를 종합한 결과 다음의 결론이 도출되었다.

- 높은 사회경제적 신분은 리더십의 지위를 유지하는데 유리하다.
- 흑인이나 여성같이 낮은 사회적 신분의 리더가 과거보다 많이 배출되고 있다.
- 관리직의 경우 MBA와 같이 전문과정학위의 요구가 증가하고 있다.

2.1.3 지능과 능력

연구에 따르면 리더십은 지능과 능력(intelligence and ability)에 상당한 상관관계를 갖는 것으로 나타났다. 또한 리더는 부하들보다 판단력, 결단력, 창조력, 지식, 화술 등이 훨씬 뛰어난 것으로 보고되고 있다. 그러나 리더와 부하들 간에 지능과 능력의 차이가 너무 크게 되면 사고방식, 지각, 의사소통 등에 문제가 발생할 수도 있다.

2.1.4 성격

성격(personality)은 리더십과 밀접한 관계를 가지고 있으며, 리더십에 상당한 영향을 미친다. 성공적인 리더가 가진 성격적 요인으로는 적응성, 신념, 독립성, 자신감, 열정, 추진력, 공격성 등이 있다. 하지만 리더의 성격특성은 조직의 상황이나 부하의 특성에 따라 리더십에 미치는 효과가 다르며 정확히 측정하는 것도 곤란하다.

2.1.5 과업특성

과업에 대한 성취욕구나 책임감은 중요한 리더십 요인이다. 유능한 리더는 높은 성취욕구와 책임감을 가지고 있고, 과업지향적이며, 장애에 부딪혔어도 좌절하지 않고 목표를 추진하는 끈기가 있다. 이런 특성을 가진 리더는 업무추진력과 더불어 동기와 집념이 강하므로 유효한 리더십을 발휘하게 된다.

2.1.6 사회적 특성

리더는 사람들과 잘 어울려야 하며 다양한 활동에도 적극적으로 참여해야 한다. 일반적으로 유능한 리더는 사람들과 쉽게 친해지며, 사람들이 조직목표달성에 적극적으로 참여하도록 유도하는 능력이 있다. 그 밖에도 리더의 사회적 특성으로는 매력, 인기, 부하들에 대한 배려 등이 있다.

2.2 특성이론의 한계

전통적으로 우리나라 사람들은 지도자가 갖추어야할 특성으로 신언서판(身言書判)을 꼽았다. 즉 지도자는 외모가 출중해야 하며, 말을 잘하고, 글을 잘 쓰며, 판단력이 뛰어나야 한다는 것이다. 스톡딜(R. Stogdill) 역시 리더의 특성으로 지성, 지배력, 자신감, 추진력, 실력이 중요하다고 하였다. 하지만 그는 이러한 특성을 가진 사람들 중에도 리더가 되지 못한 사람이 많다는 것을 발견하였다. 1959년 맨(R. Mann)은 리더의 일곱가지 성격특성과 리더십의 관계를 조사한 결과 상관계수는 0.15로 매우 낮게 나타났다.

특성이론에 관한 연구들이 효과적인 리더십과 관련성이 높은 특성을 찾는데 실패한 이유로는 다음의 두 가지가 거론된다. 첫째, 특성이론은 상황을 전혀 고려하지 않고 있다. 학교에서 좋은 리더였다고 회사에서도 좋은 리더가 된다는 보장은 없다. 또한 세계대전이 없었더라면 과연 맥아더 장군이 위대한 영웅이 될 수 있었겠는가? 둘째, 특성이론은 리더 개인의 특성에만 초점을 맞추고 있다. 이는 누가 능력있는 리더인지는 가려낼 수 있지만 리더십에 미치는 부하들의 영향력은 무시되고 있다.

3. 리더십 행동이론

특성이론과 정반대의 입장을 취하는 리더십 행동이론(behavior theory)에 의하면, 리더는 만들어지는 것이지 태어나는 것이 아니다. 즉, 누구든지 모범적인 리더행동으로 계속 훈련받게 된다면 훌륭한 리더가 될 수 있다는 말이다. 행동이론의 대표적인 연구로는 탄넨바움(R. Tannenbaum)과 슈미트(W. Schmidt)에 의하여 제시된 독재-민주 리더십, 미시간 대학교의 리더십 연구, 오하이오 주립대학의 리더십 연구, 블레이크(R. Blake)와 모튼(J. Mouton)에 의하여 개발된 관리격자모형 등이 있다. 여기서는 독재-민주 리더십과 관리격자모형만을 소개하기로 한다.

3.1 독재-민주 리더십

탄넨바움(R. Tannenbaum)과 슈미트(W. Schmidt)는 리더의 행동이 리더, 부하, 상황의 3가지 요소에 의하여 결정된다고 보았다.

- 리더 : 목표달성에 대한 리더의 확신, 부하에 대한 기대감
- 부하 : 자율에 대한 욕구정도, 과업에 대한 책임감, 목표에 대한 이해도
- 상황 : 조직형태, 전통, 조직의 규모 등

독재-민주 리더십은 독재적리더십과 민주적리더십을 양극으로 하여 〈그림 17-2〉와 같이 리더의 행위유형을 연속선 상에 나타내고 있다. 탄넨바움과 슈미트는 리더행동을 7가지로 유형으로 분류하면서, 상황에 적합하다면 어느 유형이나 효과적인 리더십이 될 수 있다고

주장하였다. 리더가 취할 수 있는 행동유형은 다음과 같다.

- 유형 I: 리더가 위임한 권한 내에서 자유롭게 활동하게 한다.
- 유형 II: 리더가 한계를 명시하여 집단으로 하여금 스스로 결정하게 한다.
- 유형 III: 리더가 문제를 제시하여 방안을 제안하게 한 후 결정한다.
- 유형 IV: 리더가 변경가능한 의사결정을 내린다.
- 유형 V: 리더가 의견을 제시하고 질문하도록 한다.
- 유형 VI: 리더가 결정한 내용을 부하에게 수락하게 한다.
- 유형 VII: 리더가 결정하고 공표한다.

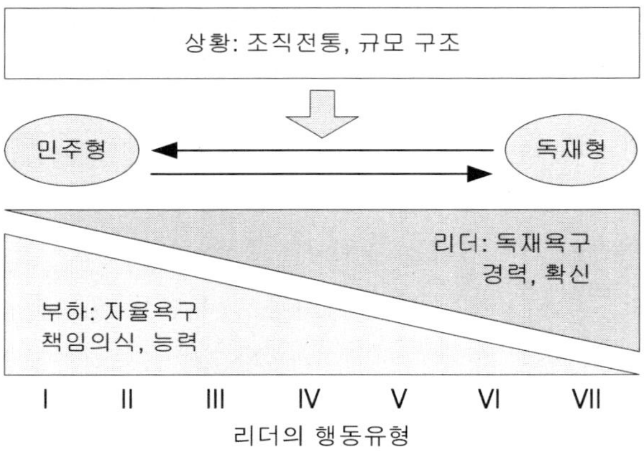

〈그림 17-2〉 독재적/민주적 리더십 모형

3.2 관리격자모형

블레이크(R. Blake)와 모튼(J. Mouton)에 의하여 개발된 관리격자모형(managerial grid model)은 리더십 차원을 인간에 대한 관심과 과업에 대한 관심으로 구분한 리더십 모형이다. 이는 효과적인 리더십유형을 개발하기 위한 리더십 훈련프로그램으로 실무에서 널리 활용되고 있다. 관리격자모형에서 리더가 보일 수 있는 리더십행동은 〈그림 17-3〉에서 보는 바와 같이 다음의 5가지로 구분된다.

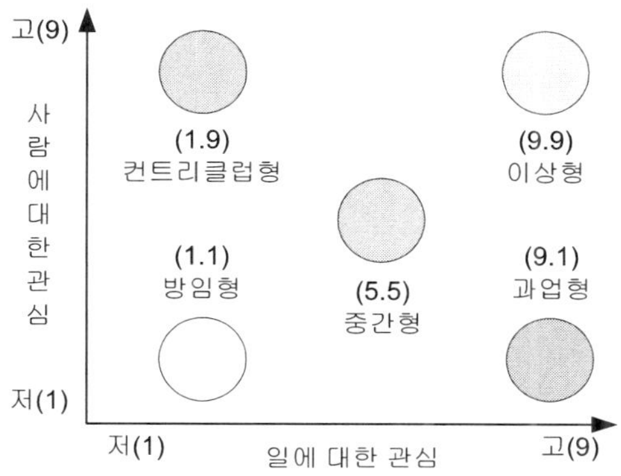

〈그림 17-3〉 관리격자모형

3.2.1 9.1형(과업형)

과업형리더는 인간에 대한 관심은 낮지만 과업에 대한 관심은 높다. 리더는 과업에만 초점을 맞추어 계획을 세우고, 작업일정을 세우며 지시하면서 업적달성에만 관심을 둔다. 부하직원들을 배려하지 않고 단지 수단으로 여기며, 자신의 요구에 따라올 것만 요구하므로 불만이 높다.

3.2.2 1.9형(컨트리클럽형)

컨트리클럽형은 인간에 대한 관심은 매우 높은 반면 과업에 대한 관심은 매우 낮은 리더십 유형이다. 이런 리더들은 편안하고 친근한 조직분위기와 작업환경을 조성하기 위하여, 인간관계에 관심을 기울이므로 부하의 만족도는 높다. 하지만 업무지시와 과업수행에는 소홀하여 생산성은 높지 않다.

3.2.3 1.1형(방임형)

방임형리더는 인간과 과업 모두에 관심이 낮다. 리더는 부하직원을 배려하지 않고 업무에 대한 명확한 지시도 하지 않는 등 무간섭과 자유방임을 신조로 삼는다. 이는 부하직원에 대한 무관심과 리더의 무능력에서 비롯된다.

3.2.4 5.5형(중간형)

중간형은 사람과 과업 양쪽에 관심을 갖되 일정량의 성과만 있으면 그것으로 만족하고 더 이상 재촉하지 않는 리더십유형이다. 중간형 리더는 최고의 성과보다는 적절한 수준에서 성과를 유지하려는 리더다. 적절한 수준에서 과업을 완수하며 동시에 조직구성원들의 만족을 추구한다.

3.2.5 9.9형(이상형)

이상형리더는 부하들의 참여와 단결을 호소하고 열심히 노력하는 분위기를 만들어 갈등없이 목표를 달성하도록 지도한다. 그는 과업에 몰입된 부하직원들이 높은 수준의 성과를 달성하게 된다고 생각한다. 따라서 조직목표에 대한 이해를 확산시키고, 신뢰관계를 구축하여, 목표달성에 대한 동기를 불러일으켜, 과업에 대한 몰입수준을 높인다. 이 유형은 단합을 도모하여 조직구성원의 만족과 과업성과를 동시에 높이는 리더십이다.

아이젠하워 대통령

아이젠하워는 미국의 대통령이며 2차세계대전 당시 유럽연합군 총사령관을 지낸 전쟁영웅이다. 세계대전 당시 미국은 독일과 일본 두 나라를 상대하고 있었다. 일본과는 독자적으로, 독일과는 영국, 소련과 연합하여 전쟁을 치르고 있었다. 당시 미군지휘부는 영국군 장교들에게 대단히 적대적이었다. 영국 역시 대영제국이라는 자부심이 있었으므로 미국군에게 자신들의 지휘 아래 들어오라고 말하던 상황이었다. 고심 끝에 미국정부는 성품이 온화하고 대인관계능력이 뛰어난 아이젠하워를 초고속 승진시켜 유럽전선의 사령관으로 임명하였다. 아이젠하워는 특유의 친화력으로 까다로운 영국장군들의 협조를 얻어내어 유럽에서의 전쟁을 승리로 이끌었다.

한편, 미국 내에서 아이젠하워의 라이벌은 일본과의 전쟁을 승리로 이끈 맥아더였다. 당시, 아이젠하워는 특유의 친화력으로 미국정계에서 높은 점수를 받고 있었다. 하지만 맥아더는 독불장군식 행동으로 의회의 지지를 얻지 못하고 있었다. 이후 아이젠하워는 34대 미국대통령으로 당선되었다.

밝고 포용력있는 성품으로 지휘관과 대통령의 업무를 유감없이 수행한 아이젠하워는 리더십을 한 가닥의 실로 설명하곤 했다. "실을 책상위에 올려놓고 밀어보라. 전혀 움직이지 않는다. 하지만 실을 당겨보라. 당신이 이끄는 대로 따라온다. 사람을 움직이는 것도 이와 마찬가지다."

4. 상황적합성 이론

피들러(F. Fiedler)에 의하여 개발된 '상황적합성 이론'(contingency theory)에 의하면, 리더십의 효과는 〈그림 17-4〉에서 보는 바와 같이 리더십의 유형과 상황의 상호작용에 의하여 결정된다고 한다.

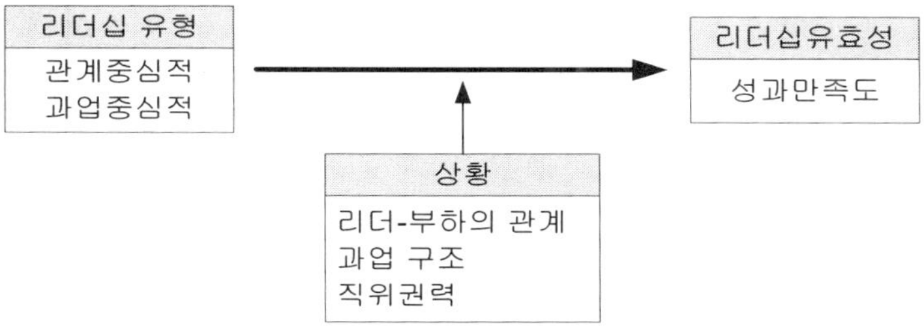

〈그림 17-4〉 상황적합성 이론

4.1. 리더십 유형

상황적합성 이론은 리더십을 관계중심적리더십과 과업중심적리더십으로 구분하고 있다. 피들러는 리더에게 유리하거나 혹은 불리한 상황 여하에 따라 효과적인 리더십을 선택해야 한다고 주장하였다. 리더에게 유리한 상황이란 리더가 부하들을 통제할 수 있고, 리더의 지시대로 부하들이 움직이는 상황을 가리킨다. 반면에 리더에게 불리한 상황은 리더가 부하들을 통제할 수 없으며, 지시를 내려도 부하들이 따르지 않는 상황을 말한다. 물론 중간정도의 상황도 가능하다. 피들러는 상황이 리더에게 아주 유리하거나 혹은 아주 불리할 때 과업중심적인 행동이 효과적이며, 중간적인 상황에서는 관계중심적인 행동이 더 효과적이라는 사실을 발견했다.

4.2 리더십의 상황요소

리더에게 상황이 유리한지 혹은 불리한지 여부를 결정하는 것은 리더-부하의 관계, 과업구조, 직위권력의 3가지 상황요소에 따라 결정된다.

4.2.1 리더-부하의 관계

리더-부하의 관계(leader-member relationship)는 리더에 대하여 부하가 지니고 있는 신뢰와 존경의 정도를 의미한다. 부하들이 리더를 신뢰하고 존경하며 친밀한 관계를 유지하고 있으면 리더에게 유리한 상황이다. 이와 반대로 서로 간에 관계가 좋지 않으면 리더에게 불리한 상황이다.

4.2.2 과업구조

과업구조(task structure)는 과업이 구체적이고 분명하며, 의사결정체계가 잘 정비되어 있는 정도를 말한다. 과업이 구조화되고 잘 정비되어 있으면 리더에게 유리하다. 반면에 과업이 제대로 정비되어 있지 않으면 리더에게 불리하다.

4.2.3 직위권력

직위권력(position power)은 리더가 부하직원에게 영향력을 행사할 수 있는 권력을 가진 정도를 의미한다. 리더가 부하직원에게 영향력을 행사할 수 있다면 리더에게 유리하고, 영향력을 행사할 수 없다면 리더에게 불리하다.

4.3 상황에 따른 리더십 선택

〈그림 17-5〉는 상황요소에 따른 리더십의 효과를 보여주고 있다. 3가지 상황요소가 모두 긍정적인 경우 리더에게 유리한 상황이며, 반대로 모두 부정적이면 불리한 상황이다. 이 같은 2가지 상황에서는 리더가 과업중심적으로 행동하는 것이 효과적이다. 하지만 위의 3요소들 가운데 한두 가지만 좋다면 이는 중간정도의 상황으로 관계중심적으로 행동하는 것이 보다 효과적이다.

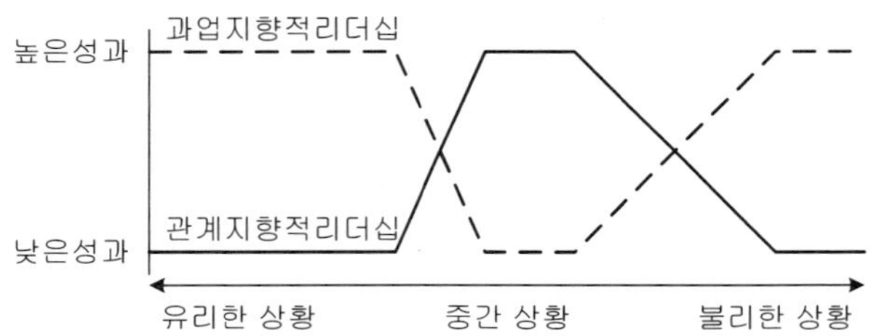

리더-부하관계	좋음	좋음	좋음	좋음	나쁨	나쁨	나쁨	나쁨
과업구조	높음	높음	낮음	낮음	높음	높음	낮음	낮음
직위권력	강함	약함	강함	약함	강함	약함	강함	약함

〈그림 17-5〉 상황요소에 따른 리더십효과

대학생의 교육을 예로 들어보자. 과업구조에서 교육내용은 반복적이며 상당히 정비되어 있으므로 리더에게 유리하다. 리더-부하의 관계에 있어 교수와 학생의 친밀성이 아주 높은 것은 아니므로 리더에게 다소 불리하다. 리더의 권한에 있어서는 학생들이 교수평가, 수강거부 등을 할 수 있으므로 리더에게 불리하게 작용한다. 상황요소 가운데 2가지가 부정적이고 1가지가 긍정적이므로, 대학생들의 교육에는 관계지향적 리더십이 보다 효과적이다.

또 다른 예로 전쟁 중의 군대를 생각해 보자. 전쟁 중에는 과업이 잘 정비되어 있지 못하므로 리더에게 불리하다. 리더와 부하의 관계에서 친밀성이 높지 않으므로 이 역시 리더에게 부정적이다. 리더 권한에 있어 부하들은 상사의 명령에 불복종하는 비호의적인 상황이 가능하므로 리더에게 부정적이다. 이처럼 3가지 상황요소 모두가 부정적이므로 전쟁 중의 군대조직에서는 과업지향적 리더십이 더 효과적이라고 말할 수 있다.

5. 경로-목표이론

하우스(R. House)에 의하여 개발된 '경로-목표이론'(path-goal theory)은 피들러의 상황적합성이론과 마찬가지로 여러 다른 상황에서 리더십효과를 예측하려고 하였다. 이 이론을 경로-목표이론이라고 부르는 이유는 리더의 역할을 부하들에게 목표에 이르도록 경로를 가르치며 도와주는 것으로 보았기 때문이다. 하우스는 〈그림 17-6〉에서와 같이 2가지 상황요소에 따라 4가지 유형의 리더십을 적절히 바꾸어 사용하는 것이 유효하다고 주장하였다.

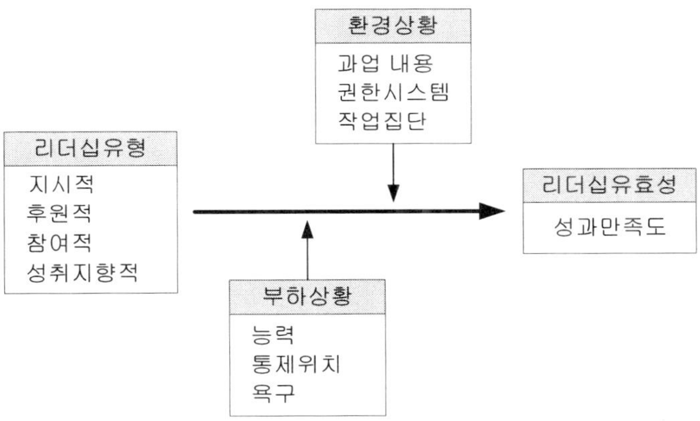

〈그림 17-6〉 경로-목표이론

5.1 리더십 유형

경로-목표이론에서 하우스는 리더십의 유형을 지시적, 후원적, 참여적, 성취지향적인 4가지 리더십으로 구분하였다.

5.1.1 지시적 리더십

지시적 리더십(directive leadership)은 리더가 부하들의 과업을 구체적으로 지시하고, 정해진 규칙과 절차를 따르도록 요구하는 리더십이다.

5.1.2 후원적 리더십

후원적 리더십(supportive leadership)은 리더가 부하들의 개인적인 문제를 배려하고 그들의 복지에 관심을 표시하며 부하들이 필요로 하는 것을 지원해주는 리더십이다.

5.1.3 참여적 리더십

참여적 리더십(participative leadership)은 리더가 부하들과 정보를 공유하며 그들을 의사결정 과정에 참여시켜 그들의 의견을 반영하는 리더십이다.

5.1.4 성취지향적 리더십

성취지향적 리더십(achievement-oriented leadership)은 리더가 부하들에게 도전적인 목표를 제시하고 동기를 부여하여 자신감을 갖게 함으로, 높은 수준의 성과를 달성하도록 이끌어가는 리더십이다.

5.2 상황요소

경로-목표이론에서는 부하들의 특성과 환경요인의 2가지 상황요소를 제시하고 있다. 부하들의 특성으로는 능력, 통제위치, 욕구와 동기가 있다. 환경요인으로는 과업의 내용, 조직의 공식권한시스템, 작업집단이 있다.

5.3 상황에 따른 리더십의 선택

4가지 유형의 리더십은 부하들의 특성과 환경요인의 상황요소에 따라 달리 선택되어야 한다. 이제까지 밝혀진 연구들을 종합해 보면 다음과 같은 예측이 가능하다.

- 과업이 구조화되지 않았고 애매모호할 때는 지시적 리더십이 적합하다.
- 과업이 구조화되었고 명확할 때는 후원적 리더십이 적합하다.
- 통제외재론자들은 지시적 리더십을 선호한다.
- 통제내재론자들에게는 참여적 리더십이 적합하다.
- 안전욕구가 강한 부하는 지시적 리더십을 좋아한다.
- 권위주의적인 부하일수록 지시적 리더십을 받아들일 가능성이 크다.
- 부하직원들이 자신감이 없을 때는 후원적 리더십이 적합하다.
- 부하직원들이 의사결정에 참여하기를 원할 때는 참여적 리더십이 적합하다.
- 성취동기가 높은 부하에게는 성취지향적 리더십이 적합하다.
- 리더가 배려의 태도를 보이는 경우, 부하는 지시적 리더십을 기꺼이 수용한다.

6. 상황적리더십 이론

허시(P. Hersey)와 블랜차드(K. Blanchard)는 오하이오 주립대학의 리더십 행동이론에서 착안하여 상황적리더십 이론(situational leadership theory)를 발표하였다.

6.1 상황적리더십 이론의 리더십 유형

상황적리더십 이론에서 리더의 행동은 〈그림 17-7〉에서 보는 바와 같이 직무중심적 행동과 인간중심적 행동의 높고 낮음에 따라 지시적 리더십, 설득적 리더십, 참여적 리더십, 위임적 리더십의 4가지 유형으로 구분된다.

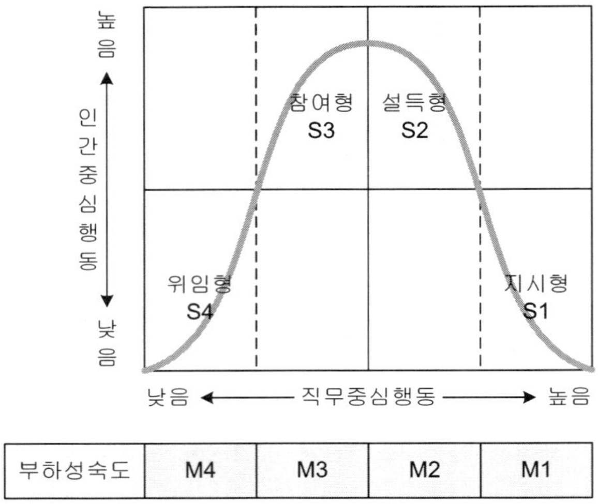

〈그림 17-7〉 상황적리더십 이론

6.1.1 지시적 리더십

지시적 리더십(directing leadership: S1)은 높은 지시와 낮은 협력의 리더십이다. 부하에게 기준을 제시하고 지도하며 일방적인 의사소통과 리더중심의 의사결정을 실시한다.

6.1.2 설득적 리더십

설득적 리더십(coaching leadership: S2)은 높은 지시와 높은 협력의 리더십이다. 리더는 결정사항을 부하에게 설명하고 부하가 의견을 제시할 기회를 제공하는 등, 쌍방적 의사소통과 공동의사결정을 지향한다.

6.1.3 참여적 리더십

참여적 리더십(participating leadership: S3)은 낮은 지시와 높은 협력의 리더십이다. 아이디어를 부하와 함께 공유하고, 부하들과의 인간관계를 중시하며, 부하들을 의사결정에 많이 참여시킨다.

6.1.4 위임적 리더십

위임적 리더십(delegating leadership: S4)은 낮은 지시와 낮은 협력의 리더십이다. 의사결정과 과업수행에 대한 책임을 부하에게 위임하여 그들 스스로 자율적 행동과 자기통제 하에 과업을 수행하도록 한다.

6.2 부하의 성숙도

상황적리더십 모델에서 리더십 유형의 선택은 부하의 성숙도에 달려 있다. 여기서 부하의 성숙도(follower maturity)란 부하들의 일에 대한 능력과 업무수행의지를 뜻한다. 부하의 성숙도는 낮은 성숙도(M1)에서부터 높은 성숙도(M4)까지 4단계로 구분된다.

- M1 : 직무를 수행할 능력과 의지가 모두 없는 부하
- M2 : 직무를 수행할 의지는 있으나 능력이 없는 부하
- M3 : 직무를 수행할 능력은 있으나 의지가 없는 부하
- M4 : 직무를 수행할 능력과 의지가 모두 있는 부하

6.3 리더십유형의 선택

부하의 성숙도가 리더십유형을 결정하는 유일한 변수가 된다. 따라서 리더는 부하의 태도나 행동을 보고 그의 성숙도를 판단하여 적절한 리더십을 선택해야 한다.

- 성숙도가 M1인 부하에게는 지시적 리더십이 적합하다.
- 성숙도가 M2인 부하에게는 설득적 리더십이 적합하다.
- 성숙도가 M3인 부하에게는 참여적 리더십이 적합하다.
- 성숙도가 M4인 부하에게는 위임적 리더십이 적합하다.

부하직원이 미숙하고 게으르면 지시적 리더십을 사용해야 한다. 부하직원의 경험이 어느 정도 쌓여 일을 잘 처리해 나가는 경우에는 참여적 리더십이 적합하다. 더 나아가 부하직원이 매우 성숙한 수준에 이르렀다고 판단되면 위임적 리더십을 사용하고, 리더는 조언자로 남는 것이 효과적이다.

7. 카리스마적 리더십

앞서 설명한 리더의 특성 및 행위와 상황이론과 같은 전통적 리더십 이론들은 그 어느

것도 리더십에 관한 의문점들을 명쾌하게 대답하지 못하고 있다. 따라서 최근에는 새로운 관점에서 연구된 현대적 리더십이론들이 등장하고 있다. 카리스마적 리더십으로부터 시작하여 현대적 리더십들을 설명하기로 하자.

7.1 카리스마적 리더십의 개념

카리스마(charisma)는 '은혜' 또는 '선물'을 뜻하는 그리스어 'charis'에서 유래된 단어로 '천부적인 것', '불가항력적인 것'을 의미한다. 카리스마적 리더십은 1920년대 막스 베버(Max Weber)에 의하여 제시된 이론으로, 추종자들로 하여금 불가항력적으로 따르게 하는 천부적인 리더십을 말한다. 추종자들은 카리스마적 리더십을 가진 리더의 비전이나 가치관에 대하여 신뢰감을 갖고 열정적으로 리더를 따르게 된다.

7.2 카리스마적 리더의 특성

카리스마를 리더 개인이 갖는 특성(traits)으로 보는가 하면, 사회적 교환관계에서 해석하는 연구도 있다. 카리스마를 개인의 특성으로 보는 관점은 앞서 리더십의 특성이론과 유사하다. 학자들은 카리스마의 대표적인 특성으로 강렬한 눈빛과 매력적인 목소리를 꼽기도 한다. 그러나 이러한 신체적인 특성들이 개인의 카리스마 형성에 어떻게 작용했는지에 대한 실증적인 연구는 많지 않다.

사회적 관계차원에서 카리스마를 살펴보자. 카리스마적 리더와 추종자들은 서로 상호 의존적인 관계를 갖는다. 리더는 추종자들의 지원과 적극적인 복종을 필요로 한다. 반면에 추종자들은 리더가 자신들의 욕구를 해결해 주고 도움을 줄 것으로 기대한다. 따라서 카리스마적인 리더를 따르는 추종자들은 일반인들과 달리 다음과 같은 특징을 갖는다.

- 리더에 대한 높은 존경심을 갖는다.
- 리더에게 충성과 헌신을 다한다.
- 리더에 대한 애정이 있다.
- 고도의 성취를 기대한다.
- 무조건적으로 리더에게 복종한다.

7.3 카리스마적 리더의 자질

카리스마적 리더에게 요구되는 자질로는 비전의 제시, 비전의 전달능력, 비전의 실천, 이미지관리가 있다.

7.3.1 비전의 제시

리더는 현실의 문제점을 비판하고 미래의 이상적인 비전을 제시하며 달성할 수 있다는 강한 신념을 추종자들에게 불어넣는다. 이 때 리더가 제시하는 비전은 추종자들의 희망과 기대를 반영하는 것이어야 하며, 그 결과 추종자들을 결집시켜 기대 이상의 성과를 달성하도록 동기를 불러일으키게 된다. 카리스마적 리더는 추종자에게 군림하는 대신 그들의 욕구를 자신의 리더십에 투영하여 조직을 이끌어간다. 따라서 카리스마적 리더십에서 가장 필요한 덕목은 비전제시와 동기부여다.

7.3.2 비전의 전달

카리스마적 리더는 제시한 비전의 중요성을 추종자들에게 분명하게 전달하여 꿈과 용기를 불어넣어야 한다. 리더는 고도의 자신감과 자기 신념에 의한 높은 확신을 가지고 있으며, 이는 추종자들로 하여금 리더를 믿고 추종하게 만든다. 리더는 추종자들의 욕구와 관심을 잘 알고 있으며, 그것을 채워줄 수 있는 능력이 자신에게 있다고 강조한다.

7.3.3 비전의 실천

카리스마적 리더는 모범을 보여줌으로 추종자들의 행동뿐만 아니라 가치관, 태도, 감정 등 모든 것을 자신이 원하는 방향으로 변화시킨다. 이들은 제시한 비전을 달성하기 위하여 헌신하며 상당한 위험까지도 감수한다. 추종자들은 리더의 그 같은 실천적인 행동을 보면서 리더를 신뢰하며 따르게 된다. 카리스마적 리더들은 비전을 실천하는 일에 있어서 관습에 얽매이지 않으며, 독창적인 방안들을 개발해내기도 하며, 때로는 과장되거나 거짓된 행동도 서슴치 않는다.

7.3.4 이미지관리

이미지관리는 카리스마적 리더에게 매우 중요한 요소다. 개인적 이미지는 표정, 말, 의상에 의하여 대부분 결정된다. 카리스마적 리더는 얼굴표정, 의상, 장식물 등을 이용하여 사람들 앞에서 매력적인 외모와 당당한 태도를 늘 유지한다. 또한 넘치는 에너지, 남다른 지구력, 뛰어난 웅변술 등으로 추종자들로부터 존경과 신뢰를 받는다.

히틀러의 카리스마

아돌프 히틀러는 독일의 정치가이고, 나치스의 당수이며, 제3제국의 총통이었던 인물이다. 그는 정치적 성공과 더불어 숭배의 대상이 되려고 끊임없이 노력하여 카리스마를 지니게 되었다. 히틀러는 완전무결한 초인의 이미지를 교묘하게 가꾸었고, 그 과대망상을 국민으로부터 인정받게 되었다. 그는 심각한 근시였지만 초인적인 이미지를 해친다는 이유로 거의 안경을 쓰지 않았다. 히틀러가 상대방을 뚫어져라 응시할 때 그의 눈동자에서 신비함이 느껴졌다고 한다. 심지어 그의 눈을 보고 기절하거나 쓰러지는 등, 최면의 효과까지 있었다고 한다. 히틀러는 친구와의 친밀한 교제나 단란한 가정생활을 갖지 못하여 개인적 생활은 빈약했지만, 자신의 목표달성을 위한 치밀한 책략과 청중을 열광시키는 연설만큼은 재능을 타고난 인물이었다. 실제로 전쟁 시작 전에 히틀러가 연설하면 독일 국민들은 물론 당시 독일에 주재하고 있는 영국, 프랑스 등 서유럽 열강의 외교관들까지도 눈물을 흘리며 감동했다고 할 정도였다.

7.4 카리스마적 리더십 이론

카리스마적 리더십 이론은 매우 많다. 그들 가운데 많이 알려진 하우스(R. House)의 카리스마적 리더십이론과 샤미르(B. Shamir)의 카리스마적 자아개념모델을 소개한다.

7.4.1 하우스의 카리스마적 리더십이론

하우스(R. House)는 카리스마를 리더와 추종자들의 특수한 관계에서 발생한다고 생각했다. 추종자들이 리더의 생각을 옳게 생각하고 그가 내세우는 조직의 목표에 대하여 감성적인 몰입에 빠지게 될 때 리더는 카리스마를 갖게 된다는 주장이다. 하우스는 리더가 카리스마를 형성하는데 영향을 미치는 변수들과 카리스마의 효과를 포함하는 모델을 〈그림 17-8〉과 같이 제시하였다.

리더는 강한 권력욕구를 가지고 자신감으로 자신의 관점에 대하여 강한 확신을 가진다. 또한 외모에서 풍기는 자신의 인상을 관리하고, 모범을 보이며, 추종자들에게 높은 기대를 설정하게 하고, 비전을 제시함으로 그들의 동기를 유발한다. 이러한 리더의 특성과 행동은 추종자들에게 카리스마로 나타난다.

카리스마의 성과는 특히 위기적 상황에서 위력을 발휘한다. 추종자들은 리더를 신뢰하여 자발적인 복종심과 애정을 가지고 리더의 주장을 거의 무조건적으로 수용하게 된다. 이들은 리더와 동질화하는 가운데 리더의 목표에 감성적으로 몰입하게 되며, 성과가 극대화됨에 따라 목표달성이 가능하다는 믿음을 갖게 된다.

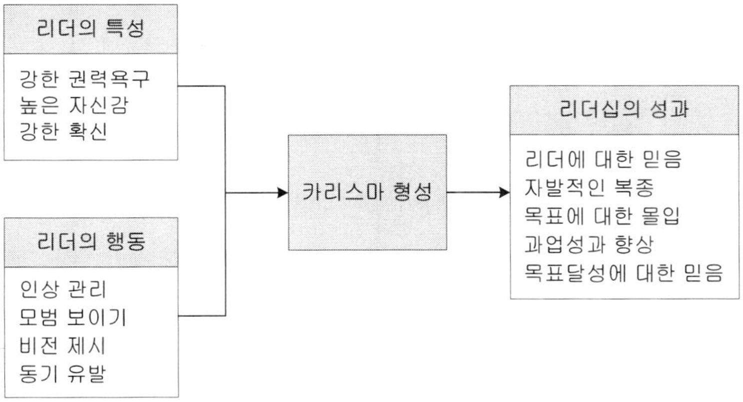

〈그림 17-8〉 하우스의 카리스마적 리더십 모델

7.4.2 샤미르의 카리스마적 자아개념모델

샤미르(B. Shamir)와 그의 동료들은 카리스마적 리더가 추종자들에게 영향을 미쳐 뛰어난 성과를 발휘하는데 작용하는 심리적 과정을 '카리스마적 자아개념이론'으로 설명하고 있다. 카리스마적 자아개념이론(self-concept theory)은 개인적 동일화, 사회적 정체성, 내면화, 자기효능감(self-efficacy)의 4가지 요소들로 이루어진다.

개인적 동일화는 추종자가 자신과 리더를 동일시하여 리더의 행동을 흉내내고 리더와 같은 태도를 갖게 되는 것을 의미한다. 또한, 사회적 정체성의 형성은 개인이 특정 집단과 동일시되는 것을 의미한다. 카리스마적 리더는 자신의 조직을 다른 조직들과 차별화시켜 매력적인 정체성을 확립함으로서 사람들로 하여금 참여하고 싶도록 만든다. 카리스마적 리더의 추종자들은 리더의 비전을 자신의 것으로 만들고 그가 대변하는 가치관과 이념을 내면화한다. 리더는 현재보다는 미래의 더 큰 보상을 강조하여 추종자들의 기대감을 극대화시킨다. 외적보상보다는 비전을 성취함으로써 얻게 되는 내적보상을 더 중요시하는 것이다. 마지막으로, 카리스마적 리더는 추종자들의 자기효능감을 향상시켜 기대 이상의 성과를 나타내게 한다. 이상과 같은 샤미르의 자아개념모델을 도시하면 〈그림 17-9〉와 같다.

개인적 동일화 → 사회적 정체성 → 내면화 → 자기효능감

〈그림 17-9〉 샤미르의 카리스마적 자아개념모델

7.5 카리스마의 어두운 면

카리스마적 리더십에 있어서 가장 문제가 되는 것은 '카리스마의 어두운 면'(the dark side of charisma)이라고 일컬어지는 부작용이다. 이는 윤리적 문제로부터 법적인 문제에 이르기까지 다양한 형태로 나타난다. 카리스마적 리더가 윤리적 기준을 넘어서게 되면 그를 믿고 따르는 추종자들을 자신의 개인적인 야망이나 목적을 달성하는데 이용하는 과오를 범할 수 있다. 리더는 추종자들의 능력 개발과 조직의 비전 달성에 목표를 두고 자신의 온 힘을 기울여야 한다.

카리스마적 리더들은 반대의견에 귀를 기울이지 않으며, 자신의 주장만을 고집하는 경우가 자주 있다. 이들은 확고한 자신감, 추종자들의 몰입, 설득력 등을 갖추고 있으므로 웬만한 반대의견은 크게 문제시하지 않는다. 이런 카리스마적 리더의 아집으로 인하여 자신과 조직을 파국으로 몰고 갔던 사례는 얼마든지 찾을 수 있다.

8. 거래적 리더십과 변혁적 리더십

번즈(J. Burns)와 바스(B. Bass)는 전통적인 리더십 이론이 대부분 거래적 리더십에 기초해 있다고 보고 그보다 한 차원 높은 변혁적 리더십을 제안하였다.

8.1 거래적 리더십

거래적 리더십(transactional leadership)에서 리더와 추종자의 관계는 거래와 협상에 기초한다. 즉, 거래적 리더(transactional leader)는 자신이 원하는 것을 추종자로부터 얻기 위하여 그들이 원하는 것을 제공한다. 〈그림 17-10〉에서 보는 바와 같이 추종자들의 욕구를 만족시키는 보상과 리더가 필요로 하는 것을 상호 교환하는 것이다. 이러한 과정을 통하여 리더는

부하들에게 기대하는 성과를 달성하도록 유도한다. 거래적 리더십은 반복적이며 기대성과수준의 측정이 가능할 때 효과적이다. 거래적 리더의 활동은 2가지 내용으로 이루어진다. 하나는 부하들의 성과에 따라 적절히 보상하는 것이며, 다른 하나는 부하가 규정을 위반했을 때 개입하여 시정하는 것이다.

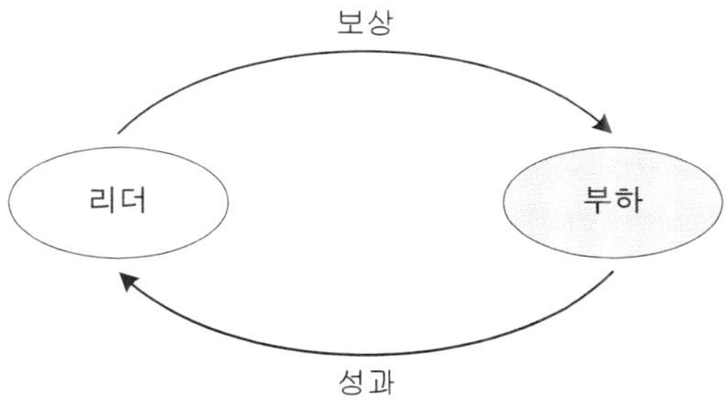

〈그림 17-10〉 거래적 리더십

8.2 변혁적 리더십

변혁적 리더십은 협약에 기초한 거래적 리더십과는 달리, 추종자들로 하여금 기대 이상의 성과를 올리도록 이끌어간다. 변혁적 리더십은 거래적 리더십과는 대조적이며, 카리스마적 리더십과 상당히 유사하다.

8.2.1 변혁적 리더십의 개념

변혁적 리더십(transformational leadership)은 추종자들의 요구를 비전으로 반영하여 기대 이상의 성과를 달성하도록 동기를 부여하는 리더십이다. 변혁적 리더에게 가장 중요한 자질은 카리스마적 리더와 마찬가지로 비전제시와 동기부여다.

〈그림 17-11〉은 변혁적 리더십의 내용을 보여준다. 리더는 조직의 발전을 위한 장기적인 비전을 제시하고 추종자들에게 비전을 따르도록 동기를 제공한다. 리더는 비전을 달성할 수 있다는 강한 확신 속에 모범을 보이며, 추종자들이 기대감을 가지고 자아실현에 이르도록 조언하며 격려한다. 리더의 확신과 헌신적인 태도에 추종자들은 존경과 신뢰를 갖는다. 또한 리더가 제시한 비전을 함께 공유하며 자발적인 충성을 다하게 된다.

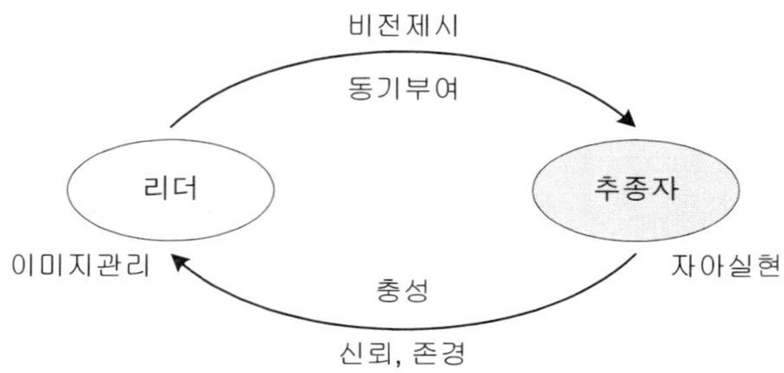

〈그림 17-11〉 변혁적 리더십

8.2.2 거래적 리더십과 변혁적 리더십의 차이

거래적 리더십과 변혁적 리더십의 차이를 비교하면 〈표 17-4〉와 같다. 이들의 특성은 매우 대조적이지만 상호 배타적인 것만은 아니다. 바스(B. Bass)는 드골, 루즈벨트 등과 같은 세계적인 리더들의 예를 들면서, 상황에 따라 두 가지 리더십을 동시에 구사할 수 있다고 주장하였다. 더 나아가 코터(J. Kotter)는 거래적 리더십과 변혁적 리더십을 함께 적절히 사용할 줄 알아야 유능한 리더가 될 수 있다고 주장하였다.

〈표 17-4〉 거래적 리더십과 변혁적 리더십의 비교

구분	거래적 리더십	변혁적 리더십
목표	현재 상태를 유지함	현재 상태를 변화시킴
시간	단기적 목표를 위해 노력	장기적 목표를 위해 노력
동기부여	즉각적인 보상으로 동기부여	자아실현과 같은 높은 수준의 개인적 목표를 추구하도록 동기부여
행동기준	규칙과 관례를 따름	변화되고 새로운 목표에 도전하도록 격려
문제해결	부하들에게 문제의 해결방법을 제시함	부하들 스스로 문제를 해결하도록 격려하거나 도와줌

8.2.3 카리스마적 리더십과 변혁적 리더십의 차이

예전에는 카리스마적 리더십과 변혁적 리더십을 구분하는 경향이 있었지만, 최근에 많은 학자들은 이들을 동일한 이론으로 여기고 있다. 그럼에도 불구하고 이들 간에 차이가 있다고 주장하는 내용들을 살펴보면 다음과 같다.

첫째, 카리스마적 리더십은 리더의 행위뿐 아니라 리더의 특성까지도 리더십 형성에 도움이 된다고 주장한다. 반면에 변혁적 리더십에서는 주로 리더의 행위에 초점을 맞추고 있다.

둘째, 카리스마적 리더십은 조직전체의 목표가 아니라 리더에 대한 충성을 요구할 가능성이 변혁적 리더십보다 큰 것으로 평가되고 있다. 결과적으로 카리스마적 리더를 따르는 추종자들은 나약하고 의존적이 되기 쉽다. 반면에, 변혁적 리더를 따르는 추종자들은 리더로부터 권한을 위임받아 자아실현을 위해 노력하게 된다.

마지막으로, 카리스마적 리더는 새로운 조직을 창조하고 그에 따라 새로운 조직문화를 만들어간다. 그에 반하여 변혁적 리더십은 현존하는 조직과 조직문화의 변혁에 초점을 둔다.

9. 섬기는 리더십

섬기는 리더십(servant leadership)은 종과 리더가 합쳐진 개념이다. 종래의 리더십이 전제적이고 수직적인데 비하여, 섬기는 리더십은 추종자들의 성장을 도우며 팀워과 공동체를 세워나가는 현대적 리더십이다.

9.1 섬기는 리더십의 개념

섬기는 리더십의 이론을 정립한 그린리프(R. Greenleaf)는 '훌륭한 리더는 하인처럼 행동하는 사람'이라고 말했다. 하인은 자기중심이 아니라 타인(주인)의 요구에 따라 타인에게 우선권을 주는 사람이다. 따라서 섬기는 리더십은 자신보다 부하직원, 고객, 지역사회를 섬기는 것을 우선으로 하며, 과업보다는 인간을 최대한 배려한다. 섬기는 리더의 대표적인 예는 미국의 대통령인 링컨을 들 수 있다.

그린리프는 섬기는 리더십의 아이디어를 헤르만 헤세의 소설 '동방으로의 여행'에서 얻었다. 이 소설은 귀족 등 상류층 인물들의 동방여행을 소재로 삼고 있다. 그 여행에서 허드렛일을 도맡아하는 레오가 그 주인공이다. 레오는 일행의 온갖 심부름을 도맡아 했고 여행은 순조롭게 진행되었다. 그러나 어느 날 그가 떠나자 일행은 혼돈에 빠지고 분열되어 결국 여행은 중단되고 만다. 레오가 없어진 후에야 사람들은 그가 없으면 아무 것도 할 수 없다는 사실을 깨닫는다. 세월이 흐른 후 일행 중 한 사람이 레오를 만나 여행을 후원했던 교단에 함께 가게 된다. 거기서 레오는 그 교단의 책임자인 동시에 정신적 지도자이며 훌륭한 리더라는 사실을 알게 된다. 레오는 섬기는 리더의 전형이다.

9.2 섬기는 리더의 요건

섬기는 리더가 갖추어야할 요건으로는 경청, 공감, 치유, 청지기 정신, 구성원의 성장을 위한 노력, 공동체 형성이 있다.

- **경청**: 구성원들의 말을 존중과 수용적인 태도로 귀담아 듣고 이해하려는 태도다.
- **공감**: 구성원들의 감정에 동감을 표시하며 그들이 실수했을 때 함께 안타까워한다.
- **치유**: 구성원들의 어려움과 실패를 위로하며 해결해주기 위하여 노력한다.
- **청지기 정신**: 청지기의 자세로 조직의 물적, 인적 자산을 관리하고 봉사한다.
- **구성원 성장**: 구성원들의 능력을 개발, 성장시키기 위하여 노력하며 필요한 자원을 제공한다.
- **공동체 형성**: 서로 존중하며 봉사하는 공동체 의식을 구성원들에게 심어주기 위하여 노력한다.

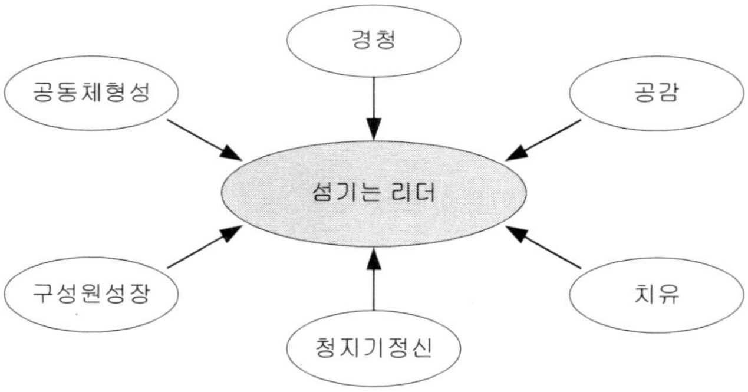

〈그림 17-12〉 섬기는 리더의 요건

10. 폴로어십

켈리(R. Kelley)는 기존의 리더십이론이 리더에게만 초점을 맞춤으로 추종자들이 가지는 특성을 무시했다고 비판했다. 아울러 추종자인 폴로어(follower)들이 가지는 폴로어십을 따로 연구해야 리더중심의 리더십이론을 보강할 수 있다고 주장하였다.

10.1 폴로어십의 개념

리더가 성공적으로 역량을 발휘하도록 도와주는 것이 폴로어십(followership)이다. 폴로어십에 의하면 추종자들이 적절한 역할을 해주지 못하면 리더십의 성과가 나타나지 못한다고 한다. 폴로어십을 꾸준히 연구해왔던 켈리는 조직의 성공에 있어서 리더가 기여하는 정도는 10~20%에 불과하고 나머지 80~90%는 추종자들에 의하여 결정된다고 주장하였다.

10.2 추종자들의 유형

켈리는 추종자들을 독립적-의존적 사고(혹은 비판적-무비판적 사고)와 수동적-능동적 참여의 2가지 차원으로 구분하여, 〈그림 17-13〉과 같이 소외형, 순응형, 수동형, 고범형, 실무형의 5가지 유형을 제시하였다.

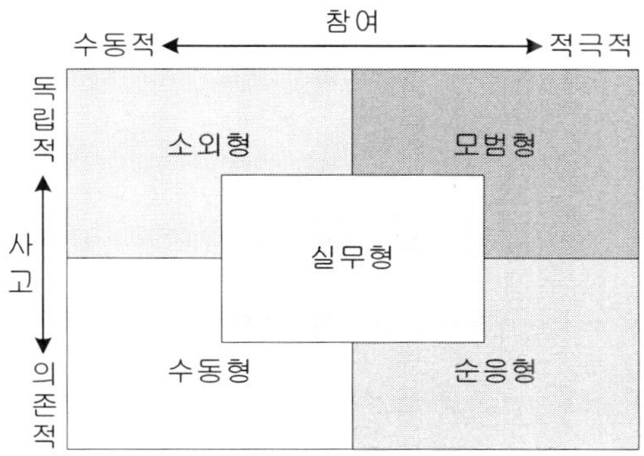

〈그림 17-13〉 추종자들의 유형

10.2.1 소외형

소외형은 소극적이지만 독립적이고, 비판적인 사고를 하는 유형이다. 이런 유형의 사람들은 어떤 문제든지 독립적으로 사고하지만, 정작 그 문제를 해결하는 데에는 참여하지 않는다. 이들은 동료들의 문제를 적극적으로 도와주지는 않으며, 냉소적이고 적대적이다.

10.2.2 순응형

순응형은 과업에 적극적으로 참여하지만, 비판적인 사고를 하지 않는 유형이다. 이런 부류의 사람들은 어떤 일이든지 적극적으로 나서서 실행하려고 하지만 창의성에서 다소 뒤떨어진다.

10.2.3 수동형

수동형은 창의적, 비판적으로 사고하지 않으면서, 동시에 적극적으로 참여도 하지 않는 유형이다. 이런 유형의 사람들은 책임지지도 않으려 하고, 앞에 나서서 일하는 것도 싫어한다. 이들은 시키는 일을 감독을 받고 있을 때에 행한다.

10.2.4 모범형

모범형은 창의적이고, 비판적이며, 적극적으로 참여하는 유형이다. 이런 부류의 사람들은 어떤 지위에 있는 사람이든지 동일하게 대하며, 위험을 기피하지 않으며, 변화를 주도하고, 스스로 책임지려고 한다.

10.2.5 실무형

실무형은 다른 4가지 유형을 조금씩 포함하는 유형으로, 이런 유형의 사람들은 자신의 위험을 최소화하고 이익을 극대화하려고 한다. 이들은 자신을 드러내지 않는 것이 최선이라고 판단될 때는 수동형의 자세를 취하고, 규칙과 절차를 따라야만 하는 상황에서는 순응형이 된다.

11. 수퍼리더십

최근 들어, 팀제의 도입과 더불어 자율적으로 조직을 운영하는데 많은 관심이 모아지고 있다. 이와 관련하여 크게 주목을 받는 리더십이론으로 수퍼리더십이 있다.

11.1 수퍼리더십의 개념

수퍼리더십(super leadership)은 부하들이 스스로 자신을 리드하는 역량과 기술을 갖도록 만드는 리더십이다. 즉, 수퍼리더가 부하들에게 기대하는 것은 그들 각자가 '셀프리더'(self-leader)가 되는 것이다.

수퍼리더십은 전통적인 리더십과 큰 차이가 있다. 전통적인 리더와 부하들 간의 관계는 조직의 지위계층을 기반으로 형성되었다. 따라서 리더는 조직의 목표달성을 위해 부하들을 지시 통제하는데 역점을 두었다. 이에 반해 수퍼리더십은 조직의 지위계층보다는 상호호혜적인 관계에서 리더와 부하들간의 관계를 설정한다. 즉, 리더는 부하들이 충분히 역할을 수행할 수 있도록 지원하며, 부하들은 자신의 능력발휘를 통해 리더와 상호작용한다.

리더는 부하들이 효율적으로 행동하도록 지도하고 격려함으로 동기를 제공한다. 부하들에게 최대한 자율권을 부여하고 리더 자신은 지배자나 감독자가 아닌 코치와 상담자의 역할만 담당한다.

11.2 수퍼리더십의 조건

수퍼리더십은 다음의 3가지 조건이 만족될 때 달성될 수 있다.

- 리더는 셀프리더가 되어야 한다.
- 리더는 부하들을 셀프리더로 만들어야 한다.
- 리더는 조직을 자율경영체계로 전환시켜야 한다.

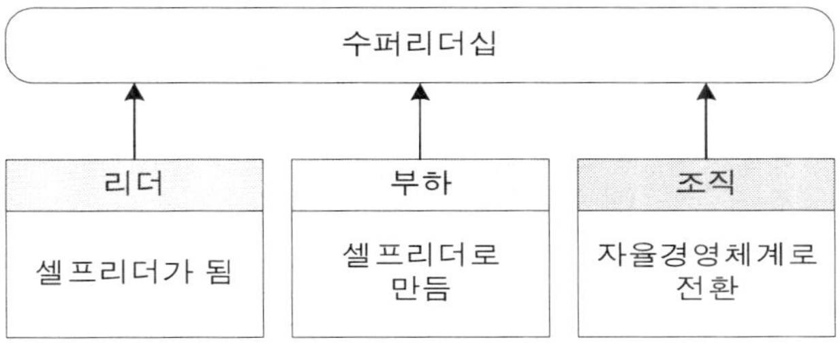

〈그림 17-14〉 수퍼리더십의 조건

11.2.1 셀프리더가 되라.

수퍼리더가 되려면 먼저 리더 자신이 셀프리더가 되어야 한다. 리더가 셀프리더가 되는 것은 스스로 나아갈 방향을 정하고, 자기계발을 통하여 자질과 능력을 향상시켜 부하직원들로부터 인정과 신뢰를 받는 것을 전제로 한다. 이렇게 될 때 리더는 모범적인 행동을 통해 자연스럽게 부하직원들의 역할모델이 된다.

11.2.2 부하들을 셀프리더로 만들라.

리더는 부하직원들에게 스스로 목표를 설정하게 하여 목표달성에 대한 의욕과 책임의식을 심어준다. 또한, 부하직원들이 스스로 설정한 목표에 따라 셀프리더십을 계발해 나가도록 격려하고, 목표를 제대로 수행하고 있는지 지도한다. 리더는 부하직원들의 능력이 뛰어나다는 암시를 자주 던져주어 그들이 자신들의 능력에 대하여 긍정적인 믿음을 갖게 한다. 부하직원들이 주도적으로 직무를 수행한 경우에는 적절히 보상하고, 그렇지 못한 경우에는 지도와 질책을 병행한다.

11.2.3 자율경영체계로 전환시켜라.

조직을 자율경영체계로 전환하는 것은 부하직원들의 자발적인 행동을 격려하기 위하여 반드시 필요하다. 자율적인 경영체계가 불가능한 경우에 부하직원들의 셀프리더십은 현실화되기 어렵다. 자율경영팀의 활동을 통해 팀원들의 셀프리더십 행동을 촉진하고 셀프리더십 문화를 정착시킨다. 이렇게 될 때 팀원들은 스스로 결정하고 행동하는 셀프리더가 되고, 리더는 셀프리더를 만드는 수퍼리더가 된다.

수퍼리더십이 효과적으로 발휘되면 조직에는 다음과 같은 긍정적인 효과가 나타난다.

- 구성원의 조직몰입과 동기수준이 높아지고 각자의 역량이 배가된다.
- 조직의 성과가 향상되고 혁신이 활성화된다.
- 구성원들의 셀프리더 육성과 수퍼리더 탄생이 가능해진다.

11.3 셀프리더십

셀프리더십(self-leadership)은 스스로 목표를 설정하고 최선을 다하여 목표를 실현시키는 자기경영마인드다. 즉, 자신을 변화시키는 지속적인 과정이 셀프리더십이다. 성공한 사람들을 살펴보면 그들이 셀프리더십을 실천해왔다는 사실을 알 수 있다. 성공한 사람들은 자신과의 싸움에서 끝까지 인내했으며, 끊임없이 변화에 도전하여 자기계발에 혼신의 힘을 다하였다. 빌 게이츠, 잭 웰치, 피터 드러커, 앤드류 카네기, 나폴레옹 힐, 폴 마이어, 앤서니 라빈슨, 루 거스너 등은 셀프리더십으로 세상을 바꾼 대표적인 사람들이다.

셀프리더십에는 자신을 바꾸는 전략이 필요하며, 이는 〈그림 17-15〉와 같이 자기관찰, 목표설정, 긍정적사고, 자기보상, 팀웍 배양의 과정으로 이루어진다.

- **자기관찰**: 현재 내가 누구이고, 앞으로 무엇이 될 것인지 끊임없이 질문을 던지며 살핀다.

- **목표설정**: 목표를 정하면 효과적으로 자신의 행동을 관리할 수 있다.
- **긍정적사고**: 긍정적 사고는 삶을 좋은 방향으로 개선하도록 이끌어준다.
- **자기보상**: 자신의 바람직한 행동에 대하여 스스로 보상하여 다음 행동에 영향을 준다.
- **팀웍배양**: 팀으로 함께 일함으로 더 많은 성취를 얻는다.

자기관찰 ⇨ 목표설정 ⇨ 긍정적사고 ⇨ 자기보상 ⇨ 팀웍배양

〈그림 17-15〉 셀프리더십의 과정

11.4 팀 리더십과 수퍼리더십

팀은 오늘날 조직 내에서 대표적인 작업집단이 되었다. 따라서 기업조직은 물론 행정조직, 병원, 대학조직에서도 모든 업무는 팀으로 이루어진다. 팀에서 팀장의 역할은 종래 일선관리를 맡던 부장이나 과장과는 다르다. 팀장의 역할은 다음과 같이 요약된다. 첫째, 팀장은 팀과 관계된 외부와의 연결자 역할을 한다. 둘째, 팀장은 팀이 문제에 부딪혔을 때 회의와 협상을 주도하고, 외부의 도움을 요청하며, 때로는 자신이 직접 해결을 도모한다. 셋째, 팀장은 팀원 간에 갈등이 있을 때 이를 해결할 뿐만 아니라, 갈등을 최소화하기 위하여 보상, 업무할당, 배치 등에 팀원과 계속 협의해 나간다. 마지막으로, 팀장은 팀원에게 할일을 제시하고 가르쳐주며, 지원하며, 장단점을 관찰하여 알려준다. 팀의 궁극적 목표는 스스로 발전하는 자율경영팀(self-managed team)이며, 팀을 효과적으로 이끌어가는 이상적인 리더십은 수퍼리더십이다.

12. 코칭리더십

끊임없이 질문하는 '산파술'은 소크라테스의 핵심 교수법이다. 이는 당연하다고 여기는 내용에 대하여 계속해서 질문을 던져 스스로 잘못을 깨닫게 하는 교육방식이다. 최근 코칭리더십(coaching leadership)이 전 세계에 붐을 타고 있다. 이는 부하직원이 모르는 것을 상사가 직접 가르쳐주는 것이 아니라, 질문을 던져 스스로 깨닫게 하여 목표에 도달하게 하는 현대

적 리더십이다.

12.1 코치의 의미

코치의 어원은 마차(coach)에서 유래되었다. 즉, 코치는 마차에 타고 있는 손님을 목적지까지 올바로 도착하도록 인도하는 마부의 역할을 한다. 코치의 역할을 담당하는 상사는 부하직원의 현재 모습을 진단하고 의사결정이나 문제해결을 도와준다. 이는 부하직원이 스스로 파악하지 못한 부분에 통찰력을 갖게 하고, 내면의 변화를 행동으로 옮기도록 하는 과정에서 큰 역할을 한다. 코칭은 개인의 변화와 발전을 지원하는 파트너십 과정이다. 다른 사람의 성장에 관심이 있는 사람이라면 누구나 코치가 될 수 있다. 이러한 코칭기술을 자신에게 적용할 때 자신을 위한 '셀프코치'가 된다.

12.2 코칭과 유사용어들의 비교

코칭의 개념을 보다 명확히 이해하기 위하여, 유사한 의미로 사용되는 카운슬링, 컨설팅, 멘토링과의 차이를 서로 비교해 보자.

12.2.1 카운슬링과 코칭

대상자를 발전시키기 위해 대화로 문제이해를 촉진하고, 정서적으로 직면하게 하며, 변화된 행동을 보이게 한다는 점에서 카운슬링(counseling)과 코칭은 비슷하다. 하지만 전통적으로 카운슬링이 심리적으로 건강하지 못한 사람들을 대상으로 하는데 비해, 코칭은 성장과 변화를 추구하는 사람들, 즉 심리적으로 건강한 사람들을 대상으로 한다는 점에서 차이가 있다. 또한 카운슬링에 비해 코칭은 심리탐색이나 해석보다 행동변화에 더 많은 비중을 둔다.

12.2.2 컨설팅과 코칭

컨설팅(consulting)과 코칭은 기업의 문제점을 발견하고 해결하여 발전을 추구한다는 점에서는 동일하다. 컨설팅은 전문가가 주도하여 문제점을 진단하고 해결방법을 제시한다. 즉 전문가의 지식과 경험에 따라 컨설팅의 성패가 좌우된다. 반면에, 코칭은 조직구성원들이 자신의 문제를 새로운 시각에서 바라보고 해결책을 발견하여 실행할 수 있도록 돕는다. 따라서 코칭의 성패는 코치의 지식과 경험도 일부 작용하지만, 구성원 자신의 동기, 태도, 사고가 주로 영향을 미친다. 코치와 대상자의 신뢰관계는 코칭의 성패를 좌우하는 중요한 요소다. 이런 측면에서 컨설팅은 일방적 관계, 코칭은 양방향적 관계라고 말할 수 있다.

12.2.3 멘토링과 코칭

멘토링(mentoring)은 먼저 입사한 연장자가 연하의 동료나 신입사원에게 업무수행에 필요한 지식, 기술, 기능, 경험 등을 전수해주는 것이다. 이 때 지도하는 멘토(mentor)는 지도를 받는 멘티(mentee)보다 지식과 경험이 많아야 한다. 그에 비하여 코치는 대상자보다 반드시 지식과 경험이 많아야 할 필요가 없다. 대상자가 스스로 문제점을 찾아 해결하도록 돕는 것이 코칭이기 때문이다. 멘토링이 기술과 경험을 대상자에게 지도하는 과정이라면, 코칭은 대상자가 스스로 자신의 모습을 발견하며 성장하도록 도와주는 과정이다.

12.3 코칭의 기술

코치인 상사는 부하직원이 무엇을 원하는지 깨닫게 하고, 그의 발전과 변화를 돕는 동역자의 역할을 한다. 코치는 부하직원에게 신뢰감을 주어 스스럼없이 자신의 생각을 표현할 수 있게 해야 하며, 효과적인 질문을 통하여 부하직원들이 스스로 해결책을 찾아내도록 도와주어야 한다. 코칭에서 가장 중요한 요소인 듣기, 질문하기, 피드백, 태도의 기술에 관하여 살펴보기로 하자.

12.3.1 듣기

코칭에서 듣기는 부하직원을 이해하는 가장 중요한 수단이다. 코칭에서 듣기는 일반 대화에서 듣기와 차이가 있다. 코칭에서는 상대방의 말을 판단하지 않고 있는 그대로 수용하며, 상대방의 입장에서 그의 생각과 감정을 이해하려는 마음자세로 듣는다. 상사가 적극적 경청의 자세로 대할 때, 부하직원은 자신이 이해받고 있다고 느끼며 쉽게 마음을 열게 된다.

12.3.2 질문하기

코칭리더십의 핵심은 질문이다. 사람은 지시를 받게 되면 그 지시만 이행하려할 뿐 생각을 하지 않는다. 그러나 질문을 받게 되면 답변을 생각하게 되고, 답변과 관련된 말을 해야 한다. 예전에는 경험 많은 상사가 조직에서 일어나는 문제와 그 해답을 대부분 알고 있었으므로 지시가 효과적이었다. 하지만 오늘날의 급변하는 상황에서는 상사도 경험하지 못한 문제들이 자주 생겨나게 된다. 따라서 현장을 잘 알고 있는 부하직원들이 스스로 해답을 찾는 것이 보다 효과적이며, 이를 위해 필요한 것이 질문이다. 코치는 부하직원들에게 질문을 던지고 생각하게 하면서 그들의 능력을 이끌어낸다. 그런 의미에서 코치는 부하를 단순히 도와주는 헬퍼(helper)가 아니라, 부하가 능력을 발휘하도록 지원해주는 서포터(supporter)에 가깝다.

12.3.3 피드백

피드백은 부하직원의 행동에 대하여 긍정적이고 미래지향적인 반응을 함으로 동기를 제공하는 일이다. 코치인 상사는 부하직원이 무엇을 잘하고 있는지, 어떤 일에 재능이 있는지, 성장발전하려면 무엇을 해야 하는지 등을 구체적으로 말해주어야 한다. 부하직원은 이러한 피드백을 통하여 자신의 장단점을 깨닫게 된다. 피드백의 기술은 긍정적 피드백과 발전적 피드백으로 구분된다. 긍정적 피드백은 칭찬과 인정을 가리키며, 이는 부하직원의 자신감을 강화시킨다. 또한 발전적 피드백은 부하직원에게 발전이 필요한 부분을 구체적으로 언급함으로, 스스로 개선방안을 세우게 하는데 도움을 준다.

12.3.4 태도

태도는 상사가 부하직원에게 언어적, 비언어적으로 전달하는 지지, 기대, 신뢰로서, 모든 코칭의 기술이 효과적으로 발휘될 수 있는 기반을 마련한다. 상사가 부하직원을 지지한다는 것은 부하직원의 생각이나 감정에 대하여 공감을 표시하는 것이다. 상사가 기대를 갖고 있다는 것은 상사가 원하는 이상으로 부하직원이 성과를 달성할 것으로 바라고 기다리는 것을 말한다. 상사가 신뢰한다는 것은 부하직원이 설정한 목표에 도달할 능력이 있다고 여기는 것을 의미한다.

12.4 팀과 코칭리더십

조직에서 팀워의 중요성이 높아지고 있다. 따라서 구성원 개개인의 능력보다는 팀원들의 상호교류를 통한 전체구성원의 능력을 이끌어내는 리더십이 요구된다. 이를 위하여 팀의 리더는 스포츠팀의 코치처럼 행동해야 한다는 코칭리더십이 강조되고 있다. 팀장은 관리나 통제가 아니라 팀내외의 정보 흐름과 소통을 촉진해야 한다. 또한 자율을 최대한 보장하며, 팀원들을 적시에 적절한 내용으로 충고해야 한다.

12.5 코칭리더십의 기대효과

코칭리더십의 기대효과를 개인과 조직의 차원에서 각각 생각해 보자. 개인의 차원에서 살펴볼 때 코치와 부하직원은 파트너십을 통해 성과를 이끌어낸다. 코치는 부하직원에게 자신의 목표를 설정하도록 함으로써 성취감을 느끼게 하고, 성공의 경험을 통해 자신감을 배양하도록 하며, 지속적인 자기계발을 통해 성공을 이어나간다.

조직의 차원에서 볼 때, 코칭은 부하직원의 필요를 만족시키며 높은 성과를 가져다주는 핵심 인재를 육성하게 한다. 또한 지시, 명령 하달의 일방적인 의사소통을 질문과 답변으로 이루어지는 상호간의 의사소통으로 바꿈으로, 인간관계를 개선하고 신뢰를 구축하는데 기여한다. 그 외에 코칭은 상호존중의 문화를 구축하여 자신을 더욱 자유롭게 표현하게 하며, 이는 창의력 개발로 이어져 막대한 조직성과로 나타난다.

[읽을거리] 인재개발의 원칙

위대한 리더들에게는 공통점이 있다. 좋은 인재를 발굴하고 그들을 주위에 두는 일이다. 리더는 가능성있는 사람을 발견해내고 유능한 인재로 개발하는데 탁월한 재능이 있다. 사람은 자신의 능력과 가치를 인정해 주는 리더를 만나게 되면 헌신하게 된다. 또한 능력있는 인재로 성장하게 된다. 함께 일하는 사람들이 능력을 최대로 발휘할 때 리더는 성공하게 된다. 주위의 사람들을 인재로 변화시키려면 다음에 유의하라.

첫째, 사람들의 모델이 되라.

사람들의 마음을 사로잡는 한 가지 방법은 그들이 본받아야 할 모델이 되는 것이다. 긍정적인 모델은 긍정적인 반응을 불러일으킨다. 리더가 무엇을 하든지 주위의 사람들은 그것을 보고 그대로 따라 행하기 때문이다. 리더가 성장을 멈춘다면 바로 그 순간 주위의 사람들도 성장을 멈추게 된다.

사람은 할 수 없다고 생각하는 일은 실제로 하지 못하게 된다. 그러나 할 수 있다고 자신감을 가지면 아무리 어려운 일도 거뜬히 해내게 된다. 리더는 다른 사람들에게 자신감을 불어넣는 역할을 한다. 모두가 불가능하다고 생각하는 그 일을 먼저 실천하면서 다른 사람들로 하여금 따라오게 한다.

한 때 1마일을 4분 내에 주파할 수 없다고 생각한 적이 있었다. 의사와 생리학자들은 사람의 신체구조로는 그렇게 빨리 달릴 수 없다고 증명하기까지 했다. 하지만 로저 배니스터(Roger Bannister)는 1마일을 4분 이내에 통과하였다. 그러자 수십명의 다른 선수들도 그 기록을 갱신해 버렸다.

둘째, 사람들에게 먼저 관심을 보이라.

리더는 사람들의 개인적인 문제를 살피고 해결해 주려고 노력해야 한다. 사람들은 자신의 개인적인 문제에 관심을 나타내고 도움을 주는 리더에게 감동한다. 그리고 그에게 충성을 아끼지 않게 된다. 모든 사람들에게 관심을 보이도록 하라. 그 중에서도 상위 20%의 중요한 사람들에게 더 특별한 관심을 쏟도록 하라.

나폴레옹은 역사상 가장 위대한 리더 중의 한 사람으로 손꼽힌다. 그는 자기 군대 장교들의 이름을 다 외우고 있었다. 막사를 순회하다가 장교들을 만나면 장교들의 이름을 불러가며 인사를 했고, 전투나 작전에 대하여 즐거운 이야기를 나누었다. 그의 리더십은 사람들의 필요를 잘 아는 것이었다.

나폴레옹은 자기 사람들이 무엇을 원하는지 알아낸 후 가능한 모든 방법을 동원하여 그것을 이루도록 도와주었다. 그런 나폴레옹에게 부하장교들은 자발적으로 헌신과 충성을 다하였다.

셋째, 사람들의 가능성을 보라.

사람들에게 긍정적인 영향을 미치는 사람은 그들을 최대한 크게 생각한다. 상대방을 크게 생각하는 사람은 그들에게서 가능성을 본다. 그는 항상 기대감을 가지고 긍정적으로 말한다. 리더는 추종자들이 자신보다 더 위대한 인물이 될 수 있다고 늘 생각한다. 크게 생각하는 리더는 주위의 사람들로 하여금 자신이 최고라고 생각하게 만드는 재주가 있다. 이는 다른 사람들을 당신에게로 이끌어오는 자석과도 같다.

사람에게는 누구나 보이지 않는 잠재력을 가지고 있다. 리더는 이들에게서 지금은 비록 도토리를 보고 있지만 머리속에는 미래에 크게 자랄 참나무를 그리고 있어야 한다. 리더는 도토리가 거대한 참나무로 자라날 수 있도록 도와준다. 그들로부터 가능성을 예견하고, 그 가능성을 개발하도록 격려하며, 그 가능성이 마침내 성취될 것을 믿어준다. 미국의 시인 에머슨은 말했다. "사람들을 신뢰하라. 그러면 당신을 신뢰할 것이다. 그들을 위대한 사람처럼 대하라. 자신들의 위대함을 보여줄 것이다."

마지막으로, 사람들을 격려하고 칭찬하고 성과를 인정하라.

사람들은 누구나 자신의 업적에 대하여 칭찬받고 인정받기를 원한다. 성공한 모든 지도자들은 칭찬과 인정이 업무성취의 지름길이며 사람들 안에 있는 최선의 능력을 이끌어내는 비결임을 깨닫고 있다. 유능한 리더는 사람들의 부정적 행동이나 인간적 약점 등에 크게 눈길을 주지 않는다. 이는 그가 순진해서가 아니다. 그 모든 것들을 충분히 알고는 있지만 그들의 행동과 잠재력이 별개라고 생각하고 있기 때문이다. 좋은 리더는 칭찬을 통해 사람들의 장점을 발전시키고, 격려를 통하여 그들의 약점을 극복하도록 도와준다.

리더는 사람들이 맡은 일에 대하여 의미와 가치를 부여해 주어야 한다. 일하고 있는 사람들을 격려할 수 있는 최상의 말은 "당신이 하고 있는 일은 매우 중요한 일이다"라고 주지시키는 것이다. 사람들은 누구나 중요한 일을 하고 싶어한다. 자기가 하는 일이 가치있는 일이 되기를 원한다. 리더는 업무의 중요성을 일깨움으로 사람들이 자신의 인생에 가치를 부여하도록 만들어야 한다.

18장 조직문화와 변화

1. 조직문화의 이해

1980년대 세계적인 경기침체에도 불구하고 일본기업들은 높은 성장을 이루어냈다. 그 성공배경에 문화적인 요인이 존재한다는 사실을 인식하면서 조직문화에 대한 연구가 활발해지기 시작하였다.

1.1 조직문화의 의미

조직문화(organizational culture)는 조직의 구성원들이 공유하고 있는 가치관, 신념, 규범 등을 총칭하는 것으로, 조직과 구성원의 태도와 행동에 영향을 준다. 조직구조가 조직구성원의 행동을 지배하는 공식적인 시스템이라면, 조직문화는 비공식적인 분위기에 해당한다. 즉 조직구조가 사람의 몸일 때 조직문화는 사람의 정신으로 비유될 수 있다.

조직문화를 구성하는 가치체계는 궁극적 가치와 수단적 가치로 구분된다. 궁극적 가치(terminal value)는 조직이 달성하려는 최종적인 목표로, 수익, 혁신, 안정, 절약, 고객서비스, 품질, 사회봉사, 우량기업 등이 있다. 반면에 수단적 가치(instrumental value)는 조직이 최종적인 목표를 달성하기 위해 구성원에게 바라는 행동양식으로, 창조성, 정직, 성실, 노력, 책임, 이행, 용기, 규정준수 등을 가리킨다.

1.2 조직문화의 특성

주어진 일에 대하여 구성원들이 도전적으로 받아들이고 역동적으로 움직이는 조직이 있는가 하면, 무사안일이나 패배주의에 빠져있는 조직도 있다. 이처럼 조직 내에 존재하는 구성원들이 행동하는 양식이 조직문화다. 조직문화는 융합성, 무형성, 고유성, 안정성, 통제성의 특성들을 가지고 있다.

- **융합성**: 조직문화는 구성개체들이 모인 것이 아니라 함께 융합된 것이다.
- **무형성**: 조직문화는 구성원의 의식 속에 자리잡고 있으며 행동에 반영되어 나타난다.
- **고유성**: 각 사람의 성격이 독특하듯이 각 조직마다 고유한 문화가 존재한다.
- **안정성**: 조직문화는 오랜 시간에 걸쳐 서서히 형성되거나 변화된다.
- **통제성**: 조직문화는 구성원의 행동을 좌우하는 큰 힘을 발휘한다.

2. 조직문화의 형성과 구성요소

조직문화는 우연히 혹은 의도적으로 변화하면서 형성된다. 각기 다른 성격과 이해관계를 가진 사람들이 상호작용하면서 공통된 신념, 이미지, 가치관 등을 만들어 내는 것이다. 조직문화의 형성요인과 구성요소에 대하여 소개한다.

2.1 조직문화의 형성요인

조직문화를 형성하는 요인들로는 창립자, 최고경영자, 사회화, 국가 및 사회의 문화 등이 있다. 이들을 각각 살펴보자.

2.1.1 창립자

조직의 창립자는 초기의 조직문화를 형성하는데 큰 영향을 미친다. 조직이 처음 출발할 때에 있었던 에피소드나 창립자의 설립목적이 조직문화의 기초가 된다. 우리나라의 대표적인 기업인 삼성과 현대의 창립자를 예로 들어보자. 삼성의 창립자인 고 이병철회장은 충분한 분석과 검토를 통해 의사결정을 하곤 하였다. 그에 반하여 현대의 창립자인 고 정주영회장은 상황에 대한 신속하고 능동적인 대응을 중시하는 스타일로 알려져 있다. 이러한 창립자들의 개인적 특성이 소위 '관리의 삼성', '추진력의 현대'와 같이 기업의 핵심가치나 행동규범의 차이를 가져오게 하였다.

2.1.2 최고경영자

최고경영자의 관리스타일도 조직문화에 영향을 크게 미친다. 그들이 항상 강조하는 원칙대로 구성원들은 따르게 되고, 그 원칙에 부응하는 사원만이 살아남게 되기 때문이다.

2.1.3 사회화

신입사원이 처음 입사하면 자신이 가지고 있던 습관과 사고방식을 버리고, 다른 사람들이 공통적으로 사용하는 것을 따르도록 무언의 압력을 받는다. 그렇게 생활할 때 서로 편하게 지낼 수 있기 때문이다. 결국 그는 시행착오를 거듭하면서 조직의 구성원이 되어 가는데 이를 '사회화'(socialization)라고 한다.

2.1.4 국가 및 사회의 문화

조직구성원들은 조직 밖의 사회나 국가문화를 가지고 조직에 들어와 조직문화에 영향을 준다. 예를 들어, 우리나라의 연공서열 문화는 기업 내의 연공서열식 승진 풍토를 만들었다.

2.2 조직문화의 구성요소

조직문화를 이루는 구성요소를 살펴보기로 하자. 여기서는 샤인(E. Schein)이 분류한 3가지 구성요소인 인위적 상징물, 가치, 기본전제에 대하여 소개하기로 한다. 그는 조직문화에 대한 구성원들의 인식을 중심으로 구성요소와 이들 간의 상호관계를 〈그림 18-1〉에서와 같이 설명하고 있다.

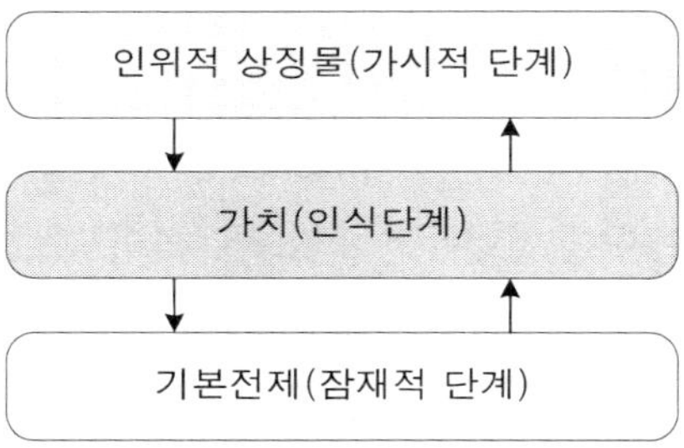

〈그림 18-1〉 조직문화의 구성요소와 관계

이 그림에 따르면 조직문화는 인간활동의 잠재적 단계에 속하는 기본전제와, 그에서 파생되는 가치, 그 가치로부터 표출되는 인위적 상징물의 3가지로 이루어진다. 또한 역으로 한 조직의 인위적 상징물들을 분석해보면 조직구성원들이 공유하는 가치와 인간에 대한 기본전제를 도출할 수 있다. 샤인에 의하면 조직문화란 개인의 마음속에 잠재된 무의식적인 요소로부터 시작하여, 인식할 수 있는 의식적인 요소, 그리고 보고 만질 수 있는 조직의 상징물에 이르기까지 다양한 요소로 이루어진 총괄적인 개념이다.

2.2.1 인위적 상징물

조직문화에서 인위적 상징물(artifact)은 눈으로 볼 수 있는 문화적 상징물을 가리키는 것으로, 여기에는 의식, 에피소드, 심볼, 슬로건 등이 있다. 의식(rite)이란 조직 내에서 어떤 상징적인 의미를 갖고 특정한 때에 행해지는 행동을 가리킨다. 환영식과 같이 조직구성원의 역할이나 지위가 변할 때 거행하는 통과의식이 그런 예에 해당된다. 에피소드는 조직의 문화요소를 강하게 실천했던 영웅의 행동에 관한 이야기이다. 에피소드의 사실 여부는 중요하지 않으며 입에서 입으로 전승된다. 심볼은 조직의 가치나 신념 등을 무언의 메시지로 나타낸 것이다. 기업의 로고에는 기업이 지향하는 이념과 핵심가치가 잘 나타나있다. 슬로건은 사람들에게 조직의 가치나 신념을 인식시키기 위하여 사용되는 짧은 글이다. 예를 들어 세계 최대의 소매업체인 월마트의 매장에는 'Everyday low price!'라는 슬로건이 붙어있다.

2.2.2 가치

가치(value)란 옳고 그름과 같이 개인의 내면적인 신념을 의미한다. 이러한 가치는 조직구성원들의 행동과 인위적 상징물에 반영되어 나타난다. 창의성에 대한 존중, 개인의 책임에 대한 중요성, 개방적인 의사소통과 같은 것들이 가치의 좋은 예들이다.

가치는 '인지가치'와 '행동가치'로 구분된다. 인지가치(espoused value)는 구성원들에 의하여 가치가 있다고 인정되고 수용된 가치이며, 행동가치(enacted value)는 구성원들이 실제로 행동하는 방식에 반영되어 있는 가치다. 인지가치와 행동가치가 일치하지 않을 때 조직구성원들은 갈등을 느끼게 된다. 이런 경우 조직문화는 제대로 정립된 것이 아니다.

2.2.3 기본전제

조직문화의 근간이 되는 기본전제(basic assumption)는 가치와 밀접히 연관된 개념으로, 조직구성원들이 인식하지 못하는 무의식적 가치라고 할 수 있다. 이는 조직과 환경간의 상호관계, 현실과 시간, 공간의 본질, 인간의 본성, 인간행동의 본질, 인간관계의 본질 등과 같이 인간의 심층내면에 깊이 자리잡고 있는 근원적인 믿음을 뜻한다.

기본전제는 사람들이 당연히 받아들이고 있는 전제이므로 구성원들은 아무런 논의를 필요로 하지 않는다. 그럼에도 기본전제들은 조직의 가치에 반영된다. 예를 들어, '인간은 성장할 기회를 원하고 있다'는 기본전제는 조직에서 교육훈련을 강조하는 가치로 표출된다.

3. 조직문화의 기능

조직문화는 조직에 도움을 주는 순기능으로 작용하기도 하고, 조직에 방해를 주는 역기능으로 작용하기도 한다.

3.1 조직문화의 순기능

조직문화는 성과와 관련하여 조직에 실질적인 도움을 줄 수 있다. 첫째, 조직문화는 구성원들로 하여금 서로 동질감을 갖게 하고, 조직에 대한 애착을 느끼게 하여, 내부적으로 협력과 단합을 강화시킨다. 둘째, 조직문화가 발달되어 있으면 구성원들 간에 공감대가 형성되며, 원활한 의사소통이 이루어져, 외부환경의 변화에 대한 대처능력이 좋아진다. 마지막으로, 구성원들이 조직문화에 젖게 되면 조직몰입이 강화되어 조직의 정책에 쉽게 동조하며 이직률이 낮아진다.

3.2 조직문화의 역기능

조직문화가 반드시 조직성과에 좋은 결과를 가져올 것이라고 단정할 수는 없다. 여기에는 2가지 이유가 있다. 첫째로, 강한 조직문화는 환경변화에 적응을 어렵게 하기 때문이다. 오늘날 급속한 기술발전과 다양화된 시장환경의 변화는 조직에서 새로운 가치관과 조직행동을 요구한다. 외부 변화에 신속히 대응하지 못하는 경우 경쟁에서 낙오될 수 있다. 둘째로, 강한 조직문화가 구성원들을 획일화시켜 조직의 창의성을 방해할 수 있기 때문이다. 조직문화와 다른 특성을 가진 신입사원의 경우, 그의 장점은 숨겨지고 다른 구성원들과 유사한 모습만을 드러내게 된다.

4. 조직문화의 변화

21세기에 들어서면서 기업환경의 변화는 더욱 심해졌다. "변하지 않으면 죽는다.", "마누라와 자식만 빼고 모두 바꿔라."라고 말하는 시대가 되었다. 조직문화는 구성원의 행동에 크게 영향을 미치다. 침체된 조직을 활성화시키고 급격한 환경변화에 대응하여 나가려면 조직문화의 변화가 필요하다.

4.1 조직변화에 대한 외부의 압력

외부 환경은 계속해서 변한다. 그 변화에 늦게 반응하면 경쟁에 뒤지고 결국에는 도태된다. 다음의 내용들은 조직의 변화를 요구하는 외부의 압력으로 작용한다.

4.1.1 경쟁

조직은 생존을 위하여 경쟁력을 강화해야 한다. 효율, 품질, 혁신, 고객서비스 등에서 어느 것 하나라도 경쟁사보다 뒤지게 되면 살아남기 어렵다. 조직은 최근의 신기술을 도입해야 하고, 조직의 구성원들은 신기술을 배워야 한다. 또한 혁신노하우를 소유해야 하며, 끊임없이 변하는 고객의 요구를 파악하여 대처해야 한다.

4.1.2 국제화

정보와 물자유통의 발달과 국제정세의 변화로 인하여 세계는 지구촌 환경으로 급속히 재편되고 있으며 국가 간에 상호의존도는 더욱 증대되고 있다. 이제 자국민의 수요를 뛰어넘어 국제적인 시장침투가 상호간에 매우 치열해졌다. 또한 국가 간의 관세장벽이 철폐되어 다국적 기업이 R&D, 제조, 판매에 이르기까지 세계수준에서 이루어지고 있다.

4.1.3 정보기술의 발전

정보기술의 발전은 변화가 심한 국제경쟁에 유연성을 제공하고 있다. 정보수집, 정보네트워크, 장거리 국제통화기술, 이동전화 등 현대적 정보기술도구를 갖추지 않고는 급격한 변화에 유연하게 대처할 수 없다. 정보기술은 조직운영뿐 아니라 조직 내 인간관계, 권력관계, 시장침투와 전략수행에 이르기까지 반드시 필요하다.

4.1.4 가치관의 변화

우리나라에서 70년대 경제성장 이후에 태어난 신세대 사람들은 '보릿고개'를 알지 못한다. 그 대신 정신적 자유와 물질적 풍요 속에서 높은 교육을 받고 자라나, 기성세대와 달리 대중문화를 즐기고 대량소비에 익숙하다. 이들은 직장에 대한 충성도 저하, 3D업종의 기피, 여가생활의 중시, 자율권 행사 등 구세대 사람들에 비하여 직업가치관과 욕구가 판이하게 다르다.

4.1.5 윤리적 압력

기업의 사회적 책임에 대한 국민들의 인식은 더욱 높아지고 있다. 이제 기업은 정직해야 하며 종업원의 감원도 회사의 입장만이 아니라 국민여론이 수용하는 범위 내에서만 가능해졌다. 사회적 가치관의 변화로 사회적 평등, 자연보호에 대한 열정 등을 감안하여 소비자 편익을 전보다 더 고려하면서 경영체제와 제품 및 서비스를 고객중심으로 바꾸어야 한다.

4.2 조직변화에 대한 내부의 압력

조직변화에 대한 압력은 외부에서만 오는 것이 아니다. 조직내부에서도 조직전반에 대한 변화를 필요로 하고 있다.

4.2.1 조직구성원의 불만

조직구성원들의 직무에 대한 불만은 결근, 지각, 이직 등으로 나타난다. 이런 경우 조직은 적절한 조치를 취해야 하며, 보상제도의 개선, 역할분배의 수정, 종업원 참여제도의 도입 등 다방면에서 개선을 검토해야 한다.

4.2.2 조직구성원들 간의 갈등

상사와 부하직원들 간의 갈등이 심화되면 조직의 변화가 필요하다. 리더십의 변화, 구성원의 인간관계 훈련, 더 나아가 부서의 이동까지도 요구된다. 조직의 구조가 구성원들의 성향에 맞지 않는다면 재설계되어야 한다.

4.2.3 변화를 위한 변화

큰 문제없이 잘 운영되고 있는 조직도 동일한 행동패턴이 반복되면 매너리즘에 빠지기 쉽다. 이런 경우 신선한 분위기를 조성하기 위하여 가끔씩 의도적으로 조직의 변화를 시도하는 것은 바람직하다.

5. 조직변화에 대한 저항

조직은 변화를 필요로 하면서도 변화를 기피하는 경향이 있다. 사람들은 누구에게나 안정을 추구하는 본성이 있기 때문이다.

5.1 저항의 이유

조직의 구성원들은 기존의 상태를 유지하려는 경향이 있는데, 이것이 조직변화에 대한 저항의 원인이 된다. 조직변화에 대한 저항은 다음과 같은 이유로 말미암는다.

5.1.1 불확실성에 대한 두려움

사람은 잘 알고 있는 일을 늘 하던 방식대로 수행할 때 안정감을 느끼게 된다. 변화는 잘 모르는 새로운 환경에 들어서는 것이다. 친숙한 패턴이 사라지고 익숙하지 않은 상황이 닥치게 되면 사람들은 본능적으로 두려움을 느끼고 저항하게 마련이다.

5.1.2 기득권 상실의 우려

사람들은 변화로 인하여 현재 보유하고 있던 지위, 돈, 권리, 우정 등을 잃어버리지 않을까 염려한다. 따라서 기득권이 많은 사람들은 변화를 기피하고, 그렇지 못한 사람들은 변화를 구하게 된다.

5.1.3 새로운 기술의 습득

새로운 기술을 배우는 것은 기존의 익숙한 노하우나 기술을 버리는 것이다. 이는 오랜 경험으로 전문가로 자처해왔던 이들의 입지를 약화시키는 일이다. 더욱이 이들은 상대적으로 나이가 많으므로 새로운 기술을 익히는 것은 쉽지 않다.

5.2 저항극복의 전략

조직에 변화가 필요함에도 불구하고 저항으로 인하여 변화가 이루어지지 못하면 생산성의 저하는 물론 구성원의 사기도 떨어진다. 저항을 극복하는 적절한 방법을 찾아 실시해야 한다.

5.2.1 교육과 의사소통

의사소통도 제대로 안 되는 상태에서 변화의 내용이 잘못 전달되면 오해로 인하여 저항은 더욱 거세어진다. 변화의 필요성, 방법, 결과를 알리기 위한 교육과 설명회가 있어야 한다.

5.2.2 구성원의 참여

변화를 위한 의사결정과 실천과정에 조직구성원들을 참여시키는 것은 의사소통, 정보전달 기능 이외에 사기 증진과 협조심을 유발하는 심리적 효과도 얻을 수 있다.

5.2.3 상부의 지원

저항세력이 있어도 리더가 꿋꿋하게 추진하면 저항은 점차 약해진다. 물론 변화를 위한 교육프로그램이나 각종지원수단이 리더의 강력한 뒷받침 하에 제공되어야 한다. 일방적으로 변화의 명령만 내리고 지원이 없으면 구성원들의 사기는 떨어지게 마련이다.

5.2.4 협상과 타협

변화가 생기면 피해를 보게 될 개인이나 부서가 있게 마련이다. 그들의 저항을 줄이기 위하여 양보와 피해보상을 놓고 타협을 가져야 한다. 여의치 않은 경우에는 제삼자의 중재에 맡겨서라도 타협을 성사시키고 변화를 시도하면 저항을 줄일 수 있다.

6. 조직변화의 단계

새로운 조직문화의 도입은 기존 조직문화의 기반을 형성하고 있는 조직구성원의 기본전제와 가치관의 변화를 필요로 한다. 따라서 조직문화를 변화시키려면 구성원들에게 변화의 필요성을 인식시키고 새로운 전제와 가치관을 단계적으로 주입시킬 필요가 있다.

조직의 변화를 성공적으로 수행하기 위한 다양한 프로그램들이 연구되었다. 여기서는 레윈(K. Lewin)의 '세력-장 이론'을 소개하기로 한다. 레윈의 이론에 의하면 조직 내에는 변화를 원하는 추진세력과 이를 거부하는 저항세력이 존재하는데, 이들 간의 힘겨루기에 따라 변화가 이루어진다고 한다. 레윈은 조직의 변화가 〈그림 18-2〉와 같이 해빙단계, 변화단계, 재동결단계를 거쳐 이루어진다는 3단계 모델을 제시하였다.

해빙단계	⇨	변화단계	⇨	재동결단계

〈그림 18-2〉 조직변화의 단계

1) 해빙단계

해빙단계(unfreezing stage)는 구성원들이 변화의 필요성을 인식하는 단계다. 변화의 필요성은 조직이 심각한 위기에 있거나 혹은 현재상태가 적절하지 않다는 사실을 지각하는데서 생겨난다.

2) 변화단계

변화단계(changing stage)는 기존 상태에서 변화된 상태로 바뀌는 단계다. 이 단계에서는 일단 새로운 변화를 수용하도록 유도한 다음, 계속해서 동일화, 내면화의 과정으로 진행해 나간다.

3) 재동결단계

조직구성원들은 변화를 실시한 이후에도 다시 원래의 상태로 돌아가려는 속성이 있으므로 지속적인 지원과 강화가 필요하다. 이를 재동결단계(refreezing stage)라고 부른다. 변화된 부서나 개인에게 보상을 주는 것은 변화된 상태를 안정화시키는데 도움이 된다.

제 5 부

안전심리학

19장 직무스트레스

1. 스트레스의 개념

스트레스(stress)란 어떤 상황이나 사건이 주는 외부의 자극에 적응하기 위한 인간의 심리적, 신체적인 반응을 가리킨다. 사람은 살아있는 동안 각종 외부자극에 노출되어 반응하게 되므로 스트레스로부터 완전히 벗어날 수는 없다. 개인에게 스트레스를 주는 외적 요인을 '스트레스요인'(stressor), 스트레스요인으로 말미암아 개인이 느끼는 스트레스의 정도를 '스트레스수준', 스트레스로 인하여 개인이 나타내는 반응을 '스트레스반응'이라고 부른다.

스트레스는 조직구성원의 행동과 태도에 부정적 혹은 긍정적 영향을 미친다. 〈그림 19-1〉에서 보는 바와 같이 스트레스 수준이 지나치게 높거나 낮을 때 스트레스반응은 부정적으로 나타난다. 반면에 스트레스가 적정한 수준으로 주어질 때 스트레스반응은 긍정적으로 나타난다. 부정적인 영향을 미치는 스트레스를 '역기능 스트레스'(distress), 긍정적인 영향을 미치는 스트레스를 '순기능 스트레스'(eustress)라고 부른다.

순기능 스트레스는 개인의 심신활동을 활성화시켜 창의력과 동기수준을 증진시켜 직무성과를 높여준다. 반면에 역기능 스트레스는 직무에 부정적인 영향을 미쳐 직무성과를 떨어뜨리는 원인이 된다. 회사에서는 개인의 복지와 직무성과의 향상을 위해 적정수준의 스트레스를 유지하도록 유의해야 한다.

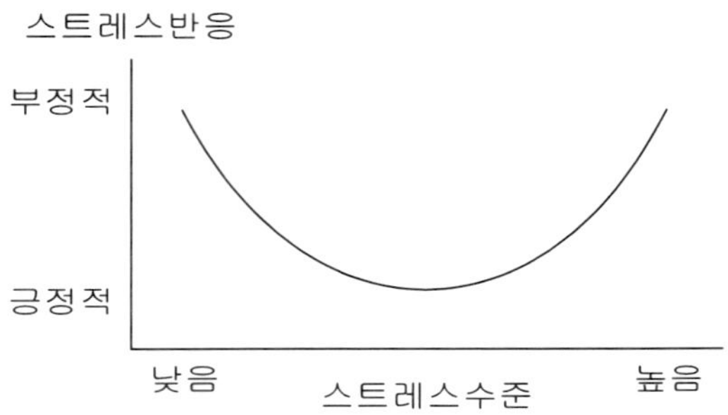

〈그림 19-1〉 스트레스수준과 반응

기업의 스트레스관리

직원들의 스트레스는 생산성에 크게 영향을 미치므로 회사차원에서 적절히 관리해야 한다고 LG 경제연구원의 보고서 '위기의 직장인 이렇게 관리하라'에서 밝혀졌다. 통계청의 조사에 의하면 사무직 종사자들의 자살자는 2000년 268명에서 2005년 597명으로 2배 이상으로 늘어났다. 또 한국직무스트레스학회가 2001년 조사한 바에 따르면 한국 직장인들의 스트레스 보유율은 95%로 미국 40%, 일본 61%보다 훨씬 높다고 한다.

직원들의 스트레스가 높으면 기업의 생산성이 떨어질 가능성 역시 높아진다. 예일대 연구팀이 발표한 논문에 따르면 우울증에 걸린 직원은 건강한 직원에 비해 결근율이 2배 높고 생산성의 손실은 7배에 이르는 것으로 조사되었다. 따라서 선진국의 기업들은 직원들의 스트레스를 적극 관리하고 있다. 미국 항공기 제조업체인 맥도널 더글러스는 직원들의 스트레스를 관리한 결과, 이직률이 35% 감소했고 생산성은 14% 향상되었다고 한다. 미국의 3M은 사내에 설치한 상담실을 이용한 직원의 80%가 업무성과의 증가를 보였다고 한다.

스트레스 증가는 산업재해와 소송으로 연결되면서 기업에 불필요한 손실을 가져온다. 근로복지공단조사에 따르면 실제로 우울증 등 정신적 질환으로 인한 산업재해는 2000년 27건에서 2004년 107건으로 증가했다. 또한 과로, 스트레스가 원인인 뇌심혈관 질환에 따른 산재 승인건수는 1,950건에서 2,285건으로 늘어났다. 2003년 스트레스로 인한 기업의 산재손실액은 6,600억원으로 추정된다고 한다.

보고서는 직장상사가 부하직원들의 스트레스를 해소해주기 어려운 만큼, 회사가 상담실 운용과 같은 방법으로 스트레스관리에 적극 나서야 한다고 강조했다. 직원들이 상담실을 쉽게 이용할 수 있도록 하기 위해서는 상담내용을 재테크, 자녀문제, 퇴직, 경력개발 등으로 다양화할 필요가 있다는 것이다. 실제로 SK는 '하모니아'라는 상담소를 운영하고 있는데, 이곳에서는 정신과 의사, 심리상담사, 경력관리 컨설턴트, 재테크 컨설턴트 등 10여명의 전문가가 배치되어 있다.

2. 직무스트레스의 유발요인

스트레스요인은 스트레스를 일으키는 외적 환경요인을 가리킨다. 여기서는 회사에서 발생하는 직무스트레스를 대상으로 스트레스요인을 살펴보기로 한다. 직무수행 과정에서 근로자에게 스트레스를 주는 요인으로는 물리적 환경, 직무수행, 경력개발, 대인관계 등이 있다.

2.1 물리적 환경

작업장의 조명, 소음, 기온, 진동, 대기오염 등의 열악한 작업환경은 근로자의 스트레스수준을 증가시킨다. 또한 위험한 작업에서 일하는 경우도 근로자에게 생리적, 심리적으로 부담을 준다. 너무 좁은 작업장도 스트레스의 원인이 되며, 지나치게 붐비는 작업자이나 고립된 작업장도 스트레스를 유발한다.

2.2 직무수행

직무를 수행하는 중에도 각종 스트레스가 발생된다. 직무수행과 관련된 스트레스요인으로는 과업특성, 업무과다, 업무과소, 역할갈등, 역할모호, 시간적 압박, 업적평가 등이 있다. 과업특성은 과업의 다양성, 자율성, 정체성, 책임감, 업무의 의미 등과 관련이 있다. 업무과다는 업무과소와 함께 스트레스를 일으키는 주요원인이 된다. 역할갈등, 역할모호, 시간의 압박은 직무와 관련하여 긴장을 느끼게 하고 직무만족도를 떨어뜨린다. 과업수행에 대한 업적평가는 조직구성원 전체에게 스트레스를 주는 요인이 된다.

2.3 경력개발

직무스트레스에 영향을 주는 경력개발의 요인으로는 승진좌절, 직무불안정 등이 있다. 승진의 경우 느린 승진은 물론 빠른 승진도 스트레스요인이 된다. 직무가 안정되지 않거나 승진인사가 불합리하다고 느끼는 경우 불만과 더불어 강한 스트레스를 받게 된다. 그 밖에도 조직개편에 의한 인원감원, 명예퇴직 등은 심각한 스트레스요인으로 작용한다.

2.4 대인관계

조직 내의 대인관계로 말미암는 갈등은 가장 큰 스트레스요인으로 작용한다. 예를 들면 상사의 고압적인 리더십스타일은 구성원들에게 긴장을 유발한다. 또한 조직 내의 집단규범에 의한 무언의 압력은 갈등의 원인이 된다. 이들 외에도 낮은 신뢰도, 낮은 지지도 등이 직무스트레스를 높이게 된다.

3. 스트레스에 대한 반응

캐나다의 의학자인 셀리에(H. Selye)는 외부의 스트레스에 대하여 나타내는 생리적 반응을 경계단계, 저항단계, 탈진단계의 3단계로 구분하였다. 〈그림 19-2〉에서는 이들 단계가 진행되는 과정들을 도시하고 있다.

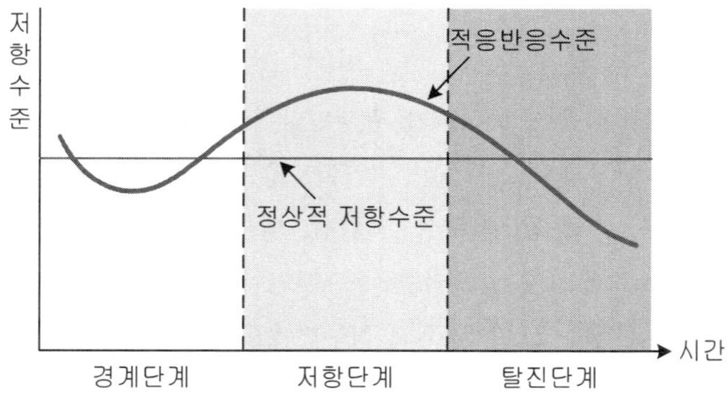

〈그림 19-2〉 스트레스에 따른 생리적 반응과정

외부로부터 스트레스를 받게 되면 우선 몸의 저항력이 떨어진다. 체온과 혈압이 떨어지고, 심장은 빨리 뛰며, 온 몸의 근육에 힘이 빠져 축 늘어진 상태가 된다. 이 상태가 스트레스에 대한 경계단계(alarm stage)다. 이 상태에 있게 되면 우리 몸은 원래대로 회복하려고 노력하게 된다. 외부로부터 스트레스를 받으면 시상하부는 심박수, 호흡수, 혈압을 상승시켜 스트레스에 신속히 적응할 수 있도록 돕는다.

이러한 적응반응을 하고 있는데도 스트레스가 계속되는 경우, 우리 몸은 상당히 높은 저항력을 유지하게 된다. 이 과정이 저항단계(resistance stage)에 해당된다. 저항단계에서 우리 몸은 그 스트레스에 대하여만 저항력이 증가한 상태이며, 전반적인 몸의 저항력은 떨어진 상태다. 따라서 이 때 다른 스트레스 자극이 주어지면 우리 몸은 새로운 스트레스에 저항할 수 없게 되므로 감기와 같은 질병에 쉽게 걸리게 된다.

스트레스가 계속해서 가해질 때 우리 몸은 대응할 에너지를 모두 소모하게 되어 더 이상 저항하지 못하는 상태에 놓이게 된다. 이를 탈진단계(exhaustion stage)라고 부른다.

외부로부터 스트레스를 받을 때 사람들은 그것을 대처하기 위하여 다양한 방식으로 반응하게 된다. 사람들에게서 나타나는 스트레스의 표출방식은 생리적, 심리적, 행동적인 반응으로 구분된다. 스트레스에 대한 생리적 반응으로는 피로, 두통, 불면증, 피부질환, 위궤양, 고혈압, 심장질환 등이 있다. 스트레스에 대한 심리적 반응으로는 인식능력의 저하와 부정적 정서의 출현으로 나타난다. 인식능력의 저하에는 주의력의 산만, 건망증, 추리력, 판단력의 약화 등이 있다. 또한 부정적인 정서상태로는 불안, 분노, 무력감, 우울증 등이 나타나게 된다. 지나친 스트레스로 인한 행동적 반응으로는 과도한 흡연 및 음주의 증가, 과식, 식욕부진, 약물복용, 불만족, 결근률과 이직률의 증가, 폭력 등이 있다.

기업인의 스트레스 증상

한국 스트레스 매니지먼트 연구소는 대기업에 근무하는 직장인 1,265명을 대상으로 '대기업 직장인 스트레스의 실태조사' 를 실시하고 그 결과를 발표하였다. 그 발표에 의하면 심리적 스트레스 증상은 우울증이 가장 많았고 불안, 짜증, 피로 등의 순으로 나타났다. 우울 증상을 일으키는 요인으로는 과거에 대한 고민, 인생의 공허함, 주위 사람들에 대한 실망, 무력감 등이 많았고, 불안의 요인으로는 집중력감퇴, 생각의 혼돈, 안절부절 못함 등의 이유가 많았다. 이러한 심리적 스트레스는 공통적으로 남자보다는 여자가, 교육수준이 낮을수록, 그리고 부서별로는 생산직에 종사하는 근로자가 더 많이 받고 있는 것으로 나타났다. 신체적 스트레스의 증상에는 등의 통증, 얼굴 또는 목의 경련, 현기증, 가슴의 통증 및 심장 두근거림, 근육통증 등이 높게 나타났고, 눈의 피로나 통증, 목과 어깨의 결림과 같은 피로증상도 많았다.

4. 스트레스반응에 영향을 주는 원인들

동일한 스트레스요인이 주어졌어도 스트레스를 크게 느끼는 사람이 있는가 하면, 거의 스트레스를 느끼지 못하는 사람도 있다. 또한 개인에 따라 반응을 나타내는 방식도 매우 다양하다. 〈그림 19-3〉에서 보는 바와 같이 스트레스요인이 주어졌을 때, 개인적으로 느끼는 스트레스수준과 나타나는 스트레스반응은 개인의 특성과 주어진 상황에 의하여 영향을 받는다.

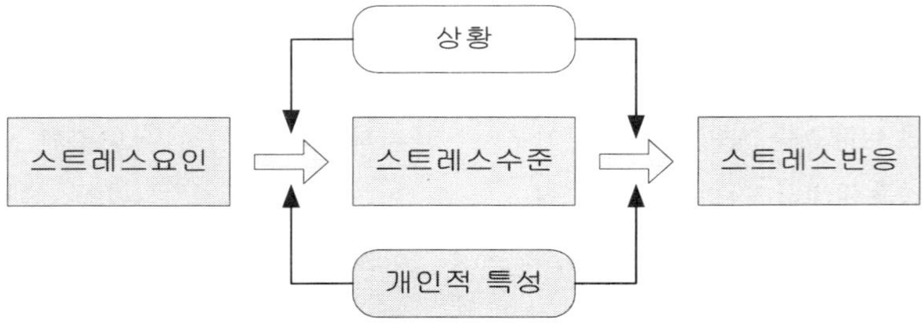

〈그림 19-3〉 스트레스반응에 영향을 주는 요인

4.1 개인적 특성

스트레스가 주어졌을 때 스트레스 수준과 반응에 영향을 주는 개인적 특성으로는 능력, 심리상태, 신체적 조건, 성격, 욕구상태 등이 있다.

4.1.1 개인의 능력

다른 동료들보다 우수한 능력을 가진 직원은 업무를 수행하는 과정에서 상대적으로 덜 스트레스를 받는 경향이 있다.

4.1.2 심리상태

정신적으로 피곤하게 되면 쉽게 스트레스 반응을 보이게 된다. 자기존중감과 자기효능감이 부족한 사람은 도전적인 업무로 인한 스트레스요인에 대하여 쉽게 부정적인 반응을 나타낸다.

4.1.3 신체적 조건

건강한 사람은 스트레스요인에 잘 견디고 적응하는 반면, 몸이 불편한 사람은 높은 스트레스를 더 경험하고 스트레스에 대한 부정적 반응을 쉽게 나타내게 된다.

4.1.4 성격

개인의 성격은 스트레스의 반응에 영향을 크게 미친다. 대체로 내성적인 성격의 소유자는 환경에 대한 민감성 때문에 스트레스요인에 쉽게 반응한다. 자신에게 닥친 일들을 주도적으로 해결하려고 하는 통제내재론자는 자신이 통제하지 못하는 스트레스요인에 대하여 인내심을 가지고 대처한다. 반면에 통제외재론자들은 스트레스환경에 직면하면 잘 극복하지 못하며 비생산적인 활동으로 스트레스를 해소하려고 한다. 그 밖에도 매사에 경쟁적이며 목표지향적인 A유형의 사람들은 높은 스트레스 상황에 처할 가능성이 높고, 스트레스로 인한 질병으로 고통받는 경우가 자주 발생한다.

4.1.5 욕구

개인의 욕구도 스트레스반응에 영향을 준다. 안전욕구가 충족되지 못한 사람은 위험적 요인들에 대하여 큰 스트레스를 느낀다. 예를 들어, 경제적으로 안정되지 않은 사람들은 회사에서 감원이야기가 나올 때마다 더 큰 스트레스를 받게 된다. 사회적 욕구가 강한 사람은 사람들과의 대인관계에서 더 큰 스트레스 반응을 보이게 된다. 성취욕구가 강한 사람은 추진했던 일이 실패로 나타났을 때 심각한 스트레스를 느끼게 된다.

4.2 상황적 원인

주어진 스트레스에 대하여 스트레스수준과 스트레스반응에 영향을 주는 상황적 요인으로는 예측가능성, 통제가능성, 위로와 격려 등이 있다.

4.2.1 예측 가능성

사람은 어떤 일이 어떻게 일어날 것인지 예측할 수 있는 상황에서는 스트레스를 덜 받게 된다. 예측이 가능한 상황에서는 나름대로 대처방법을 강구할 수 있기 때문이다.

4.2.2 통제 가능성

동일한 어려움에 놓여 있어도 스스로 통제할 수 없는 상황에서는 통제할 수 있는 상황에서보다 스트레스를 더 크게 받게 된다. 심지어 통제할 수 있는 상황에서는 그 어려움을 즐기는 일도 있다. 돈이 있으면서 절약하는 경우와 돈이 없어서 절약하는 경우는 전혀 다른 감정을 경험하게 되는데, 후자가 훨씬 더 큰 스트레스를 받게 된다.

4.2.3 타인의 위로와 격려

어려움을 겪고 있을 때 주위 사람들의 이해와 격려가 있다면 스트레스를 극복할 가능성이 높다. 반대로 자신을 이해해주는 사람이 없는 경우 스트레스를 대처하기는 쉽지 않다. 배우자, 친구, 친척 등과 좋은 관계를 가진 사람들이 더 오래 살며, 스트레스와 관련된 질병의 발생률도 낮다고 한다.

5. 스트레스의 관리

스트레스를 관리하기 위한 전략으로는 〈그림 19-4〉에서 보는 바와 같이 스트레스요인을 제거하거나, 스트레스에 대처하는 능력을 증진시키거나, 스트레스로 인한 반응을 낮추는 방법이 있다.

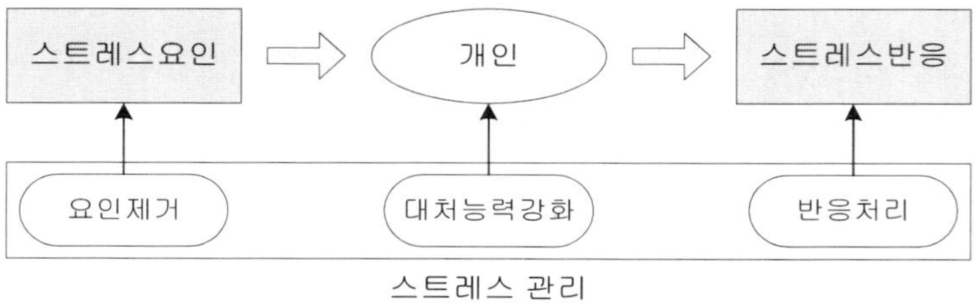

〈그림 19-4〉 스트레스관리의 전략

5.1 스트레스요인의 제거

스트레스요인을 제거하는 방법은 사전 예방활동을 통하여 스트레스를 관리하는 것이다. 이는 부정적인 스트레스반응이 만들어지지 않도록 사전에 스트레스요인을 제거하거나 변경하는 것으로, 다음의 방법들이 가능하다.

5.1.1 스트레스의 원인을 찾아 제거한다.

스트레스의 원인이 과도한 업무로 말미암은 경우에는 시간관리에 유의하여 한꺼번에 많은 일이 몰리지 않게 한다. 또한 우선순위가 낮은 일들은 과감히 포기하고, 다른 사람에게 적절히 업무를 위임하면 업무의 부담으로 인한 스트레스를 상당히 줄일 수 있다.

5.1.2 대인관계의 기술을 배운다.

대인관계의 기술을 익히면 사람들과의 마찰이 줄고 우호적인 관계를 유지하게 되어 스트레스가 크게 줄어든다. 다른 직원들과 협력관계를 유지하면 일을 분담할 수 있고 정보를 교환하게 되어 업무를 보다 신속히 수행할 수 있다.

5.1.3 자신의 감정을 표현한다.

지나치게 감정을 억제하는 것은 매우 큰 스트레스로 작용한다. 즐거울 때는 즐거워하고, 슬플 때는 슬퍼하고, 화날 때는 화난 것을 적절히 표현하는 것이 정신건강에 유익하다고 전문가들은 공통적으로 조언한다. 하지만 이같은 감정의 표현이 파괴적이 되면 더 큰 스트레스를 유발하므로, 조심스럽게 건설적인 방법으로 이루어져야 한다.

5.2 스트레스반응의 처리

스트레스반응을 처리하는 것은 스트레스로 말미암은 심리적, 생리적 증상을 제거하거나 완화시키는 방법이다. 불안을 극복하기 위하여 전문가와 상담하거나, 불면증이 있을 때 수면제를 복용하는 것은 스트레스반응을 처리하는 방법들이다.

5.3 스트레스에 대한 대처능력의 강화

스트레스에 대한 대처능력을 높이는 것은 스트레스에 대한 민감성을 낮추는 방법으로, 스트레스를 관리하는 효과적인 방법이다. 다음의 내용들은 스트레스에 대한 대처능력을 높이는데 도움이 된다.

5.3.1 지난 일에 집착하지 않는다.

지나간 일에 지나치게 집착하는 것은 스트레스를 가중시킨다. 가능하면 과거에서 빨리 벗어나 새로운 마음으로 출발하는 것이 스트레스를 감소시키고 정신건강에 도움이 된다. 집착에서 벗어나려면 다음의 내용을 유념할 필요가 있다.

- 지난 일은 빨리 잊어버린다.
- 명상을 통하여 분노, 미움, 질투 등 부정적인 생각을 떨쳐버린다.
- 완벽주의에서 벗어난다.
- 매사에 심각하게 생각하지 말고 웃어넘긴다.

5.3.2 몸의 저항력을 강화시킨다.

동일한 스트레스를 받아도 신체가 건강한 사람이 더 효과적으로 스트레스를 극복할 수 있다. 몸의 저항력을 강화시키는 방법으로는 다음의 사항들이 추천되고 있다.

- 많이 웃으면 면역력이 높아져 스트레스에 쉽게 반응하지 않게 된다.
- 심상법, 근육이완법, 심호흡법 등을 사용하여 흥분이나 긴장을 가라앉힌다.
- 적절히 운동하면 긴장이완, 자신감상승, 면역력증진 등의 효과가 나타난다.
- 충분한 수면과 휴식을 취한다.

5.3.3 문제에 대한 해석을 달리한다.

문제에 대하여 해석 즉 생각을 달리하는 것은 스트레스를 근본적으로 해결하는 역발상적인 방법이다. 이는 당면한 문제를 부정적으로 보는 것이 아니라 긍정적으로, 불행한 일이 아니라 행복을 가져다주는 수단으로 받아들이는 것이다. 이는 문제에 대처하는 매우 적극적인 태도이며 다음과 같은 방법이 가능하다.

- 문제를 해결할 수 있다는 자신감을 가진다.
- 문제가 좋은 결과를 가져올 것이라는 긍정적인 태도를 유지한다.
- 의견대립이 있을 때 상대방 입장에서 생각한다.

6. 조직차원에서 스트레스의 극복방안

조직차원에서 스트레스를 극복하는 방법으로는 직무 재설계, 참여관리, 목표설정, 역할분석, 경력개발, 우호적인 직장분위기 등이 있다.

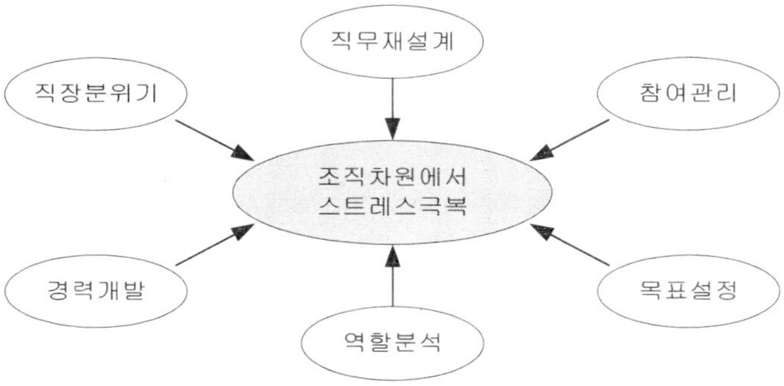

〈그림 19-5〉 조직차원에서 스트레스의 극복방안

1) 직무 재설계

직무분석과 직무평가를 하게 되면 역할모호성, 역할과다 및 과소, 위험한 작업조건 등을 밝혀낼 수 있다. 사원의 역할이 모호한 경우에는 업무규정과 지침을 제공하고 충분한 권한을 위임한다. 역할이 과다하거나 과소한 경우에는 개인의 기술과 능력에 맞게 직무를 할당해준다. 위험한 작업조건에 대해서는 안심하고 일할 수 있도록 보호장비를 제공한다. 합리적인 직무의 재설계는 종업원의 스트레스를 감소시키고 업무에 대한 동기수준을 향상시킨다.

2) 참여관리

참여관리는 조직구성원에게 권한을 위임하거나 의사결정의 참여를 확대함으로, 과업을 수행할 때 재량권과 자율성을 증가시키는 것이다. 이는 직무의 자율성에 영향을 주고 개인의 의사결정에 관한 재량권을 높여준다. 일반적으로 참여관리는 스트레스를 감소시키지만 부적절한 참여관리를 실시하는 경우에는 오히려 스트레스를 높이는 결과를 가져올 수도 있다.

3) 목표설정

목표설정은 개인의 업무에 대한 구체적인 목표를 설정해 주는 방법으로, 관리자와 조직구성원들 간의 상호이해를 증진시키는 역할을 한다. 조직에서 목표의 설정은 구성원들에게 과업수행을 촉진시킬 수 있는 동기를 부여하여 부정적 스트레스를 크게 감소시킨다.

4) 역할분석

역할분석은 개인의 역할을 명확히 정의하여 줌으로써 역할모호로 인하여 발생하는 스트레스요인을 제거해준다. 개인의 역할과 관련하여 스트레스에 대처하는 방안으로는 역할활동변경, 역할의 재정립, 참여증가, 과업평가기준의 명료화, 효과적인 리더십개발 등이 검토될 수 있다.

5) 경력개발

승진에서 누락되거나 적성에 맞지 않는 부서로 이동시키는 등, 조직이 직원들의 경력개발에 무관심하면 스트레스가 높아진다. 회사에서는 직원들을 위해 경력개발 과정을 수립하고 상담을 제공해야 한다. 현재의 업무능력을 향상시키거나 새로운 직무에 요구되는 기술과 지식을 준비시키는 교육프로그램을 제공해야 한다.

6) 우호적인 직장분위기 조성

직장 내의 우호적인 분위기는 조직구성원들이 직무스트레스를 효과적으로 대처할 수 있게 한다. 이는 조직의 응집력과 통합력을 높여주고 구성원들 간에 협력관계를 유지하며 필요한 자원을 자유롭게 주고받을 수 있게 한다.

그 외에도 건강관리시설의 제공, 복지시설을 위한 계획, 카운슬링의 제공 등은 직원들이 스트레스를 극복하는데 큰 도움을 준다.

20장 산업재해

1. 인간지각의 오류

사람은 외부로부터 입력된 정보에 대하여 의미를 부여하거나 반응을 나타내며 살아간다. 외부환경으로부터 자극이 입력되고 그에 대한 반응이 나타나기까지는 자극감지, 정보처리, 반응의 과정을 거치게 된다. 이 과정에서 환경의 영향이나 개인의 착시, 부주의 등이 원인이 되어 여러 지각오류가 발생하기도 한다.

1.1 착시현상

착시현상(optical illusion)이란 정상적인 시력을 가지고서도 주변의 다른 정보의 영향으로 인하여 대상을 올바르게 보지 못한 채 잘못 인식하는 현상이다. 착시의 종류로는 기하학적 착시, 원근의 착시, 가현운동, 명암대비 등이 있다.

기하학적 착시는 길이, 면적, 각도, 방향 등의 기하학적 관계가 주위환경으로 인하여 실제와 다르게 보이는 시각적인 착각현상이다. 〈그림 20-1(a)〉는 동일한 길이의 직선이 서로 다르게 보이는 길이착시를, 〈그림 20-1(b)〉는 동일한 면적을 가진 중앙의 두 원이 주위의 다른 원들로 인하여 서로 다르게 보이는 면적착시를, 〈그림 20-1(c)〉는 평행한 직선들이 평행하게 보이지 않는 방향착시를 각각 보여주고 있다.

주위 배경의 원근처리에 따라 동일한 크기가 다르게 보이기도 한다. 이를 '원근의 착시'라고 말한다. 〈그림 20-2(a)〉를 보면 멀리 있는 사람이 가까이 있는 사람보다 상당히 크게 보인다. 하지만 실제로 이 두 사람은 동일한 크기이며, 원근처리로 인한 우리 눈의 착시현상이다.

가현운동에 의한 착시는 실제로는 움직이지 않는데도 움직이는 것처럼 느껴지는 현상을 말한다. 또한 명암의 대비에 의한 착시는 주위의 명암에 따라 원래와 다른 밝기로 인식되는 현상을 가리킨다. 〈그림 20-2(b)〉는 가현운동을, 〈그림 20-2(c)〉는 명암대비에 의한 착시현상을 각각 보여준다.

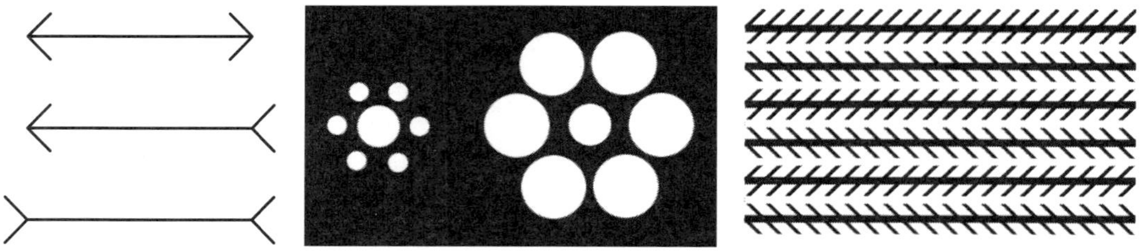

(a) 길이착시 (b) 면적착시 (c) 방향착시

〈그림 20-1〉 기하학적 착시

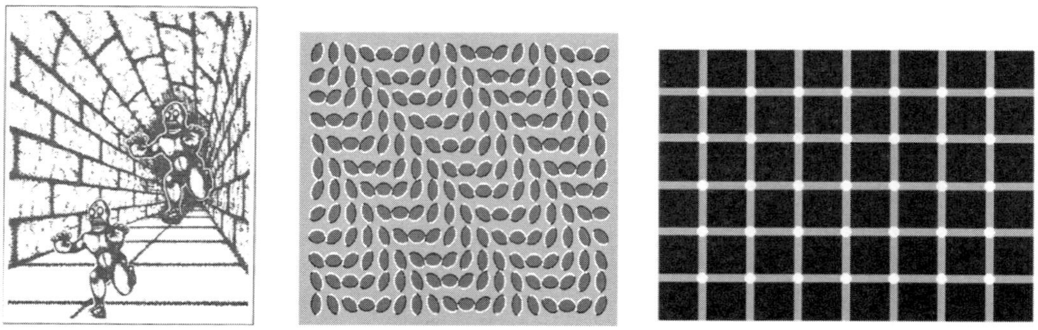

(a) 원근착시 (b) 가현운동 (c) 명암대비

〈그림 20-2〉 원근, 가현운동, 명암대비에 의한 착시

1.2 부주의

부주의(inattention)는 목적을 수행하는 과정에서 목적에서 벗어난 심리적, 생리적 현상을 가리키며, 주의가 낮아지거나 산만해진 상태를 의미한다. 주의력이 떨어지는 부주의현상은 의식수준과 관련성이 높으며 각종 재해사고의 원인이 된다.

주의력의 특성으로는 선택성, 방향성, 변동성이 있다. 선택성은 여러 종류의 자극을 지각할 때 몇몇 특정한 자극만을 선택하여 집중하게 되는 특성을 의미한다. 방향성은 한 곳에 주의를 집중하게 되면 다른 곳에 대한 주의력이 산만해지는 현상을 뜻한다. 사람은 고도의 주의력을 장시간 동안 지속할 수 없으므로, 산발적으로 부주의한 리듬이 나타나게 되는데 이를 '변동성'이라고 말한다.

주의력의 수준은 〈그림 20-3〉에서 보는 바와 같이 주의의 폭과 깊이에 따라 달라진다. 주의의 깊이는 그 지향하는 방향에 따라 내향과 외향으로 구분된다. 주의를 기울여 외부대상을 관찰하는 상태를 주의의 깊이가 '외향'이라고 말하고, 머릿속에 공상이나 잡념을 가지고 있는 상태를 주의의 깊이가 '내향'이라고 표현한다. 일반적으로 감시하는 대상이 많아지면 주의의 폭은 넓어지고 깊이는 얕아진다. 반면에 감시하는 대상이 적어지면 주의의 폭은 좁아지고 깊이는 깊어진다.

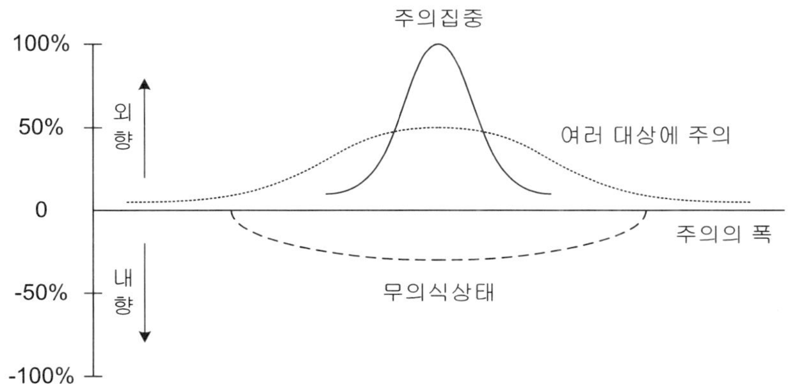

〈그림 20-3〉 주의력의 수준

2. 산업재해의 요인

감각기관들을 통하여 들어온 외부자극에 대하여 뇌에서 적절한 명령을 내리면 몸은 그에 따라 행동하게 된다. 이 과정에서 의도한 대로 행동이 제대로 이루어지지 않는 경우가 있는데, 이를 '불안전행동'이라고 부른다. 작업환경에 결함이 있더라도 작업자가 그것을 충분히 인식하고 안전을 위한 노력을 기울인다면 재해는 예방할 수 있다. 결국 재해는 외부환경에 결함이 있는 불안전상태에서 사람이 실수하는 불안전행동이 나타날 때 발생하게 된다. 작업자의 불안전한 행동을 제거하려면 생리적, 심리적 연구를 통하여 근원적인 안전대책을 수립하는 것이 필요하다.

2.1 불안전상태와 불안전행동

불안전상태란 재해나 사고의 요인을 만들어낸 물리적 상태 혹은 환경을 의미한다. 예를 들어 설계의 불량, 정비불량, 방호조치의 미비, 작업장 협소, 보호구 미지급, 작업환경의 결함, 부적절한 공구사용 등이 이에 속한다. 반면에 불안전행동은 재해 내지 사고의 요인을 만들어낸 근로자의 행동을 가리킨다. 안전장치의 제거, 안전조치 불이행, 불안전한 방치, 불량 설비 및 공구의 사용, 운전 중 주유 및 수리, 보호구의 미착용, 위험장소 접근, 각종 위험한 행위 등이 이에 속한다.

일본노동부가 실시한 산업재해원인조사에 의하면 〈그림 20-4〉에서 보는 바와 같이 제조업에서 발생한 각종 산업재해 가운데 불안전상태가 원인이 된 것은 전체의 83%, 불안전행동이 원인이 된 것은 92%였다. 또한 이 두 가지 모두의 조합으로 발생한 산업재해는 78%였다. 대부분의 산업재해는 불안전상태와 불안전행동이 동시에 발생하여 일어난 것이다(유재환, 1999).

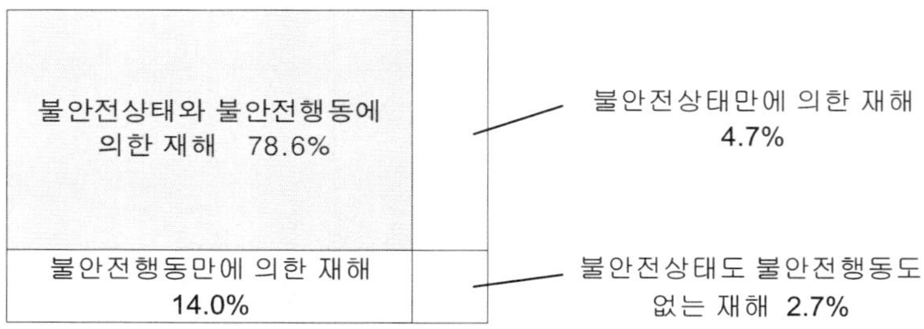

〈그림 20-4〉 산업재해의 원인

2.2 인간오류

샌더스(M. Sanders)와 맥코믹(E. McCormick)에 의하면 인간오류(human error)는 '효율, 안전, 시스템의 성능을 감소시키는 부적절하거나 원하지 않는 인간의 결정이나 행위'를 말한다. 인간오류는 근로자가 작업을 수행하는 동안 지정된 내용을 따르지 않을 때 발생한다. 즉 작업 시스템의 성능이나 안전을 저하시킬 수 있는 근로자의 부적절한 행동이 인간오류가 된다는 말이다. 예를 들어 근로자가 안전모를 쓰지 않은 채 작업장에서 일하고 있다면 이는 인간오류에 해당된다.

2.2.1 인간오류의 분류

스웨인(A. Swain)과 거트맨(H. Cuttmann)은 인간오류를 생략오류, 실행오류, 순서오류, 시간오류, 부가오류의 5가지로 구분하였다. 생략오류(omission error)는 작업자가 태만으로 필요한 업무를 수행하지 않을 때 발생하는 오류로, 보수나 유지 작업에서 자주 발생한다. 실행오류(commission error)는 수행해야 할 업무를 부정확하게 행하기 때문에 생겨나는 오류이며, 순서오류(sequence error)는 업무의 순서를 잘못 이해했을 때 발생하는 오류다. 시간오류(timing error)는 업무를 정해진 시간보다 너무 빠르게 혹은 늦게 수행했을 때 발생하며, 부가오류(extraneous error)는 불필요한 업무를 수행하는 경우에 생기는 오류를 가리킨다.

2.2.2 인간오류의 발생요인

산업현장에서 생길 수 있는 인간오류는 그 종류가 매우 다양하다. 인간오류는 근로자의 특성, 교육훈련의 문제, 직장성격의 문제, 작업특성의 문제, 설계의 문제 등에서 발생된다.

- **근로자 특성**: 불충분한 경험과 능력, 부족한 교육훈련, 성격과 습관, 부적절한 신체조건, 낮은 동기부여 등으로 인간오류가 생긴다.
- **교육훈련**: 불충분한 교육훈련, 지침서 및 정보의 부족, 의사소통의 부족 등의 문제로 인간오류가 발생될 수 있다.
- **직장성격**: 무리한 작업시간제, 미숙한 작업계획, 낮은 유대감, 부적절한 작업기준, 잦은 노사분규 등은 인간오류의 유발원인이다.
- **작업특성**: 다루기 힘든 기계/기구의 조작, 복잡한 작업, 상황파악의 어려움, 혼돈스런 신호, 지속적인 긴장 등은 인간오류를 발생시킨다.
- **설계**: 난해한 신호, 낮은 적합도의 장치, 좁은 공간, 각종 설계상의 문제들은 인간오류의 원인이 된다.

2.2.3 인간오류의 방지대책

인간은 실수를 피할 수 없으므로 인간오류를 줄이기 위한 예방대책을 마련해야 한다. 인간오류를 줄이기 위한 방안들을 인사선발, 교육훈련, 동기부여, 작업설계, 안전설계에서 적절히 고려해야 한다.

- **인사선발**: 작업의 특성을 고려하여 적합한 작업자를 선발한다.
- **교육훈련**: 인간오류에 관한 정보를 얻어 동일한 오류를 범하지 않도록 주지시킨다.
- **동기부여**: 안전에 대한 중요성을 인식시키기 위한 동기를 부여한다.
- **작업설계**: 작업자가 쉽게 보고, 쉽게 들으며, 쉽게 일할 수 있도록 작업을 설계한다.
- **안전설계**: 인간오류를 예방할 수 있도록 안전설계를 실시한다.

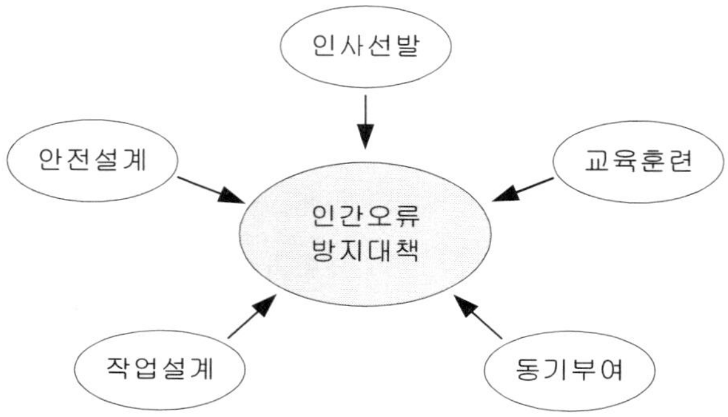

〈그림 20-5〉 인간오류의 방지대책

인간오류를 방지하기 위한 안전설계기법으로는 오류를 범할 수 없도록 설계하는 '배타설계'(exclusion design), 오류를 범하기 어렵도록 설계하는 '보호설계'(preventive design), 오류의 가능성은 감소시킬 수 없지만 그 결과를 감소시키도록 설계하는 '안전설계'(fail-safe design)가 있다.

인간오류의 문제는 설계를 통하여 해결하는 것이 때로 가장 경제적이다. 시스템은 한번 설계하면 그것으로 끝나게 되지만 교육훈련은 새로운 사람이 투입될 때마다 반복되어야 하기 때문이다.

2.3 사고의 경향성

산업재해는 동일한 사람에 의하여 반복되는 경우가 많다. 그린우드(E. Greenwood)의 조사에 의하면 영국의 기업체에서 일어난 사고는 대부분 몇몇 근로자에게서 반복적으로 발생되었다고 한다. 이들을 가리켜 '재해빈발자'라고 부른다. 재해를 줄이려면 이들 재해빈발자들을 찾아내는 것이 효과적인 방법이 될 수 있다.

재해빈발자는 미숙성빈발자, 상황성빈발자, 소질성빈발자로 분류된다. 미숙성빈발자는 기능이 미숙하거나, 환경에 익숙하지 못하기 때문에 사고를 발생시키는 사람이다. 이러한 원인에 의한 재해빈발자는 교육훈련과 업무경험이 축적되면 안전한 행동을 할 수 있게 된다. 〈그림 20-6〉은 2006년도 노동부통계자료로써 국내 산업체에서 발생하는 근속기간별 추락재해의 실태를 보여주고 있다. 전체 추락재해 중에서 6개월 미만 근속한 근로자의 비율이 무려 77.3%를 점유하고 있다. 따라서 사업주나 안전관리감독자는 갓 입사한 근로자들에게 안전예방을 위한 교육훈련을 보다 강화할 필요가 있다.

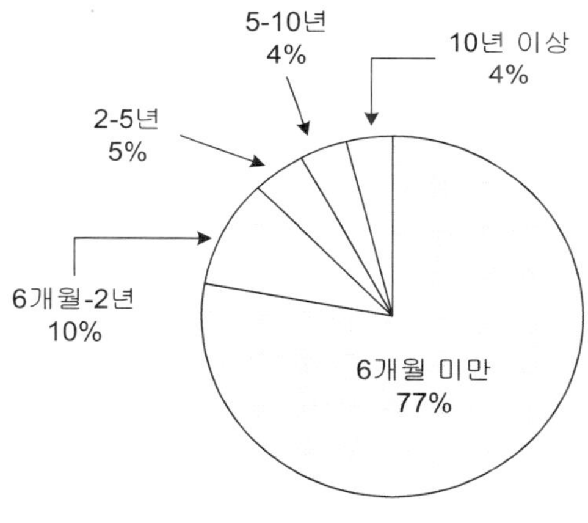

〈그림 20-6〉 2006년도 근속기간 별 추락재해현황

상황성빈발자는 작업이 어렵거나, 기계설비에 결함이 있거나, 작업환경의 여건상 주의집중이 어렵거나, 마음에 근심이 있기 때문에 사고를 발생시키는 사람이다. 이런 원인에 의한 재해빈발자는 작업방법, 기계설비, 환경개선 등 상황이 바뀌게 되면 안전한 성향으로 바뀌게 된다.

소질성빈발자는 주의력산만, 주의력협소, 낮은 지능, 불규칙한 생활, 작업 경시, 흥분성향,

비협조성향, 소심한 성격, 감각운동의 부적합 등으로 인하여 사고를 일으키는 사람이다. 이런 원인에 의한 재해빈발자는 선발과정에서부터 적절한 직무배치, 작업방법 개선, 교육훈련을 통하여 안전한 직무를 수행할 수 있도록 관리해야 한다.

3. 작업환경

작업환경은 근로자의 작업성과와 작업안전에 커다란 영향을 미친다. 작업환경이 잘못되어 사고를 일으킬 수 있는 상태를 '불안전상태'라고 부른다. 작업환경에는 온도, 습도, 조명, 색채, 소음, 진동, 분진, 반복작업 등이 있다.

3.1 온도

작업장온도는 정신노동의 경우에는 섭씨 17～22도, 육체노동의 경우에는 섭씨 15～17도가 적합하다. 사람의 몸은 항상 주위의 공기와 열교환을 하게 되므로 주위의 온도에 의하여 체온은 영향을 받는다.

높은 온도에서 오래 작업을 하게 되면 체온상승, 산소소모량 증대, 혈압강하, 맥박수 증가, 체내의 수분 및 염분부족 등으로 인하여 열실신(heat syncope), 열부종(heat edema), 탈수증(dehydration), 열피로(heat exhaustion), 열경련(heat cramps), 땀띠와 같은 장해들이 나타나게 된다.

- **열실신**: 혈관장애, 저혈압으로 뇌에 산소가 부족하게 되면 실신하거나 현기증, 급성 피로감이 생긴다.
- **열부종**: 고온에 노출된 이후 7-10일 동안에 사지 특히 발과 발목이 붓는 증상이다.
- **탈수증**: 땀을 많이 흘려 수분손실이 심해지면 갈증, 피로감, 현기증, 발열이 나타나며, 심하면 사망하기까지 한다.
- **열피로**: 땀을 많이 흘려 염분손실이 많을 때 생기는 고열장해로, 피로감, 현기증, 근육경련, 구역, 식욕감퇴 등의 증상이 나타난다.
- **열경련**: 고온에서 심한 육체적 노동을 할 때 많이 사용된 근육에서 경련이 발생한다.
- **땀띠**: 땀을 많이 흘릴 때 홍반성 구진과 수포성 발진이 생기며 따가운 통증을 수반한다.

이러한 장해들은 단열, 환기, 복사열 차단, 보호구 착용, 근로시간 단축, 휴식시간 연장, 물과 소금의 공급 등으로 상당히 완화될 수 있다.

한편, 겨울철 실외작업이나 냉동창고와 같이 낮은 온도에서 일하는 작업자들도 상당히 있다. 이런 경우 피부온도 저하, 산소소모량 증대, 호흡수 증가와 더불어 혈액, 간장, 위에 나쁜 영향을 미친다. 저온환경에서 생길 수 있는 가장 일반적인 상해는 동상이다. 이는 신체조직이 저온으로 인하여 얼고 조직세포가 파괴되어 괴저증상이 발생하는 상해로, 작업시간의 단축, 보온대책, 방한복착용, 열량이 풍부한 음식의 제공 등으로 상당부분 해결할 수 있다.

요즈음에는 냉방시설의 보급으로 인하여 한 여름에도 저온으로 인한 장해를 입는 사람들이 생겨나고 있다. 특히 낮은 온도의 실내 사무작업은 냉방병을 유발시키며, 피로, 감기, 두통, 심장병, 생리장애 등의 원인이 된다.

3.2 습도

사람에게 영향을 주는 습도는 '상대습도'이며, 이는 대기 중의 수증기의 양과 최대로 함유할 수 있는 수증기량의 비율로 정의된다. 습도는 근로자의 육체노동에 커다란 영향을 미친다. 근로자가 일을 하면 땀이 나오게 되는데 이 땀이 잘 증발되느냐의 여부가 습도에 달려있기 때문이다. 습도가 높으면 땀이 잘 방출되지 않으므로 체온을 유지하기 힘들고 불쾌하다. 반면에 습도가 낮으면 온도가 높더라도 땀이 잘 방출되므로 상쾌감을 느끼게 된다.

일반적으로 사람들에게 불편하지 않은 상대습도는 40～70%이며, 상대습도가 70%를 넘게 되면 불쾌감을 느끼게 된다. 습도가 지나치게 낮으면 증발에 의한 열손실이 발생하므로 몸의 온도가 떨어진다. 또한 코와 목의 점막을 건조하게 하여 불쾌감을 주고 감기에 걸리기 쉽다.

사람이 덥거나 춥다고 느끼는 정도를 나타낸 온도를 '체감온도'라고 한다. 이는 대기온도뿐만 아니라 습도, 풍속, 일사 등 기상요인을 종합하여 결정된다. 또한, 대기온도와 습도가 인간에게 주는 불쾌감을 수치적으로 나타낸 것을 '불쾌지수'라고 한다.

3.3 조명

조명(illumination)은 작업장 내의 밝기를 말한다. 불량한 조명상태에서 시각작업을 하는 경우에 근로자는 쉽게 피로해지고, 불량이 생기기 쉬우며, 사고의 가능성도 높아진다. 따라서 작업장에 적절한 조명을 유지하는 것은 필수적이다. 인간의 시각식별에 영향을 미치는 요인으로는 물체의 크기, 밝기, 대비, 보는 시간, 근로자의 나이, 휘광, 대상물의 이동속도 등이 있다.

3.3.1 조명의 측정

조명의 측정에 사용되는 단위로는 광도(luminous intensity), 조도(illuminance), 휘도(luminance), 반사율(reflection), 대비(luminance contrast) 등이 있다.

- **광도**: 단위 입체각 당 광원으로부터 방출되는 광속의 크기이며, 광원의 밝기를 나타낸다.
- **조도**: 물체의 표면에 도달하는 빛의 양을 가리킨다.
- **휘도**: 단위 면적당 표면에서 반사 혹은 방출되는 빛의 양을 가리킨다.
- **반사율**: 조도와 휘도간의 비를 말하며, 완전히 빛을 반사하는 표면의 반사율은 100%다.
- **대비**: 목표지점의 휘도와 배경의 휘도간의 차이를 가리킨다.

3.3.2 조명의 방법

조명의 방법으로는 직접조명, 간접조명, 전체조명, 국소조명으로 분류될 수 있다. 직접조명은 조명효율이 높고 설치비용이 저렴하지만, 눈부심이 발생할 수 있고 균일한 조도를 얻기 어렵다. 그에 비하여 간접조명은 눈부심이 없고 조도가 균일하지만, 조명효율이 낮으며 설치가 복잡하다. 전체조명은 균일한 조도를 얻기 위하여 광원을 일정한 간격과 높이로 배치한 조명방식이다. 그에 반하여 국소조명은 작업장의 일부만 밝게 하므로 명암의 차이가 많아 눈부심과 눈의 피로를 준다.

3.3.3 눈부심

눈부심(glare)은 시야에 들어온 휘도가 눈이 순응할 수 있는 정도 이상일 때 생기며, 불쾌감, 시력저하 등을 일으킨다. 눈부심에는 광원이 원인이 되는 '직사 눈부심'과 표면의 반사광이 원인이 되는 '반사 눈부심'이 있다.

눈부심이 근로자에게 미치는 영향에 따라서는 단순히 불쾌감만 일으키는 '불쾌 눈부심', 시각저하와 불쾌감을 주는 '무력 눈부심', 상당기간 시력의 저하를 주는 '맹목 눈부심'으로 구분되기도 한다. 눈부심의 불쾌감은 배경의 휘도가 클수록, 광원의 크기가 작을수록, 광원과 시선의 각도가 클수록 감소하게 된다.

휘도로 인한 눈부심은 다음과 같은 방법으로 줄일 수 있다.

- 광원의 광도를 줄이고 여러 개를 설치한다.

- 광원을 시선에서 멀리한다.
- 가리개나 갓으로 광원을 덮는다.
- 창문을 높이 위치시킨다.
- 창문에 차양이나 발을 설치한다.
- 작업장 내에는 무광택도료를 칠한다.

눈부심은 광원이 작업자의 시선에서 45도 각도 이내에 있을 때 발생하며, 시야에 들어오는 물체 간에 휘도 차이가 커지면 더 많이 생긴다. 작업장의 영역에 따라 휘도의 차이가 크면 가시도가 낮아지고, 쉬 피로해지며, 시각적 불쾌감을 준다. 산업체에서 추천하는 휘도의 비는 보통 3대 1이다. 작업면의 조명을 높이려면 벽이나 천장을 밝게 하여 반사율을 높이는 것이 좋다. 하지만 이 경우 자칫 눈부심을 일으킬 수 있으므로, 실내표면의 반사율은 바닥면에 가까울수록 낮게 하고, 천장에 가까울수록 높게 하는 것이 효율적이다.

3.4 색채

작업의 목적을 보다 효율적으로 달성하기 위하여 작업환경의 색채를 배합조정한다. 적색과 황색계열은 따뜻하며 흥분된 느낌을 준다. 청색과 녹색계열은 차갑고 긴장감을 느끼게 한다. 적색계열의 명도가 높은 색은 앞으로 나타나 크게 보인다. 따라서 이런 부류의 색은 위험한 작업에 종사하는 근로자의 작업복 색깔로 적합하다. 청색계열의 명도가 낮은 색은 대상물을 작게 보이게 한다. 순도가 높은 색은 신선하고, 화려하며, 경박한 감정을 느끼게 한다. 반면에 순도가 낮은 색은 탁하고, 침울하며, 중후한 감정을 느끼게 한다.

다음의 색채들은 작업장의 안전을 위하여 자주 사용되고 있다.

- **적색**: 위험을 나타내며 방화기구, 경보기, 통행금지에 사용된다.
- **황색**: 주의를 의미하며 돌출부와 같이 조심을 필요로 하는데 사용된다.
- **녹색**: 안내를 의미하며 대피소, 비상구, 구급품 등의 표시에 사용된다.

3.5 소음

소음(noise)은 듣는 사람이 원하지 않는 소리를 말한다. 소음이 인체에 미치는 영향으로는 청력손실, 대화방해, 작업방해, 생리적 장해, 불쾌감 등이 있다.

- **청력손실**: 강렬한 소음에 잠시 노출될 때 생기는 일시적 청력손실과, 오래 노출될

때 생기는 영구적 청력손실이 있다.

- 대화방해: 주위가 시끄러우면 대화에 방해를 받아 의사소통에 지장을 초래한다.
- 작업방해: 소음은 작업능률을 떨어뜨리고 피로를 가중시켜 사고의 위험을 높인다.
- 생리적 장해: 소음은 혈압을 상승시키며 각종 급만성질환의 발병률을 높인다.

소음의 허용한계는 80～90dB이며, 그 이상의 소음이 발생할 경우에는 소음에 대한 대책을 마련해야 한다. 소음에 대한 대책으로는 소음원의 격리와 흡음장치의 사용이 가능하다. 그 밖에 흡음기 부착, 귀마개 사용, 배경음악 등으로 소음문제를 완화시킬 수 있다.

3.6 진동

진동(vibration)은 외부의 힘에 의하여 신체의 전부 혹은 일부가 떨리는 현상을 가리킨다. 신체의 전부가 떨리는 전신진동은 트랙터, 트럭, 버스 등에 탑승할 때 발생하게 된다. 전신진동에 단기간 노출되었을 때 미치는 생리적 영향은 미미하며, 약간의 호흡증가나 노출초기에 심박수 증가가 나타나는 정도다.

반면에 신체의 일부가 떨리는 국소진동은 착암기, 자동식 톱, 스케일링, 그라인더와 같은 진동공구를 사용할 때 발생한다. 국소진동으로 인한 대표적인 직업병으로는 레이노증후군이 있다. 레이노증후군(Raynaud's syndrome)이란 손가락에 있는 말초혈관운동의 장애로 손가락이 창백해지고 통증을 느끼는 증상을 가리킨다. 심한 국소진동을 받으면 감각마비, 혈관 및 신경장애, 뼈에서의 탈석회화 촉진, 관절연골의 괴저, 골편분리, 건초염, 근육위축 등의 증상들이 생기기도 한다.

진동장해에 대한 대책으로는 진동원인제거, 방진수공구의 사용, 완충물 이용, 방진장갑 착용, 사용시간 제한, 적절한 휴식시간 배정, 정기적인 진단 등이 있다.

3.7 분진

분진(dust)은 공기 중에 떠다니는 미립자를 말한다. 분진이 인체에 접촉되거나 흡입되면 여러 장해를 일으키게 된다. 납, 망간 등의 중독성 분진은 흡수되어 중독을 일으키고, 크롬, 비소 등의 분진은 인체의 피부와 점막에 장해를 일으키는 동시에 폐암의 원인이 된다. 식물성 분진이 흡수되면 천식 등의 알레르기 반응을 일으킨다. 일반적으로 혈액이나 체액에 녹기 어려운 분진은 기도나 폐포벽에 침착되어 진폐증을 일으킨다.

분진발생에 대한 대책으로는 사용재료를 바꾸거나, 습식작업을 실시하여 분진의 발생량을 감소시킨다. 또한 분진발생공정을 밀폐시켜 분진의 확산을 방지하고, 적절한 배기장치를 설치한다. 근로자에 대한 대책으로는 호흡보호구를 지급하거나, 작업시간을 조정하여 근로자의 방진대책을 수립한다. 공정의 자동화와 무인화를 실시하여 근로자가 분진에 노출되는 것을 근원적으로 방지할 수도 있다.

3.8 반복작업

최근 많은 업무들이 컴퓨터로 이루어지고 있으며, 그로 인한 질병도 확산되고 있다. 컴퓨터 사용으로 생겨난 직업병에는 VDT증후군과 팔목터널증후군이 있다. VDT증후근(visual display terminal syndrome)은 컴퓨터 화면을 장시간 들여다보면서 작업할 때 발생하는 시력약화, 목, 어깨, 팔의 질환, 면역체계 약화와 같은 신체의 이상을 가리킨다. 팔목터널증후군(carpal tunnel syndrome: CTS)은 '수근관증후군'이라고도 하며, 이는 컴퓨터의 키보드나 마우스를 오래 사용하는 작업자에게 발생하는 반복긴장성 손상의 대표적인 질환으로 손가락의 마비와 통증이 발생한다.

4. 불안전행동의 요인

인간의 불안전행동을 유발하는 요인으로는 심리적요인, 생리적요인, 작업방법요인, 관리적요인 등이 있다.

4.1 심리적 요인

불안전행동을 유발하는 심리적인 요인으로는 망각, 의식수준저하, 의식의 우회, 의식의 단절, 의식의 과잉, 지름길 행위, 생략행위, 억측판단 등이 있다.

4.1.1 망각

사람에게는 누구나 건망증이 있지만 작업하는 도중에 필요한 절차를 잊어버리게 되면 자칫 안전사고로 연결될 수 있다. 〈그림 20-7〉은 독일의 심리학자인 에빙하우스(H. Ebbinghaus)

가 제시한 망각곡선(forgetting curve)이다. 그림에서 보듯이 사람이 새롭게 기억한 것은 대부분 급속히 잊어버린다. 30분 정도 지나면 내용의 절반 정도를 잊어버린다. 따라서 중요한 내용은 메모를 해두는 것이 필요하다. 그러나 오랜 시간 기억된 내용은 쉽게 잊혀지지 않는다.

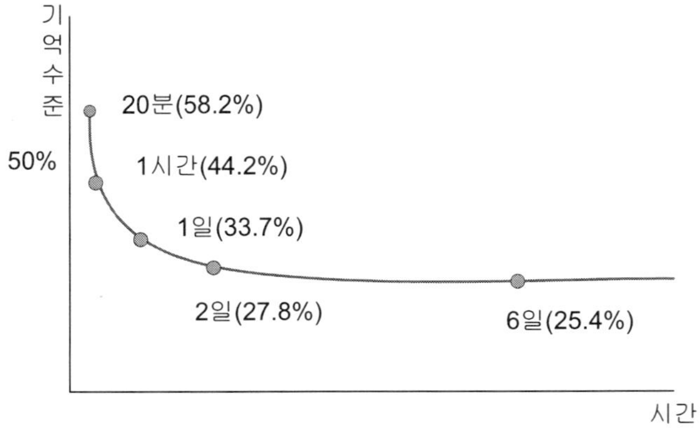

〈그림 20-7〉 에빙하우스의 망각곡선

4.1.2 의식수준의 저하

의식수준이란 주의를 집중하고 있는 정도를 가리키는 것으로, 사람이 높은 수준의 주의 상태를 장시간 유지하는 것은 거의 불가능하다. 주의를 집중한 상태에서 시간이 경과하게 되면 피로로 말미암아 긴장도는 떨어지고 주의력도 분산된다.

4.1.3 의식의 우회

의식의 우회는 작업 중에 개인적인 다른 생각을 하고 있을 때 나타난다. 이 경우 습관적으로 작업을 하고 있지만 머릿속에는 다른 생각에 잠겨있으므로, 주의력이 약화되어 작업상황은 올바로 인식되지 않는다.

4.1.4 의식의 단절

의식의 단절이란 술에 만취되었을 때처럼 의식은 깨어 있으나 의식의 흐름이 단절되어 인지와 판단이 불가능한 상태를 가리킨다.

4.1.5 의식의 과잉

돌발적이고 긴급한 상황이 발생했을 때 순간적으로 그 일에만 의식이 집중되면서 앞뒤 분별 없이 행동하게 되는 현상을 가리킨다. 검사를 마친 부품에 하자가 있다는 것을 깨닫고 긴급히 손을 내밀어 제거하려다가 설비의 모서리에 손을 다치는 사고가 이에 해당된다.

4.1.6 지름길 행위

정상적인 방법이 있지만 보다 쉬운 방법을 사용하여 목적을 달성하려는 심리태도다. 공장 내의 바닥에 안전선 표시가 있음에도 무시하고 기계 옆으로 빠져가거나 쌓아둔 자재 위로 걸어가다가 사고를 일으키기도 한다.

4.1.7 생략행위

생략행위는 마땅히 해야 할 과정을 귀찮다는 생각으로 빠뜨리는 행위로 지름길 행위와 매우 유사하다. 작업현장에서는 반드시 안전모를 써야 하는데 귀찮다고 쓰지 않는 일이라든가 정해진 작업순서를 빼먹는 행동 등이 이에 속한다.

4.1.8 억측판단

억측판단이란 주관적인 판단이나 희망적인 생각으로 확인없이 제멋대로 행동하는 일이다. 교차로에서 대기 중인 차량은 전방신호등이 청색이 된 후에 발차해야 한다. 좌우 보행신호등이 적색으로 바뀌는 것을 보고 발차하는 것은 위험하다. 억측판단은 초조할 때 혹은 예전에 성공한 경험이 있었을 때 자주 발생한다.

4.2 생리적 요인

각종 생리적인 요인들은 불안전행동을 유발한다. 이러한 생리적 요인으로는 피로, 수면부족, 음주, 질병, 나이 등이 있다.

4.2.1 피로

피로는 몸이나 정신이 지쳐있는 상태로, 부주의, 작업성과 저하, 사고발생 등을 유발하는 주요원인이다. 업무로 인한 작업자들의 피로를 회복시키기 위한 대책으로는 적절한 휴식시간을 제공하고, 작업속도를 조절하며, 개인의 능력에 맞게 작업량을 할당한다.

4.2.2 수면부족

수면부족 상태에서는 수시로 졸음이 오고, 활력이 떨어지며, 주의가 집중되지 않는다. 또한 의욕이 사라지고, 정서가 불안정해지며, 신체에 기능이상이 나타나기도 한다. 수면이 부족하면 업무수행에 실수가 많아지며, 안전사고의 원인이 되며, 결근이 증가한다.

4.2.3 음주

음주운전이 금기사항인 것처럼 음주작업 역시 금기시되어야 한다. 작업 중에 안전과 음주는 대단히 관련이 깊다. 전날 늦게까지 마신 술이 다음날까지 해소되지 않아 몽롱한 상태로 작업을 하는 경우 불안전행동이 나타나기 쉽다.

4.2.4 질병

교통운수업에서는 일찍부터 문제가 되어왔지만 일반 생산기업에서도 건강관리는 작업의 안전을 위하여 수시로 점검되어야 한다. 정신신경증, 정신분열증, 우울증, 간질, 고혈압 등을 앓고 있는 작업자가 작업 중에 발병하여 안전사고가 일어나는 일은 자주 있기 때문이다.

4.2.5 나이

사람은 나이가 많아지면 신체의 각 부위에 기능저하 현상이 나타난다. 고령의 근로자는 감각기관과 평형기능, 어깨관절의 유연도, 근력, 동작조절능력, 기억력, 병에 대한 저항력과 회복기능 등이 현저하게 저하되므로 불안전행동의 원인이 된다.

4.3 작업방법 요인

불안전행동을 유발하는 작업방법 요인으로는 작업자세, 작업속도, 작업시간, 휴식시간, 야간교대 등이 있다.

4.3.1 작업자세

작업자세가 불량하게 되면 자세유지를 위하여 불필요한 노력이 들어가므로 피로해지기 쉽다. 또한 원하는 대로 작업동작이 이루어지지 않아 짜증이 나고 정신적으로 빨리 피로해진다. 부자연스런 자세로 작업하는 것은 작업의 진행을 방해하며, 작업의 질을 저하시키며, 사고를 유발시킬 수도 있다.

4.3.2 작업속도

작업을 서두르면 초조하게 행동하게 되므로 불안전동작이 나오기 쉽다. 최근에는 자동화로 인하여 사람이 기계의 속도에 맞추어 작업하게 되는 경향이 있다. 이 경우 작업자는 자연스럽지 못한 속도로 작업하게 되기 쉬우므로 격심한 피로에 시달리게 된다. 자동화로 인하여 재해는 줄고 있으나 재해의 강도는 오히려 증가되기도 한다.

4.3.3 작업시간

많은 회사에서는 정규시간 외에 초과근무가 빈번히 이루어지고 있다. 이러한 장시간의 작업은 근로자의 피로, 업무능률저하, 재해발생으로 연결된다. 작업시간의 증가는 작업의 위험을 증가시키며 안전을 저해하는 심각한 요인이 되고 있다.

4.3.4 휴식시간

작업을 오래 지속하면 피로가 가중되고, 작업능률이 떨어지며, 재해가 증가한다. 이러한 부정적인 결과가 나타나지 않도록 작업 도중에 적절히 휴식시간을 제공해야 한다. 휴식시간과 간격은 작업의 강도, 작업장의 온도와 소음 등 작업환경에 따라 달리 정해져야 한다.

4.3.5 야간교대

병원, 경찰서, 제철소, 석유화학 같이 24시간 운영이 필요한 곳에서는 야간교대가 필요하다. 이러한 조직에서는 하루에 2교대 혹은 3교대로 작업이 이루어지는 것이 보통이다. 야간교대작업은 근로자의 신체리듬이 깨뜨려 수면주기에 문제를 일으킨다. 또한 자녀양육, 가사업무에 대한 압박, 사회적 고립 등 심리적, 사회적 문제가 생길 수 있다.

4.4 관리적 요인

불안전행동은 부적절한 관리로 인하여 일어나기도 한다. 불안전행동을 유발하는 관리적 요인으로는 교육훈련의 부족, 감독지도 불충분, 적성배치계획 불충분, 불편한 인간관계, 기계설비유지의 불충분 등이 있다.

4.4.1 교육훈련의 부족

교육훈련이 충분하지 못하면 작업자의 지식부족, 기능미숙 등으로 말미암아 불안전행동이 발생하게 된다. 작업자는 작업을 수행하는데 필요한 기술적인 지식뿐만 아니라 작업과 관련된 위험과 방호방법에 관한 지식이 있어야 한다. 재해는 기능이 미숙한 근로자에게 자주 발생한다. 작업방법을 안전하게 설계하고 작업자를 충분히 교육훈련시킴으로 안전작업이 되도록 해야 한다.

4.4.2 감독지도 불충분

안전수칙을 무시하는 작업자들로 인하여 안전사고가 많이 발생한다. 안전은 지식보다는 태도와 의식의 문제다. 따라서 사고예방을 위하여 안전수칙을 철저히 지키도록 감독하고 지도하는 일은 매우 중요하다. 작업 전의 작업협의, 작업 중의 안전확인, 지시와 지도 등은 작업자의 불안전행동을 예방하기 위하여 반드시 필요하다.

4.4.3 부적합한 업무배치

작업자에게 적합한 업무가 배정되지 않을 때 불안전행동이 나타나기 쉽다. 신체 및 정신적 기능의 발달, 능력의 결함, 고령화 현상 등을 고려하여 작업자를 적절히 배치해야 한다. 특히 유해하거나 위험한 작업에 작업자를 배치할 때는 업무배치에 더욱 주의해야 한다.

4.4.4 불편한 인간관계

회사 내에 작업자들 간에 인간관계가 좋지 않으면 상당한 스트레스요인이 된다. 인간관계가 나쁜 직장에서는 작업의욕의 침체, 작업능률의 저하, 안전의식의 부족 등이 나타나며, 그로 인한 재해발생의 가능성이 높아진다. 회사 내의 인간관계뿐만 아니라 작업자 개인의 가정문제도 재해발생에 상당히 영향을 미친다.

4.4.5 기계설비유지의 불충분

기계설비의 위험과 취급의 실수는 설계나 유지준비의 불충분이 원인이 된다. 기계설비의 조작 및 유지가 까다롭다면 쉽게 할 수 있도록 조치를 취해야 한다. 또한 고장이 자주 발생하면 추가적인 보수작업이 많아지므로 교체를 검토한다.

5. 산업재해의 방지

산업재해는 사람, 기계, 자재 등 많은 결함요인들이 혼재하여 발생한다. 재해를 방지하려면 재해사실을 면밀히 살펴서 원인들을 올바로 찾아내야 한다.

5.1 사고의 유형

사고는 원하지 않는 사건으로, 피해가 없는 '무재해사고'와 피해가 발생하는 '재해사고'로 분류된다. 재해사고는 인명의 피해가 발생한 '상해사고'와, 재산상의 손실이 발생한 '손재사고'로 다시 분류된다. 우리나라의 산업안전보건법에서는 산업재해를 근로자가 업무 그 자체나, 업무와 관계된 건설물, 설비, 원재료, 가스, 증기, 분진 등에 의하여 사망 또는 부상을 당하거나 질병에 걸린 것으로 정의하고 있다.

사업주는 사망자 또는 4일 이상의 요양을 필요로 하는 부상을 입거나 질병에 걸린 자가 발생한 경우, 산업재해가 발생한 날부터 14일 이내에 관할 지방노동관서에 산업재해조사표를 제출하거나, 요양신청서를 근로복지공단에 제출하여야 한다. 중대재해가 발생하는 경우에는 발생개요, 피해상황, 조치 및 전망, 기타 중요한 사항을 보고해야 한다. 여기서 중대재해란 사망자가 발생하거나, 3개월 이상의 요양을 필요로 하는 부상자가 동시에 2인 이상 발생하거나, 부상자 또는 직업에 관련된 질병자가 동시에 10인 이상 발생한 재해를 가리킨다.

5.2 위험관리

재해는 위험에 의하여 발생한다. 위험은 발생유형에 따라 기계적 위험, 화학적 위험, 에너지 위험, 작업적 위험으로 분류된다. 기계적 위험에는 틈새에 끼이거나, 잘리거나 찔리는 접촉성 위험, 높은 곳에서 떨어지는 물리적 위험, 작업공구가 부러지는 구조적 위험 등이 있다. 화학적 위험에는 폭발이나 화재의 위험, 독극물에 의한 생리적 위험이 있다. 에너지 위험은 감전과 같은 전기적 위험과 열, 방사선에 의한 에너지 위험 등이 있다. 작업적 위험은 작업방법 상의 위험과 작업장소의 위험 등이 있다.

위험관리는 위험을 예방하거나 줄이기 위한 활동으로 위험회피, 위험방지, 위험분산, 위험전가로 구분된다. 위험회피는 위험이 있는 작업을 하지 않거나 위험물을 보유하지 않는 것을 말한다. 위험방지는 사고를 줄이기 위한 위험의 예방, 사고가 발생했을 때 손해를 감소시키기 위한 위험의 경감, 계약서 등을 통한 위험의 제한 등으로 분류된다. 위험분산은 위험을 하청업체에 이전하거나, 위험물과 분리 저장하는 등의 조치를 의미한다. 마지막으로, 위험전가는 보험에 가입하는 것을 의미한다.

5.3 재해발생의 이론

재해발생에 관한 연구는 하인리히를 필두로 다수 이루어져 있다. 여기서는 하인리히의 도미노이론, 버드의 신연쇄성 이론, 아담스의 사고연쇄반응이론을 간단히 소개하도록 한다.

5.3.1 하인리히의 도미노이론

하인리히(H. Heinrich)의 도미노이론(theory of domino)은 사고의 원인이 어떻게 연쇄반응을 일으키는지 도미노를 이용하여 설명한 이론이다. 일렬로 세워진 도미노블록에서 어느 한 블록을 넘어뜨리면 그 다음 블록도 연쇄적으로 쓰러진다. 마찬가지로 사고는 〈그림 20-8〉과 같이 유전적 요인과 사회적 환경, 개인적 결함, 불안전상태와 불안전행동이 연쇄적으로 일어나 발생하며 재해로 이어진다.

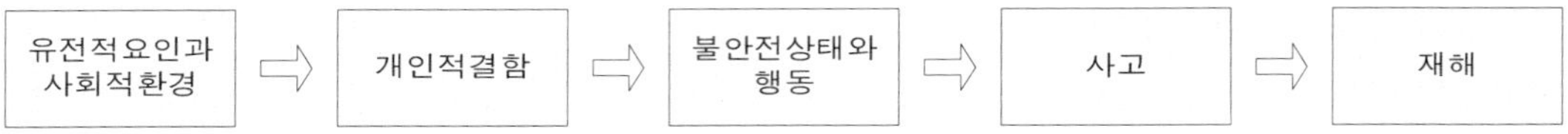

〈그림 20-8〉 하인리히의 도미노이론

유전적요소와 성장과정에서의 사회적환경은 개인의 성격을 형성하는데 중요한 역할을 하며, 이러한 성격이 잘못되면 사고의 원인이 된다. 개인적 결함은 다혈질, 과도한 자존심, 부주의와 같이 사고를 잘 일으킬 수 있는 성격이나 행동을 가리킨다. 불안전상태와 불안전행동은 안전사고의 직접원인에 해당한다. 불안전상태는 안전관리를 통하여, 불안전행동은 교육을 통하여 각각 개선될 수 있다. 사고는 회사에 손실을 가져다주는 원하지 않는 사건을 의미한다. 마지막으로 재해는 사고의 결과로 나타나는 인명과 재산상의 손실을 가리킨다.

하인리히는 도미노블록을 사전에 옮기면 연쇄적으로 넘어지는 것이 중단되듯이, 사고가 일어나기 전에 사고요인을 제거하는 것이 사고를 예방하는 방법이라고 주장한다. 즉, 재해나 상해가 발생하기 전에 주위환경의 불안전상태와 인간의 불안전행동을 제거하면 사고를 방지할 수 있다.

5.3.2 버드의 수정도미노이론

버드(F. Bird)는 수정도미노이론을 통하여 불안전상태와 불안전행동은 4M으로부터 기인하며, 관리부족이 사고의 근원적 원인이라고 주장하였다. 여기서 4M이란 작업자(man), 기계(machine),

작업(media), 관리(management)를 의미한다. 그의 이론에 의하면 재해는 〈그림 20-9〉와 같이 관리부족, 기본원인, 직접원인, 사고가 연쇄적으로 발생하면서 일어나게 된다.

여기서 관리부족은 관리자의 계획, 조직, 지도 통제의 부족을 말하며, 기본원인은 사고의 배후가 되는 간접요인을 의미한다. 또한 직접원인은 사고의 징조로 불안전행동 혹은 불안전상태를 가리킨다. 버드는 이들 가운데 관리자의 의지를 가장 중요하다고 생각했다. 관리자의 계획, 조직, 지도 통제의 부족으로 인해 실수와 사고가 발생한다는 것이다.

관리부족 ⇨ 기본원인 ⇨ 직접원인 ⇨ 사고 ⇨ 재해

〈그림 20-9〉 버드의 수정도미노이론

5.3.3 아담스의 사고연쇄이론

아담스(E. Adams)는 사고연쇄이론을 발표했으며 이는 버드(F. Bird)의 수정도미노이론과 유사하다. 그는 사고가 〈그림 20-10〉과 같이 관리구조의 결함, 전술적 오류, 관리기술오류가 연속적으로 일어나 발생하게 되며 재해로 이어진다고 설명하였다.

그의 이론에 의하면 재해의 직접원인은 불안전행동과 불안전상태를 유발하거나 방치한 전술적 오류에서 비롯된다. 전술적 오류는 관리감독자의 정책집행과정에서 각종 작업기준의 불명확성, 관리감독의 미흡, 업무분장의 불확실, 상벌체계의 미정립 등 조직의 긴장이완과 와해를 조장하는 실수에서 기인한다. 이는 최고경영자의 의지부족, 구체적인 목표설정의 미흡, 조직운영 상의 미숙 등에 기인하는 관리구조의 결함에 근본 원인이 있다.

관리구조의 결함 ⇨ 전술적 오류 ⇨ 관리기술 오류 ⇨ 사고 ⇨ 재해

〈그림 20-10〉 아담스의 사고연쇄이론

6. 재해예방의 기본원리

하인리히는 재해예방의 기본원리를 〈그림 20-11〉과 같이 안전활동조직의 구성, 사실의 발견, 분석평가, 시정방법선정, 시정책의 적용의 5단계로 분류하여 설명하였다.

안전활동조직 ⇨ 사실의 발견 ⇨ 분석평가 ⇨ 시정방법선정 ⇨ 시정책 적용

〈그림 20-11〉 재해예방의 기본원리

6.1 제 1단계 - 안전활동조직의 구성

안전활동조직은 경영자와 전 종업원으로 구성되며 안전목표를 달성하기 위하여 노력한다. 안전활동조직에서 수행해야 할 내용으로는 경영자 안전목표의 설정, 안전관리조직의 구성, 안전활동방침 및 계획의 수립, 안전관리담당자 임명, 조직을 통한 안전활동의 전개 등이 있다.

6.2 제 2단계 - 사실의 발견

사실의 발견은 과거의 기록과 현재의 안전실태 등을 점검하여 불안전요소를 찾아내는 것을 말한다. 사실을 발견하기 위하여 필요한 내용에는 사고 및 활동 기록 검토, 작업내용의 분석, 안전 점검, 각종 안전회의 기록, 근로자의 건의 및 여론 조사, 관찰 및 보고서 연구 등이 있다.

6.3 제 3단계 - 분석평가

직전 단계에서 발견된 사실들을 분석하여 불안전상태와 불안전행동을 찾아내는 것이다. 이들을 찾기 위하여 분석할 자료와 관련된 내용에는 사고보고서 및 현장조사 분석, 사고기록의 분석, 인적, 물적, 환경적 조건의 분석, 작업공정분석, 교육 및 훈련내용 분석, 안전수칙 및 작업표준 분석, 보호장비의 적합여부 분석 등이 있다.

6.4 제 4단계 - 시정방법의 선정

시정방법의 선정은 제 3단계에서 발견된 문제점인 불안전상태와 불안전행동을 바로잡기 위하여 적절한 대책을 마련하는 것을 의미한다. 잘못된 부분을 시정하기 위하여 필요한 사항으로는 기술의 개선, 인사배치의 조정, 교육 및 훈련의 개선, 안전기술의 개선, 규정 및 수칙의 개선, 작업표준의 개선, 안전운동의 전개 및 안전감독 강화 등이 있다.

6.5 제 5단계 - 시정책의 적용

시정책의 적용은 직전 단계에서 제시한 시정방법을 시행하고 제대로 운용되도록 독려하는 것이다. 앞 단계에서 제시한 시정안의 내용이 우수하면 그 효과는 크게 나타난다. 시정책의 적용은 3가지 방법으로 실시되며, 이를 '3E대책'이라고 부른다. 여기서 3E대책은 기술(engineering), 교육(education), 독려(enforcement)를 가리킨다. 즉 3E대책이란 불안전상태를 기술적으로 개선하고, 철저한 안전교육을 통하여 불안전행동을 줄이며, 기술적개선과 안전교육이 지속적으로 잘 시행되도록 독려하는 활동이다.

7. 사고발생의 조사와 처리

사고는 반복하여 발생하는 속성이 있으므로 회사 내에서 발생한 사고는 분석 검토하여 재해방지에 활용할 필요가 있다. 사고조사의 목적은 사고의 발생원인을 분명하게 밝힘으로써 가장 적절한 방지대책을 찾아내어 동종의 사고를 방지하는 데 있다. 그 밖의 부수적인 목적으로는 안전을 위하여 중점적으로 관리해야할 대상의 파악, 안전점검에 있어서 문제점 및 개선방안의 제시, 사고통계자료의 작성과 활용 등이 있다.

7.1 사고의 특성

사고의 특성은 사고발생의 시간성, 우연성 중의 법칙성, 필연성 중의 우연성, 사고의 재현 불가능성 등이 있다. 사고의 시간성은 사고의 본질은 시간적이라는 것이다. 우연성 중의 법칙성은 사고가 우연히 일어난 것처럼 보이지만 실상은 분명한 인과관계에 따라 발생한다는 것이다. 필연성 중의 우연성은 인간은 복잡하고 행동의 자율성이 있기 때문에 오히려 인간이 착오를 일으켜 사고를 더 조장한다는 것이다. 사고의 재현불가능성은 사고를 재현해 볼 수 없다는 것이다.

7.2 사고발생의 처리과정

사고는 물적 원인인 불안전상태와 인적 원인인 불안전행동이 직접 원인이 되어 발생한다. 사고가 발생했을 때 조치는 사고의 종류 및 인적, 물적 피해 상황에 따라 처리할 내용과 과정이 다르다. 하지만 기본적인 사항은 산업재해의 발생, 긴급조치, 재해조사, 원인조사, 대책수립, 대책실시, 대책평가의 절차를 거쳐 이루어진다.

〈그림 20-12〉 사고발생의 처리과정

7.2.1 긴급조치

긴급조치는 피해기계의 정지, 피해자의 응급처리, 관계자에게 통보, 2차재해의 방지, 현장보존 등을 포함한다. 특히 현장보존은 매우 중요하다. 이는 사고현장의 건물구조재, 각종기기 및 설비, 원재료 등 취급물질, 소손된 물품 등은 사고조사의 판정자료가 된다. 이들을 원상 그대로 보존하는 것은 원인조사를 용이하게 하므로 중요하다. 사고현장은 출입금지구역으로 설정하여 본격적인 조사가 완료될 때까지 보존한다.

7.2.2 재해조사

재해조사는 현장조사원에 의하여 재해의 사실내용을 조사하는 것이다. 누가, 언제, 어디서, 어떻게 등 6하원칙에 따라 재해상황을 살핀다. 일체의 선입견을 배제하고 현장전체의 상황, 물품의 존재 및 상태 등을 사진과 도면, 관계자 질문 등을 통하여 객관적으로 조사한다.

7.2.3 원인조사

사고는 물체의 불안전상태, 사람의 불안전행동, 관리의 결함 등이 복합적으로 관련되어 발생한다. 결함의 유무 판정은 법규, 사내규정, 사내기술지침, 작업표준, 이상이 발생했을 때의 조치기준, 설비기준, 환경기준 등의 판정기준에 따라 객관적으로 행한다. 판정기준이 설정되지 않은 경우에는 조사자의 주관에 의하여 판단한다. 사고원인의 상관관계와 중요성을 검토하여 근원적 측면, 인적측면, 관리적 측면에서 원인을 분석한다. 직접원인은 물체의 불안전상태와 사람의 불안전행동으로부터 도출하고, 간접원인은 노무관리 및 안전보건관리상의 결함 여부에서 찾는다.

7.2.4 대책수립

대책수립은 근본적인 문제점 및 사고원인을 근거로 동종재해나 유사재해를 방지하기 위한 것이다. 대책은 필요성, 구체성, 실시가능성을 고려하여 인적대책, 물적대책, 관리적 대책으로 구분하여 준비한다. 다음의 내용은 대책수립을 위한 안전보건의 12가지 지침들이다.

- 관리감독자로서의 역할을 다하고 있는가?
- 작업방법에 개선할 점은 없는가?
- 작업순서는 올바르게 정해져 있는가?
- 작업자를 적정배치하고 있는가?
- 작업자에 대한 지도교육은 충분한가?
- 작업 중의 감독과 지시는 올바른가?
- 설비의 안전화에 노력하는가?
- 환경의 개선 유지에 노력하고 있는가?
- 안전보건점검은 잘 되고 있는가?
- 이상이 발생했을 때 조치는 잘 실시되고 있는가?
- 과거에 일어났던 사고의 방지대책은 잘 지켜지고 있는가?
- 작업자의 안전보건 의식고취에 노력하고 있는가?

참고문헌

제1부 심리학기초

오세진, 최창호, 심리학이란 무엇인가, 학지사, 1995

최정훈 외 5인, 인간행동의 이해, 법문사, 2002

최창호, 20세기를 빛낸 심리학자, 학지사, 2002

최창호, 사이코 실험실, 학지사, 2002

한국심리학회, 심리학개론, 한국심리상담교육원, 2002

Bass, B. & Barrett, G., People, work, and organizations psychology, Allyn & Bacon, 1981

Frankl, V., From death-camp to existentialism, a psychiatrist's path to new therapy, Beacon Press, 1959

Frankl, V., Man's search for meaning, OPEN SOCIETY Pub., 1977

Korman, A., Industrial and organizational psychology, Prentice-Hall, 1971l

Muchinsky, P, Psychology applied to work, 6th ed., Wadsworth, 1999

Spector, P., Industrial and organizational psychology, Wiley & Sons, 1996

제2부 인간의 특성

임창희, 조직행동, 학현사, 2004
정병용, 이동경, 현대인간공학, 민영사, 2007
정효경, 아이의 10년 후는 다중지능이 결정한다, 밀리언하우스, 2004
한경, 첫인상 5초의 법칙, 위즈덤하우스, 2004
한은미 역, 심리학 칵테일, 웅진윙스, 2007
Ajzen, I., & Fishbein, M., Understanding attitudes and predicting behavior, Prentice-Hall, 1980
Bandura, A., Social foundations of thought and action, Prentice-Hall, 1986
Bartlett, K, Twins study: influence of genes surprise some, Lincoln Journal and Star, Oct., 1981
Dunham, R, Organizational behavior: people and processing management, Irwin, 1984
Goleman, D., Emotional intelligence: why it can matter more than IQ, New York, Bantam books, 1995
Luthans, F., Organizational behavior, McGraw-Hill, 1998
Robbins, S., Management, Prentice-Hall, 1994
Schiffmann, H., Sensation and perception, Wiley, 1990

제3부 인사심리학

권인호 외 5인, 지식정보시대의 인적자원관리, 명경사, 2000
김석회, 인적자원관리론, 무역경영사, 1997
김식현, 인사관리론, 무역경영사, 1999
목연수, 장성록, 산업심리학, 다솜출판사, 2002
박경규, 신인사관리, 홍문사, 1997
박길우, 인사관리, 더난출판, 2003
양병무, 한국기업의 인적자원개발과 관리, 미래경영개발연구원, 2006
유기현, 인사관리론, 무역경영사, 1987
이재호, 신인사관리, 일신사, 1980
정수영, 신노무관리론, 박영사, 1999

정수진, 고종식, 산업경영심리학, 삼우사, 2004
최종태, 인적자원관리, 세경사, 1993
Briscoe, D., International human resource management, Prentice-Hall, 1995
Dessler, G., Personnel management, Prentice-Hall, 1988
Flippo, E., Principle of personnel management, McGraw-Hill, 1971
Klinvex, K., O'Connell, M., & Klinvex, C., Hiring great people, McGraw-Hill, 2000
Harvard Business School, Harvard business essentials: hiring and keeping the best people, Harvard Business School, 2004
McCormick, E. & Ilgen, D., Industrial and organizational psychology, Prentice-Hall, 1985
Pigors, P. & Davis, K., Personnel management and human resources, McGraw-Hill, 1981
Schmitt, N. & Klimoski, R., Research methods in human resources management, South-Western, 1991
Wood, R. & Payne, T., Competency-based recruitment and selection, Wiley & Sons, 2002

제4부 조직심리학

김경수, 김공수, 조직행동, 범문사, 2005
김성국, 조직과 인간행동, 명경사, 2006
김원형 외 2인, 신산업 및 조직심리학, 학지사,2006
박동수 외 2인, 조직행동, 경세원, 2002
박태일, 비즈니스교양, 토네이도, 2007
박화 역, 멘토링노하우, 제우미디어, 2006
백기복, 리더십리뷰, 창민사, 2005
백기복, 조직행동연구, 창민사, 2003
송계충, 정범구, 조직행위론, 경문사, 2003
오익재, 편경영, 월간조선사, 2006
우성주 역, 아메바 경영, 예문, 2007
이경우, 김경희, 커뮤니케이션과 대인관계, 보고사, 2006
이규원 역, 심리실험이야기, 일빛, 2003
이민규, 발상을 바꾸면 인생이 달라진다, 교육과학사, 2001
이윤석 역, 커뮤니케이션, 새로운제안, 2006
이희경, 코칭입문, 교보문고, 2005

임창희, 조직행동, 학현사, 2004
임창희, 기재산, 한국형 팀제, 삼성경제연구소, 1999
장수용, 팀제 이대로 좋은가?, sbc전략기업컨설팅, 2000
정창덕, 리더십 코치, 일성미디어, 2003
주상윤, 인간능력과 행동의 계발, 2005
한덕웅, 조직행동의 동기이론, 법문사, 1985
황규대 외 3인, 조직행동의 이해, 박영사, 2007
홍사중, 리더와 보스, 사계절, 1997
홍용기, 산업 및 조직심리학, 형설출판사, 2004
Adams, B., The everything leadership book, Adams Media Co, 2001
Aldefer, P., Existence, relatedness, growth: human needs in organizational setting, Free Press, 1972
Arredondo, L., Communicating effectively, McGraw-Hill, 2000
Barker, L. & Watson, K., Listen up, St. Martin's Press, 1998
Bass, B., Leadership, Psychology, and organizational behavior, Haper, 1960
Blake, R, Shepard, H., & Mounton, J., Managing intergroup conflict in industry, Gulf, 1964
Bowen, B., Recognizing and rewarding employees, McGraw-Hill, 2000
Bruce, A. & Pepitone, J., Motivating employees, McGraw-Hill, 2000
Burns, J., Transforming Leadership, Grove Press, 2003
Caroselli, M., Leadership skills for managers, McGraw-Hill, 2000
Cohen, S., Negotiating skills for managers, McGraw-Hill, 2000
Cohen, H., You can negotiate anything, Bantam Books, 1982
Collins, G., Christian coaching, NavPress, 2001
Cook, M., Effective coaching, McGraw-Hill, 2000
Covey, S., Principle-centered leadership, FranklinCovey Co, 1997
Dona, D., Conflict resolution, McGraw-Hill, 2000
Dyer, W., Team building: current issues and new alteratives, Addison-Wesley, 1995
Fiedler, F., A theory of leadership effectiveness, McGraw-Hill, 1967
Forsyth, D., Group dynamics, Brooks/Cole Pub, 1990
George, J & Jones, G., Organizational behavior, Addison-Wesley, 1999
Gigerenzer, G., Gut feelings, Brockman, 2007
Greenleaf, R, Servant leadership, Paulist Press, 1977
Harvard Business School, Harvard business essentials: guide to negotiation, Harvard Business School, 2003
Harvard Business School, Harvard business essentials: business communication, Harvard

Business School, 2003
Harvard Business School, Harvard business essentials: decision making-5 steps to better results, Harvard Business School, 2005
Harvard Business School, Harvard business essentials: coaching and mentoring, Harvard Business School, 2004
Herzberg, F., Work and the nature of man, McGraw-Hill, 1966
Holpp, L., Managing teams, McGraw-Hill, 2000
Hunter, J., The servant: simple story about the true essence of leadership, Prima Publishing, 1998
Johns, G., Organizational behavior, Harper Collins College Pub, 1996
Johnson, V., "Intuition in decision-making, Successful Meeting," February, 1993
Kreitner, R. & Kinicki, A., Organizational behavior, Irwin, 1995
Likert, R., The human organization, McGraw-Hill, 1967
Luthans, F., Organizational behavior, McGraw-Hill, 1998
Maslow, A., Motivation and personality, Harper & Row, 1954
Nadler, D & Lawler, E., Motivation: a diagnostic approach, McGraw-Hill, 1977
Parkinson, N., Parkinson's law, Buccaneer Books, 2002
Rima, S., Leading from the inside out, Baker Books, 2000
Schein, E., Organizational culture and leadership, Jossey-Bass, 1985
Stogdill, R., Handbook of leadership, Free Press, 1974
Vroom, V., Work motivation, Wiley & Sons, 1964
Wubbolding, R., Employee motivation, People and People Pub, 1996

제5부 안전심리학

권영국, 산업안전공학, 형설출판사, 1998
권인호 외 5인, 지식정보시대의 인적자원관리, 명경사, 2000
김대식, 산업인간공학론, 형설출판사, 2006
김용수 외 2인, 안전공학론, 한올출판사, 1996
민경일, 산업안전기사실기, 동일출판사, 1993
박종안 외 10인, 작업환경관리, 동화기술, 2001
양성환 외 6인, 인간공학, 형설출판사, 2006
유재환 외 5인 공역, 안전관리, 동화기술, 1999

이진식, 안전공학, 동현출판사, 2000
장현갑, 강성군, 스트레스와 정신건강, 학지사, 2003
정병용, 이동경, 현대인간공학, 민영사, 2007
정재수, 산업안전공학, 일진사, 1998
허성관, 산업안전관리론, 진성각, 1995
Hart A, Adrenaline and stress, Word Pub, 1995
Heinrich, H., Industrial accident prevention, McGraw-Hill, 1980
Rodahl, K., The physiology of work. Taylor and Francis, 1989
Sanders, M. & McCormick, E., Human factors in engineering and design, McGraw-Hill, 1987
Swain, A. & Guttmann, Handbook of human reliability analysis with emphasis on nuclear power plant application, Nuclear Regulatory Commission, 1983

찾아보기

1. 용어색인

2. 인명색인